REFA · Methodenlehre der Betriebsorganisation

Teil Planung und Gestaltung
komplexer Produktionssysteme

D1705389

REFA — Verband für Arbeitsstudien
und Betriebsorganisation e. V.

Methodenlehre
der Betriebsorganisation

Planung und Gestaltung komplexer Produktionssysteme

Carl Hanser Verlag, München 1990

CIP-Kurztitelaufnahme der Deutschen Bibliothek

Methodenlehre der Betriebsorganisation / REFA – Verb. für Arbeitsstudien und
Betriebsorganisation e.V. – München: Hanser
Früher u.d.T.: Methodenlehre des Arbeitsstudiums
NE: Verband für Arbeitsstudien und Betriebsorganisation
Planung und Gestaltung komplexer Produktionssysteme. – 2. Aufl. – 1990

Planung und Gestaltung komplexer Produktionssysteme / REFA – Verb. für Arbeits-
studien u. Betriebsorganisation e.V. – 2. Aufl. – München: Hanser, 1990
(Methodenlehre der Betriebsorganisation)
ISBN 3-446-15967-3

2. Auflage 1990
6.–10. Tausend

1. Auflage 1987
1.–5. Tausend

© Copyright 1990 by REFA – Verband für Arbeitsstudien
und Betriebsorganisation e.V.,
Darmstadt
Kommissions-Verlag: Carl Hanser, München

Satz und Druck: Roetherdruck, Darmstadt
Printed in Germany

Vorwort

Viele Betriebe sind heute gezwungen, neue produktionstechnische und arbeitsorganisatorische Lösungen zu suchen, um mit den Forderungen nach größerer Flexibilität und dem zunehmenden Druck des Marktes Schritt zu halten. Der Einsatz neuer Technologien mit entsprechend angepaßten Materialflußsystemen bietet in Verbindung mit den Möglichkeiten der Informationstechnik die dazu notwendigen Voraussetzungen. Beispiele hierfür sind flexible Fertigungssysteme (FFS), Fertigungs- und Montagezellen und flexible Fertigungslinien, deren Planung und Gestaltung auch eine Weiterentwicklung des vorhandenen Methodenspektrums erforderlich machten.

Der REFA-Verband hat sich dieser Herausforderung gestellt und legt mit dem ersten Teil der Methodenlehre der Betriebsorganisation ein Werk vor, welches diesen Ansprüchen gerecht wird.

In Zusammenarbeit mit Herstellern, Anwendern und einem Forschungsinstitut ist es gelungen, die in den eingeführten REFA-Methodenlehren vorhandenen Methoden und Hilfsmittel weiterzuentwickeln und so zu ergänzen, daß der Planer in die Lage versetzt wird, auch die Probleme in den Griff zu bekommen, die mit der Planung und Gestaltung derart komplexer Produktionssysteme verbunden sind.

Schwerpunkt des Buches ist eine sechsstufige Planungssystematik. Bei Anwendung der zur Verfügung gestellten Methoden und Hilfsmittel ist es möglich, bereits in der Planungsphase wesentliche Aspekte der ganzheitlichen Planung, das heißt das Zusammenwirken von Mensch, Technik, Organisation und Information, zu berücksichtigen. Hierbei hat natürlich die REFA-6-Stufen-Methode der Arbeitsgestaltung Pate gestanden.

Ergänzt wird dieses Vorgehen durch eine Vielzahl von Methoden zur Planung und Gestaltung von Materialfluß, Qualitätswesen und insbesondere des Informationsflusses. Nicht zuletzt werden auch wichtige Fragen der Mitarbeiterqualifikation angesprochen, weil ohne den Einsatz entsprechend ausgebildeter Fachkräfte der Betrieb von komplexen Produktionssystemen gar nicht möglich wäre.

Das Werk wendet sich an Planer, Gestalter und Führungskräfte, deren Aufgabe es ist, in der betrieblichen Praxis diese neuen Produktionssysteme zu konzipieren und einzuführen beziehungsweise über die damit zusammenhängenden Investitionen mitzuentscheiden. Die Zielsetzung dieser Methodenlehre macht es erforderlich, auch Begriffe zu verwenden, die sich im betrieblichen Alltag bewährt haben und vielfach schon in entsprechenden Fachbeiträgen zu finden sind.

Die inhaltliche Gestaltung des vorliegenden Handbuches erfolgte – wie bei allen REFA-Methodenlehren – unter Berücksichtigung der Stellungnahmen von Vertretern der Arbeitgeberverbände und Gewerkschaften. Besonderer Dank gebührt den Mitgliedern des Arbeitskreises „Komplexe Systeme" im REFA-Grundsatzausschuß Arbeitsgestaltung, die die Manuskripte zu diesem Buch durchgesehen, Anregungen aus verschiedenen Branchen beigesteuert und insbesondere darauf geachtet haben, daß die dargestellten Methoden und Hilfsmittel den Anforderungen der Praxis entsprechen.

Darmstadt, im Mai 1987

Vorwort zur 2. Auflage

In der vorliegenden zweiten Auflage dieses Buches sind gegenüber der ersten Auflage einige Detailfragen korrigiert beziehungsweise überarbeitet worden.

Darmstadt, im März 1990

Der Bundesvorstand
des REFA – Verband für Arbeitsstudien
und Betriebsorganisation e.V.

Inhaltsverzeichnis

Planung und Gestaltung komplexer Produktionssysteme

Kapitel 1
Einführung

1.1	Technischer und organisatorischer Wandel in der Produktions-	
	technik	10
1.2	Gründe für den Einsatz komplexer Produktionssysteme	16
1.3	Anforderungen bei Planung und Einführung komplexer	
	Produktionssysteme	20
1.4	Zielsetzung	21

Kapitel 2
Aufbau, Merkmale und Einsatzfelder komplexer Produktionssysteme

2.1	Arbeitsorganisation	26
2.2	Realisierungsformen und Merkmale komplexer Produktions-	
	systeme	41
2.3	Ausgewählte Beispiele unterschiedlicher Arbeitsorganisation in	
	komplexen Produktionssystemen	56

Kapitel 3
Systematik zur Planung und Gestaltung komplexer Produktionssysteme

3.1	Grundlagen und Anwendungshinweise	84
3.2	Planung und Gestaltung komplexer Produktionssysteme	91

Kapitel 4
**Methoden und Hilfsmittel zur Planung und Gestaltung
komplexer Produktionssysteme**

4.1	Situationsanalyse	121
4.2	Festlegung von Produktionsabläufen	152
4.3	Materialflußsysteme	183
4.4	Qualitätssicherung in komplexen Produktionssystemen	240
4.5	Planung des Informationssystems	255
4.6	Qualifizieren für komplexe Produktionssysteme	329
4.7	Bewertung und Auswahl von Systemvarianten	344
4.8	Systemeinführung und Systembetrieb	370

Stichwortverzeichnis 385

Kapitel 1

Einführung

		Seite
1.1	Technischer und organisatorischer Wandel in der Produktionstechnik	10
1.2	Gründe für den Einsatz komplexer Produktionssysteme	16
1.3	Anforderungen bei Planung und Einführung komplexer Produktionssysteme	20
1.4	Zielsetzung	21
	Literatur	23

1   Einführung

1.1 Technischer und organisatorischer, Wandel in der Produktionstechnik

Geschichtliche
Entwicklung
der Produk-
tionstechnik

Die heutige industrielle Produktionstechnik entstand im Verlaufe von drei tief-
greifenden strukturellen Veränderungen [8]:

Bild 1   Teilefertigung um 1910 (Werksbild Daimler-Benz AG)

Dreherei um 1951 (Werksbild Daimler-Benz AG)   Bild 2

Flexibles Fertigungssystem für Werkzeugmaschinenteile (Werksbild Fa. Deckel)   Bild 3

Zeitalter der
Energietechnik

Der Einsatz der Dampfmaschine als wirtschaftlich arbeitender Kraftmaschine Ende des 18. Jahrhunderts führte zum ersten Strukturwandel des herstellenden bzw. verarbeitenden Gewerbes; gleichzeitig ist damit der Beginn der eigentlichen Industrialisierung markiert. Mit dem Ersatz der Muskelkraft des Menschen durch die Kraft von Maschinen begann das Zeitalter der Energietechnik. Maßgeblichen Anteil an dieser Entwicklung hatte der Werkzeugmaschinenbau. Durch Verbesserungen an bestehenden und Entwicklung neuartiger Werkzeugmaschinen konnten die für den Dampfmaschinenbau erforderliche Präzision erreicht und austauschbare Maschinenteile gefertigt werden [4]. Die erzielbaren höheren Genauigkeiten hatten weiterhin gravierende Auswirkungen auf die Arbeitsgestaltung und Organisation.

So wurde bis Mitte der zweiten Hälfte des 19. Jahrhunderts ein Produkt üblicherweise als Ganzes von qualifizierten Handwerkern in eigenverantwortlicher Handarbeit hergestellt, und die Verwaltung der Produktion oblag dem Werkstättenmeister. Die höhere Genauigkeit erlaubte es nun, die für ein Produkt benötigten Teile getrennt herzustellen und anschließend zu montieren. Die Trennung von spanabhebender Fertigung und Montage wurde eingeleitet. Die Arbeit konnte auf weniger qualifizierte Arbeitskräfte übertragen werden. Für die Planung der Arbeit wurden technische Büros und Konstruktionsabteilungen eingerichtet.

Zeitalter der
Mechanisierung

Die zweite große industrielle Strukturveränderung fand Ende des 19. Jahrhunderts statt. Sie wurde eingeleitet durch die Entwicklung des Elektromotors, des Diesel- und Ottomotors. Damit war die Grundlage für die Dezentralisierung der Antriebsenergie und die Mechanisierung von Arbeitsvorgängen geschaffen. Dies war der Anfang des Zeitalters der Mechanisierung; die Fließbandfertigung wurde zur Organisationsform in der Montage bei der Serienfertigung. Erstmalig eingeführt wurde das Fließband 1913 von Henry Ford zur Serienfertigung von Automobilen. In vielen Fällen hat die Mechanisierung den Menschen von schwerer körperlicher Arbeit befreit; häufig führte die Mechanisierung vor allem in Verbindung mit einer weitgehenden Arbeitsteilung aber auch zu neuen Belastungen, beispielsweise einseitiger Muskelarbeit.

Die Zahl der in der Fabrik tätigen Menschen war vor der Mitte des 19. Jahrhunderts klein. Erst ab 1850 wuchs sie sehr schnell und erreichte schon zur Zeit der Reichsgründung 1871 ein Fünftel der deutschen Bevölkerung, 1882 ein Viertel und 1967 ein Drittel [1]. Begünstigt wurde diese Entwicklung durch die starke Zunahme der Bevölkerung. Einerseits verstärkte das Bevölkerungswachstum die Nachfrage nach Konsumgütern (z.B. Textilien, Nähmaschinen und Fahrrädern) und förderte dadurch den Übergang zur Massenproduktion [4]. Andererseits standen genügend Arbeitskräfte für die Ausweitung der Produktion zur Verfügung.

Im Zuge der Industrialisierung entstand eine große Zahl abhängiger Lohnarbeiter, die, aus ihrer traditionellen Bindung in Handwerk und Landwirtschaft herausgelöst, unter äußerst ungünstigen Bedingungen leben und arbeiten mußten: lange tägliche Arbeitszeiten, unzulänglicher Unfallschutz, fehlende soziale Sicherung im Krankheitsfall, Kinderarbeit und unzulängliche Wohnverhältnisse.

Die sich verschärfenden sozialen Konflikte führten vor allem seit Mitte des 19. Jahrhunderts zur Bildung von Selbsthilfeorganisationen (Gewerkschaften, Genossenschaften, Vereine), die das Ziel der wirtschaftlichen, sozialen, rechtlichen und bildungspolitischen Besserstellung der Arbeiter verfolgten und die in der zweiten Hälfte des 19. Jahrhunderts wesentlich zur Verbesserung der Arbeits- und Lebensbedingungen der Arbeiter beitragen konnten [2].

Um die Auswirkungen dieser Strukturveränderungen in der sich entwickelnden Industriegesellschaft zu steuern, wurden gesetzliche Regelungen zum Schutz der Arbeitnehmer erforderlich. Die in den Jahren 1883/84 durch Bismarck eingeführten Sozialgesetze bewirkten einen allgemeinen Versicherungsschutz für alle Arbeitnehmer bei Krankheit und Unfall. Ergänzt wurden diese Gesetze 1889 durch das Alters- und Invaliditätsversicherungsgesetz und 1929 durch das Arbeitslosenversicherungsgesetz.

Heute befinden wir uns am Beginn des Zeitalters der Automatisierung, das mit der Einführung der elektronischen Datenverarbeitung um das Jahr 1950 begonnen hat. Geprägt wird dieser dritte industrielle Strukturwandel durch die rasante Entwicklung der Mikroelektronik. Neue Informations- und Kommunikationstechnologien führten unter anderem zu einer zunehmenden Automatisierung der Betriebsmittel, die es ermöglicht, die Arbeit des Menschen vom Lauf der Maschine zu entkoppeln und ihn von der Ausführung immerwiederkehrender gleichartiger Verrichtungen zu befreien.

Zeitalter der Automatisierung

Automatisierung nennt man alle Maßnahmen zum vollkommen oder teilweise selbständigen Ablauf von Prozessen, die ohne Eingreifen des Menschen gesteuert werden [10].

Bedeutung der
Information

Neben den Produktionsfaktoren Boden, Arbeit und Kapital gewinnt in den sechziger und siebziger Jahren die Information zunehmend an Bedeutung für die Produktion (Bild 4). Der Besitz von Daten und deren Verarbeitung zu entscheidungsrelevanten Informationen wird mehr denn je die Voraussetzung für auch in Zukunft erfolgreiche Unternehmen.

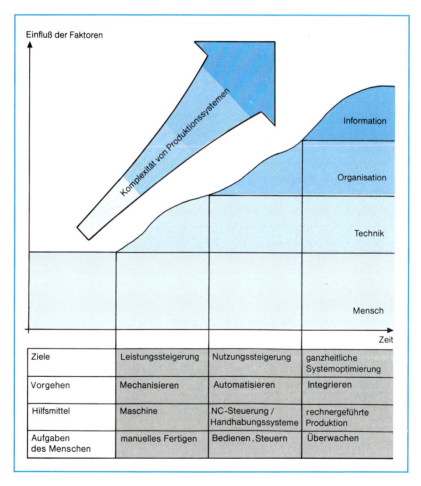

Bild 4   Zunehmende Komplexität von Produktionssystemen

> **Komplexe Produktionssysteme sind Arten von Produktionseinrichtungen, bei denen mehrere sich ergänzende Einzelfunktionen, sowohl bei der Bearbeitung und Montage als auch im Material- und Informationsfluß, weitgehend selbsttätig ablaufen. Ein wesentliches Merkmal komplexer Produktionssysteme ist die informationstechnische Verknüpfung der einzelnen Komponenten des Systems.**

"komplexe Produktionssysteme"

Als Ausprägungsformen für komplexe Produktionssysteme sind z.B. flexible Fertigungs- oder Montagesysteme zu nennen, bei denen mehrere Maschinen sowohl material- als auch informationsflußtechnisch miteinander verknüpft sind.

Beispiele

Es sind aber auch nur teilweise automatisierte Produktionssysteme, in denen beispielsweise die

– Bearbeitungs-/Montagevorgänge

manuell erfolgen, während

– Materialfluß und
– Informationsfluß

automatisiert sind, durchaus als komplexe Produktionssysteme anzusprechen.

Komplexe Produktionssysteme werden nicht nur in Großbetrieben, sondern in verstärktem Maße in kleinen und mittleren Unternehmen eingesetzt. Bei entsprechender Auslegung lassen sich mit derartigen Produktionssystemen sowohl Massenartikel als auch Einzel- und Kleinserienprodukte herstellen.

Einsatzbereiche

Mit dem Begriff „komplexes Produktionssystem" wird bezüglich der Systemgröße keine starre Systemgrenze festgeschrieben. Ein derartiges System kann somit sowohl eine einzelne Werkzeugmaschine oder einen Montagearbeitsplatz, als auch einen gesamten Produktionsbereich oder auch einen ganzen Produktionsbetrieb umfassen.

Systemgrenze frei wählbar

1.2 Gründe für den Einsatz
komplexer Produktionssysteme

Veränderungen
im betrieblichen
Umfeld

Nahezu alle Industrieunternehmen sehen sich einem zunehmend härteren natio-
nalen und internationalen Wettbewerb ausgesetzt. Die Ursachen hierfür lassen
sich u.a. auf

- die Sättigung der Märkte,
- konjunkturelle Einflüsse,
- häufigere Neuentwicklungen konkurrierender Produkte,
- eine größere Anzahl von Mitbewerbern durch Vergrößerung des Produktionsprogramms der jeweiligen Unternehmen und auf den
- Aufbau von Überkapazitäten

zurückführen.

wachsende
Konkurrenz

Die wachsende Konkurrenz und damit die Notwendigkeit, auf die Wünsche der
Kunden noch stärker als in der Vergangenheit einzugehen, bewirkt einen ver-
stärkten Termin- und Preisdruck und damit die Notwendigkeit, Durchlaufzeiten
und Herstellkosten durch Maßnahmen unterschiedlichster Art zu senken. Forderungen der Kunden führen auch zur Erhöhung der Produkt- und Teilevielfalt, zu
kleineren Losgrößen, schwankenden Stückzahlen sowie erhöhten Anforderungen
an die Qualität des Produktes und zur Verbesserung des Kundendienstes.

Rahmen-
bedingungen

Neben den genannten Faktoren werden Arbeitsgestaltung und Arbeitsorganisation in den Unternehmen von Rahmenbedingungen beeinflußt, die sich
aus Gesetzen, Tarifverträgen, Betriebsvereinbarungen oder Normen ableiten (vgl.
hierzu auch Teil 1, Kap. 6 der MLA, [6]). Die gesellschaftliche Entwicklung in Form
eines erhöhten Bildungsniveaus und größeren Wohlstandes führt zum Wunsch
nach attraktiveren Arbeitsplätzen. Ein zunehmendes Umweltbewußtsein resultiert in der Forderung, aus den negativen Auswirkungen eines unkritischen Um-
gangs mit Ressourcen der Natur zu lernen und damit in die Planungen verstärkt
die Aspekte des Umweltschutzes einzubeziehen [3].

Die sich ändernden wirtschaftlichen Rahmenbedingungen im Umfeld der Unternehmen sowie einsatzreife und absehbare technische Entwicklungen zur Automatisierung und Flexibilisierung der Produktion haben zu einem Umdenken und einer schrittweisen Änderung der bisherigen Produktionsphilosophie geführt. In Bild 5 sind tendenzielle Unterschiede dargestellt, die zwischen der bisherigen, auf die Überlegungen bekannter Arbeitswissenschaftler wie Taylor oder Gilbreth (siehe MLA, Teil 1, Abschnitt 1.3.2 [6]) zurückgehenden, und der zukünftig anzustrebenden Produktionsphilosophie bestehen.

Wandel der Produktionsphilosophie

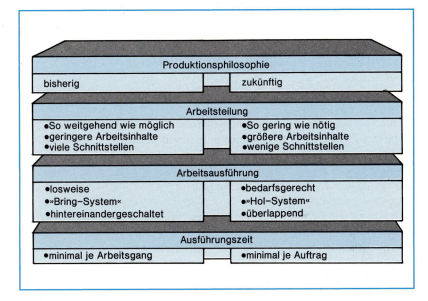

Der Wandel in der Produktionsphilosophie [9]   Bild 5

Veränderungen in der Arbeitsteilung

Im Vergleich zu den Anfängen der Mechanisierung wurde das Produzieren, d.h. das effiziente Bereitstellen und Zusammenwirken aller Systemelemente, wie z.B. Menschen, Arbeitsgegenstände, Betriebsmittel, Energie und Informationen, mit dem Ziel, gewünschte Produkte bedarfsgerecht herzustellen, zu einem immer komplexeren Vorgang. Die Reaktion auf diese Entwicklung war im 20. Jahrhundert anfänglich eine immer stärkere Zergliederung (Arbeitsteilung) und Detailbetrachtung der Produktionsvorgänge. Mit derartigen Strukturen lassen sich bei der Fertigung großer Stückzahlen Vorteile durch hohe Produktivität erzielen, für heutige Erfordernisse sind sie jedoch vielfach zu wenig flexibel.

Veränderungen bei der Auftragsausführung

Jedes Unternehmen muß aus wirtschaftlicher Sicht bestrebt sein, nach den Bedürfnissen des Marktes und mit möglichst geringen Beständen an unfertigen und fertigen Erzeugnissen zu produzieren. Viele Vorgänge dürfen deshalb nicht mehr hintereinandergeschaltet ablaufen, sondern überlappend, wie es heute z.B. schon in der Elektronikindustrie bei der Produktion integrierter Schaltkreise durchgeführt wird.

veränderte Bedeutung der Ausführungszeiten

Die Entwicklungen in der Vergangenheit waren vor allem durch die Leistungssteigerung der Produktionsanlagen gekennzeichnet. So wurde z.B. im Bereich der Zerspanung versucht, durch neue Werkstoffe ständig die Schnittgeschwindigkeiten zu erhöhen. Heute stößt man hierbei jedoch vielfach an wirtschaftliche Grenzen, da eine weitere Steigerung der Schnittwerte bzw. Senkung der Hauptdurchführungszeit oftmals keine nennenswerten Verbesserungen hinsichtlich Produktivität und Wirtschaflichkeit bringt. Es geht heute nicht mehr nur darum, einen einzelnen Arbeitsgang immer schneller auszuführen, als vielmehr die Gesamt-Durchlaufzeit zu minimieren, die Nutzungszeit kapitalintensiver Betriebsmittel zu erhöhen und die Lieferbereitschaft zu verbessern.

Steigerung der Nutzung

Ein wirtschaflicher Einsatz kapitalintensiver Anlagen ist neben einer Steigerung der Leistung durch eine möglichst lange Nutzung je Tag zu erreichen. Die Erhöhung der Kapitalproduktivität erfolgt im wesentlichen durch Steigerung der Hauptnutzung. Anstelle höherer Produktivität durch höhere Schnittwerte und kürzere Nebennutzungszeiten wegen Werkzeugwechsels liegt der Vorteil in der gesteigerten Verfügbarkeit der Anlage.

Das Ziel, durch eine größtmögliche Anpassung an die Anforderungen des Marktes die Existenz eines Unternehmens langfristig zu sichern, kann nur durch eine gleichzeitig hohe Flexibilität und Leistungsfähigkeit des Produktionsbetriebes erreicht werden. Eine von mehreren einander ergänzender Maßnahmen ist die Entwicklung und der Einsatz flexibel automatisierter, leistungsfähiger Produktionssysteme. Damit werden u.a. folgende Zielsetzungen verfolgt:

Zielsetzungen beim Einsatz komplexer Produktionssysteme

- Senkung der Herstellkosten,
- Verkürzung der Durchlaufzeiten,
- Verbesserung der Reaktionsfähigkeit auf unterschiedlichste Kundenwünsche,
- Verringerung der Materialbestände im Produktionsbereich,
- Ermöglichung bestimmter technischer Prozesse (z.B. Prüfung von hochintegrierten Bauelementen, Chip-Fertigung),
- Erhöhung der Qualität und Halten auf gleichbleibend hohem Niveau,
- Steigerung der Anlagennutzung sowie die
- Schaffung menschengerechter Arbeitsplätze,
- Vermeidung von Über- und Unterforderung des Menschen,
- Erhöhung der Arbeitssicherheit,
- Erweiterung der Handlungsspielräume.

Eine hohe Bedeutung kommt auch den zu installierenden Arbeitsplätzen zu. Die Zunahme der Komplexität von Produktionssystemen ermöglicht die Reduzierung repetitiver Arbeiten und einseitiger Belastungen des Menschen, kann aber auch zu erhöhten psychisch-mentalen Belastungen führen, wenn nicht z.B. durch arbeitsorganisatorische Maßnahmen gegengesteuert wird. Die in vielen Fällen gestiegenen Anforderungen an die Qualifikationen der Beschäftigten können Qualifizierungsmaßnahmen bei der Einführung neuer Arbeitssysteme erforderlich machen.

Arbeitsplatzgestaltung

1.3 Anforderungen bei Planung und Einführung komplexer Produktionssysteme

ganzheitliche
Planung

Ebenso wie hinsichtlich der Produktionsphilosophie erfordern komplexe Produktionssysteme auch bei ihrer Planung und betrieblichen Einführung einen Wandel im Planungsprozeß. Zum einen erweitern sich aufgrund der Komplexität der Produktionssysteme die Planungsaufgaben und -inhalte: Neben der Gestaltung eines Arbeitssystems nach mitarbeiterbezogenen, technischen und organisatorischen Kriterien muß die für komplexe Produktionssysteme charakteristische informationstechnische Verknüpfung der einzelnen Komponenten des Systems mitgeplant werden. Dies führt zum andern zu einer Abkehr von der bisher üblichen aufgabenbezogenen, vor allem an technischen Gegebenheiten orientierten Planung hin zu einer mehr systembezogenen, ganzheitlichen Planung. Hier müssen Mensch, Technik, Organisation und Information als sich gegenseitig ergänzende Komponenten eines abgeschlossenen Arbeitssystems aufgefaßt werden.

Anforderungen
an den Planungs-
prozeß

Neben dem erweiterten Planungsumfang beeinflussen auch die im Vergleich zu konventionellen Arbeitssystemen allgemein wesentlich höheren finanziellen Aufwendungen für komplexe Produktionssysteme die Anforderungen an den Planungsprozeß. Die für die Planung solcher Systeme eingesetzten Methoden und Hilfsmittel müssen zwei Forderungen gleichzeitig gerecht werden: Zum einen soll der Zeit- und Personalaufwand für die Planung so gering wie möglich gehalten werden, zum anderen sollen die eingesetzten Planungshilfsmittel bereits in frühen Planungsstufen zuverlässige Aussagen über Kosten und Leistungsfähigkeit des zukünftigen Produktionssystems als Basis für fundierte Investitionsentscheidungen erlauben. Für den Planenden bedeutet dies, daß er sich ergänzend zu seinen überwiegend auf die Planung konventioneller Arbeitssysteme ausgerichteten Grundkenntnissen des Arbeitsstudiums weitere speziell auf die Besonderheiten von komplexen Produktionssystemen ausgerichtete Planungsmethoden und -hilfsmittel aneignen muß.

1.4 Zielsetzung

Der vorliegende Teil der REFA-Methodenlehre der Betriebsorganisation soll dazu beitragen, die Planenden mit den Besonderheiten von komplexen Produktionssystemen vertraut zu machen und ihnen in praxisnaher Form eine dem aktuellen Stand der Produktionstechik angepaßte Hilfestellung bei der Planung und Einführung komplexer Produktionssysteme in Fertigung und Montage zu geben. Zielsetzung ist es, den Planenden durch die Vermittlung ausgewählter, im betrieblichen Alltag direkt umsetzbarer Methoden und Planungshilfsmittel in die Lage zu versetzen, daß er

Hilfestellung für den Planer

– komplexe Zusammenhänge erkennen kann,
– aus einer großen Zahl von Informationen die für die Planungsaufgabe wesentlichen herausfiltern kann,
– Probleme so aufbereiten kann, daß er zur Lösung des Problems eine systematische Planung durchführen kann,
– Sachverhalte so darstellen kann, daß sie von anderen verstanden und bewertet werden können, und daß er
– erworbenes Wissen auf noch unbekannte, neue Situationen oder Probleme mit Erfolg anwenden kann.

Das Buch soll einen weitestgehend anlagenneutralen Leitfaden zur ganzheitlichen Gestaltung der Aufgaben von Mensch, Technik, Organisation und Information in komplexen Produktionssystemen darstellen. Es ist daher nicht Absicht dieses Buches, die Einzelkomponenten von komplexen Produktionssystemen aus konstruktiv-technischer Sicht zu beschreiben. Die Beispiele beziehen sich vorwiegend auf die metallverarbeitende Industrie. Die dargestellten Methoden und Hilfsmittel sind aber sinngemäß auch auf andere Wirtschaftsbereiche übertragbar.

anlagenneutraler Leitfaden

Vorkenntnisse

Aufbauend auf den REFA-Methodenlehren des Arbeitsstudiums (MLA, [6]), der Planung und Steuerung (MLPS, [5]) sowie weiteren Teilen der Methodenlehre der Betriebsorganisation (MLBO, [7]) behandelt der vorliegende Teil die spezifischen Probleme, die bei der Gestaltung und Einführung komplexer Produktionssysteme aufgrund der vielfältigen und unmittelbaren Verknüpfungen der Einzelkomponenten bestehen. Die „Planung und Gestaltung komplexer Produktionssysteme" setzt damit fundierte Grundkenntnisse der Arbeitsgestaltung voraus, wie sie beispielsweise Absolventen der REFA-Fachausbildung besitzen. Die in MLA und MLPS dargestellten Methoden und Hilfsmittel sind auch bei komplexen Produktionssystemen anwendbar, sie bedürfen jedoch aufgrund der Fülle neuer Problemkreise einer Anpassung und Erweiterung.

Zahlreiche Querverweise sollen dem Leser helfen,
- bereits in anderen Teilen der REFA-Methodenlehre vorhandene Aussagen rasch nachvollziehen zu können und
- dort dargestellte Planungshilfsmittel, soweit sie ohne oder nur mit geringen Modifikationen anwendbar sind, im Rahmen der betrieblichen Planungsarbeit rasch vertiefen zu können.

Aufbau des Buches

Der Leser erhält zunächst einen Überblick über Aufbau und Funktion unterschiedlich komplexer Produktionssysteme aus verschiedenen Sparten der Produktionstechnik. Im Anschluß daran wird ein weitestgehend anlagenneutrales Vorgehen zur Planung und Gestaltung komplexer Produktionssysteme aufgezeigt und werden zu jedem einzelnen Planungsschritt eine Reihe von Planungshilfsmitteln vorgestellt, die direkt in die betriebliche Praxis umgesetzt werden können.

Literatur zu Kapitel 1

[1] Born, K.E.: Das deutsche Kaiserreich und die Grundlagen unseres sozialen Rechtsstaates. Berlin: Weberbank, 1979

[2] Brockhaus. Enzyklopädie. 19. Auflage. Mannheim: Brockhaus, Bd. 2, 1987

[3] Bullinger, H.-J.; Warnecke, H.J.; Lentes, H.-P: Toward the Factory of the Future. In: Toward the Factory of the Future. Hrsg.: H.-J. Bullinger und H.J. Warnecke. Berlin: Springer Verlag, 1985

[4] Mommertz, K. H.: Bohren, Drehen und Fräsen. Geschichte der Werkzeugmaschinen. Reinbek: Rowohlt Taschenbuch-Verlag, 1981

[5] REFA – Verband für Arbeitsstudien und Betriebsorganisation e.V. (Hrsg.): Methodenlehre der Planung und Steuerung (MLPS), Teile 1-5. München: Carl Hanser Verlag, 1985

[6] REFA – Verband für Arbeitsstudien und Betriebsorganisation e.V. (Hrsg.): Methodenlehre des Arbeitsstudiums (MLA). München: Carl Hanser Verlag
Teil 1: Grundlagen, 7. Auflage, 1984
Teil 2: Datenermittlung, 6. Auflage, 1978
Teil 3: Kostenrechnung, Arbeitsgestaltung, 7. Auflage, 1985

[7] REFA – Verband für Arbeitsstudien und Betriebsorganisation e.V. (Hrsg.): Methodenlehre der Betriebsorganisation (MLBO). München: Carl Hanser Verlag
Teil Anforderungsermittlung (Arbeitsbewertung), 1989
Teil Entgeltdifferenzierung, 1989
Teil Arbeitspädagogik, 1989

[8] Warnecke, H.J.: Die Fabrik 2009 – Entwicklungen in der Produktionstechnik. Technische Rundschau 76 (1984), Heft 43, S. 144

[9] Warnecke, H.J.: Von Taylor zur Fertigungstechnik von morgen. wt – Zeitschrift für industrielle Fertigung 75 (1985), S. 669

[10] Weck, M.: Werkzeugmaschinen. Bd. 3. Automatisierung und Steuerungstechnik. Düsseldorf: VDI-Verlag, 1978

Kapitel 2

Aufbau, Merkmale und Einsatzfelder komplexer Produktionssysteme

2.1	Arbeitsorganisation	26
2.1.1	Begriffe der Arbeitsorganisation	27
2.1.2	Merkmale der Arbeitsorganisation	31
2.1.2.1	Arbeitsteilung	32
2.1.2.2	Entkopplung des Menschen vom Produktionsprozeß	34
2.1.2.3	Gruppenarbeit	37
2.1.2.4	Tendenzielle Vor- und Nachteile unterschiedlicher Merkmale der Arbeitsorganisation	40
2.2	Realisierungsformen und Merkmale komplexer Produktionssysteme	41
2.2.1	Technische Teilsysteme	41
2.2.2	Ausbaustufen	43
2.2.3	Flexibilität	45
2.2.4	Ausführungsformen	48
2.2.5	Einsatzkriterien	52
2.3	Ausgewählte Beispiele unterschiedlicher Arbeitsorganisation in komplexen Produktionssystemen	56
2.3.1	Teilefertigung	56
2.3.1.1	Technische und organisatorische Merkmale	56
2.3.1.2	Arbeitsteilung	60
2.3.2	Montage	63
2.3.3	Ausführungsbeispiele	69
	Literatur	82

2 Aufbau, Merkmale und Einsatzfelder komplexer Produktionssysteme

2.1 Arbeitsorganisation

Bedeutung
der Arbeits-
organisation

Die Planung und Gestaltung komplexer Produktionssysteme, so wie sie in dieser Methodenlehre dargestellt ist, bezieht sich im wesentlichen auf die Planung und Gestaltung der organisatorischen Komponente und weniger auf die rein technische Ausstattung derartiger Systeme. Eine besondere Bedeutung kommt hierbei der Arbeitsorganisation zu, wie sie in diesem Kapitel mit den wesentlichen Begriffen und an einigen Beispielen dargestellt wird (vgl. Bild 6).

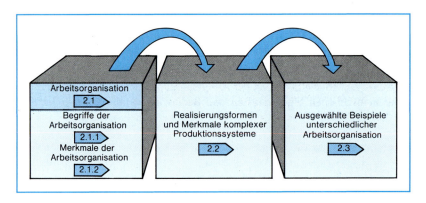

Bild 6   Gliederung des Abschnitts

2.1.1 Begriffe der Arbeitsorganisation

Das Arbeitssystem dient der Erfüllung einer Arbeitsaufgabe. Es wird mit Hilfe der folgenden sieben Systembegriffe beschrieben:
1) Arbeitsaufgabe
2) Arbeitsablauf
3) Mensch
4) Betriebs- beziehungsweise Arbeitsmittel
5) Eingabe
6) Ausgabe
7) Umwelteinflüsse.

Arbeitssystem

Dies gilt für herkömmliche Arbeitssysteme ebenso wie für komplexe Produktionssysteme, wie sie in Kapitel 1 definiert wurden.

Arbeitsgestaltung ist das Schaffen von Bedingungen für das Zusammenwirken von Mensch, Technik, Information und Organisation im Arbeitssystem. Ziel ist die Erfüllung der Arbeitsaufgabe unter Berücksichtigung der menschlichen Eigenschaften und Bedürfnisse und der Wirtschaftlichkeit des Systems.

Arbeits-gestaltung

Gestaltungsbereiche sind vor allem der technische Prozeß und die Organisation. Zum ersten zählen insbesondere das Bearbeitungs-, das Materialfluß- und das Informationssystem.

Die Aufbauorganisation regelt die Aufteilung der Aufgaben eines Betriebs, einer Behörde oder eines anderen soziotechnischen Systems auf verschiedene organisatorische Einheiten und das Zusammenwirken dieser Einheiten.

Aufbau-organisation

Die Ablauforganisation regelt das räumliche und zeitliche Zusammenwirken von Menschen, Betriebs- beziehungsweise Arbeitsmitteln und Eingabe zur Erfüllung von Arbeitsaufgaben.

Ablauf-organisation

Aufbau- und Ablauforganisation werden häufig unter dem Begriff Arbeitsorganisation zusammengefaßt.

Arbeits-organisation

Aufbau-
organisation

Unter Aufbauorganisation wird also die hierarchische Gliederung in Organisationseinheiten unterschiedlichen Umfanges verstanden, wie z.B. Abteilung, Meisterbereich, Arbeitsgruppe. Die Darstellung der Aufbauorganisation erfolgt normalerweise in einem Organisationsplan. Die von der jeweiligen Organisationseinheit zu erfüllenden Aufgaben werden in Stellenbeschreibungen festgelegt. Sie regeln im allgemeinen den Aufgaben-, Kompetenz- und Verantwortungsumfang eines Stelleninhabers.

Ablauf-
organisation

Die Ablauforganisation wird als raumzeitliche Regelung verstanden, bei der festgelegt wird,

– wo,
– wann,
– in welcher räumlichen Folge und
– in welcher zeitlichen Folge

Arbeitsaufgaben erfüllt werden [10].

Die Ablauforganisation verkettet die Arbeitsaufgaben und verbindet so die im Organisationsplan beschriebenen Stellen logisch miteinander.

Ziele der
Arbeits-
organisation

Die Ziele der Arbeitsorganisation im Sinne der globalen Zielsetzung der Arbeitsgestaltung sind in Bild 7 aufgeführt.

Ziele der Arbeitsorganisation	
Organisatorische Ziele	Personelle Ziele
Geringe Durchlaufzeiten und Umlaufbestände	Arbeitssicherheit gemäß Stand der Technik
Hohe Produktionsflexibilität	Menschengerechte Arbeitsgestaltung
Hohe Lieferbereitschaft	Große Handlungsspielräume
Hohe Systemverfügbarkeit	Ausreichende Qualifikationen
Geringe Herstellkosten	Soziale Akzeptanz von Leistung und Lohn

Bild 7   Ziele der Arbeitsorganisation

Um die technischen Möglichkeiten möglichst optimal zu nutzen und um den menschlichen Fähigkeiten und Bedürfnissen möglichst weitgehend gerecht zu werden, müssen technischer Prozeß und Arbeitsorganisation sorgfältig geplant und gestaltet werden. Hierbei hat sich gezeigt, daß nicht nur das Planen beider Bestandteile, sondern besonders auch das sorgfältige Abstimmen zwischen dem Prozeß und der Arbeitsorganisation bereits im Planungsstadium um so wichtiger werden, je komplexer sich das Produktionssystem darstellt.

Arbeits-
organisation
und technischer
Prozeß

Bei der herkömmlichen Planung von Produktionssystemen (z.B. manueller Montagearbeitsplatz) wurde die Arbeitsorganisation meist für einen bereits festliegenden technischen Prozeß entwickelt, d.h. häufig erst bei der Einführung des Produktionssystems geplant, gestaltet und erforderlichenfalls angepaßt.

Bei komplexem Produktionssystemen ist es vorteilhaft, die Arbeitsorganisation zeitgleich mit dem Prozeß zu entwickeln, da Rückwirkungen bei der Planung des Produktionssystems später zu Änderungen führen können, die einerseits nur schwierig durchzuführen sind und andererseits aufgrund der hohen Investitionen sehr kostenintensiv sind (s. Bild 8).

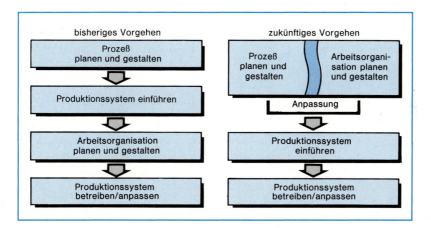

Veränderung des Planungsprozesses bei komplexen Produktionssystemen					Bild 8

Planungs-
und Gestaltungs-
parameter

Die wesentlichen Planungs- und Gestaltungsparameter der Arbeitsorganisation sind zum einen die verschiedenen Teilungsarten wie:

– Systemteilung,
– Aufgabenteilung und
– Arbeitsteilung,

und zum anderen die Entkopplungskomponente „Mensch/Technik", d.h. die Loslösung menschlicher Arbeitshandlungen von technischen Abläufen. Dabei kommt der Entkopplung in bezug auf planerische Gestaltungsspielräume zur Konzeption der Arbeitsorganisation eine übergeordnete Bedeutung zu.

unterschiedliche
Teilungsarten

In Bild 9 sind die unterschiedlichen Teilungsarten näher erläutert und jeweils durch ein charakteristisches Beispiel aus der Teilefertigung und der Montage ergänzt.

Begriff	Bedeutung	Montage		Teilefertigung	
Systemteilung	Aufteilung eines Gesamtsystems in mehrere Teilsysteme	Gesamtsystem Montage		Gesamtsystem Fertigung	
		▼ ▼		▼ ▼	
		Teilsystem Vormontage	Teilsystem Endmontage	Teilsystem Blechteilefertigung	Teilsystem Gießerei
Aufgabenteilung	Aufteilung der zu erfüllenden Aufgaben auf personelle und maschinelle Aufgabenträger (Automatisierungsgrad)	Gesamtaufgabe Sicherstellung d. Maßgenauigkeit		Gesamtaufgabe Bearbeiten	
		▼ ▼		▼ ▼	
		Teilaufgabe Vollautomatisches Messen	Teilaufgabe Stichprobenhaftes manuelles Messen	Teilaufgabe Manuelles Aufspannen	Teilaufgabe Automatischer Zerspanprozeß
Arbeitsteilung	Art- und/oder Mengenteilung	Arbeitsaufgabe Komplettmontage		Arbeitsaufgabe Komplettbearbeitung	
		▼ ▼ ▼		▼ ▼ ▼	
		Teilaufgabe Vormontieren / Teilaufgabe Montieren / Teilaufgabe Justieren Kontrollieren		Teilaufgabe Programmieren / Teilaufgabe Einrichten / Teilaufgabe Bedienen/ Überwachen	

Bild 9   Erläuterung unterschiedlicher Teilungsarten

Im Rahmen der Systemteilung wird in einem ersten Schritt zunächst die System-   Systemteilung
grenze für das zu planende Gesamt-Arbeitssystem bestimmt. Danach wird festgelegt, ob für den weiteren Planungsablauf das Gesamtsystem in Teilsysteme
zerlegt werden soll und diese dann jeweils für sich Gegenstand der einzelnen
Planungsstufen sind. So kann z.B. das Gesamtsystem Montage in ein Teilsystem
Vormontage und ein Teilsystem Endmontage zerlegt werden und für diese beiden
Teilsysteme jeweils der technische Prozeß und die Arbeitsorganisation getrennt
geplant und gestaltet werden.

Durch die Entscheidung des Planers für eine bestimmte Art der Aufgabenteilung   Aufgaben-
wird festgelegt, welcher Anteil an der Aufgabenerfüllung von der Technik über-   teilung
nommen wird, d.h. mechanisiert oder automatisiert abläuft, und welcher Anteil
vom Menschen manuell ausgeführt werden muß.

Schließlich wird mit dem Grad der gewählten Arbeitsteilung ein entscheidender   Arbeitsteilung
Einfluß auf die Bildung von Arbeitsaufgaben der direkt produktiven Mitarbeiter
im System ausgeübt.

2.1.2 Merkmale der Arbeitsorganisation

Wesentliche Merkmale der Arbeitsorganisation bei komplexen Produktionssyste-   Charakterisie-
men sind in Bild 10 zusammengefaßt.   rung der Arbeits-
organisation

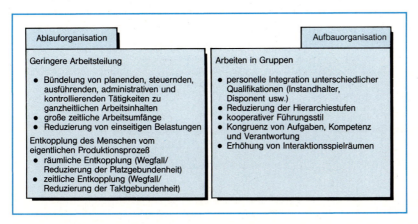

Charakterisierung der Arbeitsorganisation in komplexen Produktionssystemen   Bild 10

Dabei wird deutlich, daß die Planung und Gestaltung der Arbeitsorganisation ein fester, integrativer Bestandteil des Planungsprozesses sein muß.

2.1.2.1 Arbeitsteilung

Re-Integration
von Aufgaben

Die Reduzierung der Arbeitsteilung führt dazu, daß eine Reihe von Tätigkeiten, die ehemals dem Bereich der Fertigung zugeordnet waren, wie z.B. Messen, Instandhalten und Einrichten, und dann in sogenannte produktionsnahe Bereiche (Fertigungshilfsstellen) abgewandert waren, wieder in die Fertigung zurückverlagert werden.

Bild 11   Prinzipielle Möglichkeiten der Aufgabenbereicherung durch Integration von Umfeldaufgaben [3].

Von dieser „Re-Integration" sogenannter Umfeldtätigkeiten in den direkt produktiven Bereich sind vor allem die Qualitätssicherung, die Fertigungssteuerung, die Instandhaltung, der Werkzeug- und Vorrichtungsbau, die Fertigungsplanung und das innerbetriebliche Lager- und Transportwesen betroffen.

In Bild 11 sind beispielhaft prinzipielle Möglichkeiten der Aufgabenbereicherung durch Integration von Umfeldaufgaben dargestellt.   *Aufgaben-bereicherung*

Durch die Zusammenfassung von planenden, kontrollierenden und ausführenden Tätigkeiten werden die Produktivität und Arbeitsmotivation der einzelnen Mitarbeiter erhöht.

Damit wird die Arbeitsaufgabe – bezogen auf den einzelnen Mitarbeiter – zu einer wichtigen Schlüsselgröße beim Planen und Gestalten der Arbeitsorganisation.

In Bild 12 sind für den Bereich der Teilefertigung mögliche Teilaufgaben in Abhängigkeit von der hierzu benötigten Qualifikation dargestellt.   *Qualifikation*

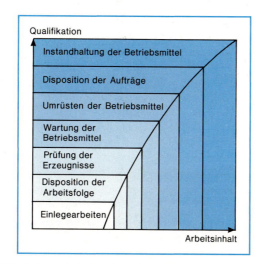

Darstellung von Teilaufgaben und der benötigten Qualifikation   Bild 12

2.1.2.2 Entkopplung des Menschen vom Produktionsprozeß

Entkopplung

Die Ziele der Arbeitsorganisation (Bild 7) lassen sich am ehesten realisieren, wenn der technische Ablauf und die vom Menschen auszuführende Arbeit zeitlich und räumlich weitgehend entkoppelt werden. Die dem arbeitenden Menschen in herkömmlichen Produktionssystemen zufallenden Aufgaben sind die Handhabung/Bedienung und die Regelung/Steuerung von Maschinen und Anlagen. Er wird dadurch räumlich und zeitlich an die Technik gebunden. Arbeitsaufgabe und auch Qualifikationsbedarf resultieren aus diesen Aufgaben und ihrer jeweiligen Zuordnung zu einzelnen Arbeitsplätzen. Arbeitszeit und Arbeitsort werden weitgehend durch die installierte Technik determiniert [16].

Einfluß neuer
Technologien
auf die
Entkopplung

Mit der Mikroelektronik hat sich der Weg zur Entwicklung komplexer Produktionssysteme geöffnet, in denen die betriebliche Elastizität zumindest in Teilbereichen durch technische Einrichtungen ermöglicht wird.

Dieser Substitionsprozeß äußert sich in einem ersten Schritt in der Aufgabenteilung bezüglich Handhabungsvorgängen und einfachen Regelungsvorgängen zwischen Mensch und Maschine.

Auch im Bereich der Kommunikation erfolgt der Informationsaustausch nicht mehr nur in unmittelbarer persönlicher Begegnung, sondern zunehmend unter Zuhilfenahme technischer Systeme.

Für den organisatorischen Spielraum bedeutet dies, daß der Austausch von Daten, Text und Bildern zwischen Menschen bzw. Mensch und Maschine durch Kommunikationstechnologien räumlich zu trennen ist. Soweit die auszutauschenden Informationen speicherbar sind, sind sie auch zeitlich entkoppelbar.

prinzipielle
Entkopplungs-
möglichkeiten

Die Entkopplung der menschlichen Arbeit vom technischen Prozeß kann durch technische bzw. technisch-organisatorische Lösungen erreicht werden. Dies ist eine grundlegende Voraussetzung bei der Gestaltung einer zukunftsorientierten Arbeitsorganisation.

Dabei kommt der Funktion „Speichern" im Rahmen von Entkopplungsmaßnahmen eine große Bedeutung zu.

Speicher (z. T. auch als Puffer bezeichnet) werden vor, zwischen oder nach Arbeitsplätzen angeordnet und ermöglichen über ihre Vorratsfunktion, benachbarte Arbeitsplätze taktmäßig voneinander zu entkoppeln. Damit unterliegen einerseits die Mitarbeiter keiner festen Taktbindung mehr, andererseits wirken sich Störungen einzelner Arbeitsplätze viel seltener hemmend auf benachbarte Arbeitsplätze aus.

Speicher

Zu den technisch-organisatorischen Entkopplungsmöglichkeiten zählt das sogenannte Nebenflußprinzip, das vor allem in dem Bereich der Montage angewendet wird.

Nebenfluß-prinzip

Beim herkömmlichen Fließband läuft jedes Produkt in der Regel jeden einzelnen Arbeitsplatz an, d.h. die Arbeitsplätze liegen bezogen auf den Materialfluß im Hauptfluß. Die Nachteile für die Montagemitarbeiter sind Takt- und Platzgebundenheit aufgrund der technischen und zeitlichen Verkettung der Arbeitsplätze.

Das Abzweigen des Materials aus dem Hauptfluß in einen Nebenfluß hebt die Taktbindung an den Hauptfluß auf. Die zeitgenaue Ausführung der Arbeiten ist nicht mehr zwingend notwendig, die Organisation wird flexibler [14]; eine individuelle Leistungsentfaltung und damit vereinfachte Einarbeitung wird möglich.

Das Nebenflußprinzip ermöglicht auch eine kommunikationsfördernde Anordnung der Arbeitsplätze (Bild 13).

	Vorteile	Nachteile
Hauptflußprinzip	• Ordnung im Arbeitsablauf (klassisches Fließband) • kurze Einarbeitungszeit und hoher Einübungsgrad (starke Artteilung) • geringer Flächenbedarf • hohe Stückzahlen	• geringer Arbeitsinhalt • geringe Kommunikationsmöglichkeiten • Springer notwendig • starre Verknüpfungstöranfällig
Nebenflußprinzip	• Aufgabenbereicherung möglich • individuelle Leistungsentfaltung möglich • Einarbeitung gut möglich • Taktentkopplung	• Investitionskosten für Verkettung • erhöhter Platzbedarf • erhöhte Durchlaufzeit

Vor- und Nachteile von Hauptfluß- und Nebenflußprinzip [3]   Bild 13

Partner-
arbeitsplätze

Die Realisierung des Nebenflußprinzips ist auch bei Einzelarbeitsplätzen möglich, wie Bild 14 zeigt. Einander gegenübergestellte taktunabhängige Montagesysteme ergeben sogenannte Partnerarbeitsplätze.

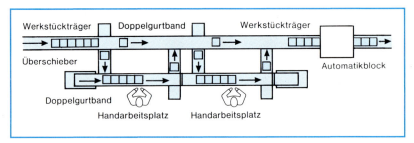

Bild 14   Montagesystem mit taktunabhängigen Einzelarbeitsplätzen

Beim Partnerarbeitsplatz sollten sowohl Blickkontakt als auch Verständigung, als Grundvoraussetzung zur Kommunikation, durch die räumliche Anordnung der Arbeitsplätze gewährleistet sein. Organisatorisch bilden diese Arbeitsplätze jedoch getrennte Einheiten (Bild 15).

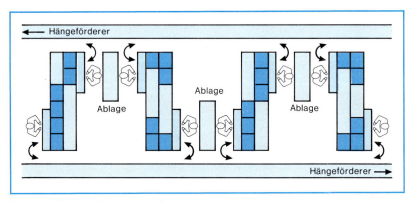

Bild 15   Prinzipdarstellung von Partnerarbeitsplätzen

2.1.2.3 Gruppenarbeit

Gruppenarbeit ist die Erfüllung der Arbeitsaufgabe eines Arbeitssystems durch mehrere Menschen.

Gruppenarbeit

Die Gruppenmitglieder erhalten eine ganzheitliche Arbeitsaufgabe zur Verantwortung. Es liegt somit in ihrer Kompetenz, die Teilaufgaben innerhalb des Systems selbständig zu verteilen und damit auch die Kontrolle über die Arbeitsabläufe zu übernehmen. Die individuelle Ablaufkontrolle im Sinne einer Beaufsichtigung durch Vorgesetzte entfällt und muß durch eine ergebnisorientierte Kontrolle des Systems als Ganzheit ersetzt werden [17].

Für die Effektivität von Gruppenarbeit sind folgende Voraussetzungen notwendig [17]:

Voraussetzungen

– Die gemeinsame Arbeitsaufgabe muß für alle Gruppenmitglieder überschaubar sein,
– die zur Erfüllung dieser Arbeitsaufgabe notwendigen Tätigkeiten bzw. Arbeitsplätze sollten einen inneren Zusammenhang aufweisen,
– die Arbeitsgruppe sollte bezüglich der festgelegten bzw. vereinbarten Fertigungsziele laufend eine Rückkopplung bezüglich der Zielerreichung erhalten,
– die Zusammensetzung und Größe der Gruppe sollten der Arbeitsaufgabe angepaßt und ebenfalls überschaubar sein (3 bis 10 Gruppenmitglieder),
– die Arbeitsgruppe muß eigene Regeln für die interne Kooperation sowie für die Problemlösung entwickeln können, und
– die Mitglieder einer Arbeitsgruppe sollten flexibel für verschiedene Teilaufgaben einsetzbar sein.

Mit der Einführung von Gruppenarbeit im Unternehmen verändert sich auch das Tätigkeitsbild des Führungspersonals. Sehr häufig wird die klassische, hierarchische Einteilung von Werkstattmeister, Vorarbeiter, Einrichter, Maschinenführer und Maschinenbediener durch Wegfall von einer oder mehreren Hierarchie-Ebenen, z.B. der Vorarbeiter- und/oder Einrichterebene, verändert.

Auswirkungen von Gruppenarbeit

Maschinen- oder
Anlagenführer

Bei einer derartigen Arbeitsorganisation übernimmt der Maschinen- oder Anlagenführer zum Teil die Funktionen des Vorarbeiters und des Einrichters. Neben der Bedienung und Überwachung der unterschiedlichen Maschinen ist er für die Einhaltung der Qualität der Werkstücke und die termingerechte Abwicklung der Aufträge verantwortlich. Einrichte- und kleinere Wartungsarbeiten gehören in diesem Fall ebenso zu seinem Aufgabengebiet, wie das Anleiten und Anlernen neuer Mitarbeiter. Damit wird der Maschinenführer zur zentralen Kontaktperson zum übrigen betrieblichen Umfeld.

Durch die Einführung des Maschinenführers kann sich der Vorgesetzte vermehrt um die Koordination der Arbeit verschiedener Arbeitsgruppen kümmern. Weil kurzfristige organisatorische Entscheidungen delegiert sind, kann sich der Vorgesetzte darüber hinaus verstärkt längerfristigen Planungs- und Koordinationsaufgaben widmen und somit zur Stabilität der Systeme beitragen.

Nutzung der
Anlagen

Da vor allem bei den kapitalintensiven Einrichtungen eine möglichst hohe Nutzung angestrebt wird, müssen alle, die einen Einfluß auf die Nutzung der Einrichtung haben, hierzu ihren Beitrag leisten [5], [7]. Dazu wäre die ständige Präsenz unterschiedlicher Berufsgruppen wie z.B. Maschinen- oder Anlagenführer, Maschinenbediener, Disponent, Instandhalter vor Ort wünschenswert.

Arbeitsteilung

In Bild 16 sind für diese kapitalintensiven Produktionssysteme, aus dem Bereich der Teilefertigung z.B. für flexible Fertigungssysteme, die grundsätzlichen Teilaufgaben und ihre Bündelung in bezug auf eine „klassische Arbeitsteilung" beispielhaft angegeben, die für den Betrieb solcher Systeme notwendig sind.

Im Abschnitt „Ausgewählte Beispiele unterschiedlicher Arbeitsorganisation in komplexen Produktionssystemen" (Abschnitt 2.3) werden weitere Möglichkeiten der Arbeitsteilung und die Begründung für deren Einführung im Unternehmen näher dargestellt.

Teilaufgaben	Arbeitsteilung						
	Disponent	Arbeitsplaner	Einrichter	Hilfskraft	Facharbeiter	Kontrolleur	Instandhalter
Dispositive Fertigungssteuerung							
Aufträge verwalten	●						
Auftragsterminierung	●						
Kapazitätsabgleich	●						
Auftragseinlastung	●						
Arbeitsvorgang — Abfertigung	●						
Bereitstellung festlegen	●						
Arbeitsablauf sicherstellen	●						
Programmieren und Planen							
Erstellen des Programms		●					
Ändern des Programms		●					
Erstellen des Werkzeugplans		●					
Erstellen des Spannplans		●					
Bearbeitungsprobleme besprechen / zusätzliche Information		●					
Programmiertätigkeit / Operatortätigkeit bei Ausfällen		●					
Vorbereiten und Rüsten (Maschine)							
Bereitstellen von Werkzeugen und Spannmitteln				●			
Voreinstellen von Werkzeugen und Spannmitteln			●				
Kontrolle der Werkzeugeinstellung / Einsetzen der Werkzeuge			●				
Vorbereitung / Aufbau von Spannmitteln und Vorrichtungen			●				
Werkstück aufnehmen / ablegen			●				
Einspannen der Werkstücke nach Spannplan / Erfahrung			●				
Kontrolle der gespannten Werkstücke			●				
Kühlmittelzufluß anstellen / ausrichten			●				
Vorbereiten und Rüsten (Information)							
Info-Träger einlegen / spulen / entnehmen			●		●		
Nullpunkteinstellung			●		●		
Korrekturschalter laut Werkzeug- oder Spannplan setzen			●		●		
Korrekturschalter nach Werkzeugverschleiß setzen			●				
Probelauf mit Koordinaten und Schnittwegkontrolle			●				
Maschine bedienen und überwachen							
Programmlauf starten					●		
Beobachten des Arbeitsganges				●	●		
Späne brechen und entfernen				●			
Werkzeuge wechseln oder umspannen				●	●		
Überwachen des Betriebszustandes der Anlage					●		
Erkennen falscher Steuerbewegungen					●		
Betätigen des Ausschalters bei Störungen				●			
Beheben von kleineren Störungen					●		
Kontrolle							
Maß- und Oberflächenkontrolle bei der Bearbeitung						●	
Kontrolle der fertigen Werkstücke						●	
Anlernen eines Bedieners						●	
Instandhaltung							
Wartung							●
Inspektion							●
Instandsetzung							●

Teilaufgaben und ihre Bündelung bei starker Arbeitsteilung [15]   Bild 16

2.1.2.4 Tendenzielle Vor- und Nachteile unterschiedlicher Merkmale der Arbeitsorganisation

Merkmale zur
Bewertung

Gerade für den Planer ist es wertvoll zu wissen, welche tendenziellen Vor- und Nachteile mit der Einführung von neuen Formen der Arbeitsorganisation verbunden sind.

Bild 17 zeigt tendenzielle Vor- und Nachteile von charakteristischen Merkmalen der Arbeitsorganisation in komplexen Produktionssystemen. Welche Vor- und Nachteile sich dabei – bezogen auf einen konkreten Planungsfall – ergeben können, muß vom Planer ermittelt und soweit wie möglich quantifiziert werden. Hierbei sollten auch Veränderungen in der Belastungssituation berücksichtigt werden (vgl. hierzu Teil 2 der MLA [11]).

Charakteristische Merkmale	Tendenzielle Vorteile	Tendenzielle Nachteile
Geringere Arbeitsteilung	Erhöhung des Selbstwertgefühls für den Mitarbeiter Größere Identifikation mit der Arbeit Bessere Nutzung von vorhandenem Know-How Frühzeitige Fehlererkennung durch schnelle Rückkopplung bez. des Arbeitsergebnisses Reduzierung von Ausschuß und Nacharbeit Geringerer Taktausgleich Reduzierung einseitiger Belastungen Vergrößerung der Produktionsflexibilität	Höhere Anlernkosten Höhere Lohnkosten Höhere Investitionskosten pro Arbeitsplatz

Entkopplung	Ausgleich von:
	    Leistungsschwankungen
	    Leistungsunterschieden
	Freie Disposition der persönlichen Verteilzeit, Erholungspausen
	Senkung von Stillstandskosten, die anfallen durch:
	    Losgrößenänderung
	    typenbedingte Vorgabezeitunterschiede
	    unterschiedliche Ausbringung
		Erhöhter Investitions- und Planungsaufwand
		Erhöhter Platzbedarf
		Erhöhter Umlaufbestand
		Erhöhte Durchlaufzeiten

Gruppenarbeit	Integration in eine Gruppe Förderung des Verständnisses für die Arbeit der Kollegen Förderung des Teamgeistes Bildung einer Stammannschaft	Höherer Aufwand bei der Personaleinsatzplanung

Bild 17   Tendenzielle Vor- und Nachteile von charakteristischen Merkmalen der Arbeitsorganisation in komplexen Produktionssystemen

2.2 Realisierungsformen und Merkmale
komplexer Produktionssysteme

2.2.1 Technische Teilsysteme

Unabhängig von Systemgröße und vom Stand der Automatisierung gilt, daß alle   drei technische
komplexen Produktionssysteme aufbauorganisatorisch in drei technische Teilsy-   Teilsysteme
steme unterteilt werden können:

– Bearbeitungssystem bzw. Montagesystem,
– Materialflußsystem und
– Informationssystem.

Bild 18 veranschaulicht diese Teilsysteme und erläutert sie am Beispiel ihrer
wichtigsten Komponenten.

Regelkreis innerhalb der technischen Teilsysteme	Technisches Teilsystem	Hauptkomponenten	Symbol
Mensch Technik Organisation Information	Bearbeitungs-/ Montagesystem	-Betriebsmittel Maschinen, Werkzeuge, Vorrichtungen, Prüfmittel -Hilfsstoffe Schmiermittel,...	
	Materialfluß-system	-Fördermittel Fahrzeuge, Hebezeuge, Stetig-förderer, Handhabungsgeräte -Förderhilfsmittel Paletten, Aufnahmeelemente, Greifer	
	Informations-system	-Hardware Rechner, Terminals, Leitungen -Software Programme	

Teilsysteme komplexer Produktionssysteme   Bild 18

Bearbeitungs-/
Montagesystem

Zum Bearbeitungs- und Montagesystem zählen alle Einrichtungen, die als Betriebsmittel den Produktionsfortschritt im Sinne der Aufgaben des Produktionssystems bewirken. Dies sind also beispielsweise Maschinen, Werkzeuge, Vorrichtungen, Meß- und Prüfeinrichtungen.

Materialfluß-
system

Das Materialflußsystem beinhaltet alle Einrichtungen, die als Fördermittel oder Förderhilfsmittel zum Lagern, Speichern, Transportieren, Bereitstellen und Handhaben von Werkstücken, Werkzeugen, Spannzeugen, Meßzeugen, Spänen und Hilfsstoffen notwendig sind. Dies sind also beispielsweise Lager unterschiedlicher Bauart, Fahrzeuge, Verkettungseinrichtungen, Paletten, Aufnahmeelemente, Industrieroboter, Greifer usw..

Informations-
system

Das Informationssystem umfaßt alle Einrichtungen, die zum Speichern, Verwalten, Bearbeiten, Versenden und Empfangen von Daten bzw. Informationen zur Abwicklung des Fertigungsablaufs notwendig sind. Dies sind also beispielsweise bei komplexen Produktionssystemen Rechner, Datenträger, Terminals, Übertragungseinrichtungen als Hardware ebenso wie Dispositions-, Steuerungs- oder Überwachungsprogramme als Software. In herkömmlichen Produktionssystemen kann sich das Informationssystem auch lediglich auf Karteien, Laufkarten usw. stützen.

2.2.2 Ausbaustufen

Produktionssysteme können entsprechend der möglichen Arbeitsaufgaben und ihrer Verteilung auf die einzelnen Betriebsmittel ablauforganisatorisch in einstufige, mehrstufige und kombinierte Produktionssysteme eingeteilt werden (s. Bild 19).

Einteilung von Produktionssystemen

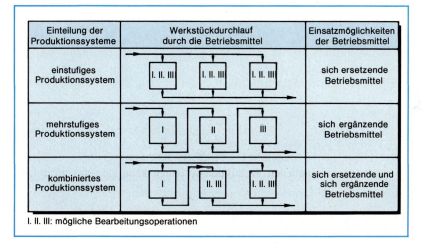

Einteilung der Produktionssysteme	Werkstückdurchlauf durch die Betriebsmittel	Einsatzmöglichkeiten der Betriebsmittel
einstufiges Produktionssystem	I. II. III I. II. III I. II. III	sich ersetzende Betriebsmittel
mehrstufiges Produktionssystem	I II III	sich ergänzende Betriebsmittel
kombiniertes Produktionssystem	I II. III I. II. III	sich ersetzende und sich ergänzende Betriebsmittel

I. II. III: mögliche Bearbeitungsoperationen

Einteilung von Produktionssystemen   Bild 19

Für einstufige Produktionssysteme ist kennzeichnend, daß die für den beabsichtigten Produktionsfortschritt im System notwendigen Arbeitsaufgaben auf einer einzigen Bearbeitungs- oder Montagestation des Systems vollständig erbracht werden können.

einstufige Produktionssysteme

Unter einer Station (Bearbeitungs- oder Montagestation) wird ein räumlich abgegrenzter Bereich zur Bewältigung einer fest umrissenen Arbeitsaufgabe verstanden, in dem mehrere Betriebsmittel und/oder mehrere Arbeitsplätze vorhanden sein können.

Station

einstufige
Produktions-
systeme

In einstufigen Produktionssystemen können somit auch beispielsweise Teile auf einer Werkzeugmaschine komplett bearbeitet oder etwa Produkte an einem Montagearbeitsplatz komplett montiert werden.

Laufen unterschiedliche Werkstücke durch das System, so können entweder für jeden Werkstücktyp bestimmte Betriebsmittel, also werkstückbezogene Bearbeitungs- oder Montagestationen, vorgesehen sein, oder die Betriebsmittel sind so ausgerüstet, daß jedes Werkstück wahlweise auf dem einen oder anderen Betriebsmittel hergestellt werden kann. Hier spricht man dann von *sich ersetzenden* Betriebsmitteln.

sich ersetzende
Betriebsmittel

Ein Beispiel für sich ersetzende Betriebsmittel sind zwei Werkzeugmaschinen mit gleichen Maschinendaten hinsichtlich bearbeitbarer Werkstückgröße, möglichen Arbeitsvorgängen, erzielbarer Bearbeitungsgenauigkeit, Programmierung usw..

mehrstufige
Produktions-
systeme

Bei mehrstufigen Produktionssystemen müssen die das Produktionssystem durchlaufenden Werkstücke mehrere Bearbeitungs- oder Montagestationen anlaufen, bis die gesamte, für den beabsichtigten Produktionsfortschritt im System notwendige Arbeitsaufgabe erfüllt ist. Mehrstufige Produktionssysteme ergeben sich somit immer dann, wenn nicht alle zur Komplettbearbeitung eines Teils notwendigen Teilvorgänge an einem Betriebsmittel durchgeführt werden können, oder wenn etwa mehrere Stationen zur kompletten Montage eines Produkts angelaufen werden müssen.

sich ergänzende
Betriebsmittel

Die aufeinanderfolgenden Bearbeitungs-/Montagestationen werden hierbei auch als *sich ergänzende* Betriebsmittel bezeichnet.

So erfordert beispielsweise die Komplettbearbeitung einer Getriebewelle stets ein mehrstufiges Produktionssystem mit zumindest den Bearbeitungsstationen Drehen, Verzahnen, Härten und Schleifen. Auch die Endmontage von Automobilen z.B. erfordert mehrstufige Produktionssysteme mit spezialisierten Arbeitsplätzen für den Innenausbau, Türeneinbau, Triebwerkseinbau, Achseinbau usw..

In der betrieblichen Praxis treten auch Mischformen zwischen einstufigen und mehrstufigen Produktionssystemen auf, in denen sich ersetzende und sich ergänzende Einrichtungen gezielt miteinander kombiniert werden. Dies hat verschiedene Vorteile: So kann man damit beispielsweise einen Ausfall eines Betriebsmittels in einem Produktionssystem durch Ausweichen auf ein ersetzendes Betriebsmittel überbrücken und damit in seinen negativen Folgen für den Produktionsfortschritt mildern. Als Beispiel aus der Montage läßt sich anführen, daß man so auch unterschiedliche Seriengrößen im selben Produktionssystem montieren kann:

kombinierte Produktionssysteme

Bei Kleinserien unterschiedlicher Produkte kann man die Montage einstufig an einzelnen Arbeitsplätzen durchführen, größere Serien werden mehrstufig an sich ergänzenden Arbeitsplätzen montiert.

2.2.3 Flexibilität

Die Komplexität eines Produktionssystems wird häufig von der im Produktionssystem verwirklichten „Flexibilität" bestimmt.

Erläuterung: Flexibilität

Die Flexibilität beschreibt die Fähigkeit eines Produktionssystems, innerhalb einer bestimmten Zeit für verschiedene Aufgaben einsatzfähig zu sein. Je größer die Verschiedenartigkeit dieser Aufgaben und je geringer der Umstellungsaufwand (Zeit und Kosten) bei Aufgabenwechsel sind, um so höher ist die Flexibilität.

Als Voraussetzung für eine nähere Betrachtung der Flexibilität komplexer Produktionssysteme werden die folgenden Definitionen vorgenommen:

- **Die „kurzfristige Flexibilität" bewertet den Aufwand, der für die Umstellung eines Produktionssystems zwischen bekannten Aufgaben im Rahmen des aktuellen Produktionsprogramms erforderlich ist.**
- **Die „langfristige Flexibilität" bewertet den Aufwand, der für die Umstellung eines Produktionssystems auf neue Aufgaben aufgrund von nicht voraussehbaren Änderungen im Produktionsprogramm und damit verbundenen Änderungen der qualitativen und quantitativen Kapazität des Produktionssystems erforderlich ist.**

kurz- und langfristige Flexibilität

Kriterien der kurzfristigen Flexibilität sind somit vor allem der Rüstvorbereitungs- und Umrüstaufwand. Kriterien der langfristigen Flexibilität sind vor allem der Umstellungs- und Umbauaufwand, die als Zeit und Kosten für Anpassung bzw. Erweiterung des Produktionssystems aufgrund von Produkt- oder Produktions- mengenänderungen entstehen.

weitere Arten
der Flexibilität

Bild 20 gibt darüber hinaus einen Überblick über verschiedene weitere, die kurz- fristige oder langfristige Flexibilität noch näher kennzeichnende Flexibilitäts- arten.

Bezeichnung	Quantitative Beschreibung	Betrachtungshorizont	
		kurzfristig	langfristig
Produktflexibilität	Anzahl unterschiedl. Werkstücke; Grad der Freizügigkeit bei der Maschinenbelegung	■	
Fertigungsredundanz	Anzahl alternativ einsetzbarer Betriebsmittel	■	
Mengenflexibilität	wirtschaftliche Grenzen für zusätz- liche Schichten oder Kurzarbeit, Bereithalten zusätzlicher Betriebsmittel	■	
Anpaßflexibilität	Umbauaufwand		■
Erweiterungsflexibilität	Aufwand für nachträgliche Erweiterung		■

Bild 20   Flexibilitätsarten

Produkt-
flexibilität

Mit dem Begriff Produktflexibilität wird die Fähigkeit eines Produktionssystems beschrieben, die Arbeitsgegenstände eines bekannten, feststehenden Produkt- spektrums in beliebiger Reihenfolge fertigen zu können. Als Kennzeichen für die Produktflexibilität wird der organisatorische oder kostenmäßige Aufwand heran- gezogen, der durch Umrüstarbeiten an Bearbeitungs-, Materialfluß- und Infor- mationssystemen bei Wechsel von einem Produkt auf ein anderes entsteht.

Man spricht beispielsweise im Bereich der Teilefertigung von einer hohen Pro- duktflexibilität, wenn bei Auftrags- bzw. Loswechsel keine oder nur geringfügige Eingriffe des Bedienpersonals erforderlich sind.

Die Fertigungsredundanz gibt Aufschluß darüber, in welchem Umfang bei Bearbeitungs-, Materialfluß- und Informationssystemen jeweils mehrere hinsichtlich ihres Funktionsumfanges gleichartige Einrichtungen vorhanden sind. Man spricht von einer hohen Fertigungsredundanz, wenn das Produktionssystem mehrere sich ersetzende Maschinen enthält, so daß beispielsweise bei Ausfall einer Einheit weiterhin das gesamte Teilespektrum gefertigt werden kann, wenngleich eventuell nur mit verminderter Produktionsleistung.

Fertigungs-redundanz

Die Mengenflexibilität gibt an, in welcher Bandbreite eine Erhöhung bzw. Verringerung der tatsächlichen gegenüber der ursprünglich geplanten Produktionsleistung unter technischen und wirtschaftlichen Gesichtspunkten möglich ist. Ab einer bestimmten anlagenspezifischen Nutzungsobergrenze kann eine Erhöhung der Produktionsmengen nur noch durch Installation zusätzlicher Bearbeitungs-, Materialfluß- oder Informationsflußeinrichtungen erreicht werden. Im Gegensatz hierzu kann unterhalb einer bestimmten Mindestmenge das betrachtete Produktionssystem nicht mehr wirtschaftlich betrieben und eine Verlagerung der Produktion auf ein anders ausgelegtes Produktionssystem, etwa der Übergang von einem verketteten System auf Einzelmaschinen, zweckmäßig werden.

Mengen-flexibilität

Die Anpaßflexibilität ist ein Kennzeichen dafür, in welchem Umfang vorhandene Bearbeitungs-, Materialfluß- und Informationseinrichtungen weiterverwendet werden können, wenn das ursprünglich zugrundegelegte Teilespektrum, innerhalb gewisser technologischer Grenzen, vollständig oder schrittweise durch modifizierte bzw. neuentwickelte Produkte abgelöst wird. Die Anpaßflexibilität ist beispielsweise um so größer, je geringer der Anteil werkstückbezogener Einrichtungen, wie Werkzeuge, Vorrichtungen, Förderhilfsmittel oder Meßmittel, an der Gesamtinvestitionssumme des Produktionssystems ist.

Anpaß-flexibilität

Die Erweiterungsflexibilität beschreibt die Möglichkeit, ein bestehendes Produktionssystem durch nachträgliche Installation zusätzlicher Bearbeitungs-, Materialfluß- oder Informationseinrichtungen an gestiegene Anforderungen bezüglich Produktionsleistung oder Automatisierung anzupassen.

Erweiterungs-flexibilität

2.2.4 Ausführungsformen

drei wichtige
Ausführungs-
formen
in Teilefertigung
und Montage

Die in Kapitel 1 beschriebenen, insbesondere im Bereich der Klein- und Mittelse-rienproduktion rasch gestiegenen Anforderungen an höher automatisierte und dennoch flexible Produktionssysteme fanden in jüngerer Zeit im Bereich der Tei-lefertigung und der Montage bereits ihren Niederschlag in ein- und mehrstufi-gen flexibel automatisierten Produktionssystemen unterschiedlicher Ausprägung. Je nach der in diesen Produktionssystemen verwirklichten, noch zu erläuternden Produktivität und Flexibilität spricht man hierbei von den drei Ausführungs-formen

– flexible Fertigungs-/Montagezellen,
– flexible Fertigungs-/Montagesysteme,
– flexible Fertigungs-/Montagelinien.

Nachstehend sollen diese drei Ausführungsformen an Beispielen in der Teileferti-gung erläutert werden. Die Definitionen gelten jedoch sinngemäß auch für ent-sprechende Montagesysteme.

flexible
Fertigungs-
zellen

Eine flexible Fertigungszelle (FFZ) ist ein einstufiges komplexes Produk-tionssystem, in dem die drei technischen Teilsysteme (Bearbeitungssy-stem, Materialflußsystem, Informationssystem) wie folgt gestaltet sind:

Eine flexible Fertigungszelle enthält eine Bearbeitungsstation, (z.B. eine Werkzeugmaschine in Universal- oder in Sonderbauart), und ist mit au-tomatisierten Materialflußeinrichtungen für Werkstück- und gegebe-nenfalls Werkzeugwechsel und deren Bereitstellung ausgerüstet. Sie ist hinsichtlich Materialfluß- und Informationssystem somit imstande, an mindestens zwei unterschiedlichen Werkstücken mehr als einen Arbeits-vorgang automatisch auszuführen. In eine flexible Fertigungszelle kön-nen automatisierte Einrichtungen zum Reinigen, Prüfen, Entgraten und für andere, die Bearbeitung ergänzende Funktionen integriert sein.

Bild 21 zeigt schematisch das Zusammenwirken von Bearbeitungs-, Mate-rialfluß- und Informationssystem in einer flexiblen Fertigungszelle.

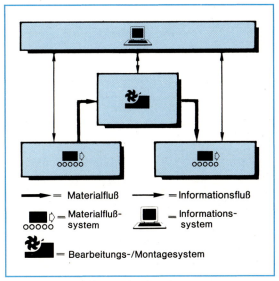

Schematische Darstellung einer flexiblen Fertigungszelle | Bild 21

Die Definition der flexiblen Fertigungszelle und das in Bild 21 gezeigte Zusammenwirken der drei technischen Teilsysteme Bearbeitungs-, Materialfluß- und Informationssystem gelten sinngemäß auch für flexible Montagezellen.

Ein flexibles Fertigungssystem (FFS) ist ein mehrstufiges komplexes Produktionssystem, in dem die drei technischen Teilsysteme (Bearbeitungssystem, Materialflußsystem, Informationssystem) wie folgt gestaltet sind:

Ein flexibles Fertigungssystem (FFS) enthält mehrere Bearbeitungsstationen (z.B. automatisierte Werkzeugmaschinen in Universal- oder Sonderbauart), die durch ein automatisiertes Materialflußsystem so verknüpft sind, daß ein möglichst vollständiges Bearbeiten unterschiedlicher Werkstücke im System möglich ist. Die unterschiedlichen Werkstücke können das System auf verschiedenen Pfaden durchlaufen. Die einzelnen Stationen können somit also in der Reihenfolge wahlweise durchlaufen werden (Außenverkettung). Damit ist die automatisierte mehrstufige Mehrproduktfertigung in einem flexiblen Fertigungssystem möglich. Rüstzeiten bei den einzelnen Komponenten der drei Teilsysteme sind so bemessen, daß ein ungestörtes Arbeiten der übrigen Komponenten während der Rüstvorgänge möglich ist.

flexible
Fertigungs-
systeme

Bild 22 zeigt schematisch das Zusammenwirken von Bearbeitungs-, Material-
fluß-, Informationssystem in einem flexiblen Fertigungssystem.

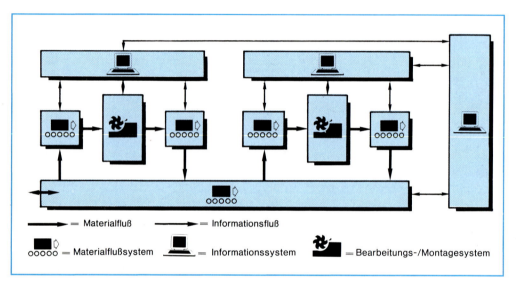

Bild 22　　　　Schematische Darstellung eines flexiblen Fertigungssystems

Aus der Definition und aus Bild 22 ergibt sich, daß ein flexibles Fertigungssystem
auch aus mehreren flexiblen Fertigungszellen zusammengesetzt sein kann.

Die Definition des flexiblen Fertigungssystems und das in Bild 22 gezeigte Zusammenwirken der drei technischen Teilsysteme Bearbeitungs-, Materialfluß-
und Informationssystem gelten sinngemäß auch für flexible Montagesysteme.

Eine flexible Fertigungslinie ist ein mehrstufiges komplexes Produktionssystem, in dem die drei technischen Teilsysteme (Bearbeitungssystem, Materialflußsystem, Informationssystem) wie folgt gestaltet sind:

flexible
Fertigungslinien

Eine flexible Fertigungslinie (FFL) enthält mehrere automatisierte Bearbeitungsstationen (z.B. Werkzeugmaschinen in Universal- oder Sonderbauart und/oder flexible Fertigungszellen), die durch ein automatisiertes Werkstückflußsystem nach dem Flußprinzip verknüpft sind. Eine flexible Fertigungslinie ist somit imstande, gleichzeitig oder nacheinander unterschiedliche Werkstücke zu bearbeiten, die das System auf dem gleichen Pfad durchlaufen. Die Werkstücke müssen also nach der bei der Planung festgelegten Reihenfolge die einzelnen Stationen durchlaufen (Innenverkettung). Zwischen den Stationen können zum Ausgleich von Taktzeitunterschieden, Rüstzeiten oder kurzzeitigen Störungen Puffer angeordnet sein, um die Auswirkungen dieser Einflußgrößen auf die übrigen Systemkomponenten zu minimieren.

Bild 23 zeigt schematisch das Zusammenwirken von Bearbeitungssystem, Materialflußsystem und Informationssystem in einer flexiblen Fertigungslinie.

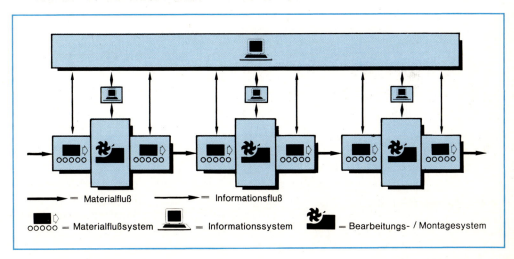

Schematische Darstellung einer flexiblen Fertigungslinie   Bild 23

Die Definition der flexiblen Fertigungslinie und das in Bild 23 gezeigte Zusammenwirken der drei technischen Teilsysteme Bearbeitungs-, Materialfluß- und Informationssystem gelten sinngemäß auch für flexible Montagelinien.

Bild 24 faßt noch einmal die Ausführungsformen komplexer Produktionssysteme zusammen.

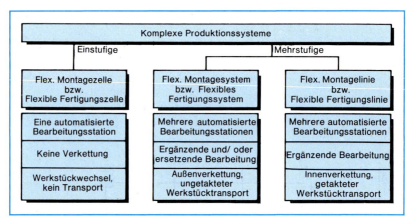

Bild 24   Verschiedene Ausführungsformen komplexer Produktionssysteme

2.2.5 Einsatzkriterien

Eignung
komplexer
Produktions-
systeme

Aus den Definitionen der drei Ausführungsformen komplexer Produktionssysteme im vorangegangenen Abschnitt

– flexible Fertigungs-/Montagezellen,
– flexible Fertigungs-/Montagesysteme und
– flexible Fertigungs-/Montagelinien

ergibt sich, daß alle drei Ausführungsformen für eine flexibel automatisierte Fertigung bzw. Montage unterschiedlicher Werkstücke geeignet sind. Einflußgrößen, die die Wahl der Ausführungsform (Zelle, System oder Linie) für eine bestimmte Fertigungs- oder Montageaufgabe mitbestimmen, sind die Seriengröße und die Werkstückvielfalt (Bild 25).

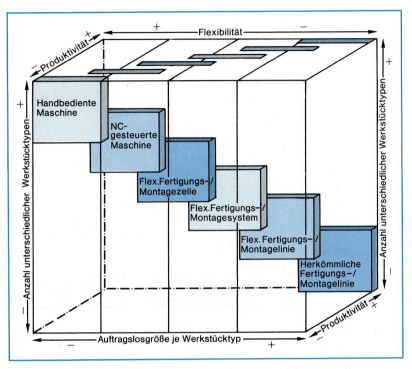

Einsatzgebiete unterschiedlicher Ausführungsformen komplexer Produktionssysteme   Bild 25

Einflußgrößen

Weitere Einflußgrößen sind z.B. die Anzahl erforderlicher Arbeitsvorgänge, die erforderlichen Auftragszeiten, die geforderte Bearbeitungsgenauigkeit, die Wiederholhäufigkeit und die Ähnlichkeit der das Produktionssystem durchlaufenden Aufträge. Bild 26 zeigt am Beispiel der Teilefertigung orientierend die Eignung der verschiedenen Ausführungsformen komplexer Produktionssysteme für unterschiedliche Ausprägungen der genannten Einflußgrößen bzw. Einsatzkriterien.

Einsatz-kriterium \ Ausführungs-form	Flexible Fertigungszelle	Flexibles Fertigungssystem	Flexible Fertigungslinie
Werkstückvielfalt			
Seriengröße/ Kapazitätsbedarf			
Wiederholhäufigkeit der Aufträge			

Bild 26   Einsatzkriterien für unterschiedliche Ausführungsformen komplexer Produktionssysteme

So wird man beispielsweise bei großer Werkstückvielfalt, kleiner Seriengröße, großen Arbeitsinhalten, hoher Bearbeitungsgenauigkeit und geringer Wiederholhäufigkeit der Aufträge die Ausführungsform flexible Fertigungszelle in Betracht ziehen.

Fertigungs-insel

Neben den Begriffen

- flexible Fertigungs-/Montagezelle,
- flexibles Fertigungs-/Montagesystem und
- flexible Fertigungs-/Montagelinie

für Ausführungsformen komplexer Produktionssysteme trifft man in der Praxis häufig auch noch den Begriff

- flexible Fertigungs-/Montageinsel

an. Dieser Begriff beschreibt jedoch nicht ausschließlich eine bestimmte Form der Automatisierung von Bearbeitungs-, Materialfluß- und Informationssystem, sondern spricht auch organisatorische Merkmale an [1].

Mit dem Konzept der Fertigungsinsel wird die strenge Arbeitsteilung zwischen der Fertigung und den ihr vorgelagerten zentralen Planungsbereichen aufgehoben, indem Teilfunktionen der zentralen Planungsbereiche auf die zu einer Arbeitsgruppe gehörenden Mitarbeiter übertragen werden (Bild 27).

Die Fertigungsinsel hat die Aufgabe, aus gegebenem Ausgangsmaterial Produktteile oder Endprodukte möglichst vollständig zu fertigen. Die notwendigen Betriebsmittel sind räumlich und organisatorisch in der Fertigungsinsel zusammengefaßt. Das Tätigkeitsfeld der dort beschäftigten Gruppe trägt folgende Kennzeichen:

– **die weitgehende Selbststeuerung der Arbeits- und Kooperationsprozesse, verbunden mit Planungs-, Entscheidungs- und Kontrollfunktionen innerhalb vorgegebener Rahmenbedingungen und**
– **den Verzicht auf eine zu starre Arbeitsteilung und demzufolge eine Erweiterung des Dispositionsspielraumes für den einzelnen.**

Fertigungs-
insel

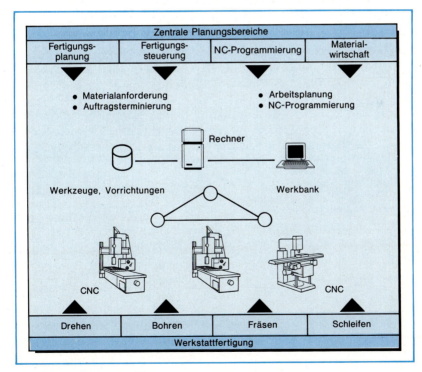

Beispiel einer Fertigungsinsel [2]   Bild 27

2.3   Ausgewählte Beispiele unterschiedlicher Arbeitsorganisation in komplexen Produktionssystemen

2.3.1 Teilefertigung

Beispiel aus der
Teilefertigung

Im folgenden wird die Arbeitsorganisation für zwei flexible Fertigungssysteme FFS A und FFS B beschrieben, die in unterschiedlichen Unternehmen installiert wurden.

Dabei wurde für das System A eine hohe Arbeitsteilung und für das System B eine geringere Arbeitsteilung geplant und installiert [13].

2.3.1.1 Technische und organisatorische Merkmale

Beschreibung
System A

System A: In diesem Unternehmen wurde in der spanenden Fertigung stark arbeitsteilig mit häufigem Wechsel der Werkzeugmaschinen produziert. Ausgangslage für das FFS war ursprünglich die Beschaffung einer Transferstraße, die wegen der geringen Losgröße und der Teilevielfalt (dabei jedoch große Teileähnlichkeit) nicht realisiert werden konnte. Als Lösung für eine „automatisierte Fertigung" bot sich deshalb ein flexibles Fertigungssystem an.

Beschreibung
System B

System B: Hier werden Teile meist auf NC-Maschinen (zum Teil mehrspindlig) weitgehend komplett bearbeitet. Die Arbeitsteilung ist geringer als im Unternehmen A. Das FFS wurde von Anfang an als Lösung der Automatisierungsprobleme bei komplexer Fertigung und geringen Losgrößen angesehen.

Teilespektrum

Zu diesen unterschiedlichen Ausgangssituationen kommt noch die unterschiedliche Komplexität des Teilespektrums der beiden Unternehmen (Bild 28).

Resultierend aus der Art der Teile wurden dann im Unternehmen A im FFS einspindelige und im Unternehmen B mehrspindelige Bearbeitungszentren installiert.

Kriterien	Unternehmen A	Unternehmen B
Teilespektrum und Losgröße	mehr als 100 unterschiedliche Teile, Losgrößen im Durchschnitt über 50 bis 200	mehr als 100 unterschiedliche Teile, Losgrößen im Durchschnitt bis 50
mittlere Bearbeitungszeit je Werkstück	15 bis 30 Minuten	60 bis 120 Minuten
Form, Qualitäts- und Bearbeitungsmerkmale	quaderförmige und flächige Teile, Innen- und Außenbearbeitung	
Bearbeitungsfolgen	verschiedene Bearbeitungsverfahren, bis 2 Aufspannungen und bis 50 Arbeitsgänge je Teil	verschiedene Bearbeitungsverfahren, mehr als 2 Aufspannungen und mehr als 50 Arbeitsgänge je Teil
Werkstoffeigenschaften und Zerspanungsanteil	nur ein leicht zerspanbarer Werkstoff, niedriger Zerspanungsanteil	verschiedene Werkstoffe mit unterschiedlichen Zerspanungseigenschaften, hoher Zerspanungsanteil

Komplexität des Teilespektrums in den Unternehmen A und B [11]　　　　　　　　Bild 28

Das flexible Fertigungssystem A (Bild 29) wurde anfänglich für 193 verschiedene Werkstücke geplant, inzwischen werden mehr als 250 unterschiedliche Teile gefertigt.

Ausstattung von System A

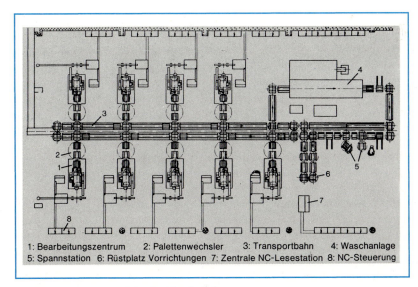

1: Bearbeitungszentrum　　2: Palettenwechsler　　3: Transportbahn　　4: Waschanlage
5: Spannstation　6: Rüstplatz Vorrichtungen　7: Zentrale NC-Lesestation　8: NC-Steuerung

Flexibles Fertigungssystem A für Getriebeteile [13]　　　　　　　　　　　　Bild 29

Neun sich ersetzende Bearbeitungszentren sind in zwei einander zugewandten Reihen aufgestellt. Zur Reinigung der Werkstücke wird eine Mehrstufen-Waschanlage eingesetzt. 2 Spannstationen sind zur Be- und Entladung des Systems vorgesehen. Das Transportsystem ist als Rollenförderer ausgeführt. Die Werkstücke werden in Spannvorrichtungen gespannt auf Paletten transportiert. Ein zentrales Werkstücklager wurde nicht vorgesehen. Vor jedem Bearbeitungszentrum ist ein schwenkbarer Palettenwechsler mit einem Pufferplatz angeordnet. Bei belegtem Pufferplatz wirkt das Transportsystem als Speicher, in dem die Paletten innerhalb des Maschinenbereichs im Umlauf bleiben. Eine Rechnersteuerung wurde bei diesem System nicht konzipiert. Jede Bearbeitungseinheit besitzt eine NC-Steuerung mit Speicher für ein Teileprogramm. Beim Bestücken der Maschine mit Werkzeugen für ein neues Fertigungslos wird über einen zentralen Lochstreifenleser ein neues NC-Programm eingelesen. Das Transportsystem wird durch eine fest verdrahtete Anlage gesteuert. Die Paletten sind mit einer Zahl codiert. Die Codierung entspricht der NC-Programmnummer und wird vor jeder Bearbeitungseinheit durch Abfrageschalter erfaßt, und bei Übereinstimmung mit der in der Maschine befindlichen Steuerprogrammnummer wird die Palette gestoppt und vom Palettenwechsler übernommen. Nach der Bearbeitung werden automatisch durch mechanische Schaltnocken der Bearbeitungszustand und die Maschinennummer gespeichert. Damit passiert die Palette alle mit dem gleichen NC-Programm arbeitenden Maschinen, außerdem kann bei unzulässigen Maßabweichungen der Werkstücke die verursachende Maschine identifiziert werden.

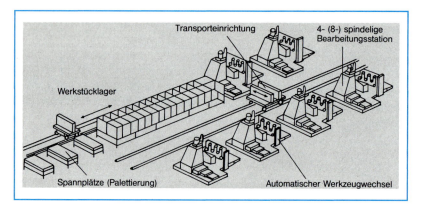

Bild 30   Flexibles Fertigungssystem B für Formfrästeile [13]

Das flexible Fertigungssystem B (Bild 30) umfaßt in der Endausbaustufe zwei 4-Spindel-Maschinen und vier 8-Spindelmaschinen. In diesem System B wurden die Bearbeitungseinheiten hinsichtlich Informations- und Materialfluß weitestgehend integriert. Die Bearbeitungseinheiten werden durch einen schienengebundenen Transportwagen mit dem Regallager verkettet. Ein zweiter schienengebundener Transportwagen verbindet das Regallager mit sechs Be- und Entladestationen. Die Aufgaben des Informationssystem werden durch einen Fertigungsleitrechner und einen dezentralen Rechner ausgeführt. Der Fertigungsleitrechner übernimmt folgende Funktionen:

Ausstattung von System B

- dispositive Steuerung,
  - Maschinen- und Lagerbelegungsplanung,
  - Vorgabe von Spannfolgen,
  - Planung der Werkzeugbestückungsfolge,
  - Generierung von Transportfolgen,
- Prozeßsteuerung,
  - direkte numerische Steuerung,
  - Erteilung von Transportaufträgen,
- Betriebsdatenerfassung,
  - Auftragsfortschrittsüberwachung.

Der dezentrale, on-line an den Fertigungsleitrechner gekoppelte Rechner für die Materialflußsteuerung übernimmt die Funktionen:

- Transportwagensteuerung,
- Lagerverwaltung,
- Palettenverfolgung
- Werkstückidentifizierung,
- Ablaufüberwachung.

Die Software des Rechners ist so konzipiert, daß bei Ausfall des Fertigungsleitrechners die entsprechenden Befehle zur Materialflußsteuerung manuell über ein Datensichtgerät eingegeben werden können. Der stufenweise Aufbau des Systems wird dadurch ebenfalls erleichtert.

2.3.1.2 Arbeitsteilung

Arbeitsteilung
System A

Bei den flexiblen Fertigungssystemen A und B wurden unterschiedliche Formen der Arbeitsteilung vorgefunden.

Stark arbeitsteilig sind die Aufgaben am System A ausgeprägt. Die Arbeitsaufgabe wurde auf die folgenden Stellen aufgeteilt:

- ein Werkzeugvoreinsteller,
- zwei Palettierer,
- ein Vorrichtungsumrüster (zeitweise),
- ein Einrichter,
- ein Vorarbeiter und
- ein Kontrolleur.

Arbeitsteilung
System B

Weniger stark ist die Arbeitsteilung am System B ausgeprägt. Dort konnte man folgende Stellen unterscheiden:

- ein Leitstandführer,
- sechs FFS-Maschinen-Bediener/-Überwacher und
- vier Palettierer.

Aufgaben-
teilung

Bild 31 zeigt eine Zusammenfassung von Teilaufgaben zu Gesamtaufgaben für die installierten Arbeitsplätze in den flexiblen Fertigungssystemen A und B.

Teilaufgaben	Stellen im FFS B			Stellen im FFS A					
	Leitstandführer	Maschinenbediener	Palettierer	Werkzeugvoreinsteller	Palettierer	Vorrichtungsumrüster	Einrichter	Vorarbeiter	Kontrolleur
Programmieren und Planen									
Erstellen des Programms									
Ändern des Programms	●								
Erstellen des Werkzeugplans									
Erstellen des Spannplans						●			
Bearbeitungsprobleme, besprechen / zusätzliche Information	●								
Programmier-/Operatortätigkeit bei Ausfällen									
Vorbereiten und Rüsten (Maschine)									
Bereitstellen von Werkzeugen und Spannmitteln		●	●	●		●			
Voreinstellen von Werkzeugen und Spannmitteln				●		●			
Kontrolle der Werkzeugeinstellung, Einsetzen der Werkzeuge		●		●			●	●	
Vorbereiten / Aufbau von Spannmitteln und Vorrichtungen			●		●	●			
Werkstück aufnehmen / ablegen			●		●				
Einspannen der Werkstücke nach Spannplan / Erfahrung			●		●				
Kontrolle der gespannten Werkstücke			●						
Kühlmittelzufluß anstellen / ausrichten							●	●	
Vorbereiten und Rüsten (Information)									
Info-träger einlegen / spulen / entnehmen	●	●					●	●	
Nullpunkteinstellung	●								
Korrekturschalter auf Werkzeug- oder Spannplan setzen							●	●	
Korrekturschalter nach Werkzeugverschleiß setzen		●						●	
Probelauf mit Koordinaten und Schnittwegkontrolle							●		
Maschine bedienen und überwachen									
Programmlauf starten	●	●					●	●	
Beobachten des Arbeitsganges		●					●		
Späne brechen und entfernen		●							
Werkzeug wechseln oder umspannen		●							
Überwachen des Betriebszustandes der Anlage	●	●	●				●	●	
Erkennen falscher Steuerbewegungen		●							
Betätigen des Ausschalters bei Störungen		●						●	
Beheben von kleineren Störungen								●	
Kontrolle und Instandhaltung									
Maß- und Oberflächenkontrolle bei der Bearbeitung			●				●		●
Kontrolle der fertigen Werkstücke									●
Pflegen der Anlage			●			●			
Instandhaltung									
Anlernen eines Bedieners wird an externe Personen übertragen									

Zusammenfassung von Teilaufgaben zu Stellen [13]   Bild 31

Stellen
in System B

Im Fertigungssystem B sind den Stellen

– Leitstandführer,
– Maschinenbediener und
– Palettierer

keine bestimmten Personen fest zugeordnet. Vielmehr wird „job-rotation" (MLA, Teil 3, Abschnitt 5.5.2., [12]) praktiziert, das heißt jedes Mitglied der Arbeitsgruppe kann jeden Arbeitsplatz – nach gruppeninterner Abstimmung – einnehmen. Auch der Leitstand soll alternativ besetzt werden. Darüber hinaus wurden die Arbeitsaufgaben im Vergleich zum System A angereichert. Dieses „job enrichment" kommt insbesondere dem Bereich „Palettieren" zu; aber auch die Aufgabe der FFS-Maschinenbediener ist durch Teilaufgaben – im wesentlichen Werkzeugbestückung – bereichert worden.

Stellen
in System A

Im Gegensatz zum FFS B wurde beim FFS A eine feste Zuordnung von Aufgaben und Personen gewählt. Diese Arbeitsorganisation wird noch durch eine weitgehende Arbeitsteilung unterstützt: Insbesondere das Palettieren wird im System A in die Stellen

– Vorrichtungsumrüster,
– Palettierer und
– Kontrolleur

aufgeteilt.

Anhand des Palettierens wird die stark reduzierte Arbeitsteiligkeit des Systems B gegenüber dem System A detailliert erläutert.

Vergleich

Bild 32 zeigt einen Vergleich der einzelnen Arbeitsaufgaben:

– Programmieren und Planen,
– Vorbereiten und Rüsten,
– Überwachen und Bedienen und
– Kontrolle und Wartung

und ihre prozentuale Häufigkeitsverteilung, bezogen auf das Palettieren im System B und die vergleichbaren Stellen „Vorrichtungsumrüster", „Palettierer", und „Kontrolleur" im System A.

Stelle / Aufgaben	System B	System A		
	Palettierer	Vorrichtungs-umrüster	Palettierer	Kontrolleur
Programmieren und planen	3%	39%	11%	0%
Vorbereiten und rüsten	43%	42%	62%	0%
Überwachen/ "bedienen"	21%	0%	0%	0%
Kontrolle/ Wartung	33%	19%	27%	100%
Summe	100%	100%	100%	100%

Unterschiedliche Arbeitsteilung dargestellt am Beispiel des Palettierers [13]   Bild 32

Aus Bild 32 wird deutlich, daß durch die stark verringerte Arbeitsteilung im System B gegenüber System A dem einzelnen Mitarbeiter in diesem System umfangreichere Aufgaben angeboten werden, als dies im System A möglich ist. Durch die verringerte Arbeitsteilung im System B führt der Aufgabenwechsel häufig auch zu einem Belastungswechsel für die Mitarbeiter. Da im System B keine feste Zuordnung zwischen Stelle und Mitarbeiter existiert, war ein Arbeiten in der Gruppe mit hoher Eigenverantwortlichkeit möglich.

2.3.2 Montage

Nachfolgend wird ein zukunftsorientiertes Montagesystem mit automatischen Flurförderzeugen (= FTS, Fahrerloses Transportsystem) zur Montage von Kabelsätzen aus dem Bereich der Automobilindustrie vorgestellt. An diesem Beispiel werden die in Bild 10 genannten Merkmale neuer Formen der Arbeitsorganisation, wie „weitgehende Entkopplung des Mitarbeiters vom Bandtakt", „erweiterte und bereicherte Arbeitsaufgaben für den einzelnen Mitarbeiter" und das „Arbeiten in der Gruppe", explizit vorgestellt [6].

Kabelsatz-montage

Projektteam

Die Planung erfolgte in einem interdisziplinär besetzten Projektteam, das sich aus Mitgliedern der Bereiche Vor- und Kostenplanung, der Werkplanung, der Arbeitsvorbereitung und der Produktion zusammensetzte. Beratende Funktion in diesem Planungsprozeß übten darüber hinaus Fachleute aus dem Prüfwesen, der Arbeitswirtschaft, dem Personalwesen, der Produktionssteuerung sowie der Verfahrensentwicklung aus.

Neben einer den jeweiligen Planungsumfang beschreibenden Aufgabenstellung ist die Vorgabe von Prämissen für die Auslegung des Gesamtsystems und die Formulierung von technisch-wirtschaftlichen sowie mitarbeiterbezogenen Zielen für ein gutes Planungsergebnis von Bedeutung.

Die unvoreingenommene Untersuchung sinnvoller Alternativen und die Möglichkeit der Einarbeitung der Ideen aller Gruppenmitglieder sind die tragenden Säulen der ganzheitlichen Planung.

Kurz-
beschreibung
des Montage-
systems

Der Ausgangspunkt zur Neukonzipierung dieses Montagesystems lag in den stark unterschiedlichen Arbeitsumfängen im Bereich der Kabelsatzmontage. Je nach Sonderausstattungswünschen der Kunden schwankt der Montageaufwand je Fahrzeug zwischen 60 und 180 Minuten.

Daher wurde die Kabelsatzmontage aus der Montagelinie herausgelöst und in ein separates Montagesystem verlagert (Bild 33).

Montage-
ablauf

Die Karossen werden an der sogenannten „Quelle" des hier zu beschreibenden Systems an einen Querförderer und danach an ein automatisch gesteuertes Flurförderzeug, den Carrier, übergeben.

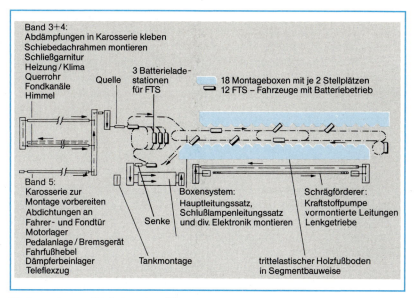

Montagesystem zur Kabelsatzmontage [6]   Bild 33

Dieser Carrier transportiert je eine Karosse, in deren Kofferraum sich ein dreiteiliger Spezialbehälter mit vorkommissioniertem Material (Haupt- und Schlußlampenleitungssatz und Kleinteile wie Relais) befindet. Die Carrrier laufen – von der Quelle kommend – den nächsten freien Platz in einer von 18 Boxen mit je zwei Stellplätzen an (Bild 34). An jeder Box arbeiten vier speziell geschulte Mitarbeiter.

Gruppenarbeitsplatz zur Kabelsatzmontage (Werksbild Daimler-Benz AG)   Bild 34

Wenn die Gruppe den Kabelsatz fertig montiert hat, gibt sie über eine Meldeta-ste das Fahrzeug per Knopfdruck an den Leitstand frei. Die fertig gemeldeten Karossen werden vom Flurförderzeug zu einem Querförderer transportiert und damit in einen Sortierspeicher gebracht, der die gleiche Reihenfolge, die ursprünglich an der „Quelle" vorhanden war, wiederherstellt. Über einen Schrägförderer werden die Karossen dann wieder in die Montagelinie eingespeist.

Merkmale des
Montagesystems

Das Montagesystem zeichnet sich u.a. aus durch
- eine vorkommissionierte Teilebereitstellung und die
- rechneroptimierte Zuteilung der Karossen für die Boxen sowie den
- Transport durch induktiv gesteuerte Flurförderfahrzeuge, wobei durch
- Einführung von eigenverantwortlich handelnden, im Regelfall aus vier Mitarbeitern pro Doppelbox bestehenden, weitgehend eigenständigen Fertigungsgruppen eine
- Verringerung der Anzahl der Mitarbeiter pro Fahrzeug erreicht werden konnte.

Die Doppelboxen sind dabei so aufgebaut, daß neben einer in Arbeit befindlichen Karosse eine weitere Dispositionskarosse zur Verfügung steht (dezentraler Puffer, Vermeidung von Wartezeiten bei der Gruppe durch Zu- und Abförderung der Karossen, Bild 35).

Bild 35   Boxensystem zur Kabelsatzmontage (Werksbild Daimler-Benz AG)

Sechs Monate vor dem geplanten Produktionsbeginn wurde eine Piloteinrichtung zu Versuchszwecken erstellt. Diese Piloteinrichtung sollte im wesentlichen Klarheit darüber geben, welche Ausstattung die Boxenarbeitsplätze aufweisen müßten und wie die Materialbereitstellung zu lösen sei. Es sollten unter realistischen Bedingungen Montagen nach Arbeitsumfang und -methoden am Objekt erprobt und die Auswirkungen der Fahrzeugvarianten ermittelt werden.

Durch diese Vorgehensweise war es möglich, Einzelkomponenten vor Anlauf zu testen, Optimierungen bereits frühzeitig vorweg durchzuführen und entsprechende Festlegungen zu treffen.

Ausgestaltung der Arbeitsplätze

An den in der Piloteinrichtung durchgeführten umfangreichen Montageversuchen nahmen besonders qualifizierte Mitarbeiter teil. Diese Mitarbeiter wurden durch Vorarbeiter und Gruppenmeister in ihre neue Tätigkeit eingewiesen und ausgebildet. Da die bisher in separaten Bandabschnitten ausgeführten Arbeitsinhalte nunmehr auf die Boxen mit wesentlich größeren Arbeitsinhalten konzentriert werden sollten, mußte jedes Gruppenmitglied in einer Box möglichst frühzeitig unterwiesen werden. Dies wurde unter anderem dadurch erreicht, daß durch Austausch der Arbeitsgruppen der entsprechenden Abschnitte im Band unter Anleitung der zunächst Ausgebildeten bereits vorab eine intensive Mitarbeiterschulung in den zusätzlichen Arbeitsinhalten bei laufender Produktion erfolgen konnte. Alle Mitarbeiter beherrschen sämtliche bei der Montage von Kabelsätzen vorkommenden Grundtätigkeiten. Diese neue Gesamtqualifikation bietet zudem die Möglichkeit, auf Fehlstandsschwankungen wesentlich flexibler reagieren zu können.

Qualifizierung der Mitarbeiter

Steuerung des
Montagesystems

Die Anlagensteuerung ist in vier Ebenen aufgegliedert, Bild 36.

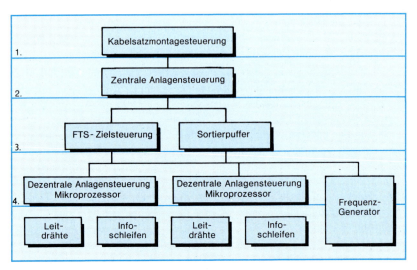

Bild 36   Aufbau der Steuerungsebenen [6]

An der Spitze steht ein Rechner, dem insgesamt acht freiprogrammierbare und drei konventionelle Steuerungen unterlagert sind. Die Struktur wurde so konzipiert, daß der Ausfall einer Steuerung nicht den Ausfall des Gesamtsystems nach sich zieht. Mit geringen Eingriffen ist die Aufrechterhaltung eines manuellen Notbetriebes möglich. Während unter der ersten Rechnerebene die Kabelsatzmontagesteuerung verstanden wird, ist der zweiten Ebene die zentrale Anlagensteuerung zugeordnet. Die Zielsteuerung der automatischen Flurförderzeuge und der Sortierpuffer bildet die dritte Ebene. Auf der untersten Ebene befinden sich die dezentralen Anlagensteuerungen.

Normalbetrieb/
Notstrategien

Im Normalbetrieb läuft die Anlage ohne manuelle Eingriffe. Bei Ausfall von Anlagenteilen sind verschiedene Notstrategien möglich. Bei Ausfall der Zielsteuerung der Flurförderfahrzeuge kann zunächst auf eine manuelle Handsteuerung umgeschaltet werden. Mit Hilfe einer steckbaren Handsteuerungsbirne können alle Fahrzeuge auch außerhalb des normalen Fahrkurses bewegt werden. Darüber hinaus ist bei Ausfall sämtlicher Flurförderfahrzeuge auch an eine manuelle Bedienung mittels Handförderwagen gedacht. Um bei einem tatsächlichen Ausfall entsprechend reagieren zu können, wurden alle Arten dieses Transports unter Notfallbedingungen in Serie erprobt.

Insgesamt ergaben sich mit dieser Lösung für die im System arbeitenden Monta-gemitarbeiter u.a. folgende Vorteile gegenüber der herkömmlichen Bandmon-tage:

Vorteile des Systems

– geringere Bindung des Mitarbeiters an den Takt,
– wesentlich größere Arbeitsinhalte und damit die Möglichkeit, sich höher zu qualifizieren,
– die Anlage ermöglicht Gruppen eine größere Eigenverantwortlichkeit als die früheren Bandarbeitsplätze,
– die Vierer-Gruppen, in denen jeder Mitarbeiter jede Tätigkeit ausführen kann, können ihre Arbeit selbst einteilen (erhöhte Eigenständigkeit),
– die Gruppe ist für die Einhaltung der Qualitätsanforderungen verantwortlich; Kontrolleure sind daher nicht vorgesehen,
– die Wegezeiten während der Montagearbeiten reduzieren sich; am bisheri-gen Band mußte ein Mitarbeiter über zehn bis zwanzig Meter mehr gehen,
– physische Entlastung der Mitarbeiter durch Arbeiten am stehenden Fahrzeug und
– bei Störungen keine Auswirkungen auf die Folgestation mit daraus resultie-renden gegenseitigen Behinderungen der Montagearbeiter.

2.3.3 Ausführungsbeispiele

Im folgenden wird ein erster Überblick über die vielfältigen Einsatzmöglichkeiten von komplexen Produktionssystemen in verschiedenen Branchen gegeben. Alle dargestellten Produktionssysteme wurden in jüngster Zeit erfolgreich in der be-trieblichen Praxis eingeführt und zeigen beispielhaft unterschiedlich komplexe und unterschiedlich umfangreiche Produktionssysteme. In Kapitel 4 wird vertie-fend auf Einsatzmerkmale wesentlicher Subsysteme und entsprechende Hilfsmit-tel zur methodischen Auswahl und Bewertung konkurrierender Lösungsvarianten eingegangen.

Vor-bemerkungen

Neben der Beschreibung des Zusammenwirkens von Mensch, Technik, Organisa-tion und Information werden dem Leser auch erste Erfahrungswerte für die mit der Planung und Einführung unterschiedlich komplexer Produktionssysteme real verbundenen personellen und finanziellen Aufwendungen an die Hand gegeben (vgl. auch [8, 9]).

Komplexe Produktionssysteme   Beispiel 1

Flexible Fertigungszelle

- Realisierungsbeispiel *Flexible Schleifzelle*

- Branche *Werkzeugmaschinenbau*
- Arbeitsaufgabe *Innenrundschleifen von präzisen Rotations- und kubischen Werkstücken*

- Zielsetzungen *Steigerung der Wirtschaftlichkeit, kürzere Durchlaufzeit, weniger Ware in Arbeit*

Anlagenabbild

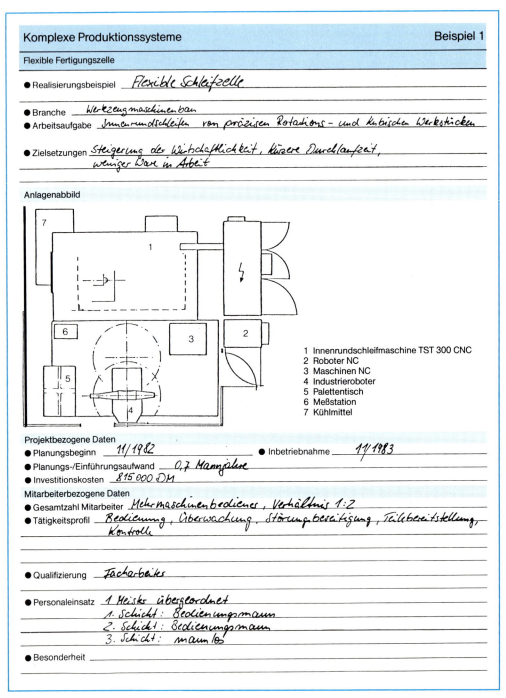

1 Innenrundschleifmaschine TST 300 CNC
2 Roboter NC
3 Maschinen NC
4 Industrieroboter
5 Palettentisch
6 Meßstation
7 Kühlmittel

Projektbezogene Daten
- Planungsbeginn *11/1982*   • Inbetriebnahme *11/1983*
- Planungs-/Einführungsaufwand *0,7 Mannjahre*
- Investitionskosten *815 000 DM*

Mitarbeiterbezogene Daten
- Gesamtzahl Mitarbeiter *Mehrmaschinenbediener, Verhältnis 1:2*
- Tätigkeitsprofil *Bedienung, Überwachung, Störungsbeseitigung, Teilebereitstellung, Kontrolle*

- Qualifizierung *Facharbeiter*

- Personaleinsatz *1 Meister übergeordnet*
  1. Schicht: Bedienungsmann
  2. Schicht: Bedienungsmann
  3. Schicht: mannlos

- Besonderheit

Anlagenbezogene Daten
Bearbeitungssystem

- Anzahl verschiedener Werkstücke _20 -30_
- Auftragslosgröße _200 - 500_
- Werkstückabmessungen _Ø 20 -60 und kleine kubische Werkstücke (10 mm)_

• Automatisierte Arbeitsstationen	Art / Anzahl	CNC - schleifmaschine		
	Nutzungszeit in Schichten	2 - 3		
	Bearbeitungs- zeit min/WS	0,8 - 3,5		
	Beschickung	Industrie - Roboter		
• Manuelle Arbeitsplätze	Art / Anzahl	1 Werkstücke- bereitsteller		
	Nutzungszeit in Schichten	2		
	Bearbeitungs- zeit min/WS	0,1		

- Produktionsleistung _80 - 100 Werkstücke / Tag_
- Anlagenverfügbarkeit _100 %_
- Anlagennutzung _80 - 90 %_

Materialflußsystem

- Automatisierte Teilfunktionen _Werkstückwechsel und Werkzeugwechsel mit Industrieroboter_
- Manuelle Teilfunktionen _Palettenwechsel, Paletten bestücken_
- Fördermittel (Art / Anzahl)
- Förderhilfsmittel (Art / Anzahl) _Palettenmagazin werkstückspezifisch_
- Lager-, Speichereinrichtungen (Art / Anzahl) _Palettenmagazin_

Qualitätssicherungssystem

- Prüfmittel (Art / Anzahl) _Meßwerkzeuge manuell, Meßstation automatisch_
- Prüfmerkmale _Länge, Geometrie, Durchmesser_
- Prüfhäufigkeit _Stichproben nach AQL_

Informationssystem

- Automatisierte Teilfunktionen _Betriebsdatenerfassung_
- Manuelle Teilfunktionen _Auftragsabwicklung_
- Überwachungseinrichtungen _BDE - Gerät_
- Aufbaustruktur/Informationssystem
- Informationstechnische Anbindung _Fertigungsleitrechner_

Komplexe Produktionssysteme   Beispiel 2

Flexibles Fertigungssystem

● Realisierungsbeispiel _Flexibles Fertigungssystem zur Bearbeitung von Gehäuseteilen_

● Branche _Werkzeugmaschinenbau_
● Arbeitsaufgabe _Komplettbearbeitung von Gehäuseteilen_

● Zielsetzungen _Produktionserweiterung, Gesamtkostensenkung (Bestände!),_
Personalproduktivität, Flächenbedarfsreduzierung

Anlagenabbild

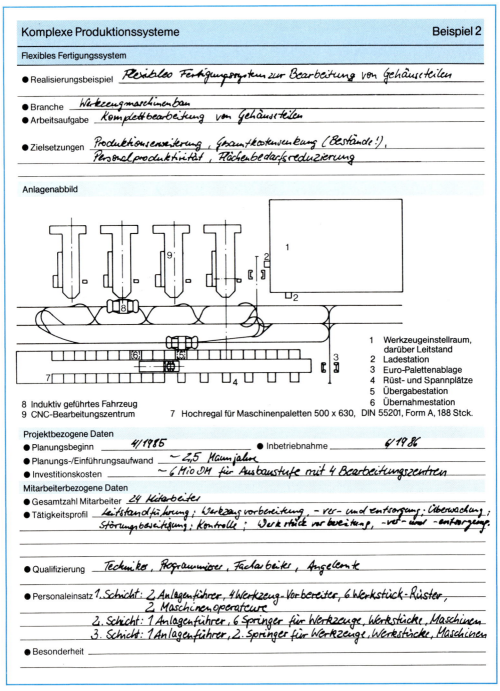

1 Werkzeugeinstellraum,
   darüber Leitstand
2 Ladestation
3 Euro-Palettenablage
4 Rüst- und Spannplätze
5 Übergabestation
6 Übernahmestation
8 Induktiv geführtes Fahrzeug
9 CNC-Bearbeitungszentrum
7 Hochregal für Maschinenpaletten 500 x 630, DIN 55201, Form A, 188 Stck.

Projektbezogene Daten
● Planungsbeginn _4/1985_   ● Inbetriebnahme _6/1986_
● Planungs-/Einführungsaufwand _~ 2,5 Maunjahre_
● Investitionskosten _~ 6 Mio DM für Ausbaustufe mit 4 Bearbeitungszentren_

Mitarbeiterbezogene Daten
● Gesamtzahl Mitarbeiter _24 Mitarbeiter_
● Tätigkeitsprofil _Leitstandführung; Werkzeugvorbereitung, -ver- und entsorgung; Überwachung;_
Störungsbeseitigung; Kontrolle; Werkstückvorbereitung, -ver- und -entsorgung.

● Qualifizierung _Techniker, Programmierer, Facharbeiter, Angelernte_

● Personaleinsatz _1. Schicht: 2 Anlagenführer, 4 Werkzeug-Vorbereiter, 6 Werkstück-Rüster,_
2 Maschinenoperateure
2. Schicht: 1 Anlagenführer, 6 Springer für Werkzeuge, Werkstücke, Maschinen
3. Schicht: 1 Anlagenführer, 2 Springer für Werkzeuge, Werkstücke, Maschinen

● Besonderheit _____

Anlagenbezogene Daten
Bearbeitungssystem
- Anzahl verschiedener Werkstücke _ca. 300_
- Auftragslosgröße _ca. 5 bis 50_
- Werkstückabmessungen _innerhalb 450 x 350 x 300   (in mm)_

• Automatisierte Arbeitsstationen	Art /Anzahl	4 CNC Bearbeitungszentr.		
	Nutzungszeit in Schichten	3 – Schicht 7 Tage		
	Bearbeitungs- zeit min/WS	ca 10' bis 300'		
	Beschickung	induktives Fahrzeug		
• Manuelle Arbeitsplätze	Art /Anzahl			
	Nutzungszeit in Schichten			
	Bearbeitungs- zeit min/WS			

- Produktionsleistung ____
- Anlagenverfügbarkeit _Minimum 22 Std / Tag_
- Anlagennutzung ____

Materialflußsystem
- Automatisierte Teilfunktionen _Werkstück - und Werkzeug -Ver -und Entsorgung_
  Produkt - und Programmdaten
- Manuelle Teilfunktionen _Werkstück rüsten , Werkzeug rüsten_

- Fördermittel (Art /Anzahl) _2 induktive Fahrzeuge, 1 Hochregal - Bedienungsgerät_
- Förderhilfsmittel (Art /Anzahl) _max. 360 Werkstück- Paletten_
- Lager-, Speichereinrichtungen (Art /Anzahl) _1 Regallager für W.S, W.S-Paletten, Vorrichtungen_

Qualitätssicherungssystem
- Prüfmittel (Art /Anzahl) _1 Meßtaster je Maschine, Schablonen_
- Prüfmerkmale _Abmessungen, Lagen, Toleranzen_
- Prüfhäufigkeit _nach NC-Programmanweisung_

Informationssystem
- Automatisierte Teilfunktionen _DNC, BDE, PPS → Leitrechner - Steuerung,_
  Materialflußsteuerung für Werkstücke und Werkzeuge, Lager- und Systemverwaltung
- Manuelle Teilfunktionen _Verwalten und Rüsten von Werkstücken, Werkzeugen, Paletten_

- Überwachungseinrichtungen _Werkzeug-verschleiß und -bruch, Störungen_
- Aufbaustruktur/Informationssystem _1 Rechner Systemführung ,_
  1 Rechner Lager - und Transport der Werkstücke
  1 Rechner Werkzeugverwaltung
- Informationstechnische Anbindung _Auftragsübernahme aus PPS- Rechner in_
  Leitrechner, Material - und Betriebsverfügbarkeit,
  NC - Programmverfügbarkeit und - status

Komplexe Produktionssysteme   Beispiel 3

Flexibles Fertigungssystem

● Realisierungsbeispiel *Flexibles Fertigungssystem zur Bearbeitung von Blechteilen*

● Branche *Werkzeugmaschinenbau*
● Arbeitsaufgabe *Bearbeitung von Blechteilen*

● Zielsetzungen *Steigerung der Wirtschaftlichkeit, kürzere Durchlaufzeit, geringere Umlaufbestände*

Anlagenabbild

1 Induktivgesteuertes Flurförderzeug
2 Automatische Blechregalanlage
3 Schlagschere
4 CNC-Stanz-Nibbelmaschine
5 CNC-Stanz- und Plasmaschneid-
  maschine mit Werkstückbe- und
  -entladeeinrichtung
6 CNC-Stanz- und Laserschneidmaschine
  mit Werkstückbe- und -entladeeinrichtung
7 Beladestation für Rohbleche und
  Schrottabladestation
8 Werkzeugvoreinstellplatz
9 Kommissionierplatz
10 Richtmaschine
11 Blechentgratmaschine
12 NC-Abkantpresse
13 Roboter-Schweiß-Platz
14 Hand-Schweißplätze
15 Durchlauflackieranlage

Projektbezogene Daten
● Planungsbeginn *8/1983*   ● Inbetriebnahme *1/1986*
● Planungs-/Einführungsaufwand
● Investitionskosten

Mitarbeiterbezogene Daten
● Gesamtzahl Mitarbeiter *40 Mitarbeiter, Zeitlohn*
● Tätigkeitsprofil *Überwachung, Bearbeitung, Kommissionierung, Werkstückendkontrolle, Störungsbeseitigung*

● Qualifizierung *Techniker, Meister, Facharbeiter, angelernte Arbeiter*

● Personaleinsatz *1. und 2. Schicht: 1 Fertigungssteuerer, 1 Meister*

● Besonderheit

Anlagenbezogene Daten

Bearbeitungssystem

- ● Anzahl verschiedener Werkstücke _3500_
- ● Auftragslosgröße _im Durchschnitt 30 Stück_
- ● Werkstückabmessungen _0,5 – 12 mm Blechdicke_

- ● Automatisierte Arbeitsstationen

Art/Anzahl	2 Blechbearbei-tungszentren	Nibbelmaschine	
Nutzungszeit in Schichten	2 – 3	1	
Bearbeitungs-zeit min/WS	0,2 – 2,0	1 – 2	
Beschickung	automatisch	manuell	

- ● Manuelle Arbeitsplätze

Art/Anzahl	2 Abkant-maschinen	2 Schweiß-roboter	20 – Entgraten, Richten, Abkanten, Schweißen, Nieten, Lackieren
Nutzungszeit in Schichten	1 – 2	1	1
Bearbeitungs-zeit min/WS	0,5 – 2,5	0,5 – 2,0	1 – 10

- ● Produktionsleistung _1000 Tonnen Blech pro Jahr_
- ● Anlagenverfügbarkeit _____
- ● Anlagennutzung _80%_

Materialflußsystem

- ● Automatisierte Teilfunktionen _Von Hochregal über Bearbeitungsmaschine zur Einlagerung der Werkstücke und Entsorgung von Abfall_
- ● Manuelle Teilfunktionen _Werkzeugbereitstellung, Werkstücktransport zwischen manuellen Arbeitsplätzen_
- ● Fördermittel (Art/Anzahl) _1 induktiv geführtes Fahrzeug_
- ● Förderhilfsmittel (Art/Anzahl) _Paletten_
- ● Lager-, Speichereinrichtungen (Art/Anzahl) _1 Hochregallager, 72 Plätze_

Qualitätssicherungssystem

- ● Prüfmittel (Art/Anzahl) _Maßstab, Winkelmesser_
- ● Prüfmerkmale _Maße, Winkel, Sichtprüfung auf sonstige Fehler_
- ● Prüfhäufigkeit _Stichproben_

Informationssystem

- ● Automatisierte Teilfunktionen _Auftragsverwaltung, Werkzeugverwaltung, NC-Programmversorgung (DNC), BDE, Folgeoptimierung, Materialflußsteuerung, Lagerverwaltung_
- ● Manuelle Teilfunktionen _BDE teilweise über Terminals_

- ● Überwachungseinrichtungen _Werkzeugstandzeitüberwachung_
- ● Aufbaustruktur/Informationssystem _Fertigungsleitrechner, Dialogsysteme, Lager-Materialfluß-Steuerung, Werkzeug-, NC-Verwaltung_

- ● Informationstechnische Anbindung _PPS, NC-Programmentwicklung, Werkzeugverwaltung_

Komplexe Produktionssysteme   Beispiel 4

Flexibles Montagesystem

● Realisierungsbeispiel *Flexibles Montagesystem zum Fertigen von Flachbaugruppen (FBG)*

● Branche ___ *Elektroindustrie*

● Arbeitsaufgabe *Bestücken, Löten, Montieren und Prüfen*

● Zielsetzungen *Losgröße 1, hohe Qualität, kurze Durchlaufzeit, flexibler Mitarbeitereinsatz*

Anlagenabbild

vom Lager

1 Schwallbad
2 Baueinheit-Vorbereitung
3 Vormontage
4 SMD – Automâtion
5 BLUME-Gruppen*
6 Bestückautomaten
7 Elektrisches Prüffeld
8 Meister
9 Musterbau

*Teilautonome Gruppen
für **B**estücken, **L**öten,
und **M**ontieren als **E**inheit.

Projektbezogene Daten

● Planungsbeginn _____ *4/1985*   ● Inbetriebnahme _____ *6/1986*

● Planungs-/Einführungsaufwand *3,5 Mannjahre*

● Investitionskosten _____ *5 Mio. DM*

Mitarbeiterbezogene Daten

● Gesamtzahl Mitarbeiter *170*

● Tätigkeitsprofil *Vorbereiten, Bestücken, Löten, Montieren, Maschinen bedienen, Einrichten, Überwachen von Automaten, Steuern von Aufträgen*

● Qualifikationsbedarf *Techniker, Meister, Facharbeiter, Angelernte*

● Personaleinsatz *1 Programmierer*
1 Meister
20 Facharbeiter
148 Angelernte

● Besonderheit *Integration von Handarbeitsplätzen (teilautonome Blume-Gruppen) in ein Automatisierungskonzept*

Anlagenbezogene Daten
Bearbeitungssystem
- Anzahl verschiedener Werkstücke ___ *1500*
- Auftragslosgröße ___ *1 – 50*
- Werkstückabmessungen ___ *20 x 20 bis 250 x 500 (in mm)*

- Automatisierte Arbeitsstationen

Art /Anzahl	*Bestücken* *4*	*Löten* *2*	
Nutzungszeit in Schichten	*2*	*2*	
Bearbeitungs-zeit min/WS	*10*	*5*	
Beschickung	*manuell*	*manuell*	

- Manuelle Arbeitsplätze

Art /Anzahl	*Montieren* *70*	*Löten* *10*	*Prüfen* *40*
Nutzungszeit in Schichten	*2*	*2*	*2*
Bearbeitungs-zeit min/WS	*40*	*18*	*20*

- Produktionsleistung ___ *800 Stück / d*
- Anlagenverfügbarkeit ___ *100 %*
- Anlagennutzung ___

Materialflußsystem
- Automatisierte Teilfunktionen ___ *automatisches Bereitstellsystem*

- Manuelle Teilfunktionen ___ *Beschicken der Automaten mit Bauelementen*

- Fördermittel (Art /Anzahl) ___ *automatische ungetaktete Rollenbahn, Handwagen*
- Förderhilfsmittel (Art /Anzahl) ___ *Behälter*
- Lager-, Speichereinrichtungen (Art /Anzahl) ___ *Zentrallager*

Qualitätssicherungssystem
- Prüfmittel (Art /Anzahl) ___ *IC -Test, Prüfautomaten*
- Prüfmerkmale ___ *Identität, Beschaffenheit, Funktion*
- Prüfhäufigkeit ___ *Stichproben nach Plan*

Informationssystem
- Automatisierte Teilfunktionen ___ *BDE*

- Manuelle Teilfunktionen ___

- Überwachungseinrichtungen ___ *PC an den Ablaufabschnitten*
- Aufbaustruktur/Informationssystem ___

- Informationstechnische Anbindung ___ *Zentralrechner*

Komplexe Produktionssysteme — Beispiel 5

Flexibles Montagesystem

● Realisierungsbeispiel _Montage von Universalküchenmaschinen_

● Branche _Elektrogeräteindustrie_
● Arbeitsaufgabe _Gerätemontage aus Baugruppen und Einzelteilen_

● Zielsetzungen _Flexibilität bezüglich Typenvielfalt, Flexibilität bezüglich Stückzahlschwankung, Steigerung der Fertigungsqualität_

Anlagenabbild

Doppelgurtband

Sozialfläche

Materialflußrichtung

1 Baugruppe Motor – Getriebe vormontieren
2 Baugruppe Unterteil vormontieren
3 Baugruppe Oberteil vormontieren
4 Baugruppe Oberteil auf Baugruppe
  Unterteil montieren und mechanisch prüfen
5 Einlauf und Funktion prüfen
6 Komplettieren mit Zubehör und verpacken
7 Durchlaufregal für Zubehör
8 Rollenbahn

R Reparatur
E Einrichter

☐ Gitterbox
■ Arbeitsplatz
☐ Transportband

Projektbezogene Daten
● Planungsbeginn _8/1982_   ● Inbetriebnahme _10/1982_
● Planungs-/Einführungsaufwand _60 TDM_
● Investitionskosten _307 TDM_

Mitarbeiterbezogene Daten
● Gesamtzahl Mitarbeiter _18_
● Tätigkeitsprofil _Montieren, Umrüsten, Schalten, Beschicken, Prüfen, Verpacken_

● Qualifizierung _Meister, Facharbeiter, angelernte Arbeiter_

● Personaleinsatz _1 Einrichter, 7 Angelernte je Schicht_

● Besonderheit _Teilautonome Arbeitsgruppe mit gruppenbezogener Entlohnung_

Anlagenbezogene Daten
Bearbeitungssystem

- Anzahl verschiedener Werkstücke   *5 Typen à 53 Teile*
- Auftragslosgröße   *100.000 pro Jahr (50 – 500 je Los)*
- Werkstückabmessungen   *350 x 234 x 180 (in mm)*

- Automatisierte Arbeitsstationen

Art /Anzahl	*Schraubauto- mat , 1*	*Prüfautomat*	
Nutzungszeit in Schichten	*2*	*2*	
Bearbeitungs- zeit min/WS	*0.8*	*1.5*	
Beschickung	*Transfer- system*	*Transfer- system*	

- Manuelle Arbeitsplätze

Art /Anzahl	*Montage 9*		
Nutzungszeit in Schichten	*2*		
Bearbeitungs- zeit min/WS	*15.6*		

- Produktionsleistung   *400 Einheiten / d*
- Anlagenverfügbarkeit   *16 h (2 Schichtbetrieb)*
- Anlagennutzung

Materialflußsystem
- Automatisierte Teilfunktionen   *Werkstücktransport über Doppelgurtband*
- Manuelle Teilfunktionen   *Teiletransport von Bereitstellungsplatz zum Arbeitsplatz*
- Fördermittel (Art /Anzahl)   *Doppelgurtband mit Nebenschluß, 10 Handwagen*
- Förderhilfsmittel (Art /Anzahl)   *Gitterboxpaletten*
- Lager-, Speichereinrichtungen (Art /Anzahl)   *1 Materiallager, 1 Teilelager*

Qualitätssicherungssystem
- Prüfmittel (Art /Anzahl)   *1 Prüfautomat*
- Prüfmerkmale   *Sichtprüfung, mechanische und elektrische Funktionen*
- Prüfhäufigkeit   *100 % Prüfung*

Informationssystem
- Automatisierte Teilfunktionen   *Materialflußsteuerung für Doppelgurtband*
- Manuelle Teilfunktionen   *Auftragsfortschrittsüberwachung, Liefermeldung, Qualitätsdatenverarbeitung*
- Überwachungseinrichtungen
- Aufbaustruktur/Informationssystem

- Informationstechnische Anbindung

Komplexe Produktionssysteme	Beispiel 6

Flexible Fertigungslinie

- Realisierungsbeispiel *Palettenpackstraße in der Formatausrüstung*

- Branche *Papiererzeugung*
- Arbeitsaufgabe *Einwandfreie Verpackung von Paletten*

- Zielsetzungen *Steigerung der Wirtschaftlichkeit, Einsparung von Personal und Packmaterial*

Anlagenabbild

1 Palettenaufgabebühne
2 Rollenbahnen
3 Rollenbahnen querverfahrbar für Anbindung
4 Waage mit Rollenbahn
5 Palettenzentriervorrichtung mit Rollenbahn
6 Deckblattaufleger mit Rollenbahn
7 Wickelvorrichtung, Drehbühne mit Rollenbahn
8 Drehbühne mit Rollenbahn
9 Schrumpframen, zwei Größen, mit Plattenband
10 Schleuse mit Rollenbahn

Projektbezogene Daten
- Planungsbeginn *5/1984*   • Inbetriebnahme *3/1985*
- Planungs-/Einführungsaufwand *0,9 Maunjahre (vergleichbare Anlage im Schwesterwerke vorh.)*
- Investitionskosten *1,5 Mio DM*

Mitarbeiterbezogene Daten
- Gesamtzahl Mitarbeiter *17 Personen für die gesamte Formatausrüstung*
- Tätigkeitsprofil *Anlagenführung, Rüstarbeiten, Störungsbeseitigung Produktbearbeitung und -kontrolle, Abtransport*

- Qualifizierung *Meister, Facharbeiter, ungelernte Arbeiter*

- Personaleinsatz *4 Schichtsystem je 1 Packer, 1 Fahrer, 1 Reservemann*
  4 Schichtsystem je 1 Schichtführer für die gesamte Formatausrüstung
  Tagschicht je 1 Meister für die gesamte Formatausrüstung

- Besonderheit

Anlagenbezogene Daten

Bearbeitungssystem

- Anzahl verschiedener Werkstücke   _Auftragsbezogen_   von 610 × 860   bis 1000 × 1600
- Auftragslosgröße   _1 bis 150 Paletten, durchschnittlich 15 Paletten_
- Werkstückabmessungen   Länge max 1600 / min 600 × Breite max 1200 / min 600 × Höhe max 1500 / min 500 (in mm)

● Automatisierte Arbeitsstationen	Art / Anzahl	Packstraße 1		
	Nutzungszeit in Schichten	3/d		
	Bearbeitungszeit min/WS	1,5		
	Beschickung	Rollenbahn		

● Manuelle Arbeitsplätze	Art / Anzahl	Produkte bear. bearbeitung, Überwachung, 1	Ausgangskontrolle, Abtransport, 1	
	Nutzungszeit in Schichten	3/d	3/d	
	Bearbeitungszeit min/WS	1,5	1,5	

- Produktionsleistung   _durchschnittlich 600 Paletten/d_
- Anlagenverfügbarkeit   _22,5 h/d (4-Schichtsystem)_
- Anlagennutzung

Materialflußsystem

- Automatisierte Teilfunktionen   _Transport und Verpackung von der Palettenaufgabe bis zur Palettenabnahme_
- Manuelle Teilfunktionen   _Produktkennzeichnung und -kontrolle, Verpackungsmaterial bereitstellen_
- Fördermittel (Art / Anzahl)   _automatische, taktgebundene Rollenbänder_
- Förderhilfsmittel (Art / Anzahl)   _Abtransport mit Gabelstapler_
- Lager-, Speichereinrichtungen (Art / Anzahl)   _Blocklager, 3 Paletten übereinander_

Qualitätssicherungssystem

- Prüfmittel (Art / Anzahl)   _2 manuelle optische Prüfungen, 1. im System, 2. am Ausgang_
- Prüfmerkmale   _Auftragsdaten, einwandfreie Verpackung_
- Prüfhäufigkeit   _100% Prüfung_

Informationssystem

- Automatisierte Teilfunktionen   _Produktdatenkontrolle, Paletten wiegen. Palettenetikettenausdruck BDE-System_
- Manuelle Teilfunktionen   _Barcodeetiketten ausdrucken und aufkleben, Palettenfreigabe_
- Überwachungseinrichtungen   _Rechner mit speziellem Programm_
- Aufbaustruktur/Informationssystem   _Auftrag-, Programm-bearbeitung Palettenkarte, Barcode_

- Informationstechnische Anbindung   _Zentralrechner, Speichereinheit, Terminal Barcodeleser_

Literatur zu Kapitel 2

[1] AWF (Hrsg.): Flexible Fertigungsorganisation am Beispiel von Fertigungsinseln. Eschborn: AWF-Verlag, 1984

[2] Brödner, P.: Fabrik 2000: Alternative Entwicklungspfade in die Zukunft der Fabrik. Berlin: Ed. Sigma, 1985

[3] Bullinger, H.-J. (Hrsg.): Systematische Montageplanung. Handbuch für die Praxis. München: Carl Hanser Verlag, 1986

[4] Eversheim, W.: Organisation in der Produktionstechnik, Band 4: Fertigung und Montage. Düsseldorf: VDI-Verlag, 1981

[5] Eversheim, W., Hermann, P.: Der Mensch in der automatisierten Fertigung – eine Planungsaufgabe. VDI-Zeitschrift 125 (1983), Nr. 20, 847

[6] Hesse, R., Oelker, K.-C.: Zukunftsorientiertes Montagesystem mit automatischen Flurförderzeugen. REFA-Nachrichten 39 (1986), Nr. 6, 5

[7] Kammer, W.: Entlohnung bei Gruppenarbeit. REFA-Nachrichten 34 (1981), Nr. 1, 13

[8] Klenk, R.: Bearbeitungszentren (BAZ), Fertigungszellen und flexible Fertigungssysteme. Bedingungen und Lösungen. tz für Metallbearbeitung, 81 (1987) Nr. 2, 21

[9] Kromberg, J.: Richtungsweisende Schrittmacher – Automatisierter 23-Stunden-Betrieb. NC-Fertigung (1988) Nr. 1

[10] Nordsieck, F.: Betriebsorganisation, 4. Auflage. Stuttgart: C.E. Poeschel Verlag, 1972

[11] REFA – Verband für Arbeitsstudien und Betriebsorganisation e.V. (Hrsg.): Methodenlehre des Arbeitsstudiums (MLA), Teil 2: Datenermittlung, 6. Auflage. München: Carl Hanser Verlag, 1978

[12] REFA – Verband für Arbeitsstudien und Betriebsorganisation e.V. (Hrsg.): Methodenlehre des Arbeitsstudiums, Teil 3: Kostenrechnung, Arbeitsgestaltung. München: Carl Hanser Verlag, 1985

[13] Rempp, H., Dostal, W., Spur, G. u.a.: Der Einsatz flexibler Fertigungssysteme. Karlsruhe: Kernforschungszentrum, 1982

[14] Schäfer, D., Mann, W.: Organisationsprinzipien industrieller Arbeit. VDI-Berichte Nr. 279. Düsseldorf: VDI-Verlag, 1977

[15] Spur, G.: Neue Technologien und Arbeitsorganisation, REFA-Nachrichten 38(1985), Nr. 3, 10

[16] Staudt, E.: Die Führungsrolle der Personalplanung im technischen Wandel. Aus Band 13 der Reihe Gesellschaft, Recht, Wirtschaft. Mannheim: Bibliographisches Institut, 1985

17] Ulich, E., Alioth, A.: Einige Bemerkungen zur Arbeit in teilautonomen Gruppen, FB/IE 26 (1977), Nr. 3, 159

[18] VDI/ADB (Hrsg.): Handbuch der Arbeitsgestaltung und Arbeitsorganisation. Düsseldorf: VDI-Verlag, 1980

[19] Wiendahl, H.-P.: Betriebsorganisation für Ingenieure. München: Carl Hanser Verlag, 1983

Kapitel 3

Systematik zur Planung und Gestaltung komplexer Produktionssysteme

3.1	Grundlagen und Anwendungshinweise	84
3.2	Planung und Gestaltung komplexer Produktionssysteme	91
3.2.1	Stufe 1: Analyse der Ausgangssituation	91
3.2.2	Stufe 2: Konkretisierung der Planungsaufgaben	98
3.2.3	Stufe 3: Grobplanung des Produktionssystems	104
3.2.4	Stufe 4: Feinplanung des Produktionssystems	109
3.2.5	Stufe 5: Systemeinführung	111
3.2.6	Stufe 6: Systembetrieb	114
	Literatur	116

3 Systematik zur Planung und Gestaltung komplexer Produktionssysteme

3.1 Grundlagen und Anwendungshinweise

Bedeutung
konzeptioneller
Planungsphasen

Die betriebliche Praxis zeigt immer wieder, daß Maßnahmen zur Verbesserung bestehender Arbeitssysteme oft nur intuitiv und punktuell ausgewählt und durchgeführt werden. Dabei werden Umstrukturierungsmaßnahmen mit hohen Rationalisierungseffekten häufig nicht erkannt und dadurch Fehlentscheidungen getroffen. Dem gezielten Einsatz von Planungskapazitäten vor Produktionsbeginn ist daher eine besondere Bedeutung beizumessen. Untersuchungen in verschiedenen Unternehmen zeigen, daß aufgrund von Terminzwängen und Kapazitätsengpässen in den Planungsabteilungen oft ein relativ geringer Planungsaufwand vor Produktionsbeginn erbracht wird (Bild 37). Dies führt zu einer langsameren Amortisation (geringere Steigung in Bild 37) und einer hohen Zahl von Rationalisierungsmaßnahmen während der Produktion, die die Tilgungsphase verlängern und meist zu einer zeitlich nicht absehbaren Beeinträchtigung von Produktionsleistung und -qualität führen.

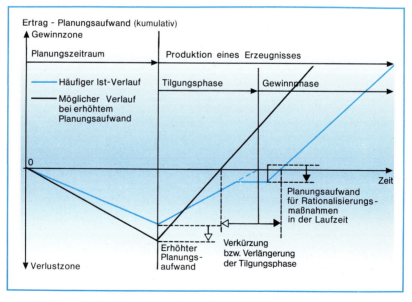

Bild 37   Bedeutung konzeptioneller Planungsphasen [nach 1]

Hinsichtlich des späteren wirtschaftlichen Nutzens ist es daher langfristig gesehen vorteilhafter, in die Planung eines komplexen Produktionssystems einen größeren Planungsaufwand zu investieren. Dem steht in der Praxis oft eine personelle Begrenzung der Planungskapazitäten sowie ein meist schon vorgegebener Starttermin des Produktionsanlaufs entgegen. In diesen Fällen sollte geprüft werden, ob nicht durch das frühzeitige Hinzuziehen externer Planungskräfte, die entweder in den firmeninternen Planungsstab integriert werden können oder aber abgeschlossene Aufgabenpakete eigenverantwortlich bearbeiten, die Planung und Einführung eines komplexen Produktionssystems auch unter Termindruck „so rationell wie möglich" und „so fundiert wie nötig" durchgeführt werden können. Das grundlegende Gerüst für die Zusammenarbeit firmeninterner und externer Planer stellt dabei die im folgenden näher erläuterte Planungssystematik dar.

Planungs-
aufwand

Anwendungs-
bereiche der
Planungs-
systematik

Diese Planungssystematik stellt einen verfahrens- und anlagenneutralen Leitfaden dar, der die systematische Planung und Einführung komplexer Produktionssysteme in allen Bereichen der verarbeitenden Industrie ermöglicht. Die Besonderheit dieser Planungssystematik besteht darin, daß sie im Vergleich zu anderen,
meist aufgabenspezifischen, Planungsmethoden [2, 3, 7] nach erfolgter Festlegung der für eine bestimmte Planungsaufgabe maßgebenden Systemgrenze unabhängig von der Systemgröße eingesetzt werden kann. Sie eignet sich – wie
in Bild 38 schematisch dargestellt – sowohl zur Gestaltung des Zusammenwirkens von Mensch, Technik, Organisation und Information in sehr großen, den gesamten Herstellungsprozeß eines Produktes umfassenden Produktionssystemen
(Betrachtungsebene 1 Getriebeproduktion, siehe Bild 38), als auch zur Auslegung
einzelner, in sich wiederum abgeschlossener, Produktionssysteme wie spanende
Teilefertigung (Betrachtungsebene 2, Bild 38), Gehäusefertigungssystem
(Betrachtungsebene 3, Bild 38) oder Fräszelle (Betrachtungsebene 4, Bild 38).

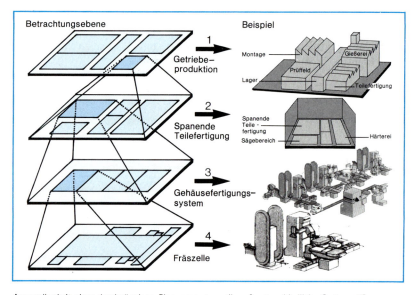

Bild 38   Anwendbarkeit einer durchgängigen Planungssystematik auf unterschiedliche Systemgrößen

Für den Planenden bringt die Konzeption und Einführung komplexer Produktionssysteme neben dem bereits angesprochenen vergrößerten Datenaufkommen und der erhöhten Planungsverantwortung eine nicht zu unterschätzende Zahl zusätzlicher Probleme mit sich. Diese ergeben sich einmal aus der Neuartigkeit einzelner Bearbeitungs-, Materialfluß- oder Informationseinrichtungen, und zum anderen aus der für komplexe Produktionssysteme charakteristischen starken gegenseitigen Abhängigkeit im Zusammenwirken von Mensch, Technik, Organisation und Information. Aufgrund der Vielzahl von Kombinationsmöglichkeiten von Bearbeitungs-, Materialfluß- und Informationsflußeinrichtungen besteht darüber hinaus in der Regel kaum eine Vergleichsmöglichkeit mit anderen, bereits vorhandenen Produktionssystemen.

Notwendigkeit einer Planungssystematik

Zielsetzung der vorliegenden Planungssystematik ist es daher, dem Planenden eine praxisnahe Hilfestellung bei der Durchführung einzelner Planungsstufen zu geben. Mit der Entwicklung einer speziell auf die Belange komplexer Produktionssysteme ausgerichteten Planungssystematik sollen im einzelnen erreicht werden:

Zielsetzung

- eine **ganzheitliche Systembetrachtung unter Einbeziehung von Mensch, Technik, Organisation und Information,**
- eine **methodische Erarbeitung und Bewertung sinnvoller Prinziplösungen,**
- eine **gute Transparenz des Planungsablaufs,**
- die **Bereitstellung fundierter Planungsergebnisse für unternehmerische Entscheidungen bereits in frühen Planungsstufen,**
- die **Reproduzierbarkeit der Planungsergebnisse sowie**
- die **Verminderung des Zeit- und Kostenaufwandes für einzelne Planungsaufgaben.**

6-Stufen-
Methode

Die im folgenden dargestellte Planungssystematik zur Planung und Einführung komplexer Produktionssysteme (Bild 39) baut inhaltlich auf der 6-Stufen-Methode der Systemgestaltung (MLA, Teil 3, Abschnitt 3.1 [5]) und dem REFA-Standardprogramm „Planung und Steuerung" (MLPS Teil 1, Abschnitt 1.2 [6]) auf und setzt die Grundkenntnisse der REFA-Methodenlehre voraus.

Entscheidungs-
phase

Ebenso wie in anderen in der betrieblichen Praxis bereits eingeführten REFA-Methoden sind auch bei der hier vorgestellten Planungssystematik Aufbau und Inhalt jede der sechs Planungsstufen so gewählt, daß nach verschiedenen Analyse- und Konzeptionsaufgaben zunächst auch eine Entscheidungsphase durchlaufen werden muß, in der wesentliche, den weiteren Planungsfortgang bestimmende Planungsergebnisse verabschiedet werden müssen, bevor die nächste Planungsstufe begonnen werden kann.

Dokumen-
tation

Eine durchgängige und umfassende Dokumentation aller Planungsgrundlagen, Lösungsvarianten und Planungsergebnisse ist erforderlich, um die im Rahmen der Planung und Einführung komplexer Produktionssysteme gewonnenen Erkenntnisse und Erfahrungen für zukünftige Projekte zu sichern und um den Gesamtablauf des Projektes, aufbauend auf den in den einzelnen Planungsstufen durchzuführenden Tätigkeiten, auch für nicht unmittelbar an der Planung Beteiligte einwandfrei nachvollziehbar zu machen.

iteratives
Vorgehen

Viele Vorgänge bei der Planung von komplexen Produktionssystemen laufen nicht so linear ab, wie dies in der Planungssystematik beschrieben ist. Vielfach ist ein iteratives Durchlaufen der einzelnen Planungsstufen erforderlich, da beispielsweise Verträglichkeitsbedingungen bei der Gestaltung von Bearbeitungs- und Materialflußsystemen berücksichtigt werden müssen oder die Wahl einer bestimmten Fertigungs- oder Montagestruktur unmittelbare Auswirkungen auf die Belastung oder die Qualifikation einzelner Mitarbeiter nach sich zieht. Aus Gründen der Übersichtlichkeit wird jedoch auf die Darstellung und Erläuterung der im Rahmen einer Gesamtplanung möglichen Rückkopplungsprozesse verzichtet.

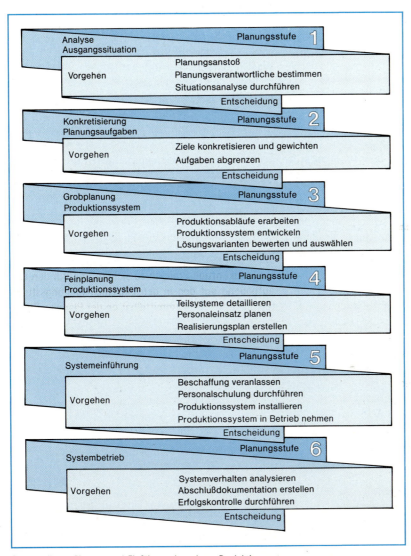

Systematik zur Planung und Einführung komplexer Produktionssysteme   Bild 39

Methoden und
Hilfsmittel

Auf die Bedeutung der innerhalb einzelner Planungsstufen zu durchlaufenden Planungsschritte und die hierbei jeweils zur Lösungs- und Entscheidungsfindung geeigneten Methoden und Hilfsmittel wird in den folgenden Abschnitten ausführlich eingegangen. Wie aus den in jedem Abschnitt enthaltenen Übersichtstabellen ersichtlich ist, gibt es neben speziellen, einzelnen Planungsstufen direkt zuordenbaren Hilfsmitteln wie Erhebungsformularen und Gestaltungsrichtlinien, eine ganze Reihe von Planungsinstrumenten, die in mehreren Planungsstufen weitestgehend universell für unterschiedliche Aufgabenstellungen eingesetzt werden können. Hierzu gehören neben Kreativitätstechniken, wie Morphologie und Brainstorming, schwerpunktmäßig alle Bewertungsmethoden wie Nutzwertanalyse, Argumentenbilanz (vgl. hierzu Abschnitt 4.7) oder Kosten-Vergleichs-Rechnung. In Kapitel 4 dieses Teiles der REFA-Methodenlehre werden alle bei der Planung und Einführung komplexer Produktionssysteme wesentlichen Hilfsmittel zunächst anlagen- und branchenneutral beschrieben. Ergänzend dazu wird ihre praktische Anwendung anhand eines durchgängigen Planungsbeispiels aus dem Bereich der spanenden Teilefertigung erläutert.

3.2 Planung und Gestaltung komplexer Produktionssysteme

3.2.1 Stufe 1: Analyse der Ausgangssituation

Planungsanstoß

Der Anstoß zu einer Planung erfolgt im allgemeinen durch die Geschäfts- bzw. die Werksleitung eines Unternehmens. Die auslösenden Faktoren für einen Planungsauftrag lassen sich i.a. betriebsunabhängig untergliedern in

- **produktbezogene Faktoren,** hierzu gehören:
  - Modifikation einer bestehenden Produktpalette im Rahmen einer Modellpflege;
  - veränderte Absatzerwartungen einzelner bestehender Produkte;
  - Einführung eines neuen Produktes am Markt und
- **produktionsbezogene Faktoren,** hierunter sind zu verstehen:
  - Beseitigung bekannter Schwachstellen des bestehenden Produktionssystems;
  - Ersatz überalterter Betriebsmittel;
  - Einführung neuer Produktionstechnologien sowie
  - Einhaltung gesetzlicher oder tarifvertraglicher Bestimmungen, beispielsweise in bezug auf Arbeitssicherheits- und Umweltschutzauflagen.

auslösende
Faktoren

Im allgemeinen führt das Zusammenwirken meist mehrerer Faktoren gemeinsam zum Planungsauftrag. So wird man beispielsweise immer bestrebt sein, in Verbindung mit einer Kapazitätserweiterung oder der Ersatzbeschaffung für ein überaltertes Betriebsmittel gleichzeitig auch eine Rationalisierung des gesamten Produktionsablaufes und eine Verbesserung der Arbeitsbedingungen zu erreichen.

Wie die betriebliche Praxis zeigt, handelt es sich bei den meisten Planungsprojekten in der Regel nicht um eine vollständige Neuplanung, sondern um die Umstrukturierung oder Ergänzung bestehender Produktionssysteme. Auf etwaige Unterschiede im Planungsablauf hinsichtlich „Neuplanung" und „Umstrukturierung" eines Produktionssystems wird bei der Darstellung bestimmter Planungstätigkeiten jeweils direkt eingegangen.

Planungsverantwortliche bestimmen

Planungs-
gremien

Vor Beginn der eigentlichen Planungsarbeiten müssen vom Auftraggeber bestimmte ablauforganisatorische Voraussetzungen für eine reibungslose und er-
folgversprechende Abwicklung der Planungsarbeiten geschaffen werden. Gerade
auch in kleineren und mittleren Unternehmen, in denen im allgemeinen keine
separaten Stabsstellen für Planungsprojekte anzutreffen sind, hat es sich bewährt, für die Dauer von umfangreichen Planungsarbeiten ein Planungsteam
einzurichten, einen Projektleiter zu benennen und fallweise auch Beratungsgre-
mien (interne und externe Berater) mit hinzuzuziehen. Die letzte Entscheidung
verbleibt natürlich bei den Entscheidungsträgern des Unternehmens (Vorstand,
Geschäftsleitung usw.).

Der Vorteil einer derartigen, schriftlich fixierten Projektorganisation besteht darin, daß für alle an den Projektarbeiten ständig oder nur zeitweise Beteiligten von
Anbeginn an Klarheit über Aufgabenverteilungen, Kompetenzen und Verantwort-
lichkeiten herrscht.

Planungsteam

Die im Rahmen der Planung und Einführung komplexer Produktionssysteme anfallenden Planungsaufgaben sind von einem einzelnen, alleinverantwortlichen
Sachbearbeiter nicht mehr optimal zu lösen. Bei größeren Projekten übersteigt
die Aufgabenstellung das Wissen und die zeitliche Kapazität eines einzelnen
Mitarbeiters.

In Abhängigkeit vom Umfang der Planungsaufgabe hat es sich bewährt, mehrere
Mitarbeiter, üblicherweise aus den betroffenen Fachbereichen, in einem Planungsteam zusammenzufassen. Neben der Bereitschaft zur Teamarbeit sollte bei
der Auswahl der Mitglieder eines Planungsteams auch darauf Wert gelegt werden, daß innerhalb des Planungsteams in ausgewogenem Maße produktspezifische, produktionsspezifische und planungsspezifische Kenntnisse und Erfahrungen vorhanden sind. Auch arbeitsmedizinische, ergonomische und sicherheits-
technische Kenntnisse müssen im Planungsteam, zumindest aber bei den in-
oder externen Beratern, vorhanden sein.

Innerhalb eines derartigen abteilungsübergreifenden Planungsteams besteht die   Projektleiter
Gefahr, daß die vorgegebene Planungsaufgabe von den einzelnen nur unter ei-
nem ganz bestimmten fachspezifischen Blickwinkel gesehen wird. Es ist hier die
Aufgabe eines dem Planungsteam fachlich vorgesetzten Projektleiters, die Bearbeitung einzelner Planungsaufgaben unter Berücksichtigung des Fachwissens
einzelner Teammitglieder zu koordinieren und im Falle gegensätzlicher Lösungsansätze bei bestimmten Planungsschritten entsprechend den konkretisierten Planungszielen (vgl. Abschnitt 3.2.2) vermittelnd zwischen den Interessenlagen einzelner Fachbereiche zu wirken. Der Projektleiter hat in diesem Zusammenhang
insbesondere dafür Sorge zu tragen, daß alle Mitglieder des Planungsteams bei
ihren Arbeiten das in der Planungssystematik vorgegebene Vorgehen konsequent
einhalten. Zu seinen Aufgaben gehört es weiterhin, regelmäßig alle anderen Gremien über den Fortgang der Planungsarbeiten zu informieren, die Konsultation
firmeninterner und -externer Berater vorzubereiten und die Einhaltung des vom
Auftraggeber vorgegebenen Zeit- und Kostenrahmens sicherzustellen.

Für die verbindliche Klärung einzelner, über das Fachwissen des Planungsteams   Beratungs-
hinausgehender Sachfragen, muß die Möglichkeit bestehen, gezielt und zeitlich   gremien
begrenzt Spezialisten beratend in die Planungsarbeiten einzubeziehen. Zielsetzung dieser fallweisen Beratungen muß es sein, wesentliche Erkenntnisse nicht
unmittelbar beteiligter Fachabteilungen zu einem möglichst frühen Zeitpunkt in
die Planungsarbeiten einfließen zu lassen, um die spätere praktische Umsetzbarkeit bestimmter Lösungsvorschläge sicherzustellen.

Diese Beratungsfunktion sollte nach Möglichkeit von firmeninternen Fachleuten,
beispielsweise für Fragen der Arbeitssicherheit, Betriebsmittelbeschaffung, Kostenrechnung oder Informationsverarbeitung, wahrgenommen werden. Als externe Ansprechpartner kommen im allgemeinen Verbände, Unternehmensberater,
Forschungsinstitute oder auch Hersteller bestimmter Komponenten eines Produktionssystems in Frage. Neben dem Informationsgespräch kann es in Sonder-
fragen auch erforderlich sein, interne oder externe Berater mit der Durchführung
vertiefender, projektbegleitender Untersuchungen zu betrauen. Die Palette an
unentgeltlich oder in Form eines Beratungsauftrages durchzuführenden Dienst-
leistungen kann von der Erprobung neuer Roh- oder Werkstoffe, der Durchführung von Bearbeitungsversuchen oder der Eignungsprüfung neu entwickelter Systemkomponenten bis hin zur Durchführung von Simulationsuntersuchungen
reichen.

Entscheidungs-
träger

Oberste Instanz für alle die Planung und Einführung eines komplexen Produktionssystems betreffenden Fragestellungen sind die entsprechenden Entscheidungsträger. Zu ihnen gehören Mitglieder der Geschäftsleitung und evtl. Mitarbeiter der Werksleitung. Sie nehmen als alleinverantwortliches Gremium rich-
tungweisenden und kontrollierenden Einfluß auf die Arbeiten des Planungsteams. Im Rahmen der Planung und Einführung von komplexen Produktionssystemen fallen folgende meist zum Abschluß einer der sechs zu durchlaufenden
Planungsstufen zu erfüllende Aufgaben in den Verantwortungsbereich der Entscheidungsträger:

– Festlegung des Planungsteams,
– Verabschiedung der Planungsaufgabe,
– Vorgabe konkreter Planungsziele,
– Kontrolle des Planungsfortschrittes,
– Entscheidung über notwendige Modifizierungen der Planungsaufgabe,
– Auswahl des bestgeeigneten Lösungsvorschlags,
– Anstoß der Feinplanung des ausgewählten Lösungsvorschlags,
– Freigabe von Mitteln für die Realisierung des Systems,
– Bestimmung der Verantwortlichen für die Realisierung,
– Information und Beratung mit dem Betriebsrat.

Unterrichtungs-
und Beratungs-
rechte des
Betriebsrates

Unabhängig von Art und Größe eines zu installierenden Produktionssystems ist
zu beachten, daß der Betriebsrat bei der Gestaltung von Arbeitsplatz, Arbeitsablauf und Arbeitsumgebung Unterrichtungs- und Beratungsrechte nach § 90
BetrVG hat und daß ihm nach § 91 ein Mitbestimmungsrecht zusteht, wenn die
Arbeitnehmer durch Änderungen der Arbeitsplätze, des Arbeitsablaufs oder der
Arbeitsumgebung, die den gesicherten arbeitswissenschaftlichen Erkenntnissen
über die menschengerechte Gestaltung der Arbeit offensichtlich widersprechen,
in besonderer Weise belastet sind (vgl. hierzu MLA, Teil 1, Kap. 6). In der Phase
der Planung handelt es sich in erster Linie um eine Informations- und Bera-
tungspflicht.

Zusätzlich sei in diesem Zusammenhang auf die folgenden Rechte des Betriebsrates hingewiesen:

– Das allgemeine Informationsrecht des Betriebsrates durch den Arbeitgeber
  nach § 80 Abs. 2.
– Das Recht des Betriebsrates, bei der Durchführung seiner Aufgaben Sachver-
  ständige hinzuzuziehen nach § 80 Abs. 3.
– Das Mitbestimmungsrecht des Betriebsrates in sozialen Angelegenheiten
  nach § 87.
– Das Mitwirkungsrecht des Betriebsrates bei der Personalplanung nach § 92.

- Die Informations-, Mitwirkungs- und Mitbestimmungsrechte des Betriebs-rates in Fragen der Berufsbildung nach §§ 96 bis 98.
- Die Mitbestimmungsrechte des Betriebsrates bei personellen Einzelmaßnah-men nach §§ 99 und 102.
- Das Unterrichtungsrecht des Betriebsrates in wirtschaftlichen Angelegenhei-ten nach § 106.
- Die Unterrichtungs- und Mitwirkungsrechte des Betriebsrates bei Betriebs-änderungen nach §§ 111 und 112.

Situationsanalyse durchführen

Zum Zeitpunkt des Planungsanstoßes liegen für das Planungsteam in der Regel nur sehr globale Vorgaben hinsichtlich der Planungsaufgabe vor, wie etwa

Aufbereitung des Planungs-anstoßes

- Senkung der Herstellkosten für ein Bauteil um 30 %,
- Konzeption einer automatisierten Produktionseinrichtung für eine neue Pro-duktgeneration,
- Erhöhung der Montagekapazitäten um 150 Einheiten/Schicht oder
- Minimierung der Ausschußquoten in einem bestimmten Bereich der Teilefer-tigung.

Für das Planungsteam ergibt sich hieraus zunächst die Aufgabe, die Vorgaben des Planungsanstoßes, die oftmals auf Prognosen hinsichtlich Markt-, Umsatz- oder Technologieentwicklungen beruhen, in verbindliche Eckdaten umzusetzen und durch eine aufgabenbezogene, differenzierte Beschreibung des aktuellen Ausgangszustandes (Situationsanalyse) die Voraussetzungen für die in Planungs-stufe 2 (vgl. Bild 39) vorzunehmende Konkretisierung der Planungsaufgabe zu schaffen.

Insbesondere bei Planungsprojekten zur ablauf- oder kostenmäßigen Verbesse-rung eines bestehenden Produktionssystems wird die Analyse oft nur zum Auf-spüren von vorhandenen Schwachstellen verwendet. Zielsetzung einer fundier-ten Situationsanalyse muß es aber sein, in Form einer detaillierten Bestandsauf-nahme sowohl Stärken als auch Schwächen eines Produktionsbereiches aufzuzeigen und gleichzeitig die Anforderungen, die seitens eines bestimmten Produktspektrums an das neu zu planende komplexe Produktionssystem gestellt werden, für Planungsteam und Entscheidungsträger systematisch aufzubereiten. Eine umfassende Situationsanalyse sollte die in Bild 40 aufgeführten Analyse-schwerpunkte enthalten.

Zielsetzungen einer Situations-analyse

Analyseschwerpunkte	Beispiele für Einzelerhebungen
Mitarbeiterbezogene Analyseschwerpunkte	● Anzahl der Mitarbeiter ● Entlohnung der Mitarbeiter ● Qualifikation der Mitarbeiter ● Fluktuationsraten ● Tätigkeitsbeschreibungen ● . . . . ● . . . .
Kostenbezogene Analyseschwerpunkte	● Herstellkosten ● Materialkosten ● Instandhaltungskosten ● Kapitalbindung ● . . . . ● . . . .
Produktionsbezogene Analyseschwerpunkte	● Alter der Betriebsmittel ● Nutzung der Betriebsmittel ● Durchlaufzeiten ● Ausschußquoten ● . . . . ● . . . .
Produktbezogene Analyseschwerpunkte	● Produktabmessungen ● Produktvarianten ● Jahresbedarf, Losgrößen ● Toleranzen ● . . . . ● . . . .

Bild 40   Schwerpunkte einer Situationsanalyse

Wie aus Bild 41 hervorgeht, stehen zur Durchführung einer Situationsanalyse eine Vielzahl geeigneter Methoden und Hilfsmittel zur Verfügung, beispielsweise zur quantitativen oder qualitativen Beschreibung von Stärken und Schwächen eines bestehenden Produktionssystems. Auf die wesentlichen Hilfsmittel und ihre Anwendungsmöglichkeiten bei der Planung von komplexen Produktionssystemen wird in Abschnitt 4.1 vertiefend eingegangen, soweit diese nicht in anderen Teilen der REFA-Methodenlehre beschrieben sind.

Absicherung der Datengrundlage

Die Situationsanalyse erfüllt nur dann ihren Zweck, wenn die im einzelnen ermittelten Daten auf einer aktuellen und von allen Beteiligten als charakteristisch für den Ist-Zustand angesehenen Grundlage beruhen. Insbesondere bei einer geplanten Umstrukturierung bereits im Betrieb befindlicher Produktionssysteme ist es ratsam, nicht nur offensichtliche, bereits bekannte Schwachstellen vertiefend zu analysieren, sondern auch bisher zur allgemeinen „Zufriedenheit" ablaufende Tätigkeiten bzw. Vorgänge kritisch zu hinterfragen. Vielfach bleiben sonst materialfluß- und informationstechnische Schwachstellen unerkannt, da entweder bestimmte Abläufe oder Zustände, oft auch aus Gründen einer gewissen „Betriebsblindheit", als firmentypisch hingenommen werden oder bisher keine Notwendigkeit gesehen wurde, entsprechende Daten zu erfassen und auszuwerten.

Die Einzelergebnisse der Situationsanalyse müssen vom Planungsteam zu einigen wesentlichen Aussagen und Empfehlungen zusammengefaßt werden, die nach entsprechender graphischer und textlicher Aufbereitung den Entscheidungsträgern präsentiert werden. Das Planungsteam muß sich beim Auftraggeber bzw. bei den Entscheidungsträgern hinsichtlich der Verbindlichkeit und der Aktualität der ursprünglichen Planungsvorgaben absichern.

Darstellung der Analyse-ergebnisse

Analyse Ausgangssituation	Planungsstufe 1	
Planungsschritte	**Methoden und Hilfsmittel**	**Verweis**
Planungsanstoß		
Planungsverantwortliche bestimmen	**Projektstrukturplan**	MLPS 5, Abschn. 15.1.5
Situationsanalyse durchführen	**Erhebungsbögen zur Situationsanalyse**	Abschnitt 4.1.3
	Checklisten zur Situationsanalyse	Abschnitt 4.1.3
	Flußdiagramme	MLA 3, Abschn. 4.2
	ABC-Analyse (produkt-, kostenbezogen)	MLA 3, Abschn. 7.4
	Zeitaufnahmen	MLA 2, Kap. 3
	Multimomentaufnahmen	MLA 2, Kap. 4
	Selbstaufschreibung	MLA 2, Abschn. 6.2.2
	Mitarbeiterbefragung	

Vorgehen und Hilfsmittel für Planungsstufe 1   Bild 41

3.2.2 Stufe 2: Konkretisierung der Planungsaufgaben

Ziele konkretisieren und gewichten

Ableitung von
Planungszielen

Basierend auf den Ergebnissen der Situationsanalyse können nun unter Einbeziehung der bereits beim Planungsanstoß vorgegebenen Grundanforderungen eindeutige Zielkriterien abgeleitet werden. Die Erarbeitung, Darstellung und Bewertung dieser Zielkriterien ist für die Gestaltung eines komplexen Produktionssystems notwendig, wenn verschiedene konkurrierende Lösungsvorschläge vorhanden sind. Das Planungsteam hat die Aufgabe, ausgehend von den Erkenntnissen der Situationsanalyse die im Planungsanstoß nur global formulierte Zielsetzung in konkrete, einander ergänzende Einzelziele umzusetzen (Bild 42).

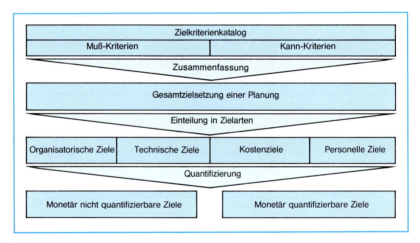

Bild 42   Übersicht Zielkriterien

So muß ein Planungsteam beispielsweise zur Erreichung des Globalzieles „Senkung der Durchlaufzeiten" aus der Kenntnis der in der derzeitigen Fertigung bestehenden Schwachstellen mehrere, einander ergänzende Einzelziele für Verbesserungsmaßnahmen wie „Reduzierung der Maschinenausfallzeiten", „Minimierung der Transportwege" oder „Reduzierung von Hauptnutzungs- und Prozeßzeiten" definieren.

Zielkriterien werden entsprechend ihren Auswirkungen auf die Gestaltung von Lösungsvorschlägen für ein komplexes Produktionssystem unterteilt in Muß-Kriterien und Kann-Kriterien:

Ausprägungen
von
Zielkriterien

– Muß-Kriterien sind Kriterien, die von ausgearbeiteten Lösungsvarianten unbedingt erfüllt werden müssen. Im Falle der Nichterfüllung scheidet eine Lösungsvariante sofort aus dem weiteren Planungs- oder Auswahlprozeß aus. Muß-Kriterien sind z.B. Auflagen, die dem Planungsteam von den Auftraggebern einer Planung verbindlich vorgegeben werden.
– Kann-Kriterien sind Kriterien, die von einzelnen Lösungsvarianten möglichst gut erfüllt werden sollten. Es sind die Kriterien, welche mit Hilfe geeigneter Bewertungsmethoden (vgl. Abschn. 4.7) „Vergleichsdaten" für eine abschließende Rangfolgebildung unter allen erarbeiteten Systemlösungen liefern und die Auswahl der unter den projektspezifischen Zielsetzungen bestgeeigneten Lösung ermöglichen.

Wenn auch die Ableitung der Zielkriterien sehr stark projektbezogen ist, so lassen sich im Zusammenhang mit komplexen Produktionssystemen doch bestimmte, bei vielen Planungsprojekten ähnlich formulierte Zielkriterien erkennen. In Bild 43 sind, ohne Anspruch auf Vollständigkeit, wesentliche Muß- und Kann-Kriterien für Planung und Einführung komplexer Produktionssysteme aufgeführt.

Zielkriterien-
katalog

Muß-Kriterien	Kann-Kriterien
• Standort des Produktionssystems • Produktionsleistung • Investitionsvolumen • Einsatz bestimmter Hard- oder Software-Komponenten • Einhaltung gesetzlicher Vorgaben (Unfallverhütungsvorschriften, Bebauungsvorschriften, Entsorgungsvorschriften) • Einhaltung von Tarifverträgen und Betriebsvereinbarungen	• Verbesserung der Betriebsmittelnutzung • Steigerung der Flexibilität gegenüber Mengen- bzw. Produktionsveränderungen • Verkürzung der Durchlaufzeiten • Senkung der Herstellkosten • Erhöhung der Lieferbereitschaft • Abbau einseitiger körperlicher Belastungen der Mitarbeiter • Vergrößerung des Handlungsspielraums der Mitarbeiter • Erweiterungsfähigkeit des Produktionssystems

Beispiel eines Zielkriterienkatalogs für komplexe Produktionssysteme   Bild 43

Diese Einteilung in Muß- und Kann-Kriterien soll lediglich einen Anhaltspunkt für die Arbeiten eines Planungsteams darstellen. Sehr wohl können in Abhängigkeit betrieblicher Rahmenbedingungen einzelne Muß-Kriterien zu Kann-Kriterien werden und umgekehrt. Beispielsweise kann die Forderung nach Einsatz eines bestimmten Steuerungstyps für einen Auftraggeber absolut zwingend sein, in einem anderen Projekt bestehen dagegen für die gerätetechnische Realisierung noch entsprechende Auswahlmöglichkeiten. Selbstverständlich sind in einem Kriterienkatalog auch Tarifverträge und Betriebsvereinbarungen zu berücksichtigen.

Zielarten

Alle formulierten und aufgestellten Ziele lassen sich in bestimmte Zielarten einteilen und zuordnen. Bild 44 zeigt die Einteilung der Ziele in bestimmte Zielarten und die verschiedenen Teilziele innerhalb einer bestimmten Zielart.

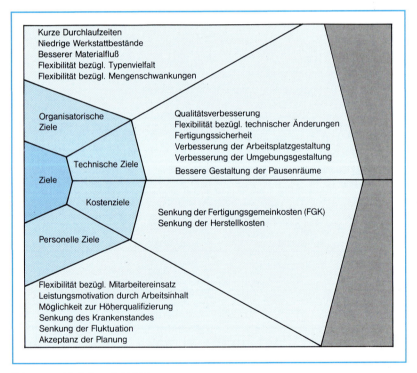

Bild 44   Zielarten und Aufteilung in Teilziele

Sehr wesentlich für die nachfolgenden Planungsschritte ist, daß das Planungs- team versucht, ausgehend von den Ergebnissen der Situationsanalyse, möglichst viele Zielkriterien quantitativ zu formulieren. Die Vorgaben können sowohl auf Prozentwerten, wie „Reduzierung der Nacharbeitskosten um 30 %", als auch auf absoluten Werten, z.B. „Durchlaufzeit kleiner als vier Schichten", beruhen. Wäh- rend ein pauschal formuliertes Zielkriterium wie „Verkürzung der Durchlaufzei- ten" sehr unterschiedlich ausgelegt werden kann, führt die quantitative Formu- lierung von Zielkriterien dazu, daß sich Entscheidungsträger und Planungsteam über realistisch erscheinende Mindest- oder Höchstwerte bestimmter Zielkrite- rien verständigen, die bei der späteren Bewertung der Planungsergebnisse einen allgemein anerkannten Vergleichsmaßstab darstellen.

Formulierung der Zielkriterien

Bevor die Bewertung der Teilziele erfolgen kann, müssen diese nun in

Zuordnung der Teilziele

– monetär bewertbare und in
– monetär nicht bewertbare Ziele

getrennt werden (Bild 45). Die monetär bewerteten Ziele sind entsprechend zu quantifizieren.

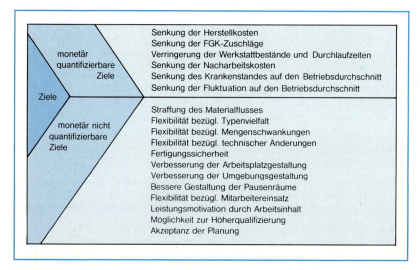

monetär quantifizierbare Ziele	Senkung der Herstellkosten Senkung der FGK-Zuschläge Verringerung der Werkstattbestände und Durchlaufzeiten Senkung der Nacharbeitskosten Senkung des Krankenstandes auf den Betriebsdurchschnitt Senkung der Fluktuation auf den Betriebsdurchschnitt
monetär nicht quantifizierbare Ziele	Straffung des Materialflusses Flexibilität bezügl. Typenvielfalt Flexibilität bezügl. Mengenschwankungen Flexibilität bezügl. technischer Änderungen Fertigungssicherheit Verbesserung der Arbeitsplatzgestaltung Verbesserung der Umgebungsgestaltung Bessere Gestaltung der Pausenräume Flexibilität bezügl. Mitarbeitereinsatz Leistungsmotivation durch Arbeitsinhalt Möglichkeit zur Höherqualifizierung Akzeptanz der Planung

Monetär quantifizierbare und nicht quantifizierbare Ziele   Bild 45

Zielkonflikte

Die Zielvorgabe für die Einführung komplexer Produktionssysteme kann eine Mischform aus verschiedenen Teilzielen darstellen.

Die Komplexität der Bewertung zeigt sich auch dadurch, daß zwischen den verschiedenen Teilzielen Beziehungen bestehen, die nur schwer gegeneinander abzugrenzen sind.

Anzahl der Ziele

Die Frage nach der „richtigen" Zahl der zu berücksichtigenden Teilziele ist schwer zu beantworten, da sie stark von der Art des vorliegenden Bewertungsproblems abhängt. Generell kann festgestellt werden: Je umfangreicher der Kriterienplan ausfällt, desto

- differenzierter können verschiedene Varianten des Arbeitssystems beurteilt werden,
- schwieriger ist es aber auch, die relative Bewertung eines Teilzieles festzulegen (Gewichtung).

Die Erfahrung hat gezeigt, daß die Anzahl der Teilziele je nach Bewertungsproblem nicht größer als 7 bis 10 sein sollte.

Unabhängigkeit der Teilziele

Bei der Formulierung der Kriterien ist auch darauf zu achten, daß bestimmte Teilziele nicht mehrfach erfaßt werden. Wenn beispielsweise sowohl Selbstkosten als auch Kapitalkosten bei der Festlegung der Zielerfüllung berücksichtigt werden sollten, ist zu beachten, daß die Kapitalkosten in der Regel in Form von Abschreibungs- und Zinskosten in den Selbstkosten enthalten sind.

Gewichtung der Zielkriterien

Innerhalb eines Zielkriterienkatalogs bestehen, bezogen auf die spätere Konzeption eines Produktionssystems, meist zahlreiche Zielkonflikte zwischen einzelnen Kann-Kriterien, beispielsweise zwischen den Forderungen „maximale Betriebsmittelnutzung" und „minimale Durchlaufzeiten". Da den verschiedenen Kriterien im Hinblick auf die Erfüllung der Gesamtzielsetzung eines Planungsprojektes unterschiedliche Bedeutung zukommt, müssen sie nun projektbezogen gewichtet werden. Diese Gewichtung erfolgt zweckmäßigerweise mit Hilfe der Methode des „paarweisen Vergleichs" (vgl. MLPS, Teil 4, Abschn. 14.3.7). Das Formulieren und Gewichten der Bewertungskriterien ist ein Vorgang, bei dem die Interessen und die Betrachtungsweisen des Planungsteams, also subjektive Faktoren, eine wesentliche Rolle spielen. Da mit der Gewichtung der Kann-Kriterien eine entscheidende Weichenstellung für die folgenden Planungsstufen vorgenommen wird, ist zu empfehlen, daß der Auftraggeber der Planung oder die Entscheidungsträger diesen Planungsschritt selbst durchführen.

Aufgaben abgrenzen

Nach der Situationsanalyse und den zwischenzeitlich konkretisierten Planungsziele ist es für das Planungsteam nun möglich, die Grenzen des zu betrachtenden Produktionssystems verbindlich festzulegen und die zugehörigen
materialfluß- und informationsflußtechnischen Schnittstellen zum betrieblichen
Umfeld exakt zu beschreiben.

Beschreibung des Produktionssystems

Komplexe Produktionssysteme können in gleicher Weise wie konventionelle Arbeitssysteme im Sinne der Systemtheorie (vgl. MLA, Teil 1, Abschnitt 3.2) beschrieben werden. Die Abgrenzung des zu betrachtenden Produktionssystems
gegenüber benachbarten, d.h. im Produktionsgeschehen vor- bzw. nachgelagerten Produktionsbereichen erfolgt, wie Bild 46 verdeutlicht, unabhängig von der
Systemgröße durch die

- Festlegung der Eingaben (Informationen, Teile, Werkstoffe, Energie);
- Beschreibung der Ausgaben (Informationen, Produkt, Abfälle, Energie) und
  die
- Beschreibung der Arbeitsaufgabe.

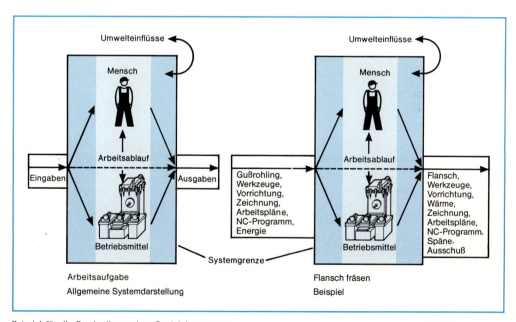

Beispiel für die Beschreibung eines Produktionssystems   Bild 46

Die Ermittlung der zur vollständigen Beschreibung eines Arbeitssystems notwendigen Angaben über

- Arbeitsablauf,
- Menschen,
- Betriebsmittel und
- Umwelteinflüsse

ist dagegen Gegenstand der in den Planungsstufen 3 sowie 4 durchzuführenden Grob- bzw. Feinplanungsarbeiten.

Konkretisierung Planungsaufgaben	Planungsstufe 2	
Planungsschritte	**Methoden und Hilfsmittel**	**Verweis**
Ziele konkretisieren und gewichten	Zielkriterienkatalog Zielpyramide paarweiser Vergleich	Abschnitt 4.7
Aufgaben abgrenzen		

Bild 47   Vorgehen und Hilfsmittel für Planungsstufe 2

3.2.3 Stufe 3: Grobplanung des Produktionssystems

Produktionsabläufe erarbeiten

stufenweises
Vorgehen

Bei der Planung eines komplexen Produktionssystems hat es sich bewährt, in mehreren, aufeinander aufbauenden Einzelschritten, beginnend mit der konstruktiven und kapazitätsmäßigen Auslegung des Bearbeitungssystems, vorzugehen. Sobald Art und Anzahl der einzelnen Arbeitsstationen ermittelt sind, können das zugehörige Material- und Informationsflußsystem geplant werden, wobei neben der Konzeption und Auswahl der erforderlichen Systemkomponenten ein weiterer Schwerpunkt der Planungsarbeit auf der Gestaltung der material- und informationsflußtechnischen Schnittstellen liegen muß.

Lösungsalternativen sollten nicht nur ausgehend vom Ist-Zustand (induktives Vorgehen), sondern in der konzeptionellen Phase auch ausgehend von einem Idealzustand (deduktives Vorgehen) erarbeitet werden (Bild 48). Die Systementwicklung ausgehend vom Idealsystem führt erfahrungsgemäß zu neuartigen und häufig besseren Lösungen. Voraussetzung hierfür ist jedoch, daß der Planer nicht nur die Möglichkeiten des im Unternehmen bereits vorhandenen Maschinenparks vor Augen hat, sondern insbesondere den aktuellen Stand der Produktionstechnik und zu erwartende Entwicklungstendenzen, beispielsweise durch Fachliteratur, Messebesuche oder Herstellerkontakte, kennt. Heute noch als Prototypen auf dem Markt befindliche Werkzeugmaschinen können in zwei oder drei Jahren, wenn das gerade in Planung befindliche Produktionssystem in Betrieb genommen wird, bereits ausgereifte und werkstattaugliche Fertigungseinrichtungen darstellen.

Vorgehen bei der Erarbeitung von Lösungsalternativen

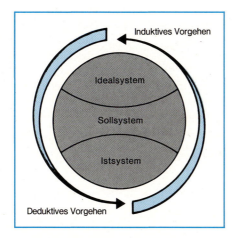

Alternatives Vorgehen bei der Erarbeitung von Lösungsvarianten   Bild 48

Um Varianten von Produktionsabläufen zunächst losgelöst von vorhandenen Betriebsmitteln konzipieren zu können, ist es zweckmäßig, die Herstellung eines Produkts in einzelne, in sich abgeschlossene Teilvorgänge zu untergliedern. Dadurch wird die Anwendung entsprechender Lösungsfindungsmethoden wie beispielsweise des Vorranggraphen möglich (siehe Abschnitt 4.2.2).

Produktionssystem entwickeln

Kapazitätsbedarf

Mit der Entwicklung eines dem aktuellen Stand der Technik entsprechenden Arbeitsablaufs sind die Voraussetzungen für die Erarbeitung entsprechender Lösungsvarianten für Beabeitungs-, Materialfluß- und Informationsflußsystem geschaffen worden. Der für einzelne, repräsentative Teile (siehe Abschnitt 4.2.1) ausgearbeitete Arbeitsablauf muß zunächst unter Berücksichtigung von Stückzahlverteilung und Jahresbedarf (vgl. Planungsstufe 1) der im betrachteten Produktionssystem zu fertigenden Teile in einen Kapazitätsbedarf der einzelnen Arbeitsstationen umgerechnet werden. Aus der Anzahl der Arbeitsstationen, die für ein vorgegebenes Produktionsprogramm kapazitätsmäßig erforderlich sind, lassen sich wiederum die Anforderungen an die erforderlichen Material- und Informationsflußeinrichtungen ableiten.

mehrere
Lösungs-
varianten

Es hat sich in zahlreichen Planungsprojekten bewährt, mehrere Varianten eines Produktionssystems zu planen. Die Lösungsvarianten sollten dabei so gewählt werden, daß das Planungsteam sicher kein kann, daß die aus technisch-wirtschaftlicher und mitarbeiterbezogener Sicht bestgeeignete Variante innerhalb der ausgearbeiteten Palette von Lösungsmöglichkeiten liegt. Aus diesem Grunde sollte eine Planungsvariante den nur geringfügig geänderten Ist-Zustand darstellen, während bei einer zweiten Planungsvarianten Bearbeitungs-, Materialfluß- und Informationsflußsystem entsprechend den technischen Möglichkeiten möglichst hoch automatisiert sein sollten. Die Gesamtlösungen werden als Prinzipskizzen mit schriftlichen Erläuterungen dokumentiert.

Lösungsvarianten bewerten und auswählen

Trotz des systematischen Vorgehens muß nicht jede entstandene Lösung die gesetzten Ziele optimal erfüllen. Wesentlicher Teil des Vorgehens ist deshalb das Bewerten und Vergleichen mehrerer Lösungsvarianten. Bei komplexen Produktionssystemen wird der Bewertungs- und Auswahlvorgang im Vergleich zu konventionellen Produktionssystemen erschwert, da bei der Gestaltung derartiger Systeme oft Zielsetzungen wie „Steigerung der Flexibilität" oder „Vergrößerung des Handlungsspielraums der Mitarbeiter" im Vordergrund stehen, deren spätere Auswirkungen monetär nicht quantifizierbar sind (vgl. Planungsstufe 2). Darüber hinaus bestehen oft große Unsicherheiten, einen bestimmten Automatisierungsgrad von Material- oder Informationsflußsystemen bereits im Stadium der Grobplanung kostenmäßig zu rechtfertigen.

Im Gegensatz zu konventionellen Arbeitssystemen gibt es bis heute keine wissenschaftlich abgesicherten Verfahren, die es erlauben, die meist nur mit überdurchschnittlichem Kapitaleinsatz zu erzielenden Flexibilitätseigenschaften eines komplexen Produktionssystems in eine abschließende Wirtschaftlichkeitsrechnung (z.B. Amortisationszeitberechnung, Renditeberechnung) mit einzubeziehen [8]. Schwierigkeiten bereiten dabei sowohl die exakte Erfassung aller bei der Einführung eines Produktionssystems anfallenden Kosten, als auch die Verrechnung der beim Betrieb entstehenden direkten und indirekten Kostenanteile. Die Kostenvergleichsrechnung konkurrierender Arbeitssystemvarianten sollte in der Form durchgeführt werden, die im Betrieb üblich ist. Dazu sind Aufwand (Abschreibung, Verzinsung, zusätzliche Personalkosten, Ausbildungskosten, Einarbeitungszuschläge usw.) und Einsparungen (Personaleinsparung, Gemeinkostensenkung) gegeneinander aufzurechnen.

Um eine auf breiter Basis abgestützte unternehmerische Entscheidung zu fördern, sollten abschließend den Kostendaten alle entscheidungsrelevanten, monetär jedoch nur schwer quantifizierbaren Bewertungsfaktoren (wie z.B. Ausmaß der Belastungsminderung, Taktentkopplung, Durchlaufzeitverhalten, Flächenbedarf oder Kapazitätsnutzung) gegenübergestellt werden.

Besonderheiten des Auswahlvorganges

Wirtschaftlichkeitsrechnung bei komplexen Produktionssystemen

monetär nur schwer quantifizierbare Ziele

Gegenüber-
stellung
der Lösungs-
varianten

Die Bewertung von Lösungsvarianten eines komplexen Produktionssystems erfolgt also durch direkten Vergleich der erarbeiteten Varianten, wobei den

- Ergebnissen einer Kosten- und Wirtschaftlichkeitsbetrachtung die
- Ergebnisse einer Ermittlung der Arbeitssystemwerte der einzelnen Varianten (vgl. Abschnitt 4.7)

gegenübergestellt werden.

Den Entscheidungsträgern, die die endgültige Auswahl der weiterzuverfolgenden Lösungsvariante vornehmen, stehen damit zwei einander ergänzende Hilfsmittel ("duale Bewertung") zur Verfügung, wobei die Entscheidungsgrundlagen vom Planungsteam aufbereitet werden.

Planungsschritte	Methoden und Hilfsmittel	Verweis
Produktionsabläufe erarbeiten	Vorranggraphen	Abschnitt 4.2.2
	Repräsentativteileauswahl	Abschnitt 4.2.1
	Teilefamilienbildung	Abschnitt 4.1.1
Produktionssystem entwickeln	Kapazitätsteilung, Kapazitätsfeld	Abschnitt 4.2.3
	Zeitermittlung	MLA 2, Kap. 3
	Arbeitssystem - Elemente - Katalog	Abschnitt 4.2/4.3
	Morphologie	MLA 3, Abschn. 3.5
	Normen, Vorschriften	
	Brainstorming	MLA 3, Abschn. 3.4
	Simulation	Abschnitt 4.3
Lösungsvarianten bewerten und auswählen	Wirtschaftlichkeits - und Kostenrechnung	Abschnitt 4.7 MLA 3, Abschn. 1.6
	Arbeitssystemwertermittlung	Abschnitt 4.7 MLPS 4, Abschn. 14.3.7
	Argumentenbilanz	Abschnitt 4.7

Grobplanung Produktionssystem — Planungsstufe 3

Bild 49   Vorgehen und Hilfsmittel für Planungsstufe 3

3.2.4 Stufe 4: Feinplanung des Produktionssystems

Teilsysteme detaillieren

Nach der Verabschiedung des Grundkonzepts durch die Entscheidungsträger können nun die einzelnen Subsysteme im Detail geplant werden. Hierbei ist, wie in Planungsstufe 3, ein mehrstufiges Vorgehen ratsam. Aufbauend auf einer genaueren Zeitberechnung aller im Produktionsablauf notwendigen Arbeitsschritte, die zum Teil durch Arbeitsversuche untermauert werden können, können die technologischen Anforderungen an die einzelnen Betriebsmittel genau spezifiziert und das materialfluß- und informationsflußtechnische Umfeld der einzelnen Arbeitsstationen detailliert geplant werden. Zu diesem Zeitpunkt muß vom Planungsteam für jeden manuellen oder automatisierten Arbeitsplatz genau festgelegt werden, in welcher Lage, in welcher Menge und an welcher Stelle die für die jeweilige Arbeitsaufgabe benötigten Werkstücke, Werkzeuge, Vorrichtungen sowie Meß- und Prüfmittel bereitgestellt werden sollen. Darüber hinaus ist verbindlich festzulegen, wie der Informationsfluß im maschinennahen Bereich strukturiert ist, welche Abläufe automatisch ausgelöst und überwacht werden sollen, in welcher Art Maschinenzustands- oder Betriebsdaten erfaßt und weiterverarbeitet werden, und in welcher Form ein möglicher Dialog zwischen Mitarbeiter und Rechnersystem durchgeführt werden soll.

gestufte Feinplanung

Sehr wesentlich ist bei der Feinplanung sowohl manueller als auch automatisierter Arbeitsstationen die Berücksichtigung arbeitsorganisatorischer, ergonomischer und sicherheitstechnischer Gestaltungsregeln (s. MLA, Teil 1 und 3), und auch – soweit relevant – der Regeln des Datenschutzes.

Nach erfolgter Detaillierung innerhalb einzelner Subsysteme müssen die Anforderungen an die gegebenenfalls zu beschaffenden Produktionseinrichtungen aus technischer und ergonomischer Sicht spezifiziert werden. Diese in Form eines Pflichtenheftes zusammengestellten Anforderungen, die auch mit den Beschaffungsrichtlinien des jeweiligen Unternehmens abgestimmt sein müssen, bilden die Grundlage der Ausschreibungen während der Feinplanungsphase und beinhalten die späteren Abnahmebedingungen, beispielsweise die Bearbeitung von Probewerkstücken.

Pflichtenhefterstellung

Personaleinsatz planen

Qualifizierungs-
programm
erstellen

Weitestgehend unabhängig von Art und Größe des Produktionssystems ist zu berücksichtigen, daß zur Motivation des Personals möglichst frühzeitig eine intensive Information sowie zur Qualifizierung ein umfassendes Ausbildungspro-
gramm erforderlich sind (s. Abschn. 4.6). Zu beachten ist ebenfalls, daß in der
Einführungsphase andere Formen der Arbeitsorganisation angebracht sein können (z.B. bezüglich der Arbeitsteilung und der Qualitätskontrolle) als später,
wenn das System reibungslos arbeitet. Dies ist bereits bei der Planung zu berücksichtigen, um später kostspielige Veränderungen zu vermeiden.

Realisierungsplan erstellen

Realisierungs-
verantwortliche
einsetzen

Mit der Feinplanung und Systemeinführung werden am zweckmäßigsten Mitarbeiter aus dem Planungsteam und aus den betroffenen Produktionsbereichen be-
auftragt, die als verantwortliche Realisierungsleiter unter Führung eines Projektleiters zusammenarbeiten. Dadurch ist sichergestellt, daß eine genügend große
Identifikation mit den Planungsergebnissen und der Wille zur Durchsetzung vorhanden sind. Die Kontrollfunktion während der Realisierung verbleibt bei den
Entscheidungsträgern.

Generalunter-
nehmerschaft

Bei der Einrichtung größerer Produktionssysteme kann es sinnvoll sein, daß eine
der Herstellerfirmen die Generalunternehmerschaft übernimmt und die Einrichtung und Anpassungsarbeiten aller anderen Firmen verantwortlich bis zur Sy-
stemübergabe koordiniert. Die Kontrolle verbleibt natürlich bei den Entscheidungsträgern.

Hilfsmittel zur
System-
einführung

Um eine entsprechende Kontrolle und Abstimmung aller während der Feinplanung und Systemeinführung durchzuführenden Tätigkeiten zu gewährleisten,
sollten die Realisierungsverantwortlichen je nach Komplexität des Vorhabens folgende Hilfsmittel einsetzen:
– einen Netzplan oder ein Balkendiagramm, denen die bestehenden Abhängigkeiten, der zeitliche Aufwand und die Endtermine entnommen werden
  können,
– ein Pflichtenheft, in dem für die jeweils ausführenden Stellen die Aufgaben
  mit ihren Endterminen festgelegt sind sowie
– einen Umzugsplan, der die geringstmögliche Störung der laufenden Fertigung und eine problemlose Integration neuer Systemkomponenten gewährleistet.

Feinplanung Produktionssystem		Planungsstufe 4
Planungsschritte	**Methoden und Hilfsmittel**	**Verweis**
Teilsysteme detaillieren	Hinweise zur Arbeitsplatzgestaltung	MLA 3, Kap. 5
	Arbeitsstättenverordnung	
	Arbeitssystem - Elemente - Katalog	Abschnitt 4.2 Abschnitt 4.3
	Ergonomische Gestaltungshinweise	MLA 1, Abschn. 4.1
	Simulation	Abschnitt 4.3
Personaleinsatz planen	Qualifizierungsmaßnahmen	Abschnitt 4.6
Realisierungsplan erstellen	Balkendiagramm	MLA 3, Abschn. 4.2.3
	Netzplan	MLPS 5, Kap. 15
	Pflichtenheft	MLPS 2, Abschn. 9.7.3
	Umzugsplan	

Vorgehen und Hilfsmittel für Planungsstufe 4   Bild 50

3.2.5 Stufe 5: Systemeinführung

Beschaffung veranlassen

Nach Freigabe der benötigten Investitionsmittel durch die Entscheidungsträger und nach einer umfassenden Angebotsanalyse kann die Beschaffung der Einzelkomponenten vorgenommen werden. Insbesondere im Bereich der Teilefertigung werden häufig nicht alle benötigten Maschinen auf einmal bestellt. Vielmehr wird innerhalb eines über mehrere Jahre gestaffelten Investitionsprogrammes im Rahmen einzelner Ersatz- oder Erweiterungsbeschaffungen eine schrittweise Umstrukturierung des jeweiligen Fertigungsbereichs vorgenommen.

stufenweise Beschaffung

Personalschulung durchführen

Schulungs-
aktivitäten,
Schulungs-
aufwand

Entsprechend den Anforderungen des neugeplanten Produktionssystems und dem Ausbildungsstand der einzelnen Mitarbeiter müssen die Schulungsaktivitäten ausgerichtet werden. So kann es bei einfachen Tätigkeiten ausreichen, die Mitarbeiter so wie gewohnt durch einen Unterweiser anzulernen und den Lernverlauf zu verfolgen. Bei der Fortbildung eines Werkzeugmachers zum Anlagentechniker kann dagegen der Schulungsaufwand (einschließlich der erforderlichen Methodenräume und Einrichtungen) den einer Lehre bzw. einer Ausbildung zum Techniker überschreiten. Aus diese Grunde ist es erforderlich, die Unterweisung der Mitarbeiter gleichzeitig mit oder sogar noch vor der Installation erster Teilkomponenten des Produktionssystems durchzuführen.

Produktionssystem installieren

Bevor die einzelnen Betriebsmittel der in Planungsstufe 4 detaillierten Lösungsvariante eines komplexen Produktionssystems schrittweise installiert und abgenommen werden können, müssen neben den o.g. Schulungsmaßnahmen sowohl

- bauliche Maßnahmen (z.B. Hallenbauten, Einrichtung von Sozialräumen, Leitstand oder Rechnerräume) als auch
- produktionsvorbereitende Tätigkeiten wie Stammdatenermittlung, Dateienerstellung oder -umstellung, Zeichnungsumstellungen u.a.

durchgeführt werden. Zur Koordination und Überwachung aller mit der Installation von Bearbeitungs-, Materialfluß- und Informationssystem verbundenen Einzelaktivitäten hat sich der Einsatz von Netzplänen und Checklisten (vgl. Abschnitt 4.8) bewährt, um eine zeit- und kostengerechte Umsetzung der ausgewählten Lösungsvariante zu gewährleisten.

Produktionssystem in Betrieb nehmen

Eine Besonderheit der Realisierung von Produktionssystemen besteht darin, daß meist noch zu wenig Daten und Erfahrungen mit den neuen Produkten, Arbeitsverfahren und/oder Betriebsmitteln vorliegen und deshalb Störungen bei der Einführung auftreten können. Aus diesem Grund wird vielfach im Rahmen eines Testbetriebs ein begrenztes Anlaufproduktionsprogramm gefertigt, um zum einen technologische und organisatorische Erfahrungen zu sammeln und zum anderen die Mitarbeiter mit den neuen Arbeitssystemen vertraut zu machen. So können ohne größeren Aufwand gemeinsam „Kinderkrankheiten" ausgemerzt werden, die beim Auftreten in größeren Produktionsbereichen zu empfindsamen Störungen führen könnten.

Anlauffertigung

Systemeinführung	Planungsstufe 5	
Planungsschritte	**Methoden und Hilfsmittel**	**Verweis**
Beschaffung veranlassen	Pflichtenhefte	Abschnitt 4.2
Personalschulung durchführen	Methoden der Arbeitsunterweisung	Abschnitt 4.6, MLBO, Teil Arbeitspädagogik
	Qualifizierungspläne	MLBO, Teil Arbeitspädagogik
Produktionssystem installieren	Stufenplan,	MLPS 5, Abschn. 16.4
	Netzpläne	MLPS 5, Kap. 15
Produktionssystem in Betrieb nehmen	Anlaufproduktionsprogramm	Abschnitt 4.8.2
	Überwachungsbögen	Abschnitt 4.8, 4.8.3

Vorgehen und Hilfsmittel für Planungsstufe 5   Bild 51

3.2.6 Stufe 6: Systembetrieb

Systemverhalten analysieren

Sind die technischen und personellen Anlaufschwierigkeiten überwunden, und stellt sich demzufolge ein störungsfreier Arbeitsablauf ein, so hat das Produktionssystem den „Reifegrad" zur Übergabe erreicht. Die Übergabe des realisierten Produktionssystems erfolgt zu einem definierten Termin offiziell zwischen Realisierungsverantwortlichen, Entscheidungsträgern und den systemübernehmenden Fachbereichen.

Abschlußdokumentation erstellen

Bevor die Realisierungsverantwortlichen ihre Arbeit beenden, ist es zweckmäßig, eine umfassende Dokumentation des gesamten Projekts anzufertigen, um zu einem späteren Zeitpunkt bei ähnlich gelagerten Aufgabenstellungen auch bei personell anders zusammengesetztem Planungsteam auf bereits vorhandene Ergebnisse und Erfahrungen zurückgreifen zu können.

Erfolgskontrolle durchführen

Erfolgskontrolle planen

Es hat sich als zweckmäßig erwiesen, abschließende Erfolgskontrollen nicht dem Zufall zu überlassen und nach dem „Gefühl" durchzuführen, sondern zu systematisieren. Bereits vom Planungsteam sollte ein Formblatt über die zu erhebenden Kontrolldaten ausgefüllt und den Realisierungsverantwortlichen übergeben werden. Dieses Kontrollblatt muß in genau festgelegten, regelmäßigen Abständen ausgefüllt und den Entscheidungsträgern vorgelegt werden. Aus diesen Kontrolldaten müssen dann die entsprechenden Folgerungen gezogen und Maßnahmen abgeleitet werden (vgl. Abschnitt 4.8).

Kenndaten für die Betriebsphase

Zur Kontolle des Einführungserfolges werden aus den Kontrollinformationen

- systembezogene,
- bearbeitungsbezogene,
- personalbezogene und
- kostenbezogene

Kenndaten gebildet (Bild 52). In der Betriebsphase ist laufend zu überprüfen, wie zweckmäßig die installierte Anlagenkonfiguration im Hinblick auf die an sie gestellten Anforderungen ist. Das Produktionssystem sollte so ausgelegt sein, daß sowohl eine wirtschaftliche Nutzung des gesamten Systems als auch der einzelnen Komponenten erreicht wird. Um feststellen zu können, ob einzelne Systemkomponenten für die Verfügbarkeit des Gesamtsystems einen Engpaß darstellen bzw. umgekehrt kapazitativ zu groß ausgelegt sind, empfiehlt sich beispielsweise die isolierte Untersuchung der Nutzung von einzelnen Systemkomponenten.

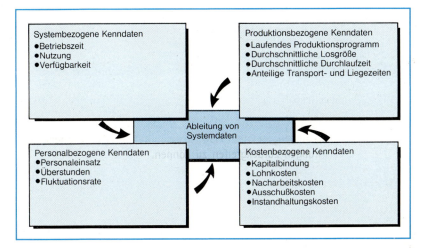

Kenndaten für komplexe Produktionssysteme   Bild 52

Planungsschritte	Methoden und Hilfsmittel	Verweis
Systemverhalten analysieren		
Abschlußdokumentation erstellen	Projektbericht	
Erfolgskontrolle durchführen	Nachkalkulation Kenndaten	MLA 3, Abschnitt 1.1.2 Abschnitt 4.8

Systembetrieb — Planungsstufe 6

Vorgehen und Hilfsmittel für Planungsstufe 6   Bild 53

Literatur

[1] Bullinger, H.-J., Traut, L.: Die Fabrik der Zukunft. FB/IE 35 (1986), Nr. 1, 4

[2] Konold, P., Weller, B.: Flexible Montagesysteme – Konzeption und Feinplanung durch Kombination von Elementen. Berlin: Springer-Verlag, 1985

[3] Metzger, H.: Planung und Bewertung von Arbeitssystemen in der Montage. Mainz: Otto Krausskopf Verlag, 1977

[4] REFA – Verband für Arbeitsstudien und Betriebsorganisation e.V. (Hrsg.): Methodenlehre der Betriebsorganisation (MLBO), Teil Arbeitspädagogik. München: Carl Hanser Verlag, 1987

[5] REFA – Verband für Arbeitsstudien und Betriebsorganisation e.V. (Hrsg.): Methodenlehre des Arbeitsstudiums (MLA). München: Carl Hanser Verlag
Teil 1: Grundlagen, 7. Auflage, 1984
Teil 2: Datenermittlung, 6. Auflage, 1978
Teil 3: Kostenrechnung, Arbeitsgestaltung, 7. Auflage, 1985

[6] REFA – Verband für Arbeitsstudien und Betriebsorganisation e.V. (Hrsg.): Methodenlehre der Planung und Steuerung (MLPS), Teile 1–5, 4. Auflage. München: Carl Hanser Verlag, 1985

[7] Seliger, G.: Wirtschaftliche Planung automatisierter Fertigungssysteme. München: Carl Hanser Verlag, 1983

[8] Wildemann, H.: Integriertes Verfahren zur Investitionsentscheidung und -kontrolle für komplexe Fertigungssysteme. Forschungsbericht, Universität Passau, 1986

Kapitel 4

Methoden und Hilfsmittel zur Planung und Gestaltung komplexer Produktionssysteme

4.1	Situationsanalyse	121
4.1.1	Strukturierung des Produktspektrums	123
4.1.1.1	Untersuchungsfeld und -umfang	123
4.1.1.2	Strukturierungsmöglichkeiten	124
4.1.2	Analyseschwerpunkte	128
4.1.3	Hilfsmittel zur Situationsanalyse	130
4.1.3.1	Analyse produktspezifischer Anforderungen	130
4.1.3.2	Quantitative Situationsanalyse	132
4.1.3.3	Qualitative Situationsanalyse	139
	Literatur	151
4.2	Festlegung von Produktionsabläufen	152
4.2.1	Maßnahmen zur Reduzierung des Planungsaufwandes	153
4.2.2	Vorranggraphen-Methode	157
4.2.3	Strukturierung des Arbeitsablaufes mit Hilfe von Kapazitätsfeldern	166
	Literatur	175
4.3	Materialflußsysteme	183
4.3.1	Anforderungen an innerbetriebliche Materialflußsysteme	183
4.3.2	Fördersysteme	185
4.3.2.1	Konstruktive Auslegung von Fördersystemen	188
4.3.2.2	Einsatzmerkmale innerbetrieblicher Fördersysteme	188
4.3.2.3	Förderhilfsmittel	190
4.3.3	Speichereinrichtungen	193
4.3.4	Handhabungsgeräte	198
4.3.5	Methoden und Hilfsmittel zur Planung von Materialflußsystemen	202
4.3.5.1	Erfassung vorhandener Materialflußeinrichtungen	205
4.3.5.2	Ermittlung der Materialflußbeziehungen	212
4.3.5.3	Festlegung der Verkettungsstruktur und Betriebsmittelaufstellungsplanung	214
4.3.5.4	Erarbeitung von Materialflußsystemvarianten	217
4.3.5.5	Dimensionierung von Materialflußsystemvarianten	223
	Literatur	238

4.4	Qualitätssicherung in komplexen Produktionssystemen	240
4.4.1	Integration von Qualitätssicherungssystemen	240
4.4.2	Qualitätssicherung in der Teilefertigung	242
4.4.3	Qualitätssicherung in der Montage	248
4.4.4	Prüfmitteleinsatz in komplexen Produktionssystemen	252
	Literatur	254
4.5	Planung des Informationssystems	255
4.5.1	Integrierter EDV-Einsatz in der Produktion	255
4.5.1.1	Bedeutung der Information für die Produktion	255
4.5.1.2	Begriffsbestimmungen und Abgrenzung	256
4.5.2	Produktionsleittechnik	259
4.5.3	Gliederung der Produktionsleittechnik	262
4.5.4	Vertikale und horizontale Integration von Informationsverarbeitungsaufgaben	268
4.5.4.1	Aufgaben zur Durchführung der Bearbeitung/Montage	269
4.5.4.2	Aufgaben zur Organisation und Steuerung des Materialflusses	275
4.5.4.3	Aufgaben zur Erfassung und Verarbeitung von Betriebsdaten	279
4.5.4.4	Steuerungsebene	282
4.5.4.4.1	Unterschiedliche Steuerungskonzepte	282
4.5.4.4.2	Lokale Datennetze (Local Area Networks LAN)	284
4.5.4.4.3	Codier- und Erkennungssysteme	285
4.5.4.4.4	Betriebsdatenerfassung	288
4.5.4.5	Prozeßführungsebene	289
4.5.4.6	Produktionsleitebene	299
4.5.5	Back-Up Lösungen und Notstrategien	303
4.5.6	Standardisierungsansätze	304
4.5.7	Anwendungsspezifisches Anforderungsprofil für die Produktionsleittechnik	306
4.5.7.1	Funktionsmodell	306
4.5.7.2	Bildung von Teilsystemen	308
4.5.7.3	Funktionen und zeitliche Abhängigkeiten	313
4.5.7.3.1	Teilsystem 0: Werkstückein- und -ausschleusung	314
4.5.7.3.2	Teilsystem 3: Automatische Werkstückbearbeitung	316
4.5.7.3.3	Teilsystem 5: Werkzeugbereitstellung	319
4.5.7.4	Zur Funktionsdurchführung notwendige Informationen	321
4.5.7.4.1	Randbedingungen	321
4.5.7.4.2	Einbindung von Teilsystem 0: Werkstückein- und -ausschleusung	322
4.5.7.5	Dokumentation	326
	Literatur	327

4.6	Qualifizieren für komplexe Produktionssysteme	329
4.6.1	Entwicklung des Qualifizierungskonzepts	334
4.6.1.1	Ziele bilden	334
4.6.1.2	Arbeitsaufgaben abklären	336
4.6.1.3	Personalbedarf planen	337
4.6.1.4	Qualifizierungsbedarf ermitteln	337
4.6.1.5	Qualifizierungskonzept festlegen	340
4.6.2	Planung der Qualifizierungsmaßnahme	341
	Literatur	343
4.7	Bewertung und Auswahl von Systemvarianten	344
4.7.1	Besonderheiten der Bewertung und Auswahl bei komplexen Produktionssystemen	344
4.7.2	Erweiterte Wirtschaftlichkeits- und Nutzenrechnung	348
4.7.3	Hilfsmittel zur Durchführung der erweiterten Wirtschaftlichkeits- und Nutzenrechnung	350
4.7.3.1	Wirtschaftlichkeits- und Kostenrechnung	350
4.7.3.2	Bewertung monetär nicht quantifizierbarer Kriterien	365
4.7.3.3	Darstellung der Bewertungsergebnisse	366
	Literatur	369
4.8	Systemeinführung und Systembetrieb	370
4.8.1	Installation des komplexen Produktionssystems	374
4.8.1.1	Installation der Produktionsebene	374
4.8.1.2	Inbetriebnahme der Leittechnik	376
4.8.2	Produktionsanlauf	378
4.8.3	Erfolgskontrolle	380
	Literatur	383

4   Methoden und Hilfsmittel zur Planung und Gestaltung komplexer Produktionssysteme

Planungs-
methoden und
Hilfsmittel

Zur systematischen Konzeption und Einführung komplexer Produktionssysteme steht dem Planenden, wie die Übersichtstabellen zu den einzelnen in Abschnitt 3.2 beschriebenen Planungsstufen zeigen, eine Vielzahl einander ergänzender Methoden und Hilfsmittel zur Verfügung. In den folgenden Abschnitten sind, gegliedert nach einzelnen Themenbereichen, wesentliche für komplexe Produktionssysteme relevante Planungsmethoden und -hilfsmittel erläutert, sofern sie nicht bereits in MLA oder MLPS beschrieben worden sind.

Ergänzend zu einer anlagenneutralen Erläuterung der theoretischen Grundlagen und Einsatzmöglichkeiten einer bestimmten Planungsmethode wird ihre praktische Anwendung – soweit als möglich – anhand eines durchgängigen Fallbeispiels verdeutlicht. Zugunsten einer übersichtlichen und einprägsamen Darstellung der einzelnen Planungsmethoden und -hilfsmittel wird dabei, soweit es für das Gesamtverständnis des Fallbeispieles nicht erforderlich ist, auf eine vertiefte Darstellung einzelner fertigungstechnischer, im allgemeinen produktspezifischer Sachverhalte verzichtet.

Fallbeispiel

Dem Fallbeispiel liegt ein mittelständisches Unternehmen des Werkzeugmaschinenbaus zugrunde. Aufgrund einer verschärften Wettbewerbslage im In- und Ausland, verbunden mit einer ständig wachsenden Vielfalt an Kundenwünschen, hat sich die Geschäftsleitung entschlossen, für den Bereich der Teilefertigung ein zukunftsweisendes Konzept zur Umstrukturierung erarbeiten zu lassen. Dies soll innerhalb von drei Jahren in Verbindung mit den ohnehin erforderlichen Ersatz- und Erweiterungsinvestitionen umgesetzt werden. Für diese Aufgabe wurde ein Projektteam gebildet. Der Planungsanstoß (vgl. Planungsstufe 1, Abschnitt 3.2.1) umfaßte dabei folgende Vorgaben:

– Reduzierung der Fertigungskosten im Bereich der Teilefertigung um 20 %,
– Verbesserung der Termintreue für eigengefertigte Teile auf 95 %,
– stufenweise Umsetzbarkeit des vorgeschlagenen Konzepts,
– Erweiterung des Handlungsspielraums der Mitarbeiter und
– Verringerung der Aufgabenteilung.

4.1 Situationsanalyse

Mit der Situationsanalyse (vgl. Abschnitt 3.2.1, Planungsstufe 1) wird die eigentliche Basis für eine erfolgreiche Planung und Einführung von komplexen Produktionssystemen gelegt. In dieser Analysestufe falsch interpretierte Erhebungser-
gebnisse oder nicht erkannte Anforderungen des Produktspektrums können die
Wirtschaftlichkeit oder Realisierbarkeit eines neu geplanten Produktionssystems
erheblich beeinträchtigen. Die Schlüsse, die vom Planungsteam aus Erkenntnissen der Situationsanalyse abgeleitet werden, sind entscheidend für den weiteren
Ablauf der Systemplanung, sowohl hinsichtlich der fachlichen Schwerpunkte aller nachfolgenden Planungsstufen als auch in bezug auf Dauer und Kosten der
Planungs- und Einführungsarbeiten.

Vielfach herrscht bei den Planenden die Meinung vor, die bestehende Produktion
mit allen ihren Stärken und Schwächen auch ohne eine umfassende Situationsanalyse richtig bewerten zu können. Die Erfahrung hat jedoch gezeigt, daß ohne
eine derartig umfassende Untersuchung von Produkt und Produktion im Vorfeld
der Planungsarbeiten viele kostenverursachende oder flexibilitätsbestimmende
Faktoren eines Unternehmensbereiches falsch bewertet werden und die Chance
einer umfassenden Schwachstellenbereinigung nicht konsequent genug genutzt
wird.

Bild 54 gibt eine Übersicht über eine methodische und umfassende Situationsanalyse.

Notwendigkeit
einer
Situations-
analyse

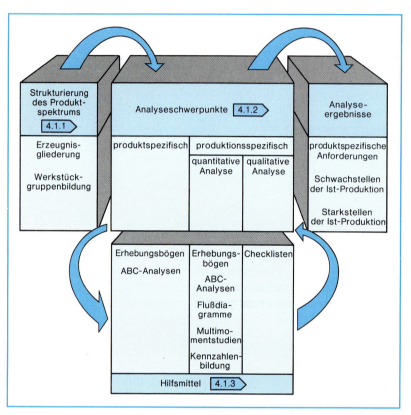

Bild 54   Übersicht einer Situationsanalyse und Untergliederung des Abschnitts

4.1.1   Strukturierung des Produktspektrums

4.1.1.1 Untersuchungsfeld und -umfang

Vor Beginn der Analyse muß sich der Planende darüber Klarheit verschaffen,

- welche Daten,
- mit welchem Erhebungsaufwand und
- in welchem Detaillierungsgrad

Festlegung des
Datenumfangs

zur Beschreibung eines Ist-Zustandes bereitzustellen sind. Die pauschale Erhebung organisatorischer, mitarbeiter- oder kostenbezogener Daten beispielsweise über mehrere Produktgruppen und Produktionsaufgaben hinweg ergibt in der Regel keine gezielten Hinweise auf mögliche Ansatzpunkte für Rationalisierungs- oder Automatisierungsmaßnahmen innerhalb des betrachteten Produktionsbereiches.

Für einen Vergleich mit ähnlichen Produktionsbereichen, etwa in Zweigwerken eines Unternehmens, können Durchschnittswerte jedoch herangezogen werden. Entsprechend den Vorgaben des Planungsanstoßes können die zu analysierenden und zu bewertenden Unternehmenseinheiten einmal gesamte Produktionsbereiche wie Teilefertigung oder Montage sein, zum anderen ist die Betrachtung einzelner Werkstattbereiche wie etwa Automatendreherei oder Schleiferei vollkommen ausreichend. Um erste Anhaltspunkte hinsichtlich des erforderlichen Analyseumfangs zu bekommen, ist es ratsam, daß das Planungsteam vor Beginn eigener Untersuchungen zunächst mit allen direkt oder indirekt von den Planungsarbeiten betroffenen Unternehmensbereichen wie Arbeitsvorbereitung, Teilefertigung, Montage, Qualitätssicherung, Einkauf, Konstruktion oder Vertrieb Kontakt aufnimmt und im Rahmen einer groben Befragung alle bereits in diesen Bereichen vorliegenden Erfahrungen sammelt.

4.1.1.2 Strukturierungsmöglichkeiten

produktbezogene
Analyse

Voraussetzung für ein sicheres Auffinden und Bewerten von Rationalisierungs-
reserven ist eine systematische Unterteilung des Produktspektrums in einzelne
Werkstückgruppen mit jeweils ähnlichen Werkstückabmessungen und/oder Ferti-
gungsanforderungen. Aufgrund der Unterschiedlichkeit der Werkstücke ist es
nicht sinnvoll, etwa die Herstellkosten eines umfangreichen Werstückspektrums
in der Form zu untersuchen, daß Werkstücke mit großen Abweichungen vom
Herstellkostendurchschnitt als „schwachstellenverdächtig" betrachtet werden,
ohne daß werkstückspezifische Kenngrößen wie Jahresmengen, Losgrößen oder
Ausgangsmaterial bei der Analyse mitberücksichtigt werden.

Fallbeispiel:
Einfluß der
Seriengröße

Beim Vergleich der Herstellkosten muß die Seriengröße berücksichtigt werden,
da Teile mit hohen Produktionszahlen tendenziell geringere Herstellkosten je
Mengeneinheit verursachen. Bild 55 zeigt für das im Fallbeispiel zugrundegelegte Unternehmen eine Gegenüberstellung von Jahresmenge und Herstellkosten
bei Gußteilen. Die Teile mit bezogen auf die Jahresmenge auffällig hohen Herstellkosten (s. untere Kurve) erfordern eine nähere Untersuchung. So können z.B.
besondere Werkstoffe oder ungewöhnlich hohe Genauigkeitsanforderungen die
Ursache für hohe Herstellkosten sein. Erst wenn kein derartiger, offensichtlicher
Grund als Ursache für die auffällig hohen Kosten vorliegt, kann man Abweichungen von der allgemeinen Herstellkostenentwicklung innerhalb eines Produktspektrums als Hinweis auf potentielle, näher zu untersuchende Schwachstellen
ansehen.

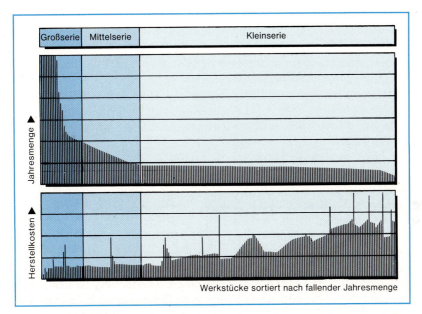

Ermittlung potentieller Schwachstellen durch Zuordnung von Herstellkosten und Jahresmengen   Bild 55

Die für eine fundierte Situationsanalyse in der Regel erforderliche Unterteilung eines umfangreichen Werkstückspektrums erfordert zunächst eine Systematisierung der Erzeugnisse und Informationen. Die Zielsetzungen einer solchen Erzeugnisgliederung und Produktklassifizierung sind:

Erzeugnis-
gliederung

- Ordnung der Produktionsinformationen und Produktunterlagen durch:
  - Festlegung eines eindeutigen Stücklisten- und Arbeitsplansatzes,
  - einheitliche fertigungstechnische und geometrische Beschreibung der Teile.
- Reduzierung der Produktionsinformationen durch:
  - Schaffung der Voraussetzung zur Standardisierung,
  - Vereinfachung der Wiederverwendung von vorhandenen Unterlagen.
- Vereinfachung der Informationsverarbeitung durch:
  - Standardisierung von Arbeitsunterlagen (Stücklisten, Arbeitspläne),
  - Systematisierung der Unterlagen für die EDV-Bearbeitung.

Abgrenzungs-
kriterien von
Werkstücken

Diese Zielsetzungen sind dann realisierbar, wenn für alle Unternehmensbereiche eine einheitliche Erzeugnisgliederung zugrundegelegt wird. Dazu sind Kriterien erforderlich, nach denen das Produktspektrum abgegrenzt und in einzelne, in sich einheitliche Gruppen untergliedert werden kann. Bei der Klassifizierung sollte sich die Unterteilung des Werkstückspektrums an den in den meisten Unternehmen bereits gebildeten Teilefamilien, Konstruktionsbaukästen oder Baugruppen orientieren (vgl. MLPS, Teil 1, Abschnitt 4.7, [3]). Als Beispiel für Klassifizierungsmöglichkeiten seien exemplarisch zwei Gliederungsvorschläge vorgestellt, die sich insbesondere für umfangreiche Teilespektren eignen.

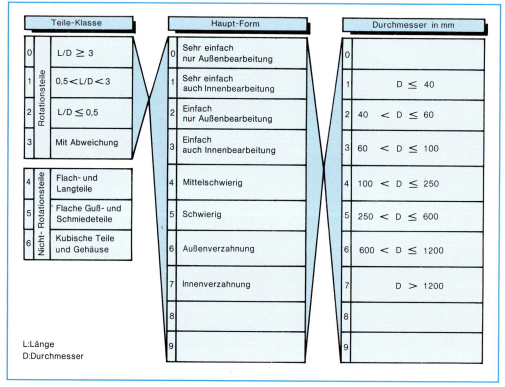

Bild 56   Beispiel Klassifizierungsschlüssel für Rotationsteile [4]

Für den Bereich der spanenden Teilefertigung hat sich aufgrund seines über-   Beispiel
sichtlichen Aufbaus ein dreistelliger Klassifizierungsschlüssel in der betrieblichen   spanende
Praxis bewährt ([4], s. Bild 56 und Bild 57):   Teilefertigung

1. Stelle:
Beschreibung der Werkstückgeometrie, untergliedert nach
– Rotationsteilen und
– Nicht-Rotationsteilen.

2. Stelle:
Beschreibung der Komplexität der Bearbeitung, untergliedert nach

– Schwierigkeitsgrad und
– Umfang der Bearbeitung.

3. Stelle:
Beschreibung der Werkstückgröße, bezogen auf das für Rotationsteile beziehungsweise Nichtrotationsteile maßgebende Rohteilgrößtmaß (Werkstückdurch-
messer bzw. Kantenlänge).

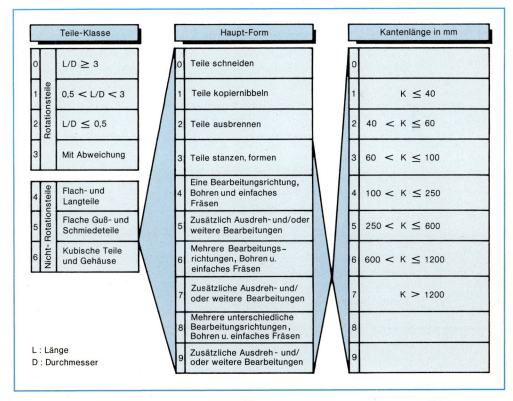

Beispiel Klassifizierungsschlüssel für Nicht-Rotationsteile [4]   Bild 57

Beispiel
Blechteile-
fertigung

Für die Bearbeitung ebener Blechteile stehen dem Anwender neben den bekannten mechanischen Verfahren Stanzen und Nibbeln auch verschiedene che-
misch/thermische Verfahren wie Brennschneiden, Laserschneiden oder Plasma-
schneiden zur Verfügung. Jedes dieser Verfahren setzt bestimmte grundlegende
Werkstückeigenschaften für die Bearbeitung voraus. So ist zum Beispiel für Plas-
maschneiden die elektrische Leitfähigkeit eines Werkstoffs wesentlich, wohingegen Laserschneiden bei Aluminium, Kupfer und Edelmetallen aufgrund der guten
Wärmeleitfähigkeit dieser Werkstoffe nicht eingesetzt werden kann.

Bild 58 zeigt einen Klassifizierungsvorschlag, der den Einsatzmerkmalen der oben
genannten Bearbeitungsverfahren Rechnung trägt [6]. Diese Klassifizierung eines
Spektrums ebener Blechteile geht zunächst von bearbeitungsorientierten Kriterien wie

– Werkstoff und
– Blechdicke

aus, die einen Rückschluß auf die einsetzbaren Trennverfahren zulassen. Die weiter durchgeführte Untergliederung des Werkstückspektrums nach Kriterien wie

– Serienbereich und
– maximale Werkstückgröße

dient als Voraussetzung sowohl für eine werkstückgruppenbezogene Situationsanalyse (vgl. Bild 59), als auch für die Gestaltung zukünftiger Bearbeitungs- oder
Materialflußabläufe (s. Abschnitt 4.2 bzw. 4.3). Es sei an dieser Stelle darauf hingewiesen, daß die in Bild 58 gewählten Grenzwerte einzelner Gliederungskrite-
rien betriebsspezifisch festgelegt werden müssen. Für das Kriterium B „Blechdicke" etwa kann eine Unterteilung in zwei Dickenbereiche (≤ 2 mm und
> 2 mm) vollständig ausreichend sein, wenn aus technologischen Gründen ohnehin nur zwei Bearbeitungsverfahren in Betracht kommen.

4.1.2 Analyseschwerpunkte

produkt-
spezifische
Anforderungen

Voraussetzung für die Grob- und Feinplanung von Produktionssystemen in nachfolgenden Planungsstufen ist eine Analyse des zukünftig maßgebenden Produktspektrums nach technischen und organisatorischen Kriterien. Dabei sind insbesondere die aus der Abmessungs- und Formenvielfalt des Produktspektrums
abzuleitenden Flexibilitätsanforderungen an Fertigungs-, Montage- und Materialflußeinrichtungen zu spezifizieren.

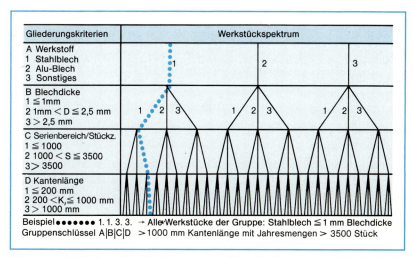

Gliederungskriterien	Werkstückspektrum
A Werkstoff 1 Stahlblech 2 Alu-Blech 3 Sonstiges	
B Blechdicke 1 ≦ 1 mm 2 1 mm < D ≦ 2,5 mm 3 > 2,5 mm	
C Serienbereich/Stückz. 1 ≦ 1000 2 1000 < S ≦ 3500 3 > 3500	
D Kantenlänge 1 ≦ 200 mm 2 200 < K ≦ 1000 mm 3 > 1000 mm	

Beispiel ●●●●●● 1. 1. 3. 3. → Alle Werkstücke der Gruppe: Stahlblech ≦ 1 mm Blechdicke
Gruppenschlüssel A|B|C|D >1000 mm Kantenlänge mit Jahresmengen > 3500 Stück

Gliederungsmöglichkeiten eines Spektrums ebener Blechteile in fertigungstechnisch ähnliche   Bild 58
Werkstückgruppen

Unter Berücksichtigung mengenmäßiger Vorgaben wie

– Jahresbedarf je Produktvariante,
– Auftragslosgröße je Produktvariante

oder

– Wiederholhäufigkeit der einzelnen Produktvarianten im Jahr

ist für das gesamte Produktspektrum, untergliedert nach Teilefamilien beziehungsweise Baugruppen, die Verteilung der

– Werkstückabmessungen,
– Werkstückgewichte und
– Genauigkeitsanforderungen

zu ermitteln und zur Veranschaulichung graphisch darzustellen.

Basierend auf einer Einteilung des Produktspektrums in Teilefamilien bzw. in   quantitative
Baugruppen sollte unabhängig davon, ob ein Produktionsbereich, eine Montage-   Beschreibung
linie oder eine Fertigungszelle Untersuchungsgegenstand ist, stets eine quantita-   des
tive Erfassung des Ist-Zustandes in Form einer detaillierten Analyse hinsichtlich   Ist-Zustandes

– Mitarbeitern,
– Kosten und
– Arbeitsablauf

vorgenommen werden.

Typische Kennwerte, die später im Rahmen einer Investitionentscheidung (vgl. Planungsstufe 3, Abschnitt 3.2.3) im Vergleich von Ist-Zustand und konkurrierenden Soll-Konzepten
herangezogen werden, sind auch bei komplexen Produktionssystemen:

– Personaleinsatz,
– Herstellkosten,
– Umlaufbestände,
– Produktionsmengen und
– Durchlaufzeiten.

Ergänzt werden kann die in Abschnitt 4.1.3.2 näher erläuterte quantitative Analyse eines Produktionssystems durch den Einsatz von Checklisten (Abschnitt 4.1.3.3), mit deren Hilfe meist subjektiv empfundene Schwachstellen systematisch erfaßt werden können.

4.1.3   Hilfsmittel zur Situationsanalyse

4.1.3.1 Analyse produktspezifischer Anforderungen

Erhebungs-
bogen

Die wesentlichen Aufgaben zur Beschreibung der Bearbeitungs- und Flexibilitätsanforderungen eines Produktspektrums an ein neu zu konzipierendes Produktionssystem enthält der in Bild 59 gezeigte Erhebungsbogen. Bei der Anwendung ist hierbei wichtig, daß insbesondere bei Angaben zu Losgrößen, Jahresbedarf oder Auflagehäufigkeit die für den Einführungstermin des Produktionssystems maßgebenden, eventuell prognostizierten Werte angesetzt werden. Bei der Mengenbestimmung sind beispielsweise auch der Auslauf eines bestimmten Produkttyps und die Markteinführung eines Nachfolgemodells mit zu berücksichtigen. Die Neuplanung und -gestaltung eines Produktionssystems für ein neuentwickeltes Produkt sind eher die Ausnahme, meist umfaßt die Planungsaufgabe die Umstrukturierung eines bestehenden Produktionsbereichs mit einem umfangreichen Produktspektrum. In diesen Fällen ist es im Hinblick auf eine Begrenzung des Planungsaufwands zu empfehlen, zunächst nur für jede zu betrachtende Werkstückgruppe (vgl. Abschnitt 4.1.1.2) pauschal Bearbeitungs- und Flexibilitätsanforderungen zu ermitteln. Erst wenn das für die weiteren Planungsarbeiten zu behandelnde, eventuell reduzierte, Produktspektrum festlegt, müssen zur Neuplanung der Produktionsabläufe (vgl. Abschnitt 4.2.1) insbesondere die Bearbeitungsanforderungen jedes einzelnen Werkstücks detailliert nacherfaßt werden.

Situationsanalyse

Erhebungsbogen: „Produktspezifische Anforderungen"

Projekt	Erhebungsdatum
	Bearbeiter

Produktgruppe _____   Anzahl Zeichnungsnummern
Klassifizierungsschlüssel _____   _____

Bearbeitungsanforderungen

● Werkstoff   _____

● Anzahl Produktionsstufen zur Komplettbearbeitung   _____

● Maschinenmindestanforderungen

Maschinentyp	Arbeitsraum-abmessungen	Antriebs-leistung	Drehzahl-bereich	Toleranz-bereich

● Werkzeugbedarf
● Vorrichtungsbedarf
● Bemerkungen _____

Flexibilitätsanforderungen

● Durchschnittliche Auftragslosgröße   _____ Stück
● Jahresbedarf   19____ _____ Stück
                      19____ _____ Stück
                      19____ _____ Stück
● Durchschnittliche Auftragshäufigkeit   _____ 1/Jahr
● Auslauf von Produkten   bis 19____ _____
● Neuanlauf von Produkten   ab 19____ _____

Erhebungsbogen „Produktspezifische Anforderungen"   Bild 59

4.1.3.2 Quantitative Situationsanalyse

Ermittlung
von Daten

Bei einer quantitativen Situationsanalyse ist das Planungsteam in besonderem Maße auf die Kooperation mit Bereichen wie Personalabteilung, Buchhaltung, Fertigungssteuerung oder Qualitätssicherung angewiesen. Je umfangreicher und aktueller die erforderlichen Daten dem Planungsteam direkt zur Verfügung gestellt werden können, um so fundierter und rationeller kann eine Situationsanalyse durchgeführt werden. Sind einzelne Daten (beispielsweise Herstellkosten, Durchlaufzeiten) bereits in der EDV gespeichert, so bietet es sich ab einem bestimmten Datenvolumen an, einzelne Auswertungen rechnerunterstützt durchzuführen.

Erhebungsbögen

In Bild 60 sind den einzelnen bereits in Abschnitt 3.2.1 genannten Schwerpunkten einer produktionsspezifischen Situationsanalyse geeignete Hilfsmittel zugeordnet. Die in den Bildern 61 bis 65 dargestellten Erhebungsbögen geben dem Planenden einen Anhaltspunkt hinsichtlich der bei einer systematischen Situationsanalyse zu erfassenden Daten, wobei diese Erhebungsbögen entsprechend betriebsspezifischer Gegebenheiten abgeändert oder ergänzt werden sollten; so können z.B. in dem Erhebungsbogen „Personal" auch Daten über die Belastungssituation erhoben werden. Im Fallbeispiel wird verstärkt auf die verschiedenen Möglichkeiten der Auswertung und graphischen Aufbereitung von Analyseergebnissen eingegangen.

Betriebliche Kennzahlen wie

- Fertigungsgrad,
- Beschäftigungsgrad,
- Verrichtungsgrad,
- Rüstzeitgrad,
- Gesamtnutzungsgrad oder
- Arbeitsflußgrad

sollten zu einer quantitativen Bewertung eines bestehenden Produktionsbereiches ergänzend herangezogen werden, (s. MLA, Teil 2, Abschnitt 10.2, [2]).

Analyseschwerpunkte	Methoden, Hilfsmittel	Verweise

Mitarbeiterbezogene Situationsanalyse	● Erhebungsbogen „Personal"
	
	 ● Kennzahlenbildung
	    — Verrichtungsgrad
	    — Überwachungsgrad
		Abschn. 4.1.3.2
		
		 MLA, Teil 2, Abschn. 10.2

Kostenbezogene Situationsanalyse	● Erhebungsbogen „Kosten"
	 ● ABC-Kostenanalyse
	 ● Kennzahlenbildung
	    — Beschäftigungsgrad
	    — Fertigungsgrad
	    — Gesamtnutzungsgrad
		Abschn. 4.1.3.2
		 MLA, Teil 3, Abschn. 7.4
		
		 MLA, Teil 2, Abschn. 10.2

Produkt- und produktions- bezogene Situationsanalyse
 	
    — Produktions- einrichtungen
 	
    — Zeiten
 	
    — Bestände
	
	 ● Erhebungsbogen „Produk- tionseinrichtungen"
	
	 ● Erhebungsbogen „Zeiten"
	 ● Multimomentaufnahmen
	 ● Selbstaufschreibung
	 ● Kennzahlenbildung
	    — Arbeitsflußgrad
	    — Rüstzeitgrad
	
	 ● Erhebungsbogen „Bestände"
	 ● Multimomentaufnahmen
	 ● Flußdiagramme
	 ● ABC-Bestandsanalysen
		
		 Abschn. 4.1.3.2
		
		 Abschn. 4.1.3.2
		 MLA, Teil 2, Abschn. 4.1
		 MLA, Teil 2, Abschn. 6.2.2
		 MLA, Teil 2, Abschn. 10.2
		
		 Abschn. 4.1.3.2
		 MLA, Teil 2, Abschn. 4.1
		 MLA, Teil 3, Abschn. 4.2.3
		 MLA, Teil 3, Abschn. 7.4.

Hilfsmittel einer quantitativen Situationsanalyse   Bild 60

Situationsanalyse

Erhebungsbogen: „Personal"

Projekt	Erhebungsdatum
	Bearbeiter
Kostenstelle	Abteilung

- ● Gesamtanzahl Mitarbeiter   _____
- ● Fluktuationsrate   _____ %
- ● Fehlzeiten   _____ h / Woche
- ● Altersstruktur

Jahre	Anzahl Mitarbeiter
bis 20 Jahre	
21 bis 35 Jahre	
36 bis 50 Jahre	
über 50 Jahre	

- ● Qualifikation der Mitarbeiter

Beruf / Ausbildung	Anzahl Mitarbeiter	Tätigkeitsbeschreibung	Eingruppierung

- ● Entlohnungsgrundsatz

	Anzahl Mitarbeiter
Zeitlohn	
Akkordlohn	
Prämienlohn	

- ● Bemerkungen _____

_____

_____

_____

_____

_____

_____

Bild 61   Erhebungsbogen „Personal"

Situationsanalyse

Erhebungsbogen: „Kosten"

Projekt	Erhebungsdatum
	Bearbeiter
Kostenstelle	Abteilung

● Produktgruppenspezifische Kosten

Kostenart ⟋ Produktgruppe											
Materialkosten											
Herstellkosten											
Nacharbeitskosten											

● Produktionsspezifische Kosten

  ● Personalkosten für

    — Rüsttätigkeiten _____ DM / Periode

    — Bedientätigkeiten _____ DM / Periode

    — Überwachungstätigkeiten _____ DM / Periode

  ● Transportkosten _____ DM / Periode

  ● Raumkosten _____ DM / Periode

  ● Zuschläge

    — Materialgemeinkostensatz _____ %

    — Fertigungsgemeinkostensatz _____ %

  ● Bemerkungen _____

_____

_____

_____

_____

_____

_____

_____

Erhebungsbogen „Kosten"   Bild 62

Situationsanalyse

Erhebungsbogen: „Produktionseinrichtungen"

Projekt	Erhebungsdatum
	Bearbeiter
Kostenstelle	Abteilung

Maschinennummer _____   Baujahr _____

Hersteller   _____   Maschinentyp _____

● Eingesetzt für Produktgruppe _____

● Anschaffungswert   _____ DM   Restwert _____ DM

  Maschinenstundensatz   _____ DM / h

● Arbeitsraumabmessungen _____   Antriebsleistung _____

                          _____   _____

● Steuerungstyp /
  -hersteller   _____

● Bedienerfunktionen _____

  _____

  _____

● Schichteinsatz   _____ Schichten / Tag   Nutzung _____ % / Schicht

● Ø Rüstzeit   _____ min / Auftrag

● Ausfallhäufigkeit _____ 1 / Monat   Ø Störungsdauer _____ min

● Bemerkungen _____

  _____

  _____

  _____

  _____

  _____

Bild 63   Erhebungsbogen „Produktionseinrichtungen"

Situationsanalyse

Erhebungsbogen: „Zeiten"

Projekt	Erhebungsdatum
	Bearbeiter
Kostenstelle	Abteilung

Zeiten ╲ Produktgruppe				
Durchlaufzeit T_D				
planmäßige Durchlaufzeit t_{pS}				
Hauptdurchführungszeit t_{hS}				
Nebendurchführungszeit t_{nS}				
Zwischenzeit t_{zwS}				
Zusatzzeit t_{zuS}				

Erhebungsbogen „Zeiten"   Bild 64

Situationsanalyse

Erhebungsbogen: „Bestände"

Projekt	Erhebungsdatum
	Bearbeiter
Kostenstelle	Abteilung

Bestandsart		Menge	Wert
●Rohteile	Produktgruppe-Nr.	_____ Stück	
	Produktgruppe-Nr.	_____ Stück	
	Produktgruppe-Nr.	_____ Stück	
	Produktgruppe-Nr.	_____ Stück	_____ DM
●Halbfabrikate	Produktgruppe-Nr.	_____ Stück	
	Produktgruppe-Nr.	_____ Stück	
	Produktgruppe-Nr.	_____ Stück	
	Produktgruppe-Nr.	_____ Stück	_____ DM
●Baugruppen	Produktgruppe-Nr.	_____ Stück	
	Produktgruppe-Nr.	_____ Stück	
	Produktgruppe-Nr.	_____ Stück	
	Produktgruppe-Nr.	_____ Stück	_____ DM
●Fertigprodukte	Produktgruppe-Nr.	_____ Stück	
	Produktgruppe-Nr.	_____ Stück	
	Produktgruppe-Nr.	_____ Stück	
	Produktgruppe-Nr.	_____ Stück	_____ DM
	Gesamtwert		_____ DM

Bild 65   Erhebungsbogen „Bestände"

4.1.3.3 Qualitative Situationsanalyse

Checklisten geben dem Planenden eine Hilfestellung bei der Ermittlung insbesondere zahlenmäßig nur schwer oder gar nicht erfaßbarer Schwachstellen. Sie
ermöglichen es, systematisch Hinweise auf mögliche Schwachstellen zu gewinnen, geben dabei aber oft nur die subjektive Meinung des Ausfüllenden wieder
und sind in erster Linie ein Spiegelbild mehr oder weniger schwerwiegender „Är-
gernisse" oder „Störungen" im Produktionsablauf. Die mit Hilfe von Checklisten
ermittelten Schwachstellen sind, soweit möglich, mittels quantitativer Methoden
vertiefend zu analysieren und zu bewerten (s. Abschnitt 4.1.3.2).

Einsatz von Checklisten

Der Einsatz von Checklisten kann im unmittelbaren Produktionsbereich, beispielsweise zur Befragung von Maschinenbedienern und Meistern, aber auch in
den der eigentlichen Produktion vor- und nachgelagerten Unternehmensbereichen wie Arbeitsvorbereitung, Qualitätssicherung, Einkauf und Vertrieb erfolgen.

Die Praxis hat gezeigt, daß es sinnvoll ist, zur Ermittlung

Beispiele für Checklisten

- organisatorischer Schwachstellen,
- technischer Schwachstellen,
- kostenmäßiger Schwachstellen,
- mitarbeiterbezogener Schwachstellen und des
- ergonomischen Gestaltungszustands

jeweils getrennte Checklisten einzusetzen. Die Bilder 66 bis 70 geben einen Anhaltspunkt hinsichtlich Inhalt und Umfang.

Situationsanalyse

Checkliste: „Organisatorische Schwachstellen"

Welche der nachfolgenden Aussagen treffen für den betrachteten Produktionsbereich zu?

	nein	ja
● Mangelnde Transparenz des Fertigungsgeschehens	☐	☐
● Schwierige Verfolgung des Auftragsfortschritts	☐	☐
● Umständliche Rückmeldung von Betriebsdaten	☐	☐
● Häufige Kapazitätsengpässe	☐	☐
● Unübersichtlicher Materialfluß	☐	☐
● Mangelnde Verfügbarkeit von Material, Werkzeugen oder Vorrichtungen	☐	☐
● Fehlerhafte Speicher- und Pufferverwaltung	☐	☐
● Geringe Transparenz des Belegflusses	☐	☐
● Aufwendige Erstellung von Fertigungsunterlagen	☐	☐
● Unübersichtliche Fertigungsunterlagen	☐	☐
● Mangelnde Flexibilität des Fertigungssteuerungssystems	☐	☐
● Langer Instanzenweg bei Entscheidungen	☐	☐
● Fehlende Transparenz des Entgeltsystems	☐	☐
● Aufwendige Entgeltermittlung	☐	☐
● Gefahr von Kompetenzüberschreitungen	☐	☐
● _____	☐	☐
● _____	☐	☐
● _____	☐	☐
● _____	☐	☐
● _____	☐	☐

Bild 66   Checkliste „Organisatorische Schwachstellen"

Situationsanalyse

Checkliste: „Technische Schwachstellen"

Welche der nachfolgenden Aussagen treffen für den betrachteten Produktionsbereich zu?

	nein	ja
● Mangelnde Flexibilität der Betriebsmittel bezüglich		
— Typenwechsel	☐	☐
— Typenänderung	☐	☐
— Mengenschwankungen	☐	☐
● Häufige Qualitätsprobleme	☐	☐
● Hohe Ausschußquoten	☐	☐
● Bearbeitungstechnische Schwierigkeiten bei bestimmten Werkstücken	☐	☐
● Montagetechnische Schwierigkeiten bei bestimmten Werkstücken / Baugruppen	☐	☐
● Große Störanfälligkeit der Betriebsmittel bezüglich		
— mechanischer Komponenten	☐	☐
— elektrischer, elektronischer Komponenten	☐	☐
● Unzureichende Instandhaltung der Betriebsmittel	☐	☐
● Hohe Emissionswerte bezüglich		
— Lärm	☐	☐
— Schwingungen	☐	☐
— Stäuben, Gasen, Dämpfen	☐	☐
● Geringe Verfügbarkeit der Materialflußeinrichtungen	☐	☐
● Schnittstellenprobleme bei Transport- und Bereitstellungseinrichtungen	☐	☐
● Ungeeignete bauliche Einrichtungen	☐	☐

Checkliste „Technische Schwachstellen"   Bild 67

Situationsanalyse

Checkliste: „Kostenmäßige Schwachstellen"

Welche der nachfolgenden Aussagen treffen für den betrachteten Produktionsbereich zu?

	nein	ja
● Mangelnde Kostentransparenz	☐	☐
● Schwierige Kostenzuordnung	☐	☐
● Ungerechte Leistungsverrechnung mit anderen Unternehmensbereichen (z.B. Energieversorgung, Werkzeugwesen, Härterei)	☐	☐
● Schwierige Kostenverfolgung	☐	☐
● Fehlendes Kostenbewußtsein	☐	☐
● _____	☐	☐
● _____	☐	☐
● _____	☐	☐
● _____	☐	☐
● _____	☐	☐

Bild 68   Checkliste „Kostenmäßige Schwachstellen"

Situationsanalyse

Checkliste: „Mitarbeiterbezogene Schwachstellen"

Welche der nachfolgenden Aussagen treffen für den betrachteten Produktionsbereich zu?

	nein	ja
● Häufige aufgabenspezifische Personalengpässe	☐	☐
● Unzureichende Aus- und Weiterbildung der Mitarbeiter	☐	☐
● Einsatz ungeeigneter Unterweisungsmethoden	☐	☐
● Geringe Identifikation mit den übertragenen Aufgaben	☐	☐
● Fehlende Kompetenz der Führungskräfte im Produktionsbereich	☐	☐
● Geringe Akzeptanz hinsichtlich		
− neuer Bearbeitungstechnologien	☐	☐
− neuer Informationstechnologien	☐	☐
● Fehlende Leistungsmotivation der Mitarbeiter	☐	☐
● Verbesserungswürdiges Qualitäts- und Verantwortungsbewußtsein	☐	☐
● Kommunikationsprobleme zwischen		
− Mitarbeitern und Vorgesetzten	☐	☐
− Mitarbeitern	☐	☐
− Vorgesetzten	☐	☐
● Überdurchschnittlich hoher Krankenstand	☐	☐
● Überdurchschnittlich hohe Fluktuationsrate	☐	☐
● Vermehrte Unfallhäufigkeit an bestimmten Arbeitsplätzen	☐	☐

Checkliste „Mitarbeiterbezogene Schwachstellen"   Bild 69

Situationsanalyse

Checkliste: „Ergonomischer Gestaltungszustand"

Welche der nachfolgenden Aussagen treffen für den betrachteten Produktionsbereich zu?

	nein	ja
● Arbeit unter ungünstiger Körperhaltung	☐	☐
● Arbeit außerhalb optimalen Greif-, Wirkraums, Sehbereichs	☐	☐
● Prüf- und Wartungsstellen schwer zugänglich	☐	☐
● Bedienteile und Anzeigen der Aufgabe nicht angepaßt Art, Genauigkeit, Geschwindigkeit, Kraft, Weg, sinnfällige Bewegungsrichtungen/Anzeigen, Gruppierung von Anzeigen, Anordnung nach Wichtigkeit	☐	☐
● Zur Arbeitsausführung erforderliche Informationen können fehlen, kommen nicht rechtzeitig/nicht eindeutig, sind schwer erkennbar, sind nicht nach Wichtigkeit geordnet	☐	☐
● Signale (optische/akustische) nicht immer eindeutig erkennbar	☐	☐
● Strenge Taktbindung, sehr kurze Taktzeiten	☐	☐
● Nachtarbeit, Wochenendarbeit, regelmäßige Mehrarbeit	☐	☐
● Schwere statische oder dynamische Muskelarbeit, längere Ausführungsdauer, kein Belastungswechsel	☐	☐
● Die abhängig von Arbeitsaufgabe und Art des Raumes vorgeschriebenen Raumtemperaturen werden nicht eingehalten	☐	☐
● Zugluft, Sonneneinstrahlung, Wärmestrahlung von heißen oder kalten Flächen	☐	☐
● Mindestwerte für Luftraum und Außenluftrate je Mitarbeiter nicht eingehalten	☐	☐
● Lärm-Beurteilungspegel zu hoch	☐	☐
● Schwingungsbelastung zu hoch	☐	☐
● Beleuchtung der Sehaufgabe nicht angemessen Beleuchtungsstärke im Raum/am Arbeitsplatz, Lichtfarbe, Leuchtdichteunterschiede, Blendung	☐	☐
● Gefährdung durch gefährliche Stoffe möglich	☐	☐
● Evtl. erforderliche Körperschutzmittel (Hitze, Kälte, Lärm, Schwingungen, gefährliche Stoffe) werden nicht bereitgestellt/nicht verwendet	☐	☐
● Mängel hinsichtlich der Arbeitssicherheit Kennzeichnung und Abschirmung von Gefahrstellen fehlende oder verstellte Fluchtwege, Notschalter, Meldegeräte, Bodenbeschaffenheit, freier Arbeitsraum ...	☐	☐

Bild 70   Checkliste „Ergonomischer Gestaltungszustand"

Die Vorgaben seitens der Geschäftsleitung im weiter vorn dargestellten Fallbeispiel und dort formulierte Planungsanstöße führten dazu, daß sich das Planungsteam entschloß, zunächst die gesamte Teilefertigung des Unternehmens, die die Fertigungsbereiche „Sägen", „Drehen", „Bohren/Fräsen", „Härten" und „Schleifen" umfaßt, in die Situationsanalyse mit einzubeziehen. Im Anfangsstadium der Projektarbeiten konnten aufgrund nur schleppend aktualisierter Unterlagen noch keine verläßlichen Aussagen darüber gemacht werden, in welchem Umfang einzelne Fertigungsbereiche zu den von der Geschäftsleitung pauschal bemängelten Schwachstellen beitragen.

Vor Beginn einer vertiefenden quantitativen Situationsanalyse wurde vom Planungsteam zunächst eine Einteilung des gesamten Werkstückspektrums in fertigungstechnisch ähnliche Werkstückgruppen vorgenommen. Die Untergliederung erfolgte mit Hilfe eines an Bild 56 und Bild 57 angelehnten dreistelligen Klassifizierungsschlüssels, der in Konstruktion und Arbeitsvorbereitung des Unternehmens schon seit längerer Zeit angewandt wurde. Bild 71 zeigt das Ergebnis der für das gesamte firmenintern gefertigte Teilespektrum durchgeführten Werkstückklassifizierung, wobei nicht alle nach dem Klassifizierungsschlüssel theoretisch möglichen Werkstückgruppen im betrachteten Beispielunternehmen auch tatsächlich auftreten. Auffallend war der hohe Anteil kleiner und mittelgroßer Rotationsteile, die fertigungstechnisch als einfach eingestuft wurden, und die große Anzahl an Nicht-Rotationsteilen, die im mittleren Abmessungsbereich lagen und eine komplexe Mehrseitenbearbeitung erforderten. In die Klassifizierung mit einbezogen wurden dabei auch die Werkstücke einer neuen Maschinenbaureihe, die ca. ein Jahr nach Beginn der Planungsarbeiten am Markt eingeführt werden sollte.

Zu Beginn der Analysetätigkeiten verschaffte sich das Planungsteam zunächst einen Überblick über die Personalstruktur in der bestehenden Teilefertigung. Insgesamt wurden im betrachteten Bereich 244 Mitarbeiter im Zweischichtbetrieb beschäftigt, von denen 43 % im Akkordlohn, 41 % im Zeitlohn und 16 % im Prämienlohn entlohnt werden.

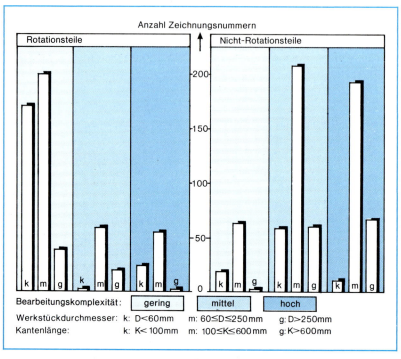

Bild 71   Ergebnis der Teileklassifizierung

Um einen ersten wesentlichen Anhaltspunkt für die Kostensituation in der betrachteten Teilefertigung zu erhalten, wurde vom Planungsteam zunächst eine
ABC-Analyse der jährlichen Herstellkosten durchgeführt. Um die in Bild 72 gezeigte Auswertung vornehmen zu können, wurden unter Zugrundelegung der aktuellen Jahresstückzahlen die jährlichen Herstellkosten errechnet. Wie diese
ABC-Analyse belegte, wurden annähernd 70 % der jährlich anfallenden Herstellkosten durch nur vier Gruppen von Nicht-Rotationsteilen verursacht. Eine vertiefende Analyse der Kostenstruktur dieser Gruppen ergab die in Bild 73 gezeigte
Aufteilung.

Auffallend waren hier die großen Kostenanteile für Anreißen beziehungsweise Aufspannen der Werkstücke sowie für Nacharbeit. Für das Planungsteam ergab sich aus diesen Untersuchungen die Schlußfolgerung, daß durch eine Rationalisierung der spanenden Bearbeitung von Nicht-Rotationsteilen eine erste wesentliche Reduzierung des Herstellkostenvolumens zu erreichen sei.

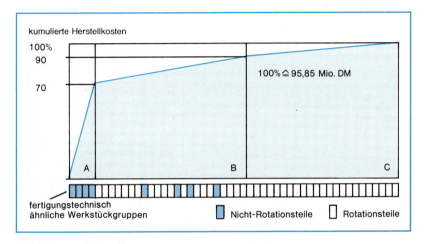

ABC-Analyse nach Herstellkosten   Bild 72

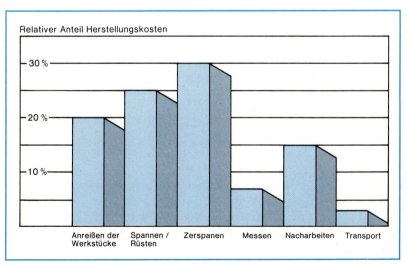

Kostengefüge der vier analysierten Nicht-Rotationsteilegruppen   Bild 73

Ein weiterer Schwerpunkt der quantitativen Situationsanalyse des Planungsteams war die Untersuchung der Bestände an Rohteilen, Halbfabrikaten und Fertigteilen im Fertigungsbereich. Hierzu wurden, verteilt über einen Zeitabschnitt
von vier Wochen, jeweils zu definierten Zeitpunkten (Beginn Frühschicht am
Montag, Beginn Spätschicht am Mittwoch) in allen Fertigungsbereichen die aktuell jeweils an den Maschinen und im zugehörigen Lagerbereich befindlichen
Fertigungsaufträge erfaßt. Aus Art und Anzahl der Werkstücke sowie ihrem Bearbeitungszustand konnte anschließend eine kostenmäßige Gegenüberstellung
der Kapitalbindung in einzelnen Werkstattbereichen abgeleitet werden (Bild 74).
Auffällig war, daß für den Bereich Bohr-/Fräsbearbeitung bei vergleichsweise ge-
ringem Rohteilebestand sehr viel Kapital in Halbfabrikaten gebunden war. Als
mögliche Ursache hierfür wurden neben dem allgemein größeren Bearbeitungs-
umfang der Werkstücke auch überdurchschnittlich hohe Durchlaufzeiten ver-
mutet.

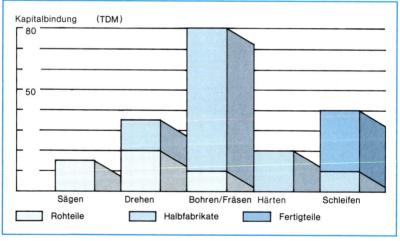

Ergebnisse einer Bestandsanalyse in verschiedenen Fertigungsbereichen

Zur Untermauerung dieser Annahme wurde eine Analyse der Durchlaufzeiten in
allen Fertigungsbereichen durchgeführt. Hierzu erfaßten die jeweils zuständigen
Meister durch Selbstaufschreibung die Zu- und Abgänge aller Fertigungsaufträge
in ihrem Zuständigkeitsbereich. Bild 75 zeigt die Ergebnisse einer vergleichenden
Auswertung der Durchlaufzeiten unterschiedlicher Fertigungsbereiche. Die Annahme hatte sich bestätigt, die durchschnittlichen Durchlaufzeiten im Bohr-/

Fräsbereich waren fast doppelt so hoch, wie in anderen Fertigungsbereichen. Eine vertiefende Analyse der Fertigungssteuerung ergab, daß fast 80 % aller Terminverzögerungen bei Montagebeginn durch fehlende Bohr-/Frästeile verursacht wurden.

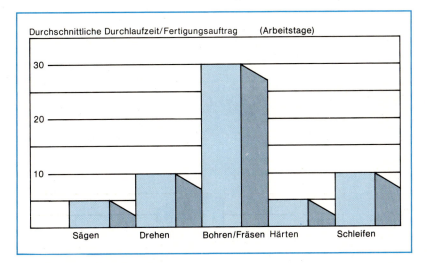

Ergebnisse einer Durchlaufzeitanalyse   Bild 75

Für die anstehenden Planungsarbeiten bedeutete dies, daß insbesondere im Bereich der Bohr-/Fräsbearbeitung nach Möglichkeiten gesucht werden mußte, durch geeignete organisatorische Maßnahmen eine Beschleunigung der Auftragsabwicklung, verbunden mit einer gleichzeitigen Bestandssenkung, zu erreichen. Die Auswertung der von Maschinenbedienern, Einrichtern und Meistern ausgefüllten Checklisten ergab weitere Hinweise auf organisatorische Schwachstellen im Bohr-/Fräsbereich (Bild 76). So wurde u.a. die unzureichende Verfügbarkeit von Werkzeugen und Vorrichtungen bemängelt. Eine daraufhin an ausgesuchten Maschinen durchgeführte Zeitanalyse ergab, daß insgesamt über 60 % der Maschinenstillstandszeiten auf fehlende Werkzeuge oder fehlerhaft zusammengestellte Vorrichtungen zurückzuführen waren.

Ausgehend von den ermittelten Stärken und Schwächen des untersuchten Fertigungsbereichs entschied die Geschäftsleitung auf Vorschlag des Planungsteams, zur Verbesserung der bestehenden Kosten- und Terminstruktur zunächst eine Umstrukturierung des Fertigungsbereichs „Bohren/Fräsen" vorzunehmen.

Situationsanalyse

Checkliste: „Organisatorische Schwachstellen"

Welche der nachfolgenden Aussagen treffen für den betrachteten Produktionsbereich zu?

	nein	ja
● Mangelnde Transparenz des Fertigungsgeschehens	☒	☐
● Schwierige Verfolgung des Auftragsfortschritts	☐	☒
● Umständliche Rückmeldung von Betriebsdaten	☒	☐
● Häufige Kapazitätsengpässe	☐	☒
● Unübersichtlicher Materialfluß	☒	☐
● Mangelnde Verfügbarkeit von Material, Werkzeugen oder Vorrichtungen	☐	☒
● Fehlerhafte Speicher- und Pufferverwaltung	☒	☐
● Geringe Transparenz des Belegflusses	☒	☐
● Aufwendige Erstellung von Fertigungsunterlagen	☐	☒
● Unübersichtliche Fertigungsunterlagen	☒	☐
● Mangelnde Flexibilität des Fertigungssteuerungssystems	☒	☐
● Langer Instanzenweg bei Entscheidungen	☒	☐
● Fehlende Transparenz des Entgeltsystems	☒	☐
● Aufwendige Entgeltermittlung	☒	☐
● Gefahr von Kompetenzüberschreitungen	☒	☐
● *Positive Aspekte*	☐	☐
●	☐	☐
●	☐	☐
●	☐	☐
●	☐	☐

Bild 76   Organisatorische Schwachstellen im Bohr-/Fräsbereich

Literatur

[1] Grob, R., Haffner, H.: Planungsleitlinien Arbeitsstrukturierung. Berlin-München: Siemens, 1982

[2] REFA – Verband für Arbeitsstudien und Betriebsorganisation e.V. (Hrsg.): Methodenlehre des Arbeitsstudiums (MLA). München: Carl Hanser Verlag
Teil 1: Grundlagen, 7. Auflage, 1984
Teil 2: Datenermittlung, 6. Auflage, 1978
Teil 3: Kostenrechnung, Arbeitsgestaltung, 7. Auflage, 1985

[3] REFA – Verband für Arbeitsstudien und Betriebsorganisation e.V. (Hrsg.): Methodenlehre der Planung und Steuerung (MLPS), Teil 1–5, 4. Auflage. München: Carl Hanser Verlag, 1985

[4] Rehm, S.: Reduzierung des Aufwandes in der Konstruktion und Arbeitsvorbereitung durch Teile- und Fertigungsfamilien. Friedrichshafen: Firmenschrift, Motoren- und Turbinenunion, 1983

[5] Warnecke, H.J.: Der Produktionsbetrieb. Berlin: Springer, 1984

[6] Weber, Th., Zipse, Th.: Flexible Blechteilefertigung methodisch geplant. VDI-Zeitschrift 126 (1984) Nr. 12, S. 441

4.2 Festlegung von Produktionsabläufen

Planungsablauf

Die Planung der Produktionsabläufe ist eine zentrale Aufgabe bei der Organisation von komplexen Produktionssystemen. Die Vielzahl von nacheinander und parallel ablaufenden Produktionsschritten macht ein strategisches Vorgehen notwendig, um den Planungsaufwand zu begrenzen. Bild 77 gibt eine Übersicht über das Vorgehen bei der Planung von Produktionsabläufen, wie es in Abschnitt 3.2.2 schon angesprochen wurde. Auf die notwendigen Einzelschritte wird im folgenden näher eingegangen.

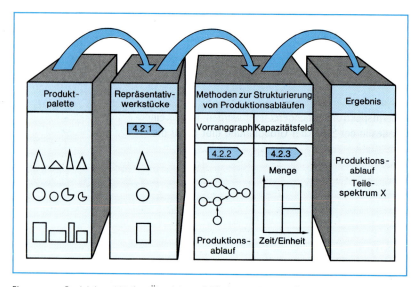

Bild 77   Planung von Produktionsabläufen, Übersicht und Gliederung des Abschnitts

4.2.1 Maßnahmen zur Reduzierung des Planungsaufwandes

Im Hinblick auf Zeit- und Kostenaufwand insbesondere im Rahmen der Grobplanung ist es im allgemeinen auch bei Einsatz rechnerunterstützter Planungshilfsmittel nicht zu vertreten, für das gesamte zukünftig maßgebende Produktspektrum detailliert alle Arbeitsabläufe durchzuplanen und beispielsweise Werkzeugpläne, Prüfpläne oder Aufspannskizzen zu erstellen.

Aufbauend auf einer Unterteilung des Produktspektrums in einzelne Teilefamilien beziehungsweise Baugruppen hat sich die Grobplanung von Produktionssystemen auf der Basis einiger, für das Gesamtspektrum repräsentativer, Werkstücke beziehungsweise Baugruppen bewährt. Die Repräsentativwerkstücke bilden die Basis für die Festlegung von Arbeitsabläufen und die Auswahl von Maschinenkonzepten. Zur kapazitätsmäßigen Auslegung von Fertigungs-, Montage- und Materialflußeinrichtungen kann mit Hilfe von Vergleichszahlen vom detailliert ermittelten Kapazitätsbedarf der Repräsentanten auf den Kapazitätsbedarf des Gesamtspektrums hochgerechnet werden. Neben einer Reduzierung des Zeitaufwandes in der Stufe der Grobplanung gibt es für die Planung mit Repräsentativwerkstücken meist zwei zwingende Gründe:

– Zum einen kann nur in Ausnahmefällen schon bei Planungsbeginn das zum Inbetriebnahmezeitpunkt eines Produktionssystems tatsächlich maßgebende Produktionsprogramm exakt beschrieben werden,

– zum anderen ist die Nutzungsdauer eines komplexen Produktionssystems erfahrungsgemäß wesentlich länger als die Lebensdauer einzelner Produkte, so daß aufgrund kurzer Innovationszeiträume nach einer gewissen Anlaufsphase in zunehmendem Maße modifizierte und auch neuentwickelte Produkte auf dem ursprünglichen Produktionssystem gefertigt werden müssen.

Sorgfältig ausgewählte Repräsentativwerkstücke versetzen den Planenden in die Lage, Flexibilitäts- und Bearbeitungsanforderungen eines nur grob definierten Produktspektrums bei der Erarbeitung eines langfristig ausgerichteten Grundkonzepts eines komplexen Produktionssystems berücksichtigen zu können, ohne bereits bei Planungsbeginn jedes Produkt detailliert kennen zu müssen.

Eingrenzung des Produktspektrums

Repräsentativwerkstücke

Auswahl-
kriterien für
Repräsentativ-
werkstücke

Die Auswahl von Repräsentativwerkstücken erfordert wegen ihrer großen Bedeutung für Planungsergebnis und -qualität eine große Sorgfalt. Basis für die Repräsentantenbestimmung ist die Einteilung des Produktspektrums in Teilefamilien beziehungsweise Baugruppen mit einheitlichen Anforderungen an die Betriebsmittel (s. Abschnitt 4.1.1.2).

Um zuverlässige Rückschlüsse auf den Kapazitätsbedarf einer bestimmten Werkstückgruppe zu ermöglichen, sind für die Auswahl eines Repräsentantivteils folgende Kriterien maßgebend:

- **eine charakteristische Arbeitsvorgangsfolge für die betrachtete Teilefamilie (alle für die Fertigung beziehungsweise Montage wesentlichen Betriebsmittel sollten angelaufen werden),**
- **ein hohes Herstellkostenvolumen (möglichst A-Teile aus einer ABC-Kostenanalyse),**
- **ein hoher zeitlicher Produktionsanteil innerhalb der Teilefamilie bezogen auf die Ist-Fertigung und**
- **eine charakteristische Losgröße beziehungsweise jährliche Auflagehäufigkeit, bezogen auf die Ist-Fertigung.**

Fallbeispiel

Wie die in Abschnitt 4.1.3.3 durchgeführte ABC-Analyse nach Herstellkosten (siehe Bild 72) ergeben hatte, wurden in unserem Beispielunternehmen 70 % der jährlichen Herstellkosten durch vier Gruppen von Nicht-Rotationsteilen verursacht. Die Einordnung dieser vier Gruppen, die insgesamt 82 verschiedene Werkstücke umfassen, in das zugrundegelegte Werkstückklassifizierungsschema (vgl. Bild 57) zeigt Bild 78. Zur Reduzierung des Zeit- und Kostenaufwands in der Grobplanung wurden vom Planungsteam für jede Werkstückgruppe, basierend auf den Daten der bestehenden Fertigung, folgende vorbereitende Analysen durchgeführt:

- Häufigkeitsverteilung von Werkstückhüllkörpern und Rohteilegewicht,
- Häufigkeitsverteilung der Zeit je Einheit sowie
- Häufigkeitsverteilung der Auftragslosgrößen.

Vom Planungsteam wurde festgelegt, daß die Repräsentativwerkstücke folgende Bedingungen erfüllen müssen:

- Der Repräsentant liegt jeweils im oberen Abmessungs- beziehungsweise Gewichtsbereich einer Werkstückgruppe (das heißt der Repräsentant deckt mindestens 75 % der Gruppe ab),
- der Repräsentant ist „A-Teil" der ABC-Analyse nach Zeit je Einheit,
- die Auftragslosgröße des Repräsentanten entspricht dem Gruppendurchschnitt.

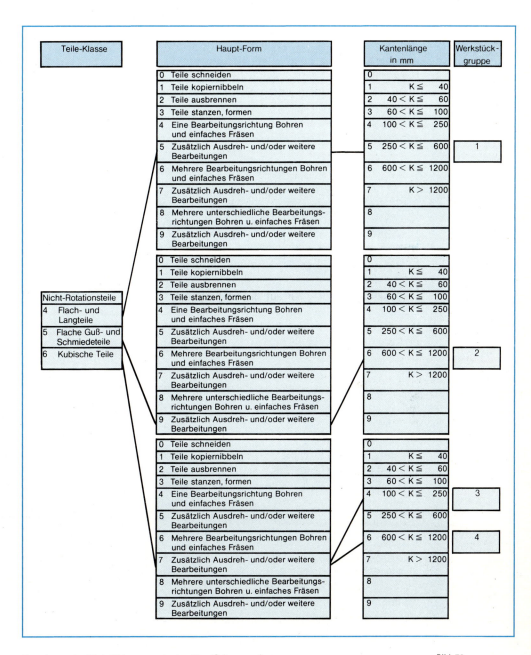

Einordnung der Werkstückgruppen in das Klassifizierungsschema   Bild 78

Die Übereinstimmung der zerspanungstechnischen Anforderungen zwischen dem Repräsentanten und den zugehörigen Gruppenwerkstücken war nach Ansicht des Planungsteams bereits durch die konsequente Anwendung des Klassifizierungsschlüssels (Merkmal 2. Stelle, „Hauptform") gewährleistet. Bild 79 zeigt die für die vier Werkstückgruppen nach den o.g. Kriterien ausgewählten Repräsentativwerkstücke.

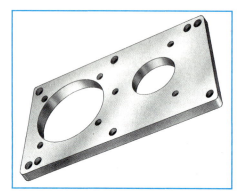

Werkstückgruppe 1   Werkstückgruppe 2
Klassifizierungsschlüssel 4.5.5   Klassifizierungsschlüssel 5.9.6

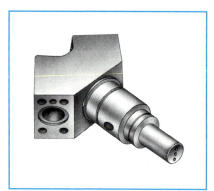

Werkstückgruppe 3   Werkstückgruppe 4
Klassifizierungsschlüssel 6.7.4   Klassifizierungsschlüssel 6.7.6

Bild 79   Übersicht der Repräsentativwerkstücke des Praxisbeispiels

4.2.2 Vorranggraphen-Methode

Der Arbeitsablauf wird hauptsächlich von der Konstruktion des Produktes beein- | Anwendungs-
flußt. Diese bestimmt weitgehend den Einsatz unterschiedlicher Technologien bereiche
und legt auch die Reihenfolge der Teilvorgänge fest. Zur Analyse der Gestaltungsspielräume bezüglich des Arbeitsablaufes hat sich der Einsatz des Vorranggraphen im Planungsprozeß bewährt. Mit seiner Hilfe können alternative Arbeitsabläufe (vgl. Abschnitt 3.2.3) zunächst losgelöst von bereits vorhandenen
Produktions- und Materialflußeinrichtungen methodisch erarbeitet werden. Der
Vorranggraph wurde ursprünglich schwerpunktmäßig zur Strukturierung von
Montageabläufen eingesetzt, da hier naturgemäß eine große Vielfalt von Reihenfolgebeziehungen beachtet werden muß. Heute gewinnt der Vorranggraph
auch in der Teilefertigung verstärkt an Bedeutung, da auch bei der Ermittlung
von Bearbeitungsfolgen nicht mehr einzelne Teilvorgänge isoliert betrachtet
werden dürfen, sondern im Sinne eines ganzheitlichen Lösungsansatzes zunächst
Lösungsvarianten für den gesamten Arbeitsablauf eines Produkts ermittelt werden müssen, bevor einzelne Teilvorgänge bestimmten Maschinenkonzepten zugeordnet werden können.

In Bild 80 ist der vereinfachte Ablauf der Montage einer Auto-Instrumenten-
kombination als Vorranggraph dargestellt. Die Zeitachse weist in allen derartigen
Darstellungen nach rechts.

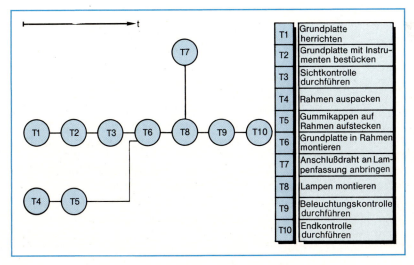

Vorranggraph (Beispiel: Montage einer Kfz-Instrumentenkombination)   Bild 80

Beschreibung
von
Teilvorgängen

Der Vorranggraph enthält netzplanartig sämtliche zur Herstellung eines Produktes gehörenden Tätigkeiten, die als Teilvorgänge bezeichnet werden. Ein Teilvorgang kann sinnvoll nicht weiter in einzelne Bearbeitungs- oder Montageschritte unterteilt werden und muß daher von einer Person oder einem Betriebsmittel vollständig durchgeführt werden.

Dieser Teilvorgang soll bei der Darstellung im Vorranggraphen zum besseren Verständnis mindestens die Bezeichnung, die Zeit je Einheit sowie eine Kurzbeschreibung der Arbeitsaufgabe enthalten (vgl. Bild 81). Darüber hinaus kann es im Hinblick auf die spätere Auswertung des Vorranggraphen sehr nützlich sein, die einzelnen Teilvorgänge mit weiteren Zusatzinformationen zu versehen. In der Praxis haben sich folgende Möglichkeiten bewährt:

● ergänzende verbale Beschreibung der Teilvorgänge,
● farbliche und graphische Symbole sowie
● Angabe von Kennzahlen (Wiederbeschaffungswert der Betriebsmittel, Teilegewicht, Fassungsvermögen der Förderhilfsmittel).

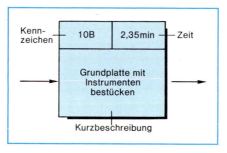

Bild 81   Beschreibung von Teilvorgängen

gegenseitige
Abhängigkeiten

Bei der Folge der Teilvorgänge sind ihre gegenseitigen Abhängigkeiten, das heißt die Reihenfolge- oder Vorrangbeziehungen, zu beachten. Sie ergeben sich daraus, daß ein Teilvorgang einerseits die Ausführung bestimmter Teilvorgänge voraussetzt, andere dagegen erst danach möglich sind. So muß beispielsweise eine Unterlegscheibe zuerst auf die Schraube gesteckt werden, bevor die Mutter aufgesteckt und angezogen werden kann. Die Vorrangbeziehungen werden im Vorranggraphen durch Pfeile oder Linien dargestellt, die Beschreibung des Teilvorganges steht in Kästchen oder Kreisen.

Bei der Erstellung des Vorranggraphen gibt es zwei Möglichkeiten des Vorgehens, die – entweder für sich oder kombiniert angewandt – zum Ziel führen:

Die erste Möglichkeit geht vom letzten Teilvorgang aus, wie beispielsweise „Endkontrolle durchführen" (s. Bild 80). Vor diesem letzten Teilvorgang, der rechts eingezeichnet wird, bauen sich nun alle weiteren Teilvorgänge in einer der Netzplantechnik vergleichbaren Weise auf. Der Weg gabelt sich, wenn durch Demontage zwei „Baugruppen" entstehen, die wiederum separat und voneinander unabhängig weiter demontiert werden können. Wird dieser Weg bis zum „Schluß", das heißt bis zu allen Einzelteilen verfolgt, ergibt sich ein Vorranggraph, der aussagt, zu welchem Zeitpunkt die jeweiligen Teilvorgänge spätestens ausgeführt sein müssen, da ja bei der Demontage jeweils diejenige Montagetätigkeit zuerst ausgeführt wird, die bei der Montage zuletzt erfolgt.

Die zweite Art der Konstruktion des Vorranggraphen geht von den Einzelteilen aus. Dabei werden die Teilvorgänge bezüglich des frühest möglichen Zeitpunktes der Ausführung untersucht und entsprechend von links beginnend aufgetragen. Ein solcher Vorranggraph beginnt in der Regel mit vielen parallelen, das heißt zur gleichen Zeit ausführbaren Montagetätigkeiten. Die Anzahl der parallelen Äste wird mit zunehmendem Montagefortschritt geringer, bis man schließlich in denjenigen Strang mündet, der mit dem Teilvorgang „Endkontrolle durchführen" endet.

Durch Kombination beider oben beschriebenen Vorgehen zur Erstellung eines Vorranggraphen ergibt die aussagefähigste Form (s. Bild 80):
Diese weist sowohl den frühestmöglichen Zeitpunkt (die eingezeichnete Lage des Kreises entspricht vom Startpunkt links an gezählt dem frühesten Zeitpunkt), als auch den spätest notwendigen Zeitpunkt (die Mündung der Linie in den folgenden Teilvorgang kennzeichnet den spätesten Zeitpunkt) für die Ausführung der einzelnen Teilvorgänge aus. Die Differenz beider Zeitpunkte entspricht der zur Verfügung stehenden Zeit.

Möglichkeiten des Vorgehens

Ausgangspunkt: Endprodukt

Ausgangspunkt: Einzelteile des Produktes

Kombination der beiden Vorgehen

Auswertung
von
Vorranggraphen

Sobald die Reihenfolgebeziehungen aller Teilvorgänge im Vorranggraphen festgeschrieben sind, müssen die einzelnen Teilvorgänge im Hinblick auf die spätere
technische Realisierung eines bestimmten Fertigungs- oder Montageablaufs einzelnen Produktionseinrichtungen oder Arbeitsplätzen zugeordnet werden. Ziel
der Auswertung eines Vorranggraphen ist es, Teilvorgänge mit gleichartigen Anforderungen an die Produktionseinrichtungen zu „Blöcken" zusammenzufassen.
Mit Hilfe dieser Blockbildung kann gezeigt werden, im welchem Umfang einzelne
Teilvorgänge unter Wahrung produktspezifischer und fertigungstechnischer Restriktionen nach vom Planenden festzulegenden Gesichtspunkten räumlich und
funktional zusammengefaßt werden können.

Blockbildung

Gesichtspunkte für eine Blockbildung innerhalb eines Vorranggraphen können
beispielsweise sein:

- Zusammenfassung von Teilvorgängen mit gleicher Bearbeitungs- oder Mon-
  tagelage der Teile, zum Beispiel gleicher Bearbeitungsfläche beziehungsweise
  gleichbleibender Einspannung,
- Zusammenfassung von automatisierbaren und nichtautomatisierbaren Teilvorgängen,
- Zusammenfassung von Teilvorgängen mit gleichartigen Umgebungs-
  einflüssen (Temperatur, Feuchtigkeit, Reinheitsgrad der Luft),
- Zusammenfassung von Teilvorgängen mit gleicher Materialbereitstellungsart,
- Zusammenfassung von Teilvorgängen zur Prüfung beziehungsweise Nacharbeit von Produkten.

Blockbildung
nach Automati-
sierbarkeits-
kriterien

Am Beispiel der wohl am weitesten verbreiteten Blockbildung nach Automati-
sierbarkeitskriterien wird das Vorgehen bei einer Blockbildung innerhalb des Vorranggraphen erläutert. Dabei wird eine Aufteilung in manuell auszuführende und
in automatisierbare Teilvorgänge vorgenommen.

Es ist zunächst zu untersuchen, ob sich die automatisierbaren Teilvorgänge von
den manuell auszuführenden trennen und somit zu Blöcken zusammenfassen
lassen. Dazu verschiebt man den jeweiligen Teilvorgang auf der waagerechten
Zeitachse im Vorranggraphen im zulässigen Bereich zwischen frühest möglichem
und spätest erforderlichem Zeitpunkt für den Arbeitsbeginn mit dem Ziel einer
Ansammlung automatisierbarer Teilvorgänge innerhalb eines Bereiches (Bild 82).

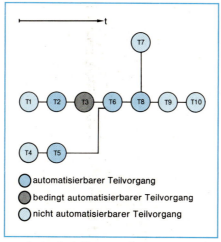

Automatisierbarkeitsuntersuchung mittels Vorranggraphen   Bild 82

Das Ziel der Blockbildung ist es, möglichst viele zusammenhängende automatisierbare Teilvorgänge in Abschnitten zusammenzufassen, die von den manuellen beziehungsweise teilautomatisierten Fertigungsabschnitten entkoppelt werden (Bild 83).

Ziel der Blockbildung

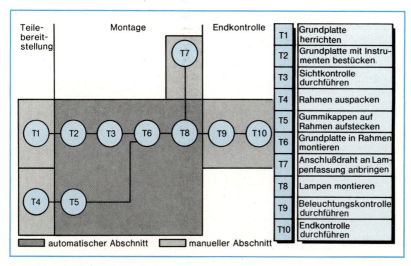

Blockbildung mittels Vorranggraphen   Bild 83

Eine Entkopplung des Menschen von ablaufbedingten technischen Zwängen wird erreicht, indem zwischen automatisierten und manuellen Ablaufabschnitten geeignete Puffer eingerichtet werden (zur Auslegung der Pufferkapazität siehe Abschnitt 4.3.3).

Fallbeispiel

Im Rahmen der Situationsanalyse stellte das Planungsteam bereits fest, daß die derzeit verwendeten Arbeitspläne nach ihrer ursprünglichen Erstellung nur noch in wenigen Ausnahmefällen an veränderte Produktionsstückzahlen oder neubeschaffte Maschinen angepaßt wurden. Aus diesem Grunde sollte vor Beginn einer Kapazitätsermittlung zunächst am Beispiel der vier stückzahlstärksten Werkstückgruppen (vgl. Bild 79) untersucht werden, in welchem Umfang durch eine Überarbeitung der Arbeitspläne eine Verbesserung der Fertigungsabläufe hinsichtlich Ausführungszeiten und Kosten zu erzielen sei. Ohne Berücksichtigung des derzeit eingesetzten Maschinenparks wurden mit Hilfe der Vorranggraphen-Methode für die Repräsentativwerkstücke jeder Werkstückgruppe die prinzipiellen Gestaltungsmöglichkeiten des Bearbeitungsablaufs untersucht. Stellvertretend für die anderen Werkstückgruppen werden am Beispiel des Repräsentanten der Werkstückgruppe 3, einem Schmiederohling mit der Klassifizierung „kubisch, mehrere Bearbeitungsrichtungen", die Erstellung und Auswertung eines Vorranggraphen erläutert. Ausgehend von der Roh- und Fertigteilzeichnung des Repräsentanten wurden zunächst, unterschieden nach Dreh-, Bohr-, Fräs- und Schleifbearbeitungen, die an einzelnen Flächen des Werkstücks durchzuführenden Zerspanungsoperationen ermittelt und als Teilvorgänge beschrieben (Bild 84).

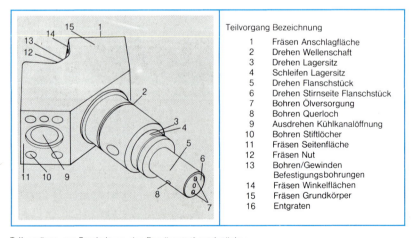

Teilvorgang	Bezeichnung
1	Fräsen Anschlagfläche
2	Drehen Wellenschaft
3	Drehen Lagersitz
4	Schleifen Lagersitz
5	Drehen Flanschstück
6	Drehen Stirnseite Flanschstück
7	Bohren Ölversorgung
8	Bohren Querloch
9	Ausdrehen Kühlkanalöffnung
10	Bohren Stiftlöcher
11	Fräsen Seitenfläche
12	Fräsen Nut
13	Bohren/Gewinden Befestigungsbohrungen
14	Fräsen Winkelflächen
15	Fräsen Grundkörper
16	Entgraten

Bild 84   Teilvorgänge zur Bearbeitung des Repräsentativwerkstücks

Die Untergliederung in einzelne Teilvorgänge bildete wiederum die Grundlage für die Erstellung des zugehörigen Vorranggraphen (Bild 85). Dabei wurde in zwei Schritten vorgegangen: Zunächst wurde ermittelt, in welchen unterschiedlichen Abfolgen die einzelnen Flächen des Werkstücks bearbeitet werden können. Im Mittelpunkt der Überlegungen hierzu stand die Fragestellung: Welche zumindest vorbearbeitete Fläche bildet aus spanntechnischen Gesichtspunkten und Genauigkeitsanforderungen die Voraussetzung für die Bearbeitung einer anderen? Im Anschluß daran wurde die Abfolge einzelner Teilvorgänge innerhalb einer bestimmten Werkstückfläche festgelegt, wobei hier zum Teil triviale Restriktionen, wie „Gewindeschneiden nur nach Bohren/Senken möglich", beachtet werden mußten.

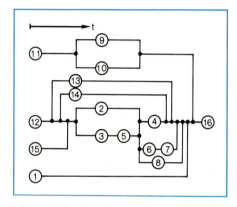

Vorranggraph der Bearbeitung des Repräsentativwerkstücks   Bild 85

Man erkennt aus dem im Bild 85 gezeigten Vorranggraphen beispielsweise, daß die Teilvorgänge 12 und 15 die Voraussetzung für die Teilvorgänge 2 bis 6 bilden, da das Werkstück bei einer Drehbearbeitung aus Genauigkeitsgründen entsprechende Bezugspunkte im Spannfutter sowie vorbearbeitete Spannflächen benötigt. Für die Auswertung des Vorranggraphen wurden, im Hinblick auf die zukünftig zu fertigenden kleinen Losgrößen, folgende Kriterien zugrunde gelegt:

- Reduzierung der Anzahl Aufspannungen zur Komplettbearbeitung sowie
- Vermeidung manueller Entgratarbeitsgänge zwischen einzelnen Teilvorgängen.

Um die Auswertung zu erleichtern, wurden zunächst die einzelnen Teilvorgänge des Vorranggraphen mit zusätzlichen Informationen hinsichtlich möglicher Spannlagen versehen (Bild 86). Unter Berücksichtigung der Bearbeitungsmöglichkeiten von derzeit am Markt verfügbaren Werkzeugmaschinen konnten durch Verschieben und Zusammenfassen einzelner Teilvorgänge konkurrierende Bearbeitungsfolgen ermittelt werden. Bild 87 zeigt eine mögliche Variante des Arbeitsablaufs. Das Planungsteam ging in diesem Fall bei der Auswertung des Vorranggraphen von einem Bearbeitungszentrum mit horizontaler Spindel, einer Futterdrehmaschine und einer Außenrundschleifmaschine aus. Im Vergleich zum bestehenden Arbeitsplan des Repräsentativwerkstücks konnten durch diesen neuen Arbeitsablauf die Anzahl unterschiedlicher Maschinenkonzepte und die Gesamtzahl an Aufspannungen zur Komplettbearbeitung, wie in Bild 88 ersichtlich, deutlich reduziert werden.

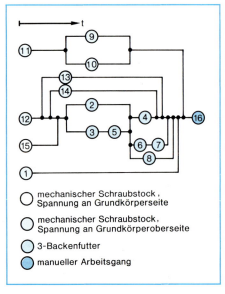

Bild 86   Kennzeichnung möglicher Spannlagen des Repräsentativwerkstücks im Vorranggraphen

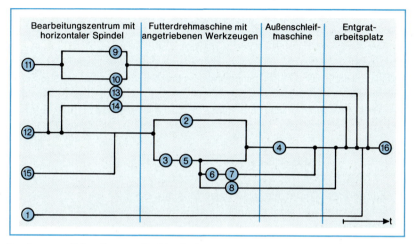

Zuordnung von Teilvorgängen zu Betriebsmitteln   Bild 87

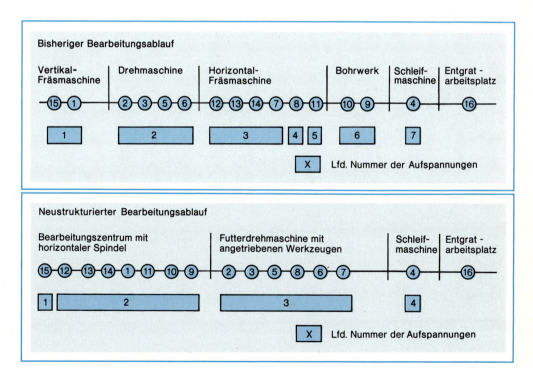

Bisheriger und neustrukturierter Arbeitsablauf für das Repräsentativwerkstück   Bild 88

4.2.3 Strukturierung des Arbeitsablaufes mit Hilfe von Kapazitätsfeldern

Prinzip des
Kapazitätsfeldes

Ein Vorranggraph bezieht sich auf die Produktion einer Einheit eines bestimmten Produktes, die Stückzahl findet dabei keine direkte Berücksichtigung. Das Kapazitätsfeld ermöglicht demgegenüber die Gestaltung von Arbeitsabläufen unter Berücksichtigung der jeweils verfügbaren Kapazität der für den Produktionsprozeß vorgesehenen Personen und Betriebsmittel. (Zur Kapazitätsermittlung vgl. MLPS, Teil 2, Kapitel 7 [4]).

Die Ausführungszeit je Auftrag zum Beispiel einer Montagetätigkeit läßt sich in zwei Faktoren gliedern:

- Zeit je Einheit, zum Beispiel für die Montage des Produktes, und
- Häufigkeit der Tätigkeitsausführung je Auftrag, das heißt Anzahl Produkte je Zeiteinheit.

Für die Ausführung eines Ablaufes, bezogen auf eine Einheit, ergibt sich die Zeit je Einheit. Wenn die zu produzierende Menge auf einen Arbeitstag bezogen wird, resultiert die Tagesmenge.

Das mathematische Produkt aus Tagesmenge und Zeit je Einheit entspricht dem täglichen Kapazitätsbedarf eines Arbeitsplatzes.

Kapazitäts-
bedarf

Kapazitätsbedarf (min/Tag) =
Tagesmenge (St./Tag) x Zeit je Einheit (min/St.)

Der Kapazitätsbedarf kann in einem Mengen–Zeit-Diagramm als Fläche, dem Kapazitätsfeld, dargestellt werden.

Beispiel

Bild 89 zeigt ein einfaches Beispiel einer Kapazitätsbedarfsrechnung. Nimmt man an, daß täglich 240 Einheiten zu produzieren sind und die Herstellung einer Einheit 8 min dauert, so ergibt sich ein Kapazitätsbedarf von C = 1 920 min für diesen Arbeitsplatz.

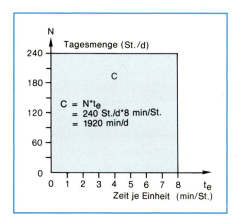

Beispiel einer Kapazitätsbedarfsrechnung   Bild 89

Die detaillierte Planung der Arbeitsteilung macht es erforderlich, einen Gesamtablauf in einzelne Ablaufabschnitte aufzuschlüsseln. Das Kapazitätsfeld wird
dann den Abschnitten entsprechend unterteilt (Bild 90).

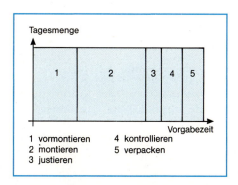

Beispiel eines aufgeschlüsselten Kapazitätsfeldes in der Montage   Bild 90

Anwendungs-
bereiche von
Kapazitäts-
feldern

Die Arbeit mit Kapazitätsfeldern unterstützt durch die Gegenüberstellung von Kapazitätsbedarf (Produktionsprogramm) und Kapazitätsbestand (Mensch und Betriebsmittel) eines bestimmten Produktionsbereiches die Klärung folgender Fragen:

- Aufgabenteilung zwischen Mensch und Technik: Welche Aufgaben werden manuell und welche maschinell erfüllt?

- Arbeitsteilung innerhalb der Technik: Wie teilen sich die einzelnen Ablaufabschnitte auf geeignete Betriebsmittel auf?

- Arbeitsteilung auf verschiedene Menschen: Wie verteilen sich die vom Menschen auszuführenden Tätigkeiten auf bestimmte Personengruppen, wie Maschinenbediener, Einrichter und auf einzelne Personen?

Bei der Ermittlung des Kapazitätsbestandes sind Korrekturfaktoren für Ausfallzeiten zu berücksichtigen (vgl. MLPS, Teil 2, Abschnitt 9.2).

Wesentliche für die Arbeit mit Kapazitätsfeldern benötigte Zeitangaben, wie Hauptnutzungs- und Tätigkeitszeiten (z.B. für Zerspanung, Handhaben oder Transport), sind mit Hilfe von Methoden der Datenermittlung zu erheben (vgl. Teil 2 der MLPS, [4]).

Kapazitäts-
teilung

In der industriellen Serienfertigung übersteigt der Kapazitätsbedarf in der Regel den Kapazitätsbestand eines Menschen oder eines Betriebsmittels (z.B. eines Automaten). Der Kapazitätsbedarf muß deshalb geteilt werden. Für die Arbeitsteilung gibt es grundsätzlich zwei Arten (Bild 91):

Artteilung

- **Artteilung ist die Teilung einer Arbeit auf mehrere Menschen beziehungsweise Betriebsmittel derart, daß jeder Mensch beziehungsweise jedes Betriebsmittel einen Teil des Gesamtablaufs an der Gesamtmenge ausführt.**

Mengenteilung

- **Mengenteilung ist die Teilung einer Arbeit auf mehrere Menschen beziehungsweise Betriebsmittel derart, daß jeder Mensch beziehungsweise jedes Betriebsmittel den gesamten Ablauf an einer Teilmenge ausführt.**

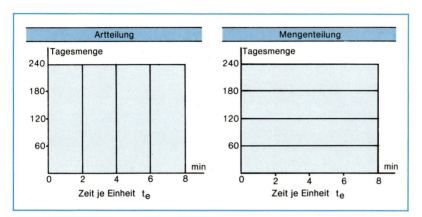

Formen der Kapazitätsteilung am Beispiel von vier Arbeitsplätzen   Bild 91

Diese beiden Arten der Kapazitätsteilung stellen Extreme dar. Zwischen beiden bestehen nahezu beliebig viele weitere Formen der Kapazitätsteilung; es wird dann von einer gemischten Kapazitäts- oder Arbeitsteilung gesprochen. So erge- ben sich, wie Bild 92 zeigt, innerhalb des gesamten Kapazitätsfeldes Teilflächen, die unterschiedlicher Form sein müssen bei allerdings gleichen Flächeninhalten, wobei eine Flächeneinheit dem Kapazitätsbestand eines Mitarbeiters (bezie- hungsweise eines Betriebsmittels) während einer Schicht entspricht.

gemischte
Kapazitäts-
teilung

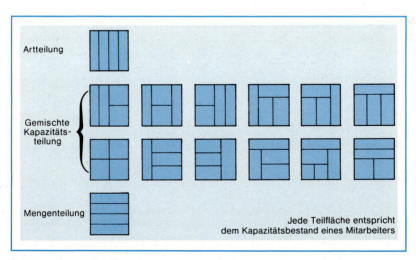

Formen gemischter Kapazitätsteilung   Bild 92

In Bild 93 werden die drei vorgestellten Möglichkeiten der Kapazitätsteilung hinsichtlich ihrer wesentlichen Einsatzmerkmale bei komplexen Produktionssystemen miteinander verglichen.

Grundsätzlich gilt:

- Die Artteilung verbessert die Möglichkeiten zur Automatisierung.
- Die Mengenteilung erhöht den Handlungsspielraum der Mitarbeiter und die Flexibilität der Produktion.
- Die gemischte Kapazitätsteilung ermöglicht die Optimierung von Gesamtsystemen bezüglich des erweiterten Zielsystems.

Merkmale	Beispiel für vier Arbeitsplätze	Bewertung des Merkmals bei den charakteristischen Formen der Kapazitätsteilung		
		Artteilung	gemischte Kapazitätsteilung	Mengenteilung
Größe des Tätigkeits-und Handlungsspielraums		○	◐	●
Möglichkeit zu individueller Leistungsentfaltung		○	◐	●
Belastungswechsel		○	◐	●
Gefahr der Eintönigkeit		●	◐	○
Aufwand zur Einarbeitung		○	◐	●
Grad der Einübung		●	◐	○
Überschaubarkeit des Materialflusses für den Vorgesetzten		●	◐	○
Flexibilität bezüglich Schwankungen im - Kapazitätsbedarf (Tagesmenge, Zeit je Einheit)		○	◐	●
- Kapazitätsbestand (Anzahl Mitarbeiter)		○	◐	●
Taktausgleichszeit		●	◐	○
Höhe des Wiederbeschaffungswerts für - Arbeitsplatzaufbauten		○	◐	●
- Verkettungsmittel und Puffer		●	◐	○
Flächenbedarf je Arbeitsplatz		○	◐	●
Auswirkungen von Störungen an Betriebsmitteln		●	◐	○

○ tendenziell hoch   ◐ günstiger Kompromiß möglich   ● tendenziell niedrig

Bild 93   Übersicht über Merkmale unterschiedlicher Arten der Kapazitätsteilung

Ausgehend von den mit Unterstützung der Vorranggraphen-Methode ermittelten neuen Arbeitsabläufen wurden vom Planungsteam in Abstimmung mit der Arbeitsvorbereitung des Beispielunternehmens für alle vier Repräsentativwerkstücke Werkzeuge und Spannmittel ausgewählt und detaillierte Zeitberechnungen angestellt.

Fallbeispiel

Mit Hilfe des in Bild 94 am Beispiel der Werkstückgruppe 3 (s. Bild 79) dargestellten Vorgehens wurde für jedes im Arbeitsplan der Repräsentanten aufgeführte Maschinenkonzept auf den zukünftigen Kapazitätsbedarf der gesamten Werkstückgruppe hochgerechnet. Aus der Veränderung der Ausführungszeiten im alten und neuen Arbeitsplan des Repräsentanten konnte, getrennt nach dem jeweiligen Bearbeitungsverfahren, näherungsweise ein werkstückgruppenspezifischer Umrechnungsfaktor ermittelt werden.

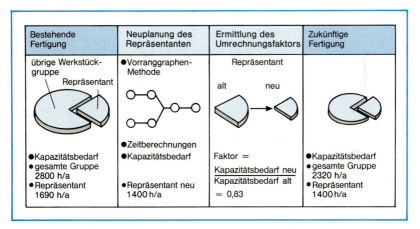

Vorgehen zur Hochrechnung des Kapazitätsbedarfs   Bild 94

Mit diesem Faktor konnte anschließend vom Kapazitätsbedarf der gesamten Werkstückgruppe vor der Umstrukturierung der Arbeitspläne auf den zukünftigen Kapazitätsbedarf hochgerechnet werden. Basierend auf den für den Einführungszeitpunkt des Produktionssystems prognostizierten Jahresmengen ergibt sich für die vier Werkstückgruppen der in Bild 95 in Form von Kapazitätsfeldern dargestellte Kapazitätsbedarf.

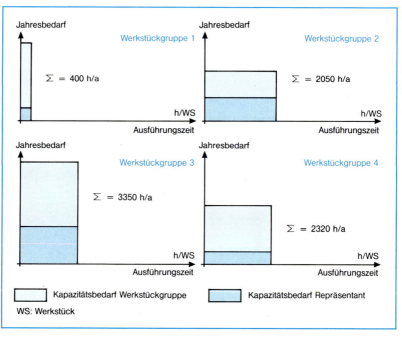

Bild 95   Kapazitätsbedarf der vier ausgewählten Werkstückgruppen

Ausgehend von diesen Kapazitätszahlen konnte das Planungsteam nun ermitteln, wieviele Maschinen eines bestimmten Typs und einer bestimmten Baugröße zur Bewältigung des zukünftigen Produktionsprogramms erforderlich sein würden. Der Kapazitätsbestand einer Maschine errechnet sich aus der Anzahl Arbeitstage pro Jahr multipliziert mit der Anzahl Arbeitsstunden pro Tag und einem unternehmensspezifisch festgelegten durchschnittlichen Nutzungsgrad der Betriebsmittel (Bild 96). Der Nutzungsgrad berücksichtigt pauschal alle unproduktiven Nebennutzungs- und Brachzeiten sowie Betriebsmittelverteilzeiten einer Maschine, die durch technische oder organisatorische Störungen erfahrungsgemäß verursacht werden. (Zur Ermittlung des Nutzungsgrades vgl. MLA, Teil 3, Abschnitt 5.7.3).

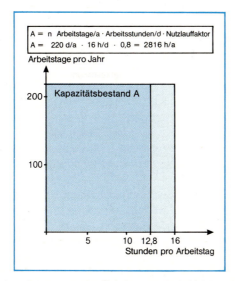

Kapazitätsbestand einer Werkzeugmaschine (Beispiel eines Zweischichtbetriebs)　　　　Bild 96

Das Vorgehen zum Abgleich von Kapazitätsbedarf und Kapazitätsbestand wird am Beispiel der Bohr-Fräs-Bearbeitung der vier Werkstückgruppen verdeutlicht. Alle Werkstückgruppen sollten gemäß den neuerstellten Arbeitsplänen auf Bearbeitungszentren mit horizontaler Spindel bearbeitet werden, wobei, wie bereits aus der Klassifizierung der Werkstückgruppen (vgl. Bild 78) abzuleiten war, die Werkstückgruppe 3 auf einer hinsichtlich Palette und Arbeitsraum kleineren Maschine bearbeitet werden konnte als die übrigen Gruppen. Ein Bearbeitungszentrum mittlerer Baugröße war in dem Beispielunternehmen bereits vorhanden, alle weiteren Bearbeitungszentren mußten gegebenenfalls im Rahmen mittelfristiger Ersatzinvestitionen schrittweise beschafft werden. Entsprechend dem Kapazitätsangebot der vorhandenen beziehungsweise noch zu beschaffenden Werkzeugmaschinen verteilte das Planungsteam nun die einzelnen Werkstückgruppen kapazitätsmäßig auf die Maschinen. Es ergab sich dabei die in Bild 97 gezeigte Nutzungssituation. Das kleine Bearbeitungszentrum war nicht in der Lage, alle Werkstücke der Gruppe 3 zu bearbeiten, wohingegen ein zweites Bearbeitungszentrum mittlerer Baugröße noch erhebliche Kapazitätsreserven aufwies. Da es nach Untersuchung des Planungsteams innerhalb des Beispielunternehmens keine weiteren Werkstücke gab, die die Restkapazität des Bearbeitungszentrums hätten in Anspruch nehmen können, war es naheliegend, einen Kapazitätsausgleich zwischen Bearbeitungszentrum I und III vorzunehmen. Durch die Umplanung eines Teils der Werkstückgruppe 3 auf das hierfür etwas überdimensionierte Bearbeitungszentrum mittlerer Baugröße III konnte somit die Beschaffung eines zweiten kleineren Bearbeitungszentrums vermieden werden.

Für das neu zu beschaffende Bearbeitungszentrum I, das in erster Linie für die Bearbeitung von Werkstücken der Werkstückgruppe 3 eingesetzt werden sollte, wurde vom Planungsteam ein Pflichtenheft erstellt. Dieses im nachfolgenden aufgeführte Pflichtenheft wurde in Zusammenarbeit mit der in diesem Beispielunternehmen für Beschaffungen zuständigen Einkaufsabteilung inhaltlich und formal abgestimmt. Entsprechend den firmeninternen Beschaffungsrichtlinien wurden die Beschreibung der Maschinendaten (Größe, Leistung, Genauigkeit) durch eine Spezifikation der späteren Betriebsbedingungen der Maschine ergänzt, die Ausführung elektrischer und elektronischer Baugruppen definiert sowie eine Festlegung der Abnahmebedingungen der Werkzeugmaschine beim Hersteller und beim Anwender vorgenommen.

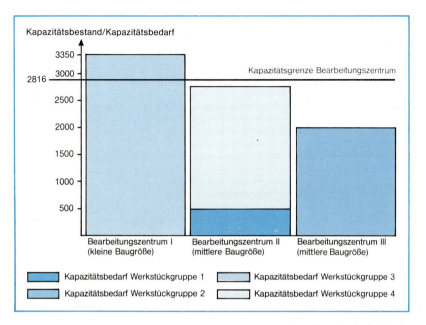

Gegenüberstellung des Kapazitätsbedarfs der Werkstückgruppen und des Kapazitätsbestandes der Bearbeitungszentren   Bild 97

Literatur

[1] Bullinger, H.-J. (Hrsg.): Systematische Montageplanung. Handbuch für die Praxis. München: Carl Hanser Verlag, 1986

[2] Eversheim, W.: Organisation in der Produktionstechnik. Band 4: Fertigung und Montage. Düsseldorf: VDI-Verlag, 1981

[3] Metzger, H.: Planung und Bewertung von Arbeitssystemen in der Montage. Stuttgart: Otto Krausskopf Verlag, 1977

[4] REFA – Verband für Arbeitsstudien und Betriebsorganisation e.V. (Hrsg.): Methodenlehre der Planung und Steuerung (MLPS), Teil 1-5, 4. Auflage. München: Carl Hanser Verlag, 1985

[5] Roth, H.-P., Zipse, Th.: Rechnerunterstützte Kapazitätsermittlung bei der Neustrukturierung spanender Fertigungen. Industrieanzeiger 106 (1984), Nr. 28, 23

[6] VDI/ADB (Hrsg.): Handbuch der Arbeitsgestaltung und Arbeitsorganisation. Düsseldorf: VDI-Verlag, 1980

Pflichtenheft: CNC-Bearbeitungszentrum		Seite 1
Merkmale		Technische Soll-Daten

1) Arbeitsbereich:

- Teilegröße (Länge x Durchmesser) — mm — 193×105
- Abmessung Spannvorrichtungen inklusive Werkstück (Länge x Breite x Höhe) — mm — ca. $400 \times 360 \times 210$
- X-Achse   vollständig gekapselt, so daß sich keine Späne und keine Kühlmittel ansammeln können. — mm — 450
- Y-Achse — mm — 300
- Z-Achse — mm — 450
- A-Achse
- B-Achse — NC-B-Achse, Teilung $360.000 \times 0,001°$
- Achsaufbau
- zul. Werkstückgewicht mit Vorrichtung — N — 1500

2) Arbeitsspindel:

- Anzahl — eins
- Ausrichtung (horizontal u. vertikal) — horizontal
- Antriebsleistung — kW — min. 7KW (bei 100% ED)
- Drehzahl, stufenlos elektr. einstell- und programmierbar — min^{-1} — 20 – 5000
- Ø am vorderen Lager — mm — ≈ 70
- Spindelkühlung — ja

Pflichtenheft: CNC-Bearbeitungszentrum		Seite 2
Merkmale		**Technische Soll-Daten**

3) Bearbeitungswerkzeuge:

Merkmale	Einheit	Technische Soll-Daten
• Werkzeugaufnahme in Spindel	ISO	*40*
• max. Ø bei Vollbestückung	mm	*min. 100*
• max. Werkzeuglänge	mm	*min. 250*
• max. Ø bei freien Plätzen	mm	*≈ 150*
• max. Werkzeuggewicht (Mehrspindel-Wz)	N	*120*
• Anzahl der Werkzeugplätze mit Möglichkeit der Erweiterung		*min. 40*
• Kapselung der Werkzeuge gegen Fremdstoffe (Verschmutzung)		*ja*
• Kodierung (Platzkodierung, Werkzeugkodierung)		*variable Platzkodierung*
• Werkzeugwechselzeit	s	*≤ 4*
• verschiedene Wz-Wechselgeschwindigkeiten		
• Werkzeugwechselzeit von Span zu Span	s	*< 10*
• Reinigung der Werkzeugkegel		*ja*
• Aufnahmemöglichkeit von Meßtastern		*ja*
• Werkzeugmagazinwechsel		*nein*
• Mehrspindelwerkzeuge einwechselbar		*ja*
• Werkzeugbruch − Standzeitüberwachung		*erforderlich*

4) Vorschubeinrichtungen:

Merkmale		Einheit	Technische Soll-Daten
• Antriebsart (elektrisch, hydraulisch, pneumatisch)			*elektrisch*
• Stromart (Gleichstrom/Drehstrom)			*Gleichstrom*
• Geschwindigkeit	X-Achse	mm/min	*} 1 - 4000*
	Y-Achse	mm/min	
	Z-Achse	mm/min	
	A-Achse	min^{-1}	
	B-Achse	min^{-1}	*10*
• Eilgang-Geschwindigkeit	X	m/min	*} 10*
	Y	m/min	
	Z	m/min	
	A	min^{-1}	
	B	min^{-1}	*10*
• Vorschubkraft X-Y-Z		N	*10000*

Pflichtenheft: CNC-Bearbeitungszentrum	Seite 3
Merkmale	Technische Soll-Daten

5) Meßsysteme und Genauigkeit:

- Positionstoleranz (nach DGQ 3441) Tp

  3...5 mal genauer als kleinste geforderte Toleranz an NS

- Kapselung Meßsystem
  - leicht zugänglich
  - Öl-Emulsionsbeständig
  - Schutz gegen Druckluft

  ja

- Testteil/Abnahmeteil:
  Spulenkörper, Form- und Lagetoleranz laut
  Fertigteilzeichnung

- Teilgenauigkeit NC-Rundtisch
  (B-Achse)

  $\leq 3''$

- Genauigkeit Palettenwechsel
  Anforderungen o.g. Positionen müssen
  eingehalten werden.

6) Werkstückpaletten:

- Abmessungen Länge x Breite   mm

  400 x 400

- Palettenbahnhof

  nachrüstbar

- Palettenwechsel (Wechselprinzip)

  horizontal oder vertikal

- Palettenwechselzeit   s

  < 25

- maschinenseitiger Palettenspeicher

- Anzahl der Palettenplätze

  zwei

- Höhe Palettenwechsler   mm

  900 ... 1000, angepaßt an Übergabehöhe FTS

- Rasterung, Paß- und Gewindebohrung/
  T-Nut

  Paß- und Gewindebohrung

- Einfahrgenauigkeit der Paletten   mm

  < 0,01

Pflichtenheft: CNC-Bearbeitungszentrum	Seite 4
Merkmale	Technische Soll-Daten

7) NC-Steuerung:

- Fabrikat und Typ   Siemens Sinumerik 8MC
- CNC-Bahnsteuerung mit 3 D-Interpolation, Schraubenlinieninterpolation   ja
- 3 - 5 Achsen-Steuerung   min.   4½ Achsen
- Speicherumfang mindestens 64 K
  — erweiterungsfähig   ja
- Programmbearbeitung vom Speicher   ja
- Anzahl der abrufbaren Hauptprogramme   5
- Unterprogrammtechnik in Parameterschreib-weise   ja
- Korrekturmöglichkeit

  — Programmkorrektur

  — mindestens 99 Werkzeugkorrekturen   } ja

  — Fräserbahnkorrektur

  —Spindelsteigungsfehlerkompensation   erwünscht
- Bearbeitungszyklen für Bohren, Gewinde-schneiden, Tieflochbohren   erwünscht
- direkte Spindeldrehzahl-Programmierung (Analog S)   ja
- Überlastsicherung (z. B. Vorschubreduzie-rung bei Ecken beim Taschenfräsen)   ja
- direkte Vorschubprogrammierung   ja

Pflichtenheft: CNC-Bearbeitungszentrum	Seite 5
Merkmale	Technische Soll-Daten

Fortsetzung 7) NC-Steuerung:

- automatisches Konturanfahren nach Werk- zeugbruch — *ja*
- Verfahrbereichsbegrenzung — *ja*
- Anschluß für Meßsystem — *ja*
- Schnittstellen für Messung — *erwünscht*
  - Möglichkeit zur Software-Erweiterung für Messen in Maschine
  - extern zugängliche Werkzeugkorrektur- speicher (Übernahme der Korrekturwerte von externen Meßmaschinen)
- Schnittstelle für DNC-Betrieb — *volle DNC-Schnittstelle Siemens*
- gute Servicebetreuung — *ja*
- aktive Diagnose — *ja*
- zusätzliche aktivierbare Serviceroutine — *erwünscht*
- Schnittstelle für externe Leser-/Stanzer- einheit — *erwünscht*
- Positionsanzeigen Soll/Ist für alle Achsen — *ja*
- Vorschubkorrektur 0-120 %, autom. 100 % bei Gewinden — *ja*
- Testlauf ohne Bewegung — *ja*
- Testlauf mit erhöhtem Vorschub — *ja*
- programmierbare Kühlmitteldrücke und -mengen — *ja*
- integrierte PC — *erwünscht*

Pflichtenheft: CNC-Bearbeitungszentrum	Seite 6
Merkmale	Technische Soll-Daten

8) Rüstplätze:

- Anzahl — *eins*
- Rüsten in Lage (horizontal oder vertikal) — *horizontal/vertikal je nach Bearbeitung bzw. Spannmittel*

- Spannmittel hydraulisch — *ja*
  - pneumatisch
  - elektrisch
  - sonstige — *zusätzliche Vorbereitung für kombinierte Vakuum-, Pneumatik- und Hydraulik- spannvorrichtung*

9) Energieversorgung:

- Anschlußleistung (gespannt)   kW — *35*
- Druckluft: Druck   bar — *5*
- max. Luftverbrauch   m³/h
- Wasseranschluß

10) Kühlmittelversorgung:

- Kühlmittelbehälter — *Anschluß am zentralen Kühlmittelversorgungs- system der Halle*
- Förderleistung Kühlmittelpumpe   l/min — *50–80*
- Zufuhr — *von außen*
- Kühlmitteltemperierung — *ja, entfällt u.U. bei zentraler Kühlmittel- versorgung*
- Zufuhr durch Spindel — *ja*
- Kapselung (Spritzschutz) — *Vollschutz*
- Hochdruckspüleinrichtung
  (ca. 10 bar) zur Spänebeseitigung an Werkstück,
  Spannmittel und Paletten

Pflichtenheft: CNC-Bearbeitungszentrum	Seite 7
Merkmale	Technische Soll-Daten

11) Späneentsorgung:

- Späneförderer   *ja*
- elektrostatischer Luftfilter   *ja*

12) Werkstückhandhabung:

- integriert (Steuerung, Hardware)   *entsprechende Schnittstellen (Hardware, Software) sind im Hinblick auf spätere Ausbaustufen vorzusehen.*

- Beistellgeräte
- Peripherie
- Transportsystem   *Anpassung an Übergabehöhe des FTS (s. Position 6)*

13) Aufstellungsort:

- Temperaturen   °C   *22 ±5 (stabilisiertes Hallenklima)*
- Temperaturgradient   °C/h   *≈ 2 ... 3*
- Luftfeuchtigkeit
- Fundament
- Platzbedarf   mm
- Gewicht   kN

14) Sonstiges:

- Lieferzeit
- Angebotszeit – Angebotsabgabetermin
- Service/Wartungsvertrag
- räumliche Nähe
- Abnahmebedingungen
- Farbe
- Preisvorstellung
- Schulung und Einweisung von Mitarbeitern   *ja*

4.3 Materialflußsysteme

4.3.1 Anforderungen an innerbetriebliche Materialflußsysteme

Die mit der Einführung komplexer Produktionssysteme verfolgten Ziele

Ziele

- Reduzierung der Materialbestände,
- Steigerung der zeitlichen Nutzung kapitalintensiver Betriebsmittel,
- Verkürzung der Transport- und Liegezeiten,
- Verbesserung der Lieferbereitschaft sowie
- geringere Taktbindung für die Mitarbeiter

erfordern ein leistungsfähiges, flexibel automatisiertes Materialflußsystem.

VDI 2860 legt fest [21]:

*Definition
Materialfluß*

> **Unter Materialfluß werden alle Vorgänge beim Gewinnen, Be- und Ver-
> arbeiten sowie bei der Verteilung von stofflichen Gütern innerhalb be-
> stimmter, festgelegter Produktionsbereiche verstanden.**

Zum Materialflußsystem eines komplexen Produktionssystems gehören in diesem Sinne alle Einrichtungen, die für die bedarfsgerechte Ver- und Entsorgung aller Betriebsmittel mit Werkstücken, Werkzeugen, Vorrichtungen, Meßmitteln und Hilfsstoffen erforderlich sind.

Entsprechend der in MLA, Teil 3, Abschnitt 6.4.1 [9], vorgenommenen hierarchischen Gliederung von Materialflußsystemen kann die Konzeption von Materialflußeinrichtungen für komplexe Produktionssysteme sowohl die Planung des innerbetrieblichen Transports zwischen einzelnen Betriebsbereichen als auch die Gestaltung des maschinennahen Werkstück- oder Bauteileflusses umfassen (Bild 98). Zur Beschreibung des Materialflusses zwischen einzelnen Maschinen eines abgegrenzten Produktionsbereiches ist auch der Begriff „Verkettung" gebräuchlich.

Verkettung

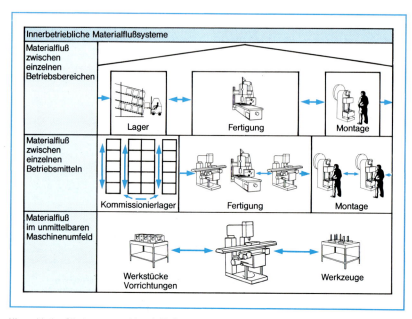

Bild 98   Hierarchische Gliederung von Materialflußsystemen

Zusammen-
wirken
von Materialfluß-
und Informations-
systemen

Wesentlich bei komplexen Produktionssystemen ist, daß auch die Planung des Materialflußsystems nicht isoliert von der Konzeption des zugehörigen innerbetrieblichen Informationssystems betrieben werden sollte. Materialflußsysteme sind auf zeitgerechte und zuverlässige Vorgaben eines Informationssystems angewiesen, das in Abhängigkeit vom jeweiligen Transportbedarf Materialflußvorgänge auslöst und ihre Ausführung überwacht. Aus diesem Wechselspiel zwischen Material- und Informationsfluß resultieren unter anderem in konventionellen Produktionssystemen mit manueller Disposition und Steuerung des Materialflusses lange Liege- beziehungsweise Durchlaufzeiten einzelner Aufträge. Die zumindest teilweise Automatisierung des Informationsflusses ist somit eine Voraussetzung für einen automatisierten Fördervorgang und dessen Steuerung. Die Automatisierung von Handhabungs- oder Lagervorgängen kann unabhängig von der Transportautomatisierung durchgeführt werden. Sie benötigt als Voraussetzung keine Automatisierung des Informationsflusses und kann in komplexen Produktionssystemen zeitlich vor oder nach einer Transportautomatisierung realisiert werden, sofern bei der Planung des Materialflußsystems eine detaillierte und verbindliche Gestaltung aller materialflußtechnischen Schnittstellen vorgenommen wurde.

Wie Bild 99 verdeutlicht, wird im folgenden zunächst vertiefend auf Einsatzmerkmale gängiger Materialflußeinrichtungen in komplexen Produktionssystemen eingegangen, bevor Hilfsmittel und Methoden zur Planung und Gestaltung von Transport-, Lager- und Handhabungseinrichtungen aufgezeigt werden.

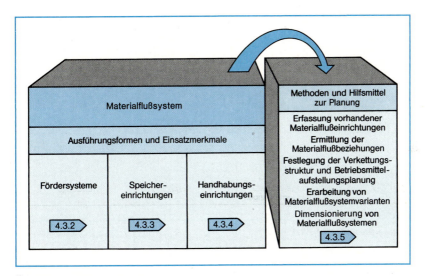

Übersicht Materialflußplanung

Bild 99

4.3.2 Fördersysteme

Ein Fördersystem umfaßt alle Einrichtungen, die im weitesten Sinne zum Transport, Verteilen, Sammeln, Sortieren und Puffern von Fördergütern innerhalb eines Produktionssystems erforderlich sind. Ausgehend von den Zielsetzungen ergeben sich unterschiedliche Anforderungen an die zu konzipierenden Fördersysteme hinsichtlich ihrer

Anforderungen an Fördersysteme

- **Flexibilität**
  bezüglich Kapazitätsschwankungen, Betriebsumstellungen, Erweiterungen und Teilstillegungen;
- **Anpassungsfähigkeit**
  an die vorhandene Bausubstanz, an vorhandene Transportsysteme und deren Schnittstellen in bezug auf die Lastübergabe;

– **Automatisierbarkeit**
der Lastübernahme beziehungsweise Lastübergabe an Arbeitsstationen
sowie
der Auslösung und Überwachung von Transportvorgängen.

Verkettungs-
prinzipien

Ein innerbetriebliches Fördersystem hat die Aufgabe, entsprechend den Vorgaben eines Dispositions- und Steuerungssystems die Stationen eines Produktionssystems zeit- und bedarfsgerecht zu ver- und entsorgen. Für den An- und Abtransport sowie die Bereitstellung von Werkstücken an Bearbeitungs- oder Montagestationen haben sich die in Bild 100 dargestellten Verkettungprinzipien bewährt.

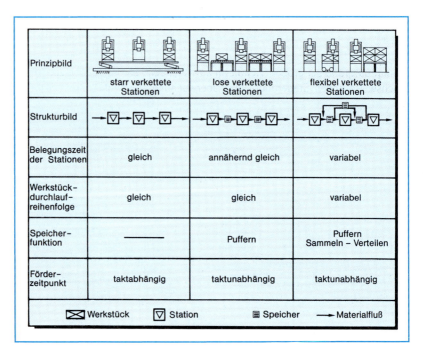

Prinzipbild	starr verkettete Stationen	lose verkettete Stationen	flexibel verkettete Stationen
Strukturbild			
Belegungszeit der Stationen	gleich	annähernd gleich	variabel
Werkstück- durchlauf- reihenfolge	gleich	gleich	variabel
Speicher- funktion	—	Puffern	Puffern Sammeln – Verteilen
Förder- zeitpunkt	taktabhängig	taktunabhängig	taktunabhängig

⊠ Werkstück   ▽ Station   ▤ Speicher   → Materialfluß

Bild 100   Prinzipien zur Verkettung von Arbeitsstationen

Starr verkettete Stationen finden in der Regel in Fertigungslinien (vgl. Abschnitt 2.2.4) ihre Anwendung, in denen eine geringe Zahl unterschiedlicher Werkstücke oder Baugruppen meist auf einheitlichen Fördermitteln taktabhängig von einer Station zur nächsten transportiert werden. Vorraussetzung hierfür ist, daß die Betriebsmittelgrundzeiten aller miteinander verketteten Bearbeitungs- beziehungsweise Montagestationen gleich sind. Im Gegensatz hierzu können bei lose verketteten Stationen die einzelnen Betriebsmittelgrundzeiten innerhalb gewisser Grenzen variieren, wenn die Betriebsmittelgrundzeit im Durchschnitt der zu bearbeitenden Werkstücke an allen Arbeitsstationen gleich ist. Es findet eine Entkoppelung vom Arbeitstakt einer bestimmten Station statt, Taktzeitunterschiede werden ebenso wie kurzzeitige Störungen durch einzelne, zwischen den Stationen angeordnete Pufferstrecken ausgeglichen. Kennzeichen flexibel verketteter Systeme ist, daß Werkstücke in beliebiger Reihenfolge gezielt zu unterschiedlichen Stationen transportiert werden können, wobei einzelne Stationen entsprechend dem Arbeitsablauf mehrfach von ein und demselben Auftrag angelaufen werden können. Dieses Verkettungsprinzip bildet eine Voraussetzung für den Betrieb flexibler Fertigungs- oder Montagesysteme (vgl. Abschnitt 2.2.4) und bedingt aufgrund der großen Vielfalt an auftretenden Förderaufgaben einen vergleichsweise hohen Steuerungs- und Überwachungsaufwand.

starre
Verkettung

lose
Verkettung

4.3.2.1 Konstruktive Auslegung von Fördersystemen

Eignung von
Fördersystemen

Von den unterschiedlichen Materialflußeinrichtungen, die sich in den verschiedensten Anwendungsbereichen konventioneller Produktionssysteme bewährt haben, eignen sich die in Bild 101 dargestellten Fördersysteme für einen Einsatz in komplexen Produktionssystemen.

Fördersysteme / Konstruktive Merkmale		Unterflur-schleppkettenförderer	Kreisförderer mit umlaufendem Kettenantrieb (Power-and-Free-Förderer)	Angetriebene Rollenbahn	Doppelgurtband	Elektrohängebahn	Schienenwagen	Induktiv geführtes Fahrzeug	Portalkran
Arbeitsweise	stetig	●		●					
	unstetig		●		●	●	●	●	●
Anordnung	flurfrei		●			●			●
	flurgebunden	●		●	●		●	●	
Transportweg		ringförmig	ringförmig	überwiegend linear	überwiegend linear	ringförmig	linear	beliebig	beliebig
Bauliche Maßnahmen		Kanäle für Schlepp-kette	Stahlkon-struktion für Fahrbahn	keine	keine	Stahlkon-struktion für Fahrbahn	Verlegung Schienen	Verlegung Leitdraht	Verlegung Schienen
Behinderung Personenverkehr		nein	nein	ja	ja	nein	ja	nein	nein
Materialflußtechnische Zusatzfunktionen			puffern	puffern sortieren vereinzeln	puffern sortieren vereinzeln	puffern sortieren vereinzeln			handhaben

Bild 101　　Eignung von Fördersystemen (nach [11])

4.3.2.2 Einsatzmerkmale innerbetrieblicher Fördersysteme

charakteristische
Einsatz-
merkmale

Bei der Auswahl von Fördersystemen ist es erforderlich, die Eignung konkurrierender Fördereinrichtungen in Abgängigkeit von produktionsspezifischen Einflußgrößen zu bewerten. Im Hinblick auf eine flexible Verkettung von Fertigungs-, Montage- und Lagereinrichtungen sind im Bild 102 charakteristische Einsatzmerkmale von Fördersystemen zusammengestellt.

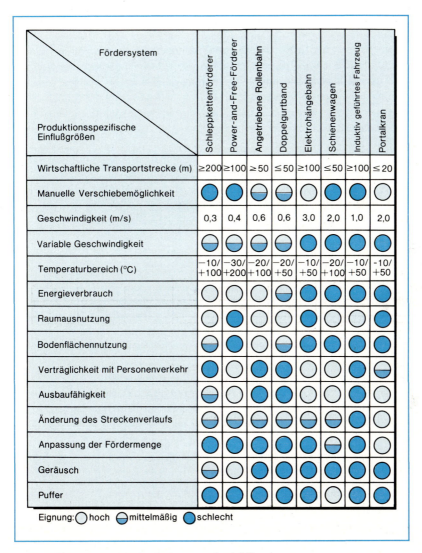

Produktionsspezifische Einflußgrößen \ Fördersystem	Schleppkettenförderer	Power-and-Free-Förderer	Angetriebene Rollenbahn	Doppelgurtband	Elektrohängebahn	Schienenwagen	Induktiv geführtes Fahrzeug	Portalkran
Wirtschaftliche Transportstrecke (m)	≥200	≥100	≥50	≤50	≥100	≤50	≥100	≤20
Manuelle Verschiebemöglichkeit	●	●	◐	◐	○	●	●	○
Geschwindigkeit (m/s)	0,3	0,4	0,6	0,6	3,0	2,0	1,0	2,0
Variable Geschwindigkeit	◐	◐	◐	◐	●	●	●	●
Temperaturbereich (°C)	−10/+100	−30/+200	−20/+100	−20/+50	−10/+50	−20/+100	−10/+50	-10/+50
Energieverbrauch	○	○	◐	◐	●	●	●	●
Raumausnutzung	○	●	○	◐	●	○	●	●
Bodenflächennutzung	◐	●	○	◐	●	●	●	●
Verträglichkeit mit Personenverkehr	●	○	●	◐	○	○	◐	●
Ausbaufähigkeit	◐	○	●	◐	●	●	●	○
Änderung des Streckenverlaufs	◐	◐	●	◐	◐	◐	●	○
Anpassung der Fördermenge	●	●	●	●	●	◐	●	○
Geräusch	◐	○	●	●	●	●	●	●
Puffer	●	●	●	●	●	●	○	●

Eignung: ○ hoch ◐ mittelmäßig ● schlecht

Einsatzmerkmale innerbetrieblicher Fördersysteme (nach [6])   Bild 102

4.3.2.3 Förderhilfsmittel

Gliederung
von Förder-
hilfsmitteln

Unter Förderhilfsmitteln versteht man Materialflußeinrichtungen zur Bildung von Ladeeinheiten, die von Fördermitteln aufgenommen werden und aufgrund ihrer konstruktiven Ausbildung einen Schutz des Förderguts vor Beschädigung gewährleisten und gegebenenfalls ein Zusammenfassen mehrerer Werkstücke zu einer bestimmten Transportlosgröße ermöglichen. Im Bereich der Teilefertigung und Montage unterscheidet man:

- tragende Förderhilfsmittel für die Aufnahme von Stückgut und verpackten Schütt- beziehungsweise Flüssiggütern, wie beispielsweise Flachpaletten oder Rungenpaletten,
- umschließende Förderhilfsmittel für Kleinstückgüter (z.B. Schrauben) und lose Schüttgüter (z.B. Gitterboxpaletten oder Kunststoffkästen) und
- abschließende Förderhilfsmittel für lose Schütt- und Flüssiggüter, insbesondere Tankpaletten und Container.

tragende Förder-
hilfsmittel

Die für die Materialflußgestaltung in komplexen Produktionssystemen meistverwendeten Förderhilfsmittel sind Flachpaletten, üblicherweise in den standardisierten Abmessungen 1200 x 800 mm (sog. Europaformat). Im Montagebereich finden auch Flachpaletten mit 600 x 400 mm und 800 x 600 mm Anwendung.

Magazine

Im Gegensatz zu den gewöhnlich in der Fördertechnik eingesetzten Flachpaletten aus Holz werden bei automatischer Entnahme oder Ablage von Werkstücken durch Handhabungssysteme hohe Anforderungen an die Positioniergenauigkeit von Palette und Werkstück gestellt. Aus Gründen der Funktionssicherheit automatischer Bereitstellungs- und Handhabungsvorgänge werden Palettengrundrahmen und Paletteneinsätze aus Stahl gefertigt. Paletten mit meist werkstückspezifischen Aufnahmeelementen zur lagerichtigen Fixierung des Förderguts werden auch als Magazine (Bild 103) bezeichnet.

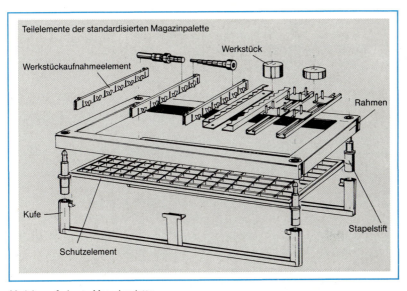

Teilelemente der standardisierten Magazinpalette

Werkstück

Werkstückaufnahmeelement

Rahmen

Kufe

Stapelstift

Schutzelement

Modular aufgebaute Magazinpalette   Bild 103

Das in Bild 103 gezeigte Grundkonzept einer flexiblen, modular aufgebauten Magazinpalette kann durch ebenfalls standardisierte Zusatzelemente an die Anforderungen unterschiedlicher Förderhifsmittel wie Gabelstapler, Rollenbahn oder Schienenwagen angepaßt werden [4].

Ausführungs-
formen von
Magazinen

Entsprechend den Taktzeiten von Station und Handhabungsgerät und der jeweils festgelegten Transportlosgröße können drei Varianten von transportablen Magazinpaletten verwendet werden (Bild 104):

– Einzelpalette, nicht stapelbar und nur einzeln transportabel,
– Stapelpalette, mit Stapelelementen übereinander gestapelt transportierbar,
– Schubladenpalette, in Gehäuserahmen ein- und ausschiebbar und mit diesem transportierbar.

Magazintyp	Einzelpalette			Stapelpalette			Schubladenpalette in Transportcontainer
Prinzipbild / **Handhabungs-einrichtung**							
Linearportal							
Flächenportal							
Industrieroboter							
Magazin-bereitstellung	Feste Bereit-stellungsposition	Taktbewegung in Magazinlängsachse	Taktbewegung in Magazinlängs- und querachse	Feste Bereit-stellungsposition	Taktbewegung in Magazinlängsachse	Taktbewegung in Magazinlängs- und querachse	Ortsfeste Schubladen-Auszieheinrichtung

möglich	möglich, aber wenig sinnvoll	nicht möglich

Bild 104   Zuordnung von Handhabungs- und Bereitstellungseinrichtungen zu verschiedenen Magazintypen

Wie aus Bild 104 hervorgeht, sind in Abhängigkeit von der eingesetzten Handhabungseinrichtung noch unterschiedliche maschinennahe Bereitstellungseinrichtungen möglich oder erforderlich. Diese Zusatzeinrichtungen bringen durch schrittweises Vertakten beziehungsweise Ausziehen einer Magazinpalette nacheinander alle Werkstücke einer Palettenlage in den Arbeitsbereich des Handhabungsgeräts. Dies ist erforderlich, da der Arbeitsraum gängiger Werkstückhandhabungseinrichtungen nicht ausreichend ist, um gleichzeitig eine Station zu ver- und entsorgen und eine ortsfeste Palette abarbeiten zu können.

Um zu vermeiden, daß komplexe Produktionssysteme aus materialflußtechnischer Sicht eine Insellösung darstellen, ist es wichtig, daß bei der Konzeption und Auswahl von Förderhilfsmitteln die Anforderungen der vor- und nachgelagerten Produktionsbereiche von Anfang an mitberücksichtigt werden. Im Idealfall kann ein Förderhilfsmittel von der Rohteileanlieferung über alle Zwischenstufen im Arbeitsablauf hinweg bis hin zum Fertigwarenlager für ein bestimmtes Teilespektrum eingesetzt werden. Dadurch wird nicht nur die Vielzahl zu beschaffender, vorzuhaltender und zu rüstender Förderhilfsmittel reduziert, sondern auch zeit- und kostenintensive Umladevorgänge können eingespart werden. Bei automatischen Materialflußsystemen führt die durchgängige Verwendung eines einzigen Förderhilfsmitteltyps auch zu einer großen Vereinfachung der Steuerung und Verfolgung des Materialflußgeschehens.

durchgängige Fördermittelverwendung

4.3.3 Speichereinrichtungen

Variable Auftragsfolgen, ungleiche Belegungszeiten der Stationen sowie störungs- oder umrüstbedingte Stillstände einzelner Fertigungs- und Montageeinrichtungen bedingen eine Unterbrechung des Produktions- beziehungsweise Materialflußgeschehens und erfordern das Speichern der im Produktionssystem befindlichen Werkstücke.

Notwendigkeit von Speichereinrichtungen

Als Speicher werden technische Einrichtungen zwischen Teilbereichen der Produktion bezeichnet, die in der Lage sind, Arbeitsgegenstände von einem produzierenden Teilbereich in dessen Ausstoßrhythmus aufzunehmen, zu speichern und im Verarbeitungsrhythmus eines nachfolgenden Teilbereichs wieder abzugeben. Entsprechend ihrer Funktion unterscheidet man zwischen

Abgrenzung der Speicherprinzipien

- **Vorratsspeichern,**
- **Ein-/Ausgabespeichern und**
- **Ausgleichsspeichern.**

Vorratsspeicher dienen zur Werkstückspeicherung, wenn sich die Beschickungszeitspanne und die Belegungszeit der betreffenden Station unterscheiden. Dieses Speicherprinzip findet unter anderem bei Montageautomaten Anwendung, die über größere Zeitabschnitte (z.B. eine Schicht) hinweg unbeaufsichtigt laufen und bei denen das Bedienpersonal nur zu bestimmten Zeitpunkten neue Rohteile nachfüllt.

Vorratsspeicher

Ein-/Ausgabe-
speicher

In Ein-/Ausgabespeichern werden Zeitunterschiede zwischen Förder- und Bear-
beitungsvorgängen aufgefangen und Rohteile zur Bearbeitung beziehungsweise
Fertigteile zum Antransport bereitgestellt. Bild 105 zeigt gängige Ausführungsformen von Vorrats- beziehungsweise Ein-/Ausgabespeichern.

Speichertyp	Linienspeicher	Flächenspeicher	Regalspeicher	Umlaufspeicher
Konstruktive Ausführung	Rutsche Zuführrinne Röllchenbahn Hubbalken-speicher ••••	Plattenband-speicher Doppelgurtband ••••	Paternoster-speicher Elevatorspeicher Kettenspeicher ••••	Schleppteller-puffer Elektro-hängebahn Karreespeicher Kettenspeicher Wandertische Wendelrutsche
Werkstückzugriff	sequentiell	wahlfrei	wahlfrei	wahlfrei
Werkstück-speicherung	berührend	berührend/ nicht berührend	nicht berührend	nicht berührend
Erzielbare Speicherdichte	hoch	mittel	niedrig	niedrig
Produkt-flexibilität	klein	klein/mittel	groß	groß
Investitions-aufwand	klein	mittel	hoch	hoch

Bild 105   Ausführungsformen von Vorrats- beziehungsweise Ein-/Ausgabespeichern

Ausgleichs-
speicher

In Ausgleichsspeichern werden Werkstücke nach einer Bearbeitung aufgenomm-
men und entsprechend der aktuellen Belegung der im Fertigungs- und Montage-
plan vorgesehenen Nachfolgebearbeitung an weitere Stationen verteilt (Sam-
mel- und Verteilfunktion). Sind nur Unterschiede in den Belegungszeiten der
Stationen oder Störungen bei unveränderter Durchlaufreihenfolge auszuglei-
chen, wird eine Pufferfunktion ausgeübt.

Ausgleichsspeicher werden nach ihrer räumlichen Ausdehnung und der möglichen Zugriffsart auf einzelne Lagergüter unterschieden in

– Blocklager,
– Palettenregal,
– Hochregal und
– Durchlaufregal.

In Bild 106 sind charakteristische Einsatzmerkmale dieser vier Ausführungsformen von Ausgleichsspeichern vergleichend gegenübergestellt.

Skizze	Blocklager	Palettenregal	Hochregal	Durchlaufregal
Speicherung von:				
● Werkstücken	palettiert (umschließende, stapelfähige Förderhilfsmittel)	palettiert	palettiert*/ unpalettiert	palettiert
● Werkzeugen		palettiert	palettiert*/ unpalettiert	palettiert
● Vorrichtungen		palettiert	palettiert*/ unpalettiert	
Vorteile	● Geringe Einrichtungskosten ● Hohe Flächen- und Raumnutzung	● Zugriff auf jeden Artikel möglich ● Hohe Flächen- und Raumnutzung ● Hoher Güterumschlag ● Automatischer Betrieb	● Zugriff auf jeden Artikel möglich ● Geringe bis mittlere Investitionskosten ● Universell einsetzbar	● Fifo zwangsläufig gewährleistet ● Hohe Flächen- und Raumnutzung ● Einfache Organisation
Nachteile	● Kein Fifo (first in/first out) ● Kein direkter Zugriff zu jedem Gut ● Kaum automatisierbar ● Anfällig bei Strukturveränderung der Bestände ● Keine Kommissionierungsmöglichkeit	● Einzweckbau ● Hohe Investitionskosten ● Hoher Organisationsaufwand ● Gute Förderhilfsmittelqualität zwingend	● Eingeschränkte Kommissionierungsmöglichkeit ● Bei automatischem Betrieb gute Förderhilfsmittelqualität zwingend	● Hohe Investitionskosten ● Nur qualitativ hochwertige Förderhilfsmittel einsetzbar ● Anfällig bei Strukturveränderung der Bestände

* bei Einsatz automatischer Fördermittel

Ausführungsformen von Ausgleichsspeichern   Bild 106

Anordnung
von Speicher-
einrichtungen

Die materialflußtechnische Einbindung von Ausgleichsspeichern und Ein-/Ausga-
bespeichern in komplexe Produktionssysteme erfolgt zweckmäßigerweise entsprechend einem der in Bild 107 gezeigten Grundprinzipien.

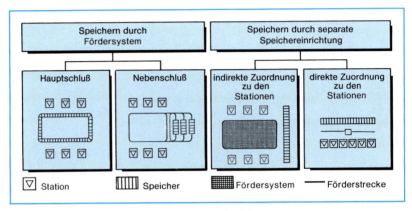

Bild 107   Anordnung von Speichereinrichtungen im Produktionsbereich

Hauptschluß

Beim Speichern durch das Fördermittel im Hauptschluß werden die Werkstücke
ständig umlaufend bewegt und bei den angesteuerten Stationen aus- beziehungsweise eingeschleust. Hierfür in Frage kommende Fördereinrichtungen sind
Rollenbahnen oder Doppelgurtbänder, die Speicherkapazität ist jedoch begrenzt
durch die Förderlänge.

Nebenschluß

Beim Speichern durch die Fördereinrichtung (z.B. mittels Elektrohängebahnen)
im Nebenschluß läßt sich die Speicherkapazität durch längere zusätzliche Speicherstrecken erhöhen; die Zugriffsmöglichkeiten zu den Werkstücken sind beschränkt, da in den einzelnen Speicherstrecken das first in-/first out-Prinzip vorliegt. Der Transport zu den Stationen erfolgt ohne Speicherwirkung.

Ähnlich ist der Ablauf, wenn das Speichern in separaten Speichereinrichtungen
erfolgt, die indirekt durch eine Fördereinrichtung (z.B. induktiv geführte Fahrzeuge) mit den Stationen verbunden sind.

Bei der direkten Zuordnung von Speichereinrichtungen und Stationen wird keine
Fördereinrichtung im eigentlichen Sinne mehr eingesetzt, sondern die Stationen
werden von Teileinrichtungen der Speicher direkt bedient. Dies trifft zum Beispiel
bei Regalspeichern zu, wenn das Regalbediengerät auch die Stationen ver- und
entsorgt.

Für die praktische Anwendung lassen sich keine allgemeingültigen Regeln zur Auslegung von Speichereinrichtungen aufstellen [2]. Die optimalen Speichergrößen müssen bei jeder Planung entsprechend den speziellen Bedingungen, wie Anzahl der Teile an einzelnen Stationen oder zu fertigende Losgrößen, detailliert ermittelt werden. Mit Hilfe der Simulationstechnik (vgl. Abschnitt 4.3.5.5) läßt sich unter Berücksichtigung der projektspezifischen Randbedingungen die „wirtschaftlich optimale Speicherkapazität" beispielsweise für Ein-/Ausgabespeicher in einer Montagelinie bestimmen [18].

Dimensionierung von Speichereinrichtungen

Zur vereinfachten Auslegung von Vorrats- beziehungsweise Ein-/Ausgabespeichern reichen oft Überschlagsrechnungen aus. So läßt sich die Speichermenge n zwischen zwei Stationen aus dem Beschickungstakt t_e (= Zeit je Einheit) und der sogenannten Überbrückungszeit t_v der Stationen 1 und 2 wie folgt errechnen [19]:

$$n = \frac{t_{v_1} + t_{v_2}}{t_e}$$

n	Anzahl der zu speichernden Werkstücke in Stück,
t_{v_1}, t_{v_2}	Überbrückungszeiten, bezogen auf die größte im Zusammenhang anfallende Verteilzeit an den Stationen in Minuten,
t_e	Beschickungstakt in Minuten pro Stück $t_e = t_{e_1} = t_{e_2}$.

Diese Überschlagsrechnung vernachlässigt jedoch Taktzeitunterschiede, den Einfluß nicht unmittelbar benachbarter Stationen sowie die Tatsache, daß Dauer und Häufigkeit einzelner Störungen in nicht vorhersehbarem Rahmen variieren können. Werden Humanziele, wie zum Beispiel die Verringerung der Taktbindung, mit berücksichtigt, kann sich eine andere optimale Speicherkapazität ergeben.

4.3.4 Handhabungsgeräte

Handhabungs-
vorgänge

Handhabungsvorgänge stellen innerhalb eines bestimmten Arbeitsablaufs das Bindeglied zwischen allen auftretenden Transport- und Bearbeitungsschritten dar (Bild 108).

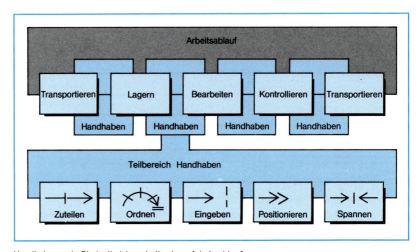

Bild 108

Handhabung als Bindeglied innerhalb eines Arbeitsablaufs

Handhaben

Das Handhaben läßt sich in Handhabungsteilfunktionen gliedern (Bild 108) [20], die in gleicher Folge sowohl an Bearbeitungs- als auch an Montagestationen auftreten und in einem komplexen Produktionssystem sowohl manuell als auch automatisch ausgeführt werden können. Bevor ein bestimmter Produktionsprozeß beginnen kann, wird das Werkstück einem Förderhilfsmittel entnommen und dem Betriebsmittel zugeteilt. Danach wird durch „Ordnen" die geforderte Werkstücklage hergestellt, das Teil in die Spannvorrichtung eingegeben und dieses daran anschließend in der Vorrichtung positioniert und während des Produktionsprozesses gespannt.

Ausführungs-
formen von
Handhabungs-
geräten

Die für Handhabungsaufgaben in komplexen Produktionssystemen am häufigsten eingesetzten Handhabungsgeräte lassen sich entsprechend ihrem Aufbau, ihrer Steuerungsausführung und ihrer Produktflexibilität unterteilen in

- **Einlegegeräte,**
- **Industrieroboter und**
- **Ladeportale.**

Einlegegeräte sind mit Greifern ausgerüstete mechanische Handhabungsgeräte, die vorgegebene Bewegungsabläufe nach einem festen Programm abfahren.

Einlegegeräte

Sie sind vorzugsweise in der Massenfertigung beziehungsweise in Produktionen zu finden, bei denen über größere Zeitabschnitte ähnliche Varianten hergestellt werden. So arbeiten sie beispielsweise an Pressen, Montagelinien oder in der Verpackungsindustrie, wo über einen längeren Zeitraum hinweg dieselbe Handhabungsaufgabe auszuführen ist.

Industrieroboter sind universell einsetzbare Bewegungsautomaten mit mehreren Achsen, deren Bewegungen hinsichtlich Bewegungsfolge und Wegen beziehungsweise Winkeln frei programmierbar (d.h. ohne mechanischen Eingriff veränderbar) und gegebenenfalls sensorgeführt sind [14].

Industrieroboter

Sie sind mit Greifern oder Werkzeugen ausrüstbar und können Handhabungs- und/oder Produktionsaufgaben ausführen.

Neben einer flurgebundenen Anordnung können Industrieroboter bei entsprechender konstruktiver Auslegung flurfrei angeordnet werden, um eine bessere Zugänglichkeit zum Handhabungsgegenstand und zum Handhabungsort zu erreichen.

Ladeportale

Flurfrei angeordnete, insbesondere zur Werkstück- und Werkzeughandhabung an Werkzeugmaschinen eingesetzte Handhabungsgeräte werden als „Portalroboter" oder „Ladeportale" bezeichnet.

Ladeportale verfügen über einen rechteckigen bis quaderförmigen Arbeitsraum und können zur Reduzierung von unproduktiven Maschinenstillstandszeiten (Brachzeiten) beim Werkstückwechsel mit zwei Greifern (Rohteil- beziehungsweise Fertigteilgreifer) ausgerüstet sein.

Man unterscheidet zwei Grundbewegungen bei Handhabungsgeräten:
- translatorische Bewegungen und
- rotatorische Bewegungen.

Grundbewegungen

Die meisten bekannten Handhabungsgeräte setzen sich aus einer Kombination von drei translatorischen Bewegungsachsen (Hauptachsen) zur Positionierung sowie bis zu drei weiteren Achsen zur Orientierung der Werkstücke zusammen.

Anwendungs-
bereiche von
Handhabungs-
geräten

Im Bereich komplexer Produktionssysteme haben sich drei Tätigkeitsfelder für Handhabungsgeräte herausgebildet:

– die Schweißtechnik,
– die Beschichtungstechnik und
– die Ver- und Entsorgung von Produktionseinrichtungen mit Werkstücken, Werkzeugen und Vorrichtungen [8].

Im Bild 109 ist ein allgemeiner Überblick über die Anforderungen bei den unterschiedlichen Arbeitsaufgaben an Handhabungssysteme hinsichtlich

– Positioniergenauigkeit,
– Geschwindigkeiten,
– Bewegungsform und
– Programmverlauf

gegeben (nach [17]).

Anforderungsprofil / Arbeitsaufgaben	Positionsstreubreite (mm)			Geschwindigkeitsart			Geschwindigkeit (m/s)			Bewegungsform				Progr.-verlauf	
	groß >1,0	mittel 0,2-1,0	niedrig <0,2	einstufig	mehrstufig	stufenlos	niedrig <0,1	mittel 0,1-1,0	groß >1,0	punktuell	linear	definierte Bahn	undefinierte Bahn	kontinuierlich	diskontinuierlich
Be- und Entladen	●			●	●			●	●						●
Palettieren	●			●	●			●	●						●
Punktschweißen	●				●			●	●						●
Zusammenlegen			●		●		●				●				●
Abspritzen	●				●			●			●			●	
Sandstrahlen	●				●			●			●			●	
Gußputzen	●				●			●				●	●		
Dampfreinigen	●				●			●				●	●		
Härten	●				●		●	●		●				●	●
Röntgenprüfen	●			●	●		●	●		●				●	●
Beschichten	●					●		●		●		●		●	
Brennschneiden	●					●	●					●		●	
Schmelzschweißen		●				●	●	●				●		●	
Schleifen		●				●		●				●		●	
Polieren		●			●			●					●	●	
Entgraten		●				●	●	●				●		●	
Ausgießen	●					●		●					●		

Bild 109   Produktionsspezifische Anforderungen an Handhabungssysteme

Bild 110 zeigt am Beispiel der Werkstückhandhabung typische Einsatzmerkmale von Einlegegeräten, Industrierobotern und Ladeportalen.

Einsatzmerkmale von Handhabungs-geräten

Bewertungs-kriterium \ Handhabungs-gerät	Einlegegerät	Industrieroboter	Ladeportal
Raumbedarf Handhabungsgerät	klein – angeflanscht an Betriebsmittel	mittel – ausreichendes Raumangebot vor bzw. neben Betriebsmittel	groß – ausreichendes Raumangebot über Betriebsmittel
Raumbedarf Bereitstellungs-einrichtung	klein – zweiachsige Magazinbereitstel-lungseinrichtung	groß – Magazinbereitstel-lungseinrichtung – Schutzzaun	mittel einachsige Magazinvertakt-einrichtung
Behinderung der Maschinenzugäng-lichkeit bei manueller Bedienung	gering – Gerät seitlich am Spindelstock	groß – Roboter direkt vor der Maschine	keine – Ladeportal über der Maschine
Erforderliche Handhabungswege	kurz – Bereitstellung seit-lich an der Maschine	mittel – Bereitstellung schräg vor der Maschine	lang – Bereitstellung seit-lich neben Maschine
Integration einer automatischen Meßstation	schwierig	einfach	einfach
Mehrmaschinen-beschickung	nicht möglich	möglich	möglich
Investitionsaufwand relativ zum Geräte-grundpreis – Handhabung	gering	hoch	mittel
– Zusatzeinrichtung	hoch	gering	mittel

Gegenüberstellung konkurrierender Handhabungsgeräte   Bild 110

4.3.5 Methoden und Hilfsmittel
zur Planung von Materialflußsystemen

Bedeutung der
Planung von
Material-
flußsystemen

Die Auslegung eines Materialflußsystems ist ein zentraler Punkt im Rahmen der Gesamtplanung komplexer Produktionssysteme. Die Flexibilität und Leistungsfähigkeit des Systems können nur dann voll zum Tragen kommen, wenn ein optimal ausgelegtes und zuverlässiges Materialflußsystem im Zusammenwirken mit dem Informationssystem alle Betriebsmittel zeit- und bedarfsgerecht ver- beziehungsweise entsorgen kann. Im Gegensatz zu konventionellen Produktionssystemen vergrößert sich bei komplexen Produktionssystemen der Planungsumfang erheblich: Neben Fördereinrichtungen, Speichereinrichtungen und Handhabungsgeräten für Roh- und Fertigteile müssen im Sinne einer ganzheitlichen Systembetrachtung auch alle für Transport und Bereitstellung von Werkzeugen, Vorrichtungen und Prüfmittel erforderlichen Materialflußeinrichtungen mitgeplant und in ein übergeordnetes Materialflußkonzept integriert werden. Die Planung eines komplexen Materialflußsystems ist im Kern eine organisatorische Aufgabe, die neben der Auswahl von Förder-, Speicher- und Handhabungseinrichtungen in besonderem Maße die ablaufmäßige Gestaltung aller Materialflußvorgänge betrifft und die Konzeption eines leistungsfähigen Steuerungs- und Überwachungssystems für das gesamte Materialflußgeschehen in einem Produktionssystem mit beinhaltet.

Planungsablauf

Es hat sich bewährt, die Konzeption und Dimensionierung von Materialflußsystemen, wie in Bild 111 veranschaulicht, in mehreren, inhaltlich aufeinander aufbauenden Schritten vorzunehmen.

Planungsschritt	Planungshilfsmittel	Verweis
1 Erfassung vorhandener Materialflußeinrichtungen	Erhebungsbogen — Fördermittel — Förderhilfsmittel — Speichereinrichtungen — Handhabungsgeräte	Abschnitt 4.3.5.1
2 Ermittlung der Materialflußbeziehungen	Materialflußbogen Materialflußblockschema Transportmatrix	MLPS Teil 5, Abschn. 17.10.3 MLPS Teil 5, Abschn. 17.10.3 Abschn. 4.3.5.2
3 Festlegung der Verkettungsstruktur, Betriebsmittelaufstellungsplanung	Betriebsmittelaufstellungsplanung	MLPS Teil 5, Abschn. 17.8.2.2 Abschn. 4.3.5.3
4 Erarbeitung von Materialflußsystemvarianten	Funktionspläne Checkliste „Automatisierte Fördersysteme" Morphologie Arbeitssystem-Elemente-Katalog Prüflisten — räumliche Faktoren — fertigungstechnische Faktoren — fördertechnische Faktoren — lagertechnische Faktoren Gestaltungsrichtlinien, Unfallverhütungsvorschriften	MLA Teil 3, Abschn. 6.4 Abschn. 4.3.5.4 MLA Teil 3, Abschn. 3.5 Abschn. 4.3.3 und 4.3.5.4 MLA Teil 3, Abschn. 6.4
5 Dimensionierung von Materialflußsystemvarianten	Simulationsuntersuchungen	MLA Teil 3, Abschn. 6.4, Abschn. 4.3.5.5

Vorgehen zur Planung komplexer Materialflußsysteme   Bild 111

Dieses Vorgehen baut inhaltlich auf den in der MLA, Teil 3, Abschnitt 6.4, MLPS, Teil 3, Abschnitt 12.2.4, sowie MLPS, Teil 5, Abschnitt 17.10.3, vermittelten Grundlagen zur Planung von Materialflußeinrichtungen auf [9, 10]. Ergänzend hierzu werden im folgenden für die einzelnen Schritte der Planung zusätzliche, besonders auf die Belange komplexer Materialflußsysteme ausgerichtete Planungshilfsmittel und -methoden erläutert.

iterativer
Planungs-
ablauf

Es sei an dieser Stelle bereits darauf hingewiesen, daß die Planung von Materialflußsystemen in der Regel kein linearer Prozeß ist, sondern aufgrund der starken Abhängigkeit einzelner Zwischenergebnisse meist ein iteratives Vorgehen erfordert, bei dem einzelne Schritte mehrmals durchlaufen werden müssen. Derartige Abhängigkeiten bestehen beispielsweise zwischen dem Fassungsvermögen eines bestimmten Förderhilfsmittels und der in einer Transportmatrix niedergelegten Anzahl Fördervorgänge je Zeiteinheit. Verändert sich das Fassungsvermögen eines Förderhilfsmittels aus konstruktiven Gründen (Schritt 3), muß auch die Transportmatrix (Schritt 2) aktualisiert werden, da aus ihr wiederum die Anzahl der im Produktionssystem insgesamt benötigten Fördermittel (Schritt 4 und 5) abgeleitet wird.

4.3.5.1 Erfassung vorhandener Materialflußeinrichtungen

Der eigentlichen Konzeption eines komplexen Materialflußsystems muß, insbesondere bei der Umstrukturierung bestehender Produktionsbereiche, eine systematische Bestandsaufnahme aller bereits vorhandenen Förder-, Speicher- und Handhabungseinrichtungen vorangestellt werden. Sie dient dazu, die Einsatzmerkmale derzeit im Unternehmen vorhandener Materialflußeinrichtungen im Hinblick auf eine mögliche Weiterverwendung im neu zu konzipierenden Produktionssystem zu ermitteln.

Zielsetzung

Es hat sich bewährt, zur systematischen und vollständigen Erfassung vorhandener Fördermittel, Förderhilfsmittel, Speicher- und Handhabungseinrichtungen die in Bild 112 bis Bild 117 gezeigten Erfassungsformulare einzusetzen. Aufgrund der unterschiedlichen Merkmalsausprägungen einzelner Fördermitteltypen hat es sich bewährt, für Stetigförderer (Bild 112), flurfreie Unstetigförderer (Bild 113) und flurgebundene Unstetigförderer (Bild 114) getrennte Erfassungsformulare zu verwenden. Die Erfassungsformulare sind in Anlehnung an eine RKW-Empfehlung zur Darstellung des Ist-Zustandes eines Materialflußsystems entwickelt [16].

Erfassungsformulare

Wesentlich ist jedoch auch, die in vor- und nachgelagerten Bereichen eingesetzten Fördermittel und Förderhilfsmittel in die Bestandsaufnahme mit einzubeziehen. Das neu zu konzipierende Produktionssystem darf insbesondere aus materialflußtechnischer Sicht keine Insellösung darstellen, sondern sollte bestmöglich in das bereits bestehende innerbetriebliche Materialflußsystem integriert werden. Unter diesem Aspekt ist insbesondere bei der Auswahl von Förderhilfsmitteln darauf zu achten, daß die konstruktive Gestaltung ihrer Schnittstellen gegenüber Fördermitteln (d.h. hinsichtlich Grundabmessungen und Lastaufnahmemöglichkeiten) einen weitestgehend durchgängigen Einsatz im Sinne einer geschlossenen Transportkette ermöglicht.

bereichsübergreifende Materialflußerhebung

Planung Materialflußsystem

Erhebungsbogen: „Stetigförderer"

Projekt	Erhebungsdatum
	Bearbeiter
Kostenstelle	Abteilung

Hersteller _____ Gerätebezeichnung _____

Anschaffungswert _____ DM   Restwert _____ DM

Baujahr_____

● Breite _____ m   ● Länge _____ m

● Fördergutabmessungen Länge _____ mm, Breite _____ mm, Höhe _____ mm

● Gewicht des Förderguts _____ kg

● Maximale Tragfähigkeit _____ kg/m

● Maximale Fördergeschwindigkeit _____ m/min

● Art der Gutaufnahme _____

● Art der Gutabgabe _____

● Puffernde Funktion   ○ ja   ○ nein

● Lagernde Funktion   ○ ja   ○ nein

● Bemerkungen _____

_____

Bild 112   Erhebungsbogen „Stetigförderer"

Planung Materialflußsystem

Erhebungsbogen: „Flurfreie Unstetigförderer (Krane)"

Projekt	Erhebungsdatum
	Bearbeiter
Kostenstelle	Abteilung

Hersteller _____ Gerätebezeichnung _____

Anschaffungswert _____ DM   Restwert _____ DM

Baujahr_____

● Tragfähigkeit _____ t

● Lastaufnahmemittel _____

● Hubhöhe _____ m

● Spannweite _____ m

● Kranbahn _____ m

● Kranfahren _____ m/min

● Heben/Senken _____ m/min

● Bemerkungen _____

Erhebungsbogen „Flurfreie Unstetigförderer (Krane)"   Bild 113

Planung Materialflußsystem

Erhebungsbogen: „Flurgebundene Unstetigförderer (Fahrzeuge)"

Projekt	Erhebungsdatum
	Bearbeiter
Kostenstelle	Abteilung

Hersteller _____ Gerätebezeichnung _____

Anschaffungswert _____ DM   Restwert _____ DM

Baujahr_____

● Tragfähigkeit _____ t

● Hubhöhe _____ mm

● Abmessungen Länge_____ mm, Breite _____ mm, Höhe _____ mm

● Arbeitsgangbreite _____ mm

● Wenderadius _____ mm

● Eigengewicht _____ t

● Fahren mit/ohne Last _____ km/h _____ km/h

● Antriebsart _____

● Bemerkungen _____

_____

Bild 114   Erhebungsbogen „Flurgebundene Unstetigförderer (Fahrzeuge)"

Planung Materialflußsystem

Erhebungsbogen: „Förderhilfsmittel"

Projekt	Erhebungsdatum
	Bearbeiter
Kostenstelle	Abteilung

● Förderhilfsmittel   ○ tragend   ○ umschließend   ○ abschließend   ○ Sonderförderhilfsmittel

● Bezeichnung _____

● Anzahl _____ Stück   ● Beschaffungsjahr _____

● Anschaffungswert _____ DM/Förderhilfsmittel

● Restwert   _____ DM/Förderhilfsmittel

● Abmessungen Länge _____ mm, Breite _____ mm, Höhe _____ mm

● Gewicht   leer   _____ kg

              beladen max. _____ kg

● Werkstoff   ○ Holz   ○ Stahl   ○ Kunststoff

● Fördereigenschaften   ○ unterfahrbar   ○ stapelbar   ○ kranbar

                        ○ quer aufnehmbar   ○ längs aufnehmbar

● Derzeitige Verwendung _____

● Bemerkungen _____

_____

Erhebungsbogen „Förderhilfsmittel"   Bild 115

Planung Materialflußsystem

Erhebungsbogen: „Speichereinrichtungen"

Projekt	Erhebungsdatum
	Bearbeiter
Kostenstelle	Abteilung

Hersteller _____ Bezeichnung _____

Anschaffungswert _____ DM Restwert _____ DM

Beschaffungsjahr _____

● Speicherverwendung

○ Vorratsspeicher   an Maschine/Arbeitsplatz Nr. _____

○ Ein-/Ausgabespeicher an Maschine/Arbeitsplatz Nr. _____

○ Ausgleichsspeicher

● Speichergut

— Bezeichnung _____

— Maximal zul. Abmessungen _____

● Speichervermögen _____ Stück

● Abmessungen

— Grundfläche Länge _____ m, Breite _____ m

— Höhe   _____ m

● Bemerkungen _____

_____

Bild 116   Erhebungsbogen „Speichereinrichtungen"

Planung Materialflußsystem

Erhebungsbogen: "Handhabungsgeräte"

Projekt	Erhebungsdatum
	Bearbeiter
Kostenstelle	Abteilung

Hersteller _____ Gerätebezeichnung _____

Anschaffungswert _____ DM   Restwert _____ DM

Baujahr_____

Geräteskizze

- ● Platzbedarf (Länge x Breite x Höhe) _____ mm x _____ mm x _____ mm
- ● Bewegungsmöglichkeiten (gemäß Geräteskizze)
  - translatorisch
    x-Richtung _____ mm   y-Richtung _____ mm   z-Richtung _____ mm
  - rotatorisch
    A-Achse _____ Grad   B-Achse _____ Grad   C-Achse _____ Grad

- ● Geschwindigkeiten
  - translatorisch
    x-Richtung _____ mm/s   y-Richtung _____ mm/s   z-Richtung _____ mm/s
  - rotatorisch
    A-Achse _____ Grad/s   B-Achse _____ Grad/s   C-Achse _____ Grad/s

- ● Traglast (inklusive Greifer)   _____ kg

- ● Positioniergenauigkeit   +/− _____ mm

- ● Antrieb   ○ elektrisch   ○ hydraulisch   ○ pneumatisch

- ● Steuerungsart   ○ Punktsteuerung   ○ Bahnsteuerung

- ● Greiferausführung   ○ Einfachgreifer   ○ Doppelgreifer

- ● Derzeitige Verwendung: Maschinen-Arbeitsplatz-Nr. _____

- ● Handhabungsaufgabe _____

- ● Bemerkungen _____

Erhebungsbogen „Handhabungsgeräte"   Bild 117

4.3.5.2 Ermittlung der Materialflußbeziehungen

Datenermittlung

Die quantitative Ermittlung der Materialflußbeziehungen innerhalb eines neu zu konzipierenden Produktionssystems dient in erster Linie dazu, die Leistungs und Flexibilitätsanforderungen zu ermitteln. Dazu müssen auf der Basis der zukünftig relevanten Mengenvorgaben folgende Fragen vom Planer beantwortet werden:

- Wie viele Transporteinheiten beziehungsweise Förderhilfsmittel müssen pro Zeiteinheit (Schicht, Tag, Woche, Monat) zwischen einzelnen Komponenten des Bearbeitungssystems transportiert werden?
- In welcher Reihenfolge werden die einzelnen Komponenten eines Bearbeitungssystems von bestimmten Produkten angelaufen?

Material-
flußerhebung

Prinzipiell gibt es zwei Methoden, um den innerbetrieblichen Materialfluß quantitativ zu ermitteln: Die direkte Materialflußaufnahme und die indirekte Materialflußaufnahme (vgl. MLPS, Teil 5, Abschnitt 17.10.3 [10]).

direkte
Materialfluß-
aufnahme

Die direkte Materialflußaufnahme, bei der die Transportarbeiter in einem bestehenden Produktionsbereich über einen längeren Zeitabschnitt hinweg in Form von Selbstaufschreibungen alle Materialbewegungen protokollieren, scheidet bei komplexen Produktionssystemen aus. Bei einer direkten Materialflußaufnahme können weder die Auswirkungen geplanter Verbesserungsmaßnahmen im Bearbeitungssystem quantitativ erfaßt werden, noch entsprechen die aktuellen Produktionsmengen und Losgrößen in der Regel dem zukünftigen Sollzustand.

indirekte
Materialfluß-
aufnahme

Bei der indirekten Materialflußaufnahme werden die materialflußmäßigen Reihenfolgebeziehungen aus der Analyse der Arbeitspläne abgeleitet; gewichtet mit der zukünftig je Zeiteinheit zu produzierenden Menge ergibt sich daraus die Anzahl der zwischen einzelnen Betriebsmitteln durchzuführenden Transportvorgänge. Voraussetzung für die indirekte Materialflußaufnahme für ein neu zu konzipierendes Produktionssystem ist, daß das zugehörige Bearbeitungssystem bereits soweit konzipiert ist, daß konkrete Angaben zum zukünftigen Arbeitsablauf gemacht werden können sowie Art und Anzahl der insgesamt benötigten Betriebsmittel festlegen. Die Ermittlung des in einem komplexen Produktionssystem zu bewältigenden Transportaufkommens sollte sich nicht nur auf die Betrachtung des Werkstückflusses beschränken. Auch die Anzahl der je Zeiteinheit und Betriebsmittel zu transportierenden Werkzeuge, Vorrichtungen, Prüfmittel und Hilfsstoffe sollte – zumindest überschlägig – erfaßt werden.

Bei der üblicherweise gewählten tabellarischen Darstellung der Transportvorgänge zwischen einzelnen Betriebsmitteln werden die ermittelten Materialströme in Form sogenannter „Von-Nach"-Beziehungen in den Feldern einer Matrix eingetragen. Neben der in Bild 118 exemplarisch gezeigten Transportmatrix haben sich zur graphischen Ergebnisdarstellung einer quantitativen Materialflußerhebung die in der MLPS, Teil 5, Abschnitt 17.10.3, erläuterten Block- und Kreisdiagramme bewährt [10]. Bei der graphischen Darstellung entspricht die Materialflußintensität dem Abstand zweier Verbindungslinien beziehungsweise der Anzahl der Verbindungslinien zwischen den Betriebsmitteln (Bild 119). Zur besseren Übersichtlichkeit kann die Größe der Kreise proportional zur durchströmten Menge gezeichnet werden.

Darstellungsmöglichkeiten

	Stationen					
nach / von	1	2	3	4	5	6
1		100	50	150		
2			100 150			50
3				100 50	100 50	
4		150			50	100
5		50				150
6						

Stationen

Transportmatrix zur tabellarischen Darstellung von Materialflußbeziehungen   Bild 118

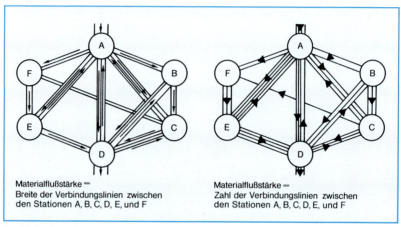

Bild 119   Graphische Darstellung von Materialflußbeziehungen

4.3.5.3 Festlegung der Verkettungsstruktur und Betriebsmittelaufstellungsplanung

Ermittlung der
Verkettungs-
struktur

Die Ergebnisse der quantitativen Materialflußaufnahme müssen in diesem Planungsschritt nun in eine erste grobe räumliche Struktur des zukünftigen Materialflußsystems umgesetzt werden. Durch Auswertung der erstellten Materialflußschaubilder läßt sich erkennen, welches der in Abschnitt 4.3.2 (Bild 100) erläuterten Verkettungsprinzipien für das zu planende Materialflußsystem am besten geeignet ist. Zeigt das Materialflußschaubild unverzweigte, für nahezu alle zu fertigenden Produkte gemeinsame Teilströme, so können zumindest einzelne Betriebsmittel starr miteinander verkettet werden. Verzweigen sich die Materialflußströme nach jedem Betriebsmittel wieder, so kommt meist nur eine flexible Verkettung in Frage.

Neben der Verkettungsstruktur sollte in diesem Planungsschritt auch bereits die spätere räumliche Anordnung der einzelnen Betriebsmittel und Speichereinrichtungen geplant werden. Wesentliche Zielsetzung bei der Festlegung der Standorte aller Komponenten eines komplexen Produktionssystems ist im allgemeinen eine Minimierung der Transportwege. Sie soll dazu beitragen, das durch ein bestimmtes Produktionsprogramm vorgegebene Materialflußaufkommen mit einem möglichst geringen Einsatz an Personal und Förder- beziehungsweise Speichereinrichtungen bewältigen zu können. Dadurch sollen aus Wirtschaftlichkeitsgründen nicht nur der Investitionsaufwand und die laufenden Kosten so niedrig wie möglich gehalten, sondern auch der organisatorische, informationstechnische Aufwand zur Disposition, Steuerung und Überwachung aller Materialflußeinrichtungen begrenzt werden.

Betriebsmittel-aufstellungs-planung

Bei der Erstellung von Betriebsmittelaufstellungsplänen geht man grundsätzlich in zwei Teilschritten vor (Bild 120):

Vorgehen

– Erstellung eines Idealplans unter der Zielsetzung minimalen Transportaufwandes und minimaler Materialflußkosten, und anschließend
– Umformung des Idealplans zu einem Realplan unter Berücksichtigung baulicher und materialflußtechnischer Randbedingungen.

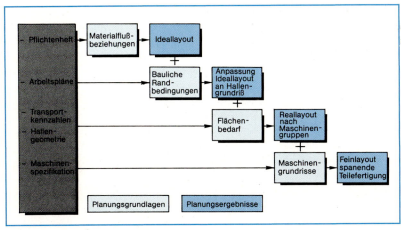

Vorgehen zur Betriebsmittelaufstellungsplanung   Bild 120

Durch Vorarbeiten müssen dabei folgende grundlegende Daten ermittelt werden:

- Flächen der einzelnen Planungselemente (Betriebsmittel, Arbeitsplätze, Sozialbereiche, Verkehrswege usw.),
- die Transportmatrix für das zu planende Produktionssystem und die
- Randbedingungen für den zu planenden Bereich wie Gebäudegrundriß, Stützenraster oder Deckentraglasten.

Methoden zur
Erstellung von
Betriebsmittel-
aufstellungs-
plänen

Die Methoden zur Betriebsmittelaufstellungsplanung in Teilefertigung oder Montage lassen sich unterteilen in

- manuelle Zuordnungsmethoden;
  hierzu sind intuitive Methoden und Dreiecksmethoden zu rechnen, sowie in mit zunehmender Komplexität von Planungsproblemen und anwachsenden Datenmengen an Bedeutung gewinnende
- rechnerunterstützte Zuordnungsmethoden.

Das Vorgehen bei den wesentlichen manuellen Zuordnungsmethoden ist in der MLPS, Teil 5, Abschnitt 17.10, bereits beschrieben [10]. Eine Übersicht über rechnerunterstützte Methoden, die bei größeren komplexen Produktionssystemen zu einer deutlichen Reduzierung des Planungsaufwandes beitragen, ist in der MLPS, Teil 5, Abschnitt 17.8.2.2, enthalten [10].

4.3.5.4 Erarbeitung von Materialflußsystemvarianten

Wie bereits mehrfach angesprochen, muß der Planende beziehungsweise das   Funktionspläne
Planungsteam bei der Gestaltung komplexer Materialflußsysteme neben der
Auswahl geeigneter Materialflußeinrichtungen auch den organisatorischen Ablauf aller Förder-, Speicher- und Handhabungsvorgänge konzipieren und die Einbindung der erforderlichen Steuerungs- und Überwachungseinrichtungen in ein
übergeordnetes Informationssystem vornehmen. Ein bewährtes Hilfsmittel, um
das Zusammenspiel von Material- und Informationsflußvorgängen in der Kon-
zeptionphase transparent werden zu lassen, sind sogenannte Funktionspläne.
Funktionspläne bedienen sich der Symboltechnik zur Beschreibung der Abläufe,
wie sie sich bei elektrischen Schaltplänen und in der Verfahrenstechnik bereits
bewährt haben (MLA, Teil 3, Abschnitt 6.4.3.2 [9]). Mit Hilfe definierter Grund-
symbole für einzelne Teilvorgänge wie Transportieren, Speichern, Handhaben
oder Prüfen können auch umfangreiche Material- und Informationsflußkonzepte
schrittweise erarbeitet werden. Durch den Einsatz von Funktionsplänen soll
sichergestellt werden, daß komplexe Abläufe systematisch durchdacht und auch
im Hinblick auf eine spätere Angebotsphase allgemein verständlich und vollständig beschrieben sind.

Für jeden Teilvorgang können anschließend, beispielsweise mit Hilfe eines
Arbeitssystem-Elemente-Katalogs [5] oder eines morphologischen Kastens (MLA,
Teil 3, Abschnitt 3.5 [9]) technische Realisierungsmöglichkeiten gesucht werden.
Durch Kombination der Realisierungsmöglichkeiten aller im Funktionsplan auf-
geführten Teilvorgänge können dann systematisch konkurrierende Lösungs-
varianten für ein Materialflußsystem erarbeitet werden.

Einsatz von
Checklisten

Bei der Suche nach technischen Prinziplösungen für bestimmte Teilvorgänge stellt sich meist die Aufgabe, die Einsatzmöglichkeiten bestimmter automatisierter Förder- und Handhabungseinrichtungen zuverlässig zu beurteilen.

Die fundierte Planung automatisierter Förder- und Handhabungseinrichtungen ist zum einen in der Regel sehr zeit- und kostenaufwendig, zum anderen fehlen oft entsprechende technische und kostenmäßige Anhaltspunkte im praktischen Umgang mit automatisierten Materialflußeinrichtungen wie induktiv geführten Fahrzeugen oder Industrierobotern. Hier bieten Checklisten eine Hilfestellung, die basierend auf Erfahrungswerten bereits im Vorfeld vertiefender Planungsarbeiten eine Aussage darüber ermöglichen, ob der Einsatz automatisierter Förder- und Handhabungseinrichtungen für einen bestimmten Anwendungsfall erfolgversprechend ist oder nicht.

Checkliste
automatisierte
Fördersysteme

Die grundsätzlichen Einsatzmöglichkeiten automatisierter Fördersysteme lassen sich mit Hilfe der in Bild 121 gezeigten Checklisten klären. Dabei lassen sich neun Kriterien festlegen, die den Einsatz automatisierter Fördersysteme im Vergleich zu anderen Fördersystemen begünstigen (nach [1, 7]). Sind mindestens fünf dieser Kriterien erfüllt, dann erscheint es sinnvoll, sich mit der Planung automatisierter Fördersysteme in einem konkret vorliegenden Einsatzfall näher zu befassen.

Die in der Checkliste abgeprüften quantitativen Kriterien sind das Ergebnis umfangreicher Untersuchungen, basierend auf den aktuellen Investitions- und Betriebskosten gängiger Fördereinrichtungen [1].

Planung Materialflußsystem

Checkliste: „Automatisierte Fördersysteme"

Projekt	Erhebungsdatum
	Bearbeiter
Kostenstelle	Abteilung

- Mehr als 5 % des täglichen Umschlages werden entweder an der falschen Stelle abgesetzt oder treffen mit Verspätung am Bestimmungsort ein.   ○ ja   ○ nein

- Es bestehen zumindest 10 Lastübergabestellen in dem betrachteten Transportsystem.   ○ ja   ○ nein

- Der Gesamtumschlag zwischen den Lastübergabestellen ist > 35 Ladeeinheiten pro Stunde und < 200 Ladeeinheiten pro Stunde   ○ ja   ○ nein

- Das Einsparungspotential des Transportsystems beträgt zumindest 3 Gabelstapler in jeweils 2 Schichten.   ○ ja   ○ nein

- Im gegenwärtigen Zustand existieren zumindest 100 m installierte Rollenbahn oder Power-and-Free-Förderer.   ○ ja   ○ nein

- Das System der Fertigungssteuerung in dem betrachteten Betrieb ist darauf angewiesen, daß die Materialbewegungen on-line zurückgemeldet werden.   ○ ja   ○ nein

- Maschinennah gespeichertes Material stört in dem bestehenden Betrieb den Zugang zu den einzelnen Arbeitsplätzen und die Produktivität durch zusätzliche Umräumaktionen.   ○ ja   ○ nein

- Der Materialfluß soll vollautomatisch an ein Hochregallager oder an eine übergeordnete Prozeßsteuerung angebunden werden.   ○ ja   ○ nein

- Das Transportgut ist stoßempfindlich und erfordert sanfte und präzise Handhabung.   ○ ja   ○ nein

Checkliste „Automatisierte Fördersysteme"   Bild 121

Checkliste zur
Automatisier-
barkeit von
Handhabungs-
vorgängen

Um den bei der Durchführung der Einsatzplanung von automatisierten Handhabungseinrichtungen erforderlichen Aufwand in vertretbaren Grenzen zu halten,
kennzeichnet man zweckmäßigerweise im Rahmen einer Grobanalyse zunächst
die Arbeitsplätze, die aufgrund ihrer besonderen Eigenschaften mit vertretbarem
Aufwand nicht zu automatisieren sind beziehungsweise bei denen aufgrund der
Arbeitsbedingungen, zum Beispiel zu umfangreiche Arbeitsinhalte, eine Automatisierung nicht möglich erscheint. Zur Ausführung der Grobanalysen hat sich die
in Bild 122 gezeigte Checkliste bewährt [13, 24].

Den in Bild 122 in der linken Spalte aufgeführten Beurteilungskriterien sind in
den rechten Spalten die entsprechenden Kriterienausprägungen gegenübergestellt. Die am einzelnen Arbeitsplatz vorhandene Kriterienausprägung wird durch
Ankreuzen in der Checkliste festgehalten. Die Checkliste ist so ausgelegt, daß bereits ein angekreuztes Merkmal dazu ausreicht, den Arbeitsplatz der zugehörigen
Kategorie zuzuordnen. Sind die Merkmale über mehrere Kategorien verteilt, so
muß als Beurteilung stets der ungünstigere Fall angenommen werden. Die drei
Kategorien werden nach folgenden Gesichtspunkten abgegrenzt:

– Geeignet sind alle Arbeitsplätze, die aus technischer Sicht keine großen
Schwierigkeiten bei der Automatisierung erwarten lassen und aufgrund der
Arbeitsbedingungen automatisiert werden sollten.

– Bedingt geeignet sind solche Arbeitsplätze, bei denen die Automatisierung
der Handhabungsfunktion auf große Schwierigkeiten stoßen dürfte, sei es,
daß umfangreiche Änderungen am Arbeitsplatz nötig oder Sonderlösungen
entwickelt werden müssen.

– Kaum geeignet zur Automatisierung sind diejenigen Arbeitsplätze, die infolge
ihrer speziellen Gegebenheiten einen sehr hohen Einsatz technischer und fi-
nanzieller Mittel bedingen, die beim derzeitigen Stand der Technik die Wirtschaftlichkeit des Gesamtsystems nicht mehr von vornherein gewährleistet
erscheinen lassen.

Planung Materialflußsystem

Checkliste „Automatisierbarkeit von Handhabungsvorgängen"

Projekt	Erhebungsdatum
	Bearbeiter
Kostenstelle	Abteilung

Arbeitsplatz Nr.

Kriterium	Kriterienausprägung		
Werkstück-abmessungen	20 - 500 mm	< 20 mm 500-1000 mm	> 1000 mm
Anzahl form-unterschiedlicher Teile	< 10	10 - 50	> 50
Stabilität der Werkstücke	starr	elastisch	biegeschlaff
Anzahl Hand-habungsvorgänge	1 - 4	5 - 6	> 6
Erforderliche Arbeitsgenauigkeit	> 0,5 mm	0,5 - 0,01 mm	< 0,01 mm
Umrüst-häufigkeit	< 1/h	1 - 8/h	> 8/h
Anzahl Arbeitsschichten	> 2	2	1
Vereinzelung	vorhanden bzw. einfach	komplizierte Einrichtung erforderlich	automatisiert kaum durchführbar
Betriebsmittel-zugänglichkeit	ohne Einschränkung	erhebliche Einschränkungen	sehr schwierig, Änderung kaum möglich
Integration von Bearbeitungsfunktionen in Handhabungsablauf	nicht vor-handen bzw. trennbar	durch Betriebs-mittel aus-führbar	komplizierte Bewegungsab-läufe
Integration von Kontrollfunktionen in Handhabungsablauf	nicht vor-handen bzw. trennbar	durch Meß-gerät aus-führbar	Sicht-kontrolle
Bei vorhandenem Merkmal zur Automatisierung	↑ geeignet	↑ bedingt geeignet	↑ kaum geeignet

Checkliste zur Abschätzung der Automatisierbarkeit von Handhabungsvorgängen   Bild 122

Wechselwirkung zwischen Konstruktions- und Handhabungseinrichtungen

An dieser Stelle sei darauf hingewiesen, daß die Automatisierbarkeit von Füge- oder Handhabungsvorgängen sehr wesentlich von der Konstruktion eines Produktes oder einzelner Baugruppen bestimmt wird. Untersuchungen haben gezeigt, daß sich durch eine handhabungsgerechte Werkstückgestaltung oder handhabungsgerechte Neugestaltung der Arbeitsabläufe die Anforderungen an die Handhabungsgeräte deutlich herabsetzen lassen.

Da man im Laufe der Planung die bereits vorhandenen Konstruktionen und Arbeitspläne meist wenig ändern kann, ist zu diesem Zeitpunkt nur eine Anpassung der Handhabungsobjekte möglich, die wegen ihrer Merkmale, zum Beispiel Geometrie oder Werkstoff, bereits eine Eignung für eine automatisierte Handhabung aufweisen oder sich ohne großen Aufwand handhabungsgerecht gestalten lassen. Die ermittelten Anforderungen an eine handhabungsgerechte Konstruktion und Arbeitsplanung müssen jedoch bei dem Erarbeiten neuer Werkstücke, Arbeitsplätze und Arbeitsabläufe berücksichtigt werden, da sich durch eine zunehmende Anzahl handhabungsgerechter Werkstücke die wirtschaftlichen Einsatzmöglichkeiten von Handhabungseinrichtungen in einem komplexen Produktionssystem vergrößern.

Prüflisten, Gestaltungshinweise

Ergänzend zu den oben genannten Checklisten haben sich Prüflisten bezüglich

- räumlicher,
- fertigungstechnischer,
- fördertechnischer und
- lagertechnischer Faktoren

bei der Konzeption von Materialflußsystemen bewährt, wie sie beispielsweise in der MLA, Teil 3, Abschnitt 6.4, aufgeführt sind [9]. Für die detaillierte Planung von Förder-, Speicher- und Handhabungseinrichtungen gibt es meist geräte- und herstellerspezifische Gestaltungsrichtlinien sowie Unfallverhütungsvorschriften, auf die an dieser Stelle aufgrund der großen Palette an unterschiedlichen Materialflußeinrichtungen nur verwiesen wird [6, 14, 15].

4.3.5.5 Dimensionierung von Materialflußsystemvarianten

Wurden in den vorangegangenen Planungsschritten schwerpunktmäßig Materialflußkonzepte unter dem Aspekt der technischen Realisierbarkeit einzelner Teilfunktionen ermittelt, so muß in dem abschließenden Planungsschritt 5 für jede Materialflußvariante exakt die Anzahl der benötigten Fördermittel, Förderhilfsmittel, Handhabungsgeräte und das Fassungsvermögen der Speichereinrichtungen ermittelt werden. Jedes Materialflußkonzept muß hinsichtlich Anzahl und Leistungsdaten (insbesondere Geschwindigkeiten und Zeiten) aller Materialflußeinrichtungen so ausgelegt sein, daß im Normalbetrieb keine Engpässe entstehen und das Bearbeitungssystem zeit- und bedarfsgerecht mit Arbeitsgegenständen, Werkzeugen, Vorrichtungen oder Hilfsstoffen versorgt werden kann. Die Ergebnisse dieses Planungsschrittes ermöglichen die detaillierte Ermittlung von Investitionsaufwand beziehungsweise laufenden Kosten der einzelnen Materialflußsystemvarianten, die die Grundlage für die abschließende Auswahl und Bewertung des bestgeeigneten Materialflußsystems bilden (siehe Abschnitt 4.7).

Anzahl von
Materialfluß-
einrichtungen

Bei kleineren oder teilweise starr verketteten Materialflußsystemen kann die Dimensionierung mit Hilfe statischer Überschlagsrechnungen vorgenommen werden. Für die jeweils eingeplanten Förder- und Handhabungseinrichtungen werden üblicherweise weitestgehend herstellerneutrale Durchschnittswerte für Verfahrgeschwindigkeiten und Übergabe- beziehungsweise Positionierzeiten angenommen. Aus der Transportmatrix und dem maßstäblichen Maschinenaufstellungsplan können durchschnittliche Wegstrecken für einen Transportvorgang abgeleitet und die durchschnittliche Zeitdauer hierfür errechnet werden.

statische
Überschlags-
rechnung

Aus dem im geplanten Produktionssystem zukünftig zu bewältigenden Produktionsprogramm kann weiterhin unter Zugrundelegung von Fertigungslosgrößen und dem Fassungsvermögen der ausgewählten Förderhilfsmittel die Anzahl der je Zeiteinheit (Schicht, Tag, Woche, ...) durchzuführenden Transportvorgänge errechnet werden. Aus der Anzahl Transportvorgänge je Zeiteinheit und der durchschnittlichen Dauer hierfür ergibt sich dann die Anzahl der insgesamt benötigten Fördermittel. Die Anzahl benötigter Förderhilfsmittel und das Fassungsvermögen von Speichereinrichtungen lassen sich aus einer geschätzten Durchlaufzeit der Aufträge und dem je Betriebsmittel erforderlichen Arbeitsvorrat überschlägig ermitteln.

Simulation von
Materialfluß-
systemen

Mit dem Betrieb und der Projektierung komplexer Materialflußsysteme treten Fragestellungen zum Beispiel nach der Grenzkapazität oder der Dauer von Transportvorgängen auf, die mit rein mathematisch-analytischen Verfahren oder der persönlichen Erfahrung des Planers nicht zu lösen sind, da hierbei das zeitliche Systemverhalten nicht berücksichtigt wird. Komplexe Materialflußsysteme lassen sich in der Regel durch zwei Kriterien charakterisieren:

– Das betrachtete System zeigt ein dynamisches Verhalten, das heißt der Zustand zu einem Zeitpunkt t_2 ist direkt abhängig von einem vorherigen Zeitpunkt t_1 und

– das betrachtete System unterliegt zufallsbedingten Größen, zum Beispiel einer im voraus nicht bestimmbaren Struktur und zeitlichen Abfolge der Transportvorgänge.

Die Simulation ist ein geeignetes Planungshilfsmittel, um die angestrebte Leistungsfähigkeit und Wirtschaftlichkeit eines geplanten Produktionssystems darzustellen und auch nachzuweisen (MLA, Teil 3, Abschnitt 6.4 [8, 11]). Der wesentliche Vorteil ist darin zu sehen, daß ein vorgegebenes oder geplantes System ohne direkten Eingriff in dessen tatsächlichen Ablauf ausgetestet beziehungsweise dimensioniert werden kann, wobei sich brauchbare Simulationen nur rechnergestützt mit Hilfe geeigneter Simulationssprachen und -programmpakete durchführen lassen. Gemäß VDI-Richtlinie 3663 [22] wird die Simulation wie folgt definiert: „Simulation ist die Nachbildung eines dynamischen Prozesses in einem Modell, um zu Erkenntnissen zu gelangen, die auf die Wirklichkeit übertragbar sind."

Grenzen der
Simulation

Der Einsatz der Simulation ersetzt keine Planungsleistung; vielmehr setzt er eine Systemplanung und eine überschlägige, statische Berechnung aller Systemkomponenten voraus, um das Simulationsmodell erstellen zu können. Als ein heuristisches Verfahren, das heißt als ein Verfahren, das nicht die Summe aller denkbaren Konstellationen berücksichtigt, ist die Simulation kein Optimierungsverfahren. Jeder Simulationslauf vermitttelt jedoch Erkenntnisse über das Systemverhalten bei speziellen Fragestellungen. Mit der Durchführung mehrerer Simulationsläufe lassen sich Tendenzen erkennen und Verbesserungsmöglichkeiten aufzeigen. Nur durch ein iteratives Vorgehen ist es möglich, eine „bestmögliche" Systemgestaltung zu erreichen. Bild 123 zeigt die Einsatzmöglichkeiten von Simulationsuntersuchungen zur Auslegung von Bearbeitungs- und Materialflußsystemen sowohl im Rahmen der Grobplanung konkurrierender Lösungsvarianten als auch bei einer anschließenden Feinplanung eines ausgewählten Systemkonzepts.

	Bearbeitungssystem	Materialflußsystem
Planung und Konzeption	• Ermittlung der Anzahl von Bearbeitungsstationen und kapazitive Abstimmung, Engpaßanalyse • Dimensionierung von Spannplätzen und Palettierstationen	• Untersuchung und Vergleich verschiedener Verkettungskonzepte und Layouts • Dimensionierung von Zwischenpuffern, Lagern, Stau- und Pufferstrecken • Ermittlung der erforderlichen Fördermittel- und Werkstückträgeranzahl
Detailplanung und Optimierung	• Vergleich von konkurrierenden Belegungsstrategien • Vergleich alternativer Bearbeitungsfolgen • Bewertung unterschiedlicher Rüstfolgen • Untersuchung von Werkzeugwechselstrategien • Ermittlung geeigneter Fertigungslosgrößen	• Vergleich unterschiedlicher Strategien zur Disposition von Fördermitteln • Ermittlung von geeigneten Transportlosgrößen • Analyse von Engpaßsituationen • Analyse von Anlauf- und Störverhalten • Sensitivitätsanalyse

Simulation als Hilfsmittel für die Planung und Dimensionierung komplexer Produktionssysteme   Bild 123

Ein Überblick über derzeit am Markt käufliche, für die Aufgabenstellung bei komplexen Produktionssystemen einsatzfähige, Simulationssysteme ermöglicht eine gezielte Auswahl [22]. Simulationsuntersuchungen werden allerdings auch von vielen Herstellerfirmen im Bereich der Fördertechnik und von externen Beratern als Dienstleistung angeboten, so daß die Beschaffung und Einarbeitung in ein komplexes Simulationsprogramm bei nicht ständig wiederkehrenden Simulationsuntersuchungen mit entsprechend umfangreichen Aufgabenstellungen in der Regel nicht notwendig sind.

käufliche Simulationssysteme

Das für die spanende Bearbeitung von Bohr-/Frästeilen zu konzipierende Produktionssystem soll nach Vorgabe der Geschäftsleitung in dem bisher schon für die Bohr-/Fräsbearbeitung genutzten Hallenkomplex installiert werden, da innerhalb des Fabrikgeländes keine weiteren Hallenflächen zur Verfügung stehen und ein Hallenneubau aus Kostengründen nicht in Frage kam.

Als Grundlage für die Planung eines den Anforderungen des in Abschnitt 4.2.3 konzipierten Bearbeitungssystems entsprechenden Materialflußsystems wurde zunächst eine Bestandsaufnahme der im Unternehmen im Bereich der Teilefertigung bisher eingesetzten Materialflußeinrichtungen vorgenommen. Neben den Materialflußeinrichtungen, die bisher schon im Bohr-/Frästeilebereich verwendet wurden, konzentrierte sich die Erhebung insbesondere auf die in angrenzenden Produktionsbereichen eingesetzten Fördermittel und Förderhilfsmittel. Die Auswertung der für Fördermittel, Förderhilfsmittel, Speicher- und Handhabungseinrichtungen getrennt ausgefüllten Erhebungsbögen (s. Abschnitt 4.3.5.1) ergab, daß bisher zum Transport von Roh- und Fertigteilen in Abhängigkeit von Werkstückabmessungen und Transportlosgrößen ausschließlich Gitterboxpaletten oder Flachpaletten aus Holz, jeweils im Europalettenformat 1200 mm x 800 mm verwendet wurden (Bild 124).

Zur Lagesicherung kleinerer Bohr-/Frästeile (Abmessungen max. 300 x 200 x 100 mm) und aller Rotationsteile auf den Holzpaletten wurden Kunststoffbehälter (1/4 und 1/8 Europalettenformat) eingesetzt, wobei auf einer Holzpalette grundsätzlich nur Werkstücke eines Fertigungsauftrags transportiert wurden. Als Fördermittel wurden in der bisherigen Bohr-/Frästeilefertigung vier Handhubwagen eingesetzt, darüber hinaus war in diesem Hallenkomplex ein Brückenkran mit fünf Tonnen Traglast installiert. Der Materialfluß in einem angrenzenden Palettenregallager für Roh- und Fertigteile wurde mit Hilfe eines Elektroschubmaststaplers durchgeführt. Für den Werkstücktransport zwischen Lager und den einzelnen Werkstattbereichen waren fünf Gabelstapler im Einsatz, die durchschnittlich zu 65 % genutzt waren, wie die Auswertung von Selbstaufschreibungen der Transportarbeiter ergab.

Fördermittel

Anzahl	Bezeichnung	Alter	Derzeitige Verwendung	
			Ort	Förderhilfsmittel
4	Handhubwagen	6/6/6/6 Jahre	■	Gitterboxpaletten Holzpaletten (1200 x 800)
1	Brückenkran (5 t)	10 Jahre	■	Betriebsmittel Vorrichtungen
5	Gabelstapler	3/4/4/4/6 Jahre	▲●	Gitterboxpaletten Holzpaletten (1200 x 800)

Förderhilfsmittel

Anzahl	Bezeichnung	Alter	Derzeitige Verwendung		
			Ort	Fördergut	Transport-losgröße
120	Gitterboxpalette (Grundfläche 1200 x 800 mm)	6–10 Jahre	■ ▲	Bohr-/Frästeile	min. 10 Werkstücke
300	Holz-Flachpaletten (Grundfläche 1200 x 800 mm)	8–10 Jahre	●	Bohr-/Frästeile	max. 10 Werkstücke
			■ ▲	Kunststoffbehälter f. Rotationsteile und kleine Bohr-/Frästeile	max. 8 Kunststoff-behälter
ca. 800	Kunststoffbehälter (Grundfläche 600 x 400 mm bzw. 400 x 300 mm)	8–10 Jahre	●	Bohr-/Frästeile (max. 300 x 200 x 100 mm)	beliebig
			■ ▲	Rotationsteile	beliebig

Einsatzort   ■ Bohr-/Frästeilefertigung   ▲ Lager   ● Rotationsteilefertigung

Übersicht der in der bestehenden Fertigung eingesetzten Fördermittel und Förderhilfsmittel   Bild 124

Ausgehend von den neukonzipierten Arbeitsplänen der Repräsentanten der vier Werkstückgruppen, die die Grundlage für die kapazitätsmäßige Auslegung des Bearbeitungssystems bildeten (s. Abschnitt 4.2.3), wurden die Materialflußbeziehungen im zukünftigen Produktionssystem ermittelt. Auf der Basis der für den Inbetriebnahmezeitpunkt prognostizierten Produktionsstückzahlen aller 82 Werkstücktypen, die für die Planung des Bearbeitungssystems in den vier Werkstückgruppen zusammengefaßt waren, wurde das in Bild 125 gezeigte Materialflußschaubild ermittelt.

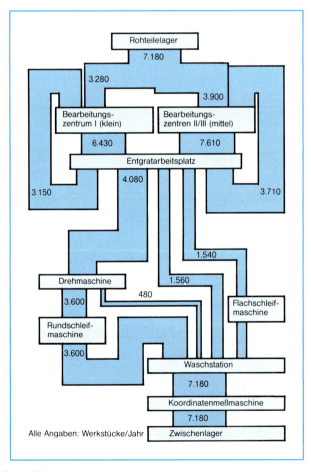

Bild 125   Materialflußschaubild

Es läßt zunächst erkennen, daß insbesondere zwischen den Bearbeitungszentren und dem Entgratbereich ein vergleichsweise hohes Materialflußaufkommen bewältigt werden mußte. Der Grund hierfür war, daß die überwiegende Zahl aller 82 Werkstücktypen mindestens zwei Aufspannungen zur Komplettbearbeitung benötigte und daß nach jeder Aufspannung ein manueller Entgratarbeitsgang erforderlich wurde. Aufgrund der Tatsache, daß die beiden Bearbeitungszentren mittlerer Baugröße (Maschinen II und III) als einander ersetzende Maschinen konzipiert waren und daß sich nach abgeschlossener Bohr-/Fräsbearbeitung die Werkstückströme stark verzweigen, favorisierte das Planungsteam eine flexible Verkettung der einzelnen Betriebsmittel.

Da die Angabe von quantitativen Werkstückströmen in der Regel noch keine Aussage über Anzahl benötigter Fördermittel und Förderhilfsmittel zuläßt, wurde parallel zum Materialflußschaubild eine Transportmatrix (Bild 126) erstellt, aus der die zu erwartende Anzahl Transportvorgänge je Jahr zwischen einzelnen Betriebsmitteln abgelesen werden konnte.

von \ nach	1	2	3	4	5	6	7	8	9	10
1 Rohteilelager		275	736							
2 Bearbeitungszentrum I (klein)				539						
3 Bearbeitungszentren II/III (mittel)				1094						
4 Entgratarbeitsplatz		264	358		408		410	193		
5 Drehmaschine						356	52			
6 Rundschleifmaschine							356			
7 Waschstation									1011	
8 Flachschleifmaschine							193			
9 Koordinatenmeßmaschine										1011
10 Zwischenlager										

Alle Angaben: Transporte/Jahr

Transportmatrix　　　　　　　　　　　　　　　　　　　　　　　　Bild 126

Berechnungsgrundlage waren die für alle 82 Werkstücktypen prognostizierten Auftragslosgrößen sowie das Fassungsvermögen jeweils geeigneter Förderhilfsmittel.

In gleicher Weise wie der Werkstückfluß wurde überschlägig auch der Werkzeugbedarf aus Produktionsprogramm und Arbeitsplänen der Repräsentativwerkstücke abgeleitet. Es zeigte sich, daß für die Bohr-/Fräsbearbeitung einzelner Werkstücktypen zwischen 17 und 36 verschiedene Werkzeuge benötigt wurden, wovon allerdings bei Auftragswechsel auf Grund der Mehrfachverwendbarkeit verschiedener Bohr- und Fräswerkzeuge durchschnittlich nur 12 Werkzeuge im Kettenspeicher eines Bearbeitungszentrums ausgetauscht werden mußten. Unter Berücksichtigung der Bearbeitungszeiten einzelner Werkstücke und der geschätzten Standzeiten der Werkzeuge konnte errechnet werden, daß jedes Bearbeitungszentrum im Durchschnitt alle zwei bis drei Stunden mit neuen Werkzeugen infolge von Auftragswechsel oder Verschleiß versorgt werden mußte. Aufgrund der vergleichsweise geringen Transportintensitäten erschien dem Planungsteam eine Automatisierung der Werkzeugver- und Werkzeugentsorgung der Bearbeitungszentren aus wirtschaftlichen Gesichtspunkten nicht zweckmäßig.

Anhand eines Hallenplans im Maßstab 1:100 ermittelte das Planungsteam die baulichen Restriktionen für die räumliche Einplanung der verschiedenen Komponenten des komplexen Produktionssystems (Bild 127).

Bauliche Restriktionen waren neben den Säulenrastern in erster Linie die Aufstellungsflächen der Betriebsmittel. Ein Teil des Hallenkomplexes war unterkellert, so daß nicht überall die für die Aufstellung der Bearbeitungszentren erforderliche Tragfähigkeit des Hallenbodens gegeben war. Die bereits zu einem früheren Zeitpunkt beschaffte Koordinatenmeßmaschine erfordert ein schwingungsdämpfendes Spezialfundament, so daß eine Umstellung der Koordinatenmeßmaschine nur mit größeren baulichen Maßnahmen möglich gewesen wäre. Ein weiterer Fixpunkt bei der Betriebsmittelaufstellung war ein vor sechs Monaten errichtetes Palettenregal für Gitterbox- und Holzpaletten, das in der bestehenden Fertigung für die Speicherung von Roh- und Fertigteilen genutzt wurde.

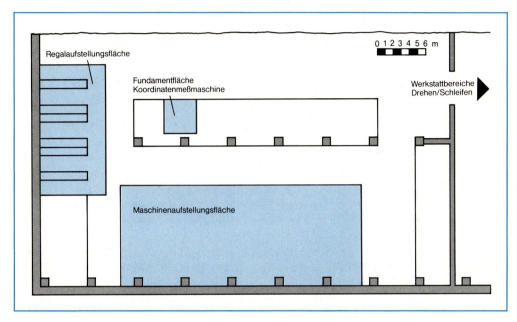

Bauliche Restriktionen im Bereich der Bohr-/Frästeilefertigung   Bild 127

Als Grundlage für die systematische Erarbeitung von Materialflußsystemvarianten wurde vom Planungsteam zunächst ein Funktionsdiagramm aller material- und informationsflußtechnischer Abläufe innerhalb des neukonzipierten Produktionssystems erstellt. Für den Transport von Roh- und Fertigteilen sah das Funktionsdiagramm folgenden Ablauf vor: Auf Veranlassung des Informationssystems wird die entsprechende Anzahl Rohteile ausgelagert und losweise auf universell einsetzbaren Förderhilfsmitteln, wie Flachpaletten oder Gitterboxpaletten, zu einem bestimmten Spann- und Rüstplatz transportiert. Am Spannplatz werden die Rohteile mit Hilfe werkstückspezifischer Vorrichtungen manuell auf Maschinenpaletten der Bearbeitungszentren aufgespannt. Die gespannten Rohteile werden maschinennah zwischengespeichert und gelangen über die Palettenwechseleinrichtung in den Arbeitsraum des Bearbeitungszentrums. Nach Bearbeitung der ersten Aufspannung werden die Werkstücke abgespannt, von Spänen gesäubert, manuell entgratet und gegebenenfalls für eine zweite Bearbeitungsfolge neu aufgespannt. Fertig bearbeitete Bohr-/Frästeile werden wieder auf universell einsetzbaren Förderhilfsmitteln abgelegt und entsprechend den Vorgaben des Informationsflußsystems entweder zum Lagerbereich zurücktransportiert und eingelagert oder direkt zu einem weiteren Betriebsmittel (Waschstation, Dreh- oder Schleifmaschinen) transportiert.

Die Suche nach geeigneten technischen Realisierungsmöglichkeiten für einzelne Werkstücktransport- und Bereitstellungsvorgänge und ihre Kombination zu sinnvollen Gesamtlösungen erfolgte mit Hilfe eines morphologischen Kastens (Bild 128).

Für die Materialflußvorgänge:

-   Auslagern von Rohteilen, Einlagern von Fertigteilen,
-   Transport ungespannter Werkstücke,
-   maschinennahe Bereitstellung gespannter Werkstücke

wurden jeweils alle prinzipiell geeigneten Materialflußeinrichtungen zusammengestellt und unter Berücksichtigung der ermittelten Anforderungen an die Flexibilität des Materialflußsystems die in Bild 128 gekennzeichneten vier Systemvarianten ermittelt.

Bei der Materialflußsystemvariante I (Bild 129) wird der Transport der ungespannten Werkstücke mit einem Gabelstapler durchgeführt, der Holzpaletten direkt an den einzelnen Bearbeitungszentren absetzt beziehungsweise aufnimmt. Die benötigten Vorrichtungen werden bedarfsweise aus einem zentralen Vorrichtungslager ebenfalls mit Hilfe eines Gabelstaplers transportiert. Die Werkstücke werden vom Bedienpersonal direkt auf der auf dem Palettenwechsler fixierten

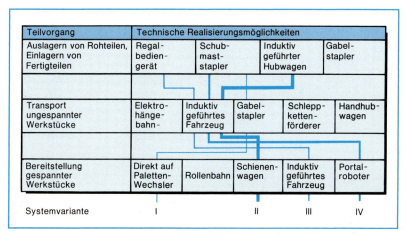

Teilvorgang	Technische Realisierungsmöglichkeiten			
Auslagern von Rohteilen, Einlagern von Fertigteilen	Regal-bedien-gerät	Schub-mast-stapler	Induktiv geführter Hubwagen	Gabel-stapler
Transport ungespannter Werkstücke	Elektro-hänge-bahn-	Induktiv geführtes Fahrzeug	Gabel-stapler	Schlepp-ketten-förderer	Handhub-wagen
Bereitstellung gespannter Werkstücke	Direkt auf Paletten-Wechsler	Rollenbahn	Schienen-wagen	Induktiv geführtes Fahrzeug	Portal-roboter
Systemvariante	I		II	III	IV

Morphologischer Kasten zur Bildung von Systemvarianten   Bild 128

Maschinenpalette gespannt. Im Vergleich hierzu ist bei Materialflußsystem-variante II (Bild 130) der Automatisierungsgrad von Teiletransport und -bereitstellung wesentlich höher. Ein induktiv geführtes Fahrzeug bringt die Roh-teile zu einem zentralen Spannplatz. Die Vorrichtungen sind ebenfalls in dem Palettenregal gespeichert und werden vom induktiv geführten Fahrzeug, das in einzelne Regalgassen einfahren kann, automatisch zum Spannbereich gebracht. Aufgespannte Werkstücke werden an einen Schienenwagen übergeben, der die Maschinenpaletten in einem zweigeschossigen Regalspeicher bis zum Bearbei-tungsstart speichert und bedarfsgerecht an die Palettenwechsler der Bearbei-tungszentren übergibt. Bei Materialflußsystemvariante III (Bild 131) übernehmen induktiv geführte Fahrzeuge nicht nur den Transport der ungespannten Werk-stücke, sondern übergeben die Maschinenpaletten auch noch direkt auf den Palettenwechsler der Bearbeitungszentren. Zur Zwischenspeicherung der Ma-schinenpaletten sind gegenüber den Bearbeitungszentren einfache, linear ange-ordnete Palettenübergabeplätze vorgesehen. Die Vorrichtungen werden zentral gespeichert und können mit Hilfe eines Regalbediengeräts automatisch ein- und ausgelagert werden. Im Gegensatz zu dem bei Lösungsvorschlag II vorgesehenen Schienenwagen wird bei der Materialflußsystemvariante IV ein Portalroboter für den maschinennahen Transport eingesetzt. Der Portalroboter kann die Maschi-nenpaletten sowohl auf einfachen Absetzböden zwischenspeichern als auch direkt auf dem Palettenwechsler der Bearbeitungszentren absetzen (Bild 132).

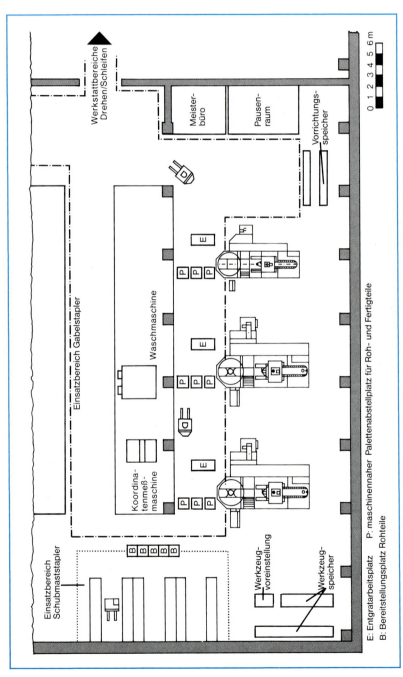

Bild 129   Materialflußsystemvariante I „Gabelstapler"

234

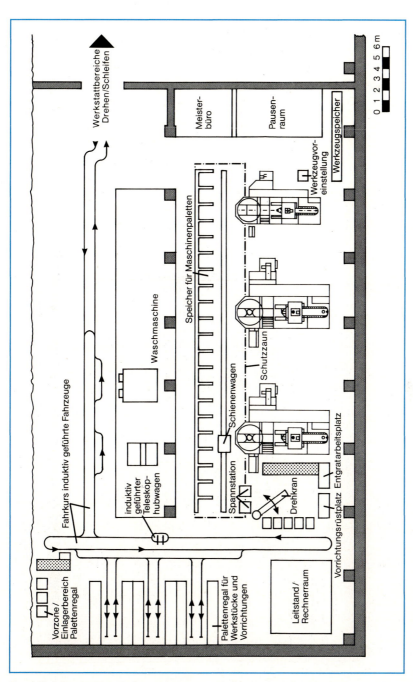

Materialflußsystemvariante II „Schienenwagen"　　　　Bild 130

235

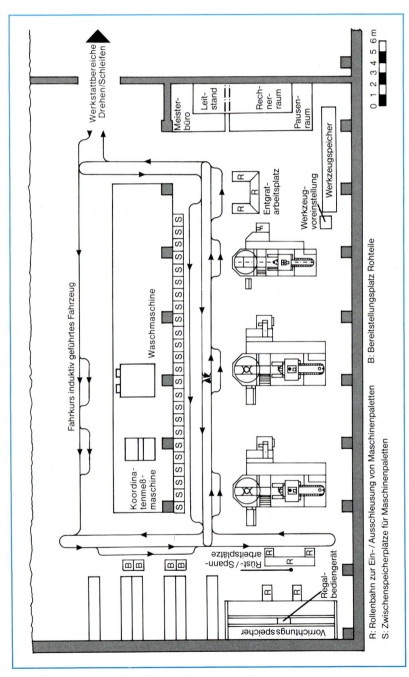

Bild 131   Materialflußsystemvariante III „Induktiv geführtes Fahrzeug"

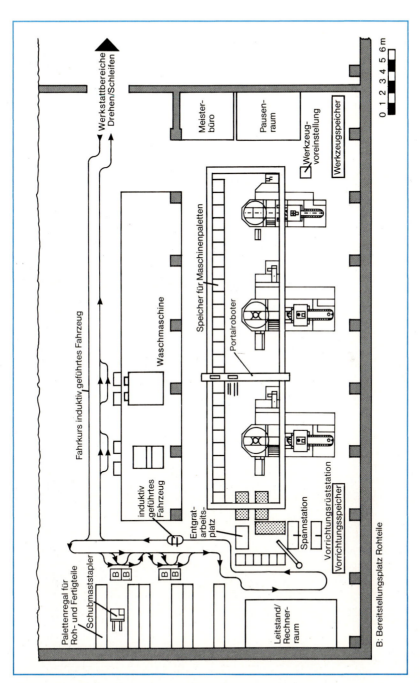

Materialflußsystemvariante IV „Portalroboter"   Bild 132

Literatur

[1] Boldrin, B.: The great AGUS Race. Materials Handling Engineering 25 (1980) Nr. 6

[2] Bullinger, H.-J. (Hrsg.): Systematische Montageplanung: Handbuch für die Praxis. München: Carl Hanser Verlag, 1986

[3] Chmielniki, S.: Flexible Fertigungssysteme: Simulation der Prozesse als Hilfsmittel zur Planung und zum Test von Steuerprogrammen. Berlin: Springer, 1985

[4] Hardock, G., Schuler, J.: Standardisierte Magazinpalette für flexible Fertigung. Industrie-Anzeiger 108 (1986) Nr. 5, 18

[5] Konold, P., Kern, H., Reger, H.: Arbeitssystem-Elemente-Katalog. Hilfsmittel zur Planung von Arbeitssystemen. Düsseldorf: VDI-Verlag, 1980

[6] Müller, Th.: Einsatzmöglichkeiten von Fahrerlosen Transportsystemen (FTS). Düsseldorf: VDI-Verlag, 1983

[7] Müller, Th.: Innerbetriebliche Transportsysteme – Anforderungskriterien und Einsatzmöglichkeiten. In: Baumgarten, H. u.a.: RKW-Handbuch Logistik. Berlin: Erich Schmidt Verlag, 1981

[8] Raab, H.H.: Handbuch Industrieroboter. 2. Auflage. Braunschweig: Vieweg, 1983

[9] REFA – Verband für Arbeitsstudien und Betriebsorganisation e.V. (Hrsg.): Methodenlehre des Arbeitsstudiums (MLA), Teil 3: Kostenrechnung, Arbeitsgestaltung. 7. Auflage. München: Carl Hanser Verlag, 1985

[10] REFA – Verband für Arbeitsstudien und Betriebsorganisation e.V. (Hrsg.): Methodenlehre der Planung und Steuerung (MLPS), Teile 3 + 5. 4. Auflage. München: Carl Hanser Verlag, 1985

[11] Rittinghausen, H.: Integrierte Materialflußautomatisierung in der Einzel- und Serienfertigung. München: Carl Hanser Verlag, 1980

[12] Roth, H.-P., Zeh, K.-P.: Planungssicherheit durch Simulation. VDI-Zeitschrift 126 (1984) Nr. 12, 427

[13] Schimke, E.-F.: Planung und Einsatz von Industrierobotern. Düsseldorf: VDI-Verlag, 1978

[14] Schraft, R.D.: Industrierobotertechnik, Einführung und Anwendung. Grafenau: expert Verlag, 1984

[15] Schulze, L.: FTS-Praxis Fahrerlose Transportsysteme, Planung – Realisierung – Betrieb. München: Technischer Verlag Resch, 1985

[16] Setzer, H., Möllers, K.-H.: Leitfaden zur Auswahl von Fördermitteln. Betriebstechnische Reihe RKW-REFA. Berlin: Beuth-Verlag, 1979

[17] Spur, G., Auer, B.H., Sinning, H.: Industrieroboter. München: Carl Hanser Verlag, 1979

[18] Stetten, R.v.: Auslegung von Störungspuffern in kapitalintensiven Fertigungslinien. Mainz: Otto Krausskopf Verlag, 1977

[19] VDI/ADB (Hrsg.): Handbuch der Arbeitsgestaltung und Arbeitsorganisation. Düsseldorf: VDI-Verlag, 1980

[20] VDI-Richtlinie 2860: Handhabungsfunktionen, Handhabungseinrichtungen: Begriffe, Definitionen, Symbole (Entwurf 10/1982)

[21] VDI-Richtlinie 2411: Begriffe und Erläuterungen im Förderwesen (1970)

[22] VDI-Richtlinie 3663: Anwendung der Simulationstechnik zur Materialflußplanung (03.83)

[23] Warnecke, H.J.: Der Produktionsbetrieb: Eine Industriebetriebslehre für Ingenieure. Berlin: Springer, 1984

[24] Warnecke, H.J., Schraft, R.D.: Industrieroboter. Buchreihe Produktionstechnik heute, Band 4. Mainz: Otto Krausskopf Verlag, 1979

4.4 Qualitätssicherung in komplexen Produktionssystemen

Fehlerverhütung
an Stelle von
Fehlererkennung

Eine vorrangige Zielsetzung beim Betrieb komplexer Produktionssysteme ist die Aufrechterhaltung einer gleichbleibenden, möglichst hohen Produktqualität, die sich in einer hohen Verarbeitungsgüte, einer hohen Zuverlässigkeit und einer langen Lebensdauer der Produkte ausdrückt. Auf Grund der meist weitgehenden Automatisierung im Zusammenwirken von Bearbeitungs- und Materialflußeinrichtungen entstehen im Vergleich zu konventionellen Produktionssystemen zusätzliche, systematisch oder zufällig auftretende Fehlerursachen. Ziel der Qualitätssicherung in komplexen Produktionssystemen muß es sein, alle in einem bestimmten Produktionsprozeß auftretenden Störgrößen sofort zu erfassen und geeignete Maßnahmen zur Sicherstellung der Produktqualität zu ergreifen. Hierfür sind neben einer hochentwickelten Meßtechnik vor allem ein rationelles Planen und Dokumentieren der Qualitätsprüfungen sowie das Interpretieren und schnelle Rückführen der Prüfergebnisse notwendig. In Anbetracht der für komplexe Produktionssysteme häufig charakteristischen kleinen Fertigungslosgrößen darf der Schwerpunkt der Qualitätssicherung nicht nur auf einer ausschließlichen Fehlererkennung liegen, sondern es muß durch entsprechende Maßnahmen eine Fehlerverhütung angestrebt werden [5]. Ausgehend von dem Grundsatz der Qualitätssicherung, daß Qualität nicht erprüft, sondern nur produziert werden kann, beschränken sich die Aufgaben der Qualitätssicherung in komplexen Produktionssystemen nicht nur auf die Produktüberwachung, sondern umfassen auch die Prozeßüberwachung und die Prüfung der Betriebsmittel.

Aufbauend auf den in der MLPS, Teil 4, Abschnitt 13 [6], vermittelten Grundlagen der Qualitätssicherung wird im folgenden auf die Integrationsmöglichkeiten von Qualitätssicherungssystemen und ihre charakteristischen Aufgaben im Bereich der automatisierten Teilefertigung und der Montage eingegangen sowie auf die Besonderheiten des Prüfmitteleinsatzes in komplexen Produktionssystemen hingewiesen (Bild 133).

4.4.1 Integration von Qualitätssicherungssystemen

materialfluß-
technische
Integration

Das Ziel einer weitestgehenden Fehlerverhütung innerhalb eines komplexen Produktionssystems kann nur erreicht werden, wenn möglichst während oder unmittelbar nach einem Fertigungs- oder Montageprozeß die Produktqualität geprüft werden kann [1]. Voraussetzung hierfür ist eine vollständige Integration der Qualitätssicherung in den Material- und Informationsfluß (Bild 134). Die materialflußtechnische Integration soll dazu beitragen, bestimmte Prüfaufgaben ohne größere zeitliche Verzögerungen unmittelbar nach einem Produktionsprozeß durchführen zu können.

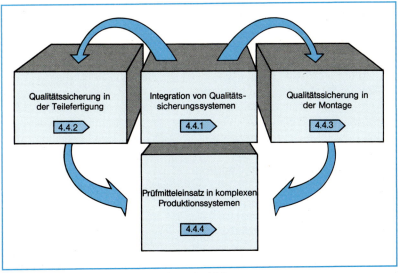

Übersicht der Qualitätssicherung in komplexen Produktionssystemen   Bild 133

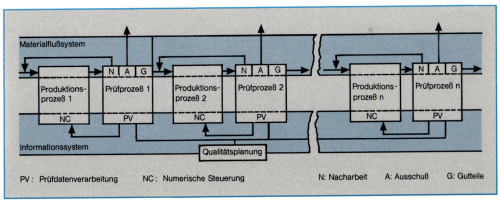

Integration der Qualitätssicherung in komplexen Produktionssystemen   Bild 134

informations-
technische
Integration

Durch die informationstechnische Einbindung von Qualitätssicherungseinrich-
tungen sollen folgende Ziele erreicht werden:

- kontinuierliche Rückkoppelung der Meßergebnisse auf den Produktionsprozeß,
- sofortige Verarbeitung der Meßdaten im Rahmen statistischer Auswertungen
  (Trendauswertungen von Stichproben),
- Erstellung von Langzeitstatistiken zur Modifikation von Prüfplänen sowie
- Erstellung von Prüfprotokollen bei dokumentationspflichtigen Sicherheitstei-
  len wie z.B. in der Automobil- oder der Luft- und Raumfahrtindustrie.

4.4.2 Qualitätssicherung in der Teilefertigung

Produkt-
überwachung

Innerhalb eines komplexen Fertigungssystems kommt neben der Prozeßüberwachung der Produktüberwachung erhöhte Bedeutung zu:

- Trotz der fertigungs- und steuerungstechnischen Sicherheit des Systems ist
  nicht gewährleistet, daß sämtliche gefertigten Werkstücke bezüglich ihrer
  Geometrie den Erfordernissen entsprechen. Die hauptsächlichen Fehler, die
  bei NC-Werkzeugmaschinen auftreten können und sich auf die Werkstückgeometrie auswirken, sind: die Arbeits- und Positionsunsicherheit der NC-
  Maschinen, Maß- und Formabweichungen der Werkzeuge, Werkzeugver-
  schleiß, Fehler im Programm sowie zufällige Fehler wie Werkzeugbruch und
  unzulässige Umwelteinflüsse. Durch das Weiterbearbeiten nicht rechtzeitig
  erkannter fehlerhafter Werkstücke wird unnötigerweise Fertigungskapa-
  zität gebunden, was zu erhöhten Fehlerkosten führt.
- Jedes nachzubearbeitende Werkstück führt durch die Notwendigkeit von
  Steuerinformationen für das Fertigungssystem und von zusätzlichen Planungstätigkeiten zu erheblichem organisatorischem Mehraufwand und zu
  Verzögerungen im Fertigungsablauf.
- Darüber hinaus hat die Qualitätssicherung in komplexen Produktionssystemen die Aufgabe, mittels längerfristiger Prüfdatenauswertung die Fertigungseinrichtungen zu überwachen und Aussagen über die erreichbaren Be-
  arbeitungsgenauigkeiten der Werkzeugmaschinen zu ermöglichen. Die Ergebnisse können dann wiederum zum Ermitteln des Prüfaufwandes in
  komplexen Produktionssystemen herangezogen werden.

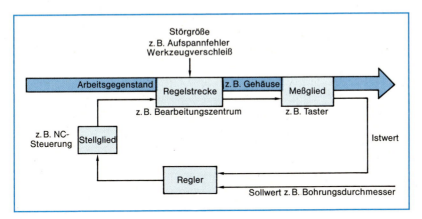

Qualitätsregelung in komplexen Produktionssystemen   Bild 135

Die verschiedenen Möglichkeiten der Qualitätssicherung in komplexen Produktionssystemen können an einem Regelkreismodell veranschaulicht werden (Bild 135). Das Bearbeitungszentrum verkörpert die Regelstrecke. Regelgrößen sind die Prüfmerkmale der Werkstückgeometrie. Die Regeleinrichtung besteht aus Meßglied und Regler. Als Führungsgrößen für den Regler dienen die Soll-Geometriedaten. Der Regler führt den Soll-Ist-Vergleich rechnerunterstützt durch und beeinflußt aufgrund des jeweiligen Ergebnisses die Steuerung der Fertigungseinrichtung.

Möglichkeiten der Qualitätssicherung

Als Meßglieder kommen alle zum Überprüfen der im System zu fertigenden Werkstücke geeigneten Meßeinrichtungen in Frage. Für die Anordnung gibt es drei verschiedene Möglichkeiten:

- **Messen in der Maschine mit Sensoren,**
- **Messen neben der Maschine mit speziellen, den Arbeitsaufgaben angepaßten Meßeinrichtungen**
- **Messen an zentralem Prüfplatz mit universeller, flexibler Meßeinrichtung.**

Längenregelung

Grundsätzlich ist es anzustreben, alle geometrischen Größen während der Bearbeitung zu messen, um den Fertigungsprozeß direkt beeinflussen zu können. Durch eine ständige Prüfung von Werkstücklängen und -durchmessern (sog. Längenregelung) können Ausschuß oder Erfordernis von Nacharbeit frühzeitig erkannt oder vermieden werden. Durch diese direkte Qualitätsregelung werden Zeitverzögerungen im Informationsfluß und damit organisatorische und materialflußtechnische Probleme vermieden (Bild 136).

Sondermeß-
einrichtung

Längenregelungen sind aber nach dem heutigen Stand der Technik nur bei Bearbeitungsverfahren für rotationssymmetrische Werkstücke wie Drehen, Schleifen und Honen einsetzbar. Für die Bearbeitung von prismatischen Werkstücken mit vorwiegend Bohr- und Fräsbearbeitung sind bisher keine Längenregelungen bekannt. Hier kommen Sondermeßeinrichtungen neben der Maschine zum Einsatz, die unmittelbar nach der Bearbeitung prüfen und auf das Werkstückspektrum und die speziellen Arbeitsaufgaben der Maschine abgestimmt sind. Mit Meßeinrichtungen außerhalb der Maschine ist nur eine indirekte Qualitätsregelung möglich. Der wesentliche Unterschied zwischen der direkten und indirekten Qualitätsregelung besteht in einem zusätzlich notwendigen Materialfluß (Bild 137) zwischen der Fertigungseinrichtung und der separaten Meßeinrichtung.

Der Einsatz solcher Sondermeßeinrichtungen bedingt bei flexiblen Fertigungssystemen einen hohen Aufwand. Besonders bei sich ersetzenden Maschinen müssen die Meßeinrichtungen den Fertigungsmöglichkeiten angepaßt und zum Prüfen einer Vielzahl von Qualitätsmerkmalen einsetzbar sein. Dies erfordert neben jeder Werkzeugmaschine mehrere Sondermeßeinrichtungen, die bei Loswechsel mit zusätzlichem Zeitaufwand umgerüstet werden müssen.

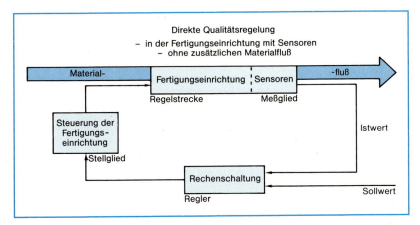

Direkte Qualitätsregelung durch Sensoren   Bild 136

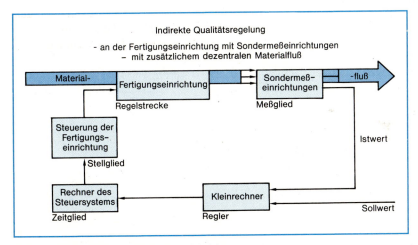

Indirekte Qualitätsregelung durch Sondermeßeinrichtungen   Bild 137

zentrale
Meßeinrichtung

Sowohl der Einsatz von Längenregelungen als auch von Sondermeßeinrichtungen erlaubt bei der Zwischen- und Endprüfung in flexiblen Fertigungssystemen meist nur Teillösungen. Eine wirtschaftliche Lösung aller Prüfaufgaben im komplexen Produktionssystem kann der Einsatz eines universellen flexiblen Meßzentrums sein, das in die Fertigung integriert ist. Diese Art der Qualitätssicherung erfordert einen zusätzlichen Materialfluß und ermöglicht nur eine indirekte Qualitätsregelung, da die Qualitätsdatenrückführung in den Bereich der Fertigung zeitversetzt zum Fertigungsprozeß stattfindet (Bild 138). Dieser Mangel kann jedoch teilweise durch eine entsprechende Qualitätssicherungsstrategie ausgeglichen werden. So können beispielsweise zwei unterschiedliche Werkstücktypen beziehungsweise Aufspannungen im Wechsel auf demselben Betriebsmittel gefertigt werden, so daß bis zum Bearbeitungsstart für dieselbe Aufspannung genügend Zeit für eine Prüfung auf einer zentralen Meßeinrichtung und Rückmeldung der Meßergebnisse bleibt.

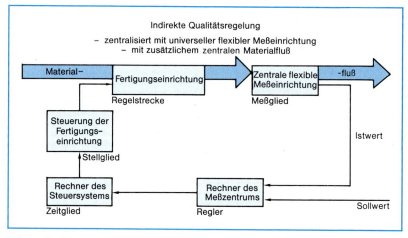

Bild 138   Indirekte Qualitätsregelung durch zentrale, flexible Meßeinrichtung

Meßzentrum

Die Anforderungen an ein Meßgerät sind abhängig vom Werkstückspektrum und damit von den zu lösenden Prüfaufgaben im flexiblen Fertigungssystem [2]. Durch die Material- und Informationsflußstruktur des flexiblen Fertigungssystems werden die Anforderungen hinsichtlich der Materialflußintegration, der Qualitätsdatenverarbeitung sowie der Weiterverarbeitung und Rückführung in den Informationsfluß des Fertigungssystems bestimmt. Daraus leitet sich die Hauptforderung ab, daß das Meßzentrum bezüglich Flexibilität und Automatisierung den eingesetzten Produktionseinrichtungen gleichwertig sein muß.

In diesem Zusammenhang sei noch darauf hingewiesen, daß Meßeinrichtungen zur direkten und indirekten Qualiätsregelung nicht nur zur Prüfung fertigbearbeiteter Teile eingesezt werden können, sondern auch für weitergehende Aufgaben zur präventiven Vermeidung von Nacharbeit bzw. Ausschuß. Hierzu gehören die

- Werkstückidentifikation durch Antasten von Referenzmerkmalen an Werkstücken,
- Rohteillageerkennung vor der Bearbeitung, sowie
- Erkennung von Einspannfehlern der Werkstücke.

Entsprechend der ermittelten Rohteil-Istposition auf einem Werkstückträger kann anschließend im Zusammenhang mit der Maschinensteuerung durch Nullpunktsverschiebung oder Achstransformationen später eventuell auftretenden Maßabweichungen vorgebeugt werden.

Neben der Prüfung von Werkstücken gewinnt in der Teilefertigung die umfassende Überwachung der aktuell im Werkstattbereich befindlichen Werkzeuge an Bedeutung. Gefördert durch die Entwicklung automatischer Werkzeugtransport- und Werkzeugbereitstellungseinrichtungen können Einzelwerkzeuge oder Werkzeugsätze zeit- und bedarfsgerecht im Wechsel unterschiedlichen Werkzeugmaschinen zugeordnet werden. Die Werkzeuge verbleiben im Werkstattbereich, bis ihr Standzeitende erreicht oder Werkzeugbruch aufgetreten ist.

Um Beschädigungen von Maschine oder Werkstück vorzubeugen, die Ausschußquoten niedrig zu halten und die Prozeßsicherheit zu gewährleisten, müssen Werkzeuge, wie in Bild 139 dargestellt, zumindest vor ihrem erstmaligen Einsatz und nach jeder Zerspanung auf Maßhaltigkeit und Funktionsfähigkeit überprüft werden.

Prüfzeitpunkt	Vor der Bearbeitung		Während der Bearbeitung	Nach der Bearbeitung	
Prüfort	Außerhalb der Maschine	In der Maschine	In der Maschine	In der Maschine	Außerhalb der Maschine
Prüfgegenstand	Werkzeug	Werkzeug	Werkzeug	Werkzeug	Werkzeug
Prüfart	Werkzeugeinstellung	Werkzeugposition	Werkzeugverschleiß Werkzeugbruch	Werkzeugverschleiß Werkzeugbruch	Werkzeugverschleiß Werkzeugbruch

Prüfung von Werkzeugen in komplexen Fertigungssystemen   Bild 139

4.4.3 Qualitätssicherung in der Montage

Besonderheiten
in der Montage

Während die Fertigung durch das Beurteilen von Qualitätsmerkmalen an Einzelteilen überwacht und korrigiert wird, muß in der Montage besonders das Zusammenwirken von Einzelteilen und Baugruppen, die aus unterschiedlichen Fertigungsbereichen und von verschiedenen Lieferanten stammen können, sichergestellt werden. Beim Planen der qualitätssichernden Maßnahmen in der Montage müssen zusätzlich zur Einhaltung vorgegebener Toleranzen Qualitätsmerkmale berücksichtigt werden, die erst durch den Zusammenbau der Teile und Baugruppen entstehen. Hierunter fallen insbesondere Funktions-, Vollständigkeits- und Passungsmerkmale.

Mit einem Prüfungsplanungssystem für die Montage sind, ausgehend von funktionsnotwendigen Qualitätsmerkmalen und den montagespezifischen Gegebenheiten, die Prüfvorgänge vor, zwischen und nach einzelnen Montageschritten festzulegen. Die hierzu notwendigen Daten müssen während der Montage, bei der Endprüfung und im praktischen Gebrauch systematisch erfaßt, aufbereitet und weitergeleitet werden.

Qualitäts-
informations-
system

Außer zur Dynamisierung der Prüfplanung dient ein sogenanntes Qualitätsinformationssystem zum Ermitteln neu auftretender Fehler, deren Überwachung bisher noch nicht eingeplant war, sowie zur schnellen Informationsrückführung in Montage, Teilefertigung und zum Wareneingang [3]. Durch eine gezielte Analyse der Qualitätsdaten werden Fehlerursachen entdeckt und Korrekturmaßnahmen in allen Betriebsbereichen ermöglicht.

Im Bild 140 sind die Aufgaben eines Qualitätssicherungssystems für die automatisierte Montage mit den wichtigsten Randbedingungen und gegenseitigen Abhängigkeiten dargestellt.

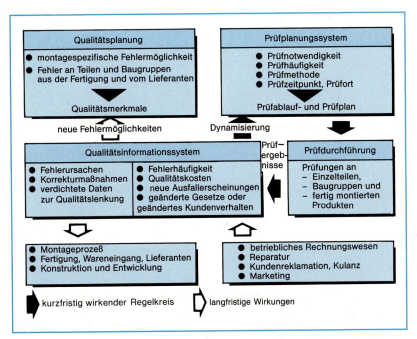

Aufgaben der Qualitätssicherung in komplexen Montagesystemen [nach 3]   Bild 140

Alle Fehler zu vermeiden beziehungsweise alle Merkmale zu prüfen, kann für die Mehrzahl der Produkte einen unvertretbar hohen Aufwand bedeuten. Deshalb muß nach technischen und betriebswirtschaftlichen Gesichtspunkten eine Auswahl getroffen werden. Geprüft werden müssen auf alle Fälle diejenigen Merkmale, deren Ausprägung die Funktionen des Produkts maßgeblich beeinflussen oder zu einer verminderten Zuverlässigkeit führen. Hinzu kommen solche Merkmale, die zwar keine Funktionsbeeinträchtigung bewirken, aber vom Kunden nicht hingenommen werden. Typische Beispiele hierfür sind Oberflächenfehler, Verfärbungen und Verschmutzungen. Neben Merkmalen, die sich auf die Produktqualität auswirken, sind diejenigen zu berücksichtigen, die den Montageablauf und die -durchführung beeinflussen. Eine Montagestörung kann einerseits zur Entdeckung eines Fehlers führen und dann den Prüfvorgang überflüssig machen, andererseits kann die Störung so erheblich sein, daß durch eine vorgelagerte Zwischenprüfung diese Störung vermieden werden muß. Mit Hilfe einer Analyse aller Störfälle kann für alle in die Montage eingeschleppten und in der Montage verursachten Fehler ermittelt werden, ob ein Prüfvorgang notwendig ist.

Prüf-
notwendigkeit

Prüfhäufigkeit

Eng verknüpft mit dem Festlegen der Prüfnotwendigkeit ist das Bestimmen der Prüfhäufigkeit. Hier können modifizierte Verfahren, die bereits aus der Prüfplanung im Wareneingang und in der Teilefertigung bekannt sind, übertragen werden. Die Prüfhäufigkeit wird hauptsächlich durch die Bedeutung der Merkmale, gemessen an den Fehlerfolgen, durch die Arbeitsunsicherheit und die Losgröße bestimmt. In der Montage ist infolge der vielen Arbeitsschritte der Wertzuwachs von großer Bedeutung. Ein Maß hierfür ist das Verhältnis von Fehlerkosten zu Prüf- und Fehlerverhütungskosten, d.h. es sollte vor solchen Montageprozessen geprüft werden, bei denen das Produkt eine große Wertschöpfung erfährt. Die Prüfhäufigkeit kann nur über das Erfassen und Rückmelden von Fehlern, die bei einer späteren Prüfung entdeckt werden, den Erfordernissen angepaßt werden (Dynamisierung). Meistens ist durch Schadensanalysen oder Marktumfragen bekannt, wie hoch die zulässige Anzahl eines bestimmten Fehlers je Einheit sein darf, um einerseits wirtschaftlich produzieren und andererseits die Verluste durch Einbußen von Marktanteilen oder durch Fehlerfolgekosten begrenzen zu können. Die Fehler, die bei einem der Montage nachgelagerten Endprüfen oder Prüfen aus Kundensicht festgestellt wurden, sowie die Fehleranzahl anhand von Kundenreklamationen, werden mit den zulässigen Fehlern verglichen und dienen zur Dynamisierung der Prüfhäufigkeit in der Montage.

Prüfablauf, Prüfort

Um Fehler in der Montage zu beseitigen, ist es notwendig, die Fehlerursachen zu ermitteln. Dies kann am besten durch direktes Überwachen der einzelnen Montagevorgänge oder der zu montierenden Teile erreicht werden. Dieses Vorgehen führt aber zu einer großen Anzahl von Einzelprüfvorgängen und ist mit einem hohen Aufwand verbunden. Der Aufwand kann vermindert werden, wenn nicht jede einzelne Funktion direkt, sondern indirekt anhand des Zusammenwirkens mehrerer Einzelfunktionen, überwacht wird. Damit ist aber gleichzeitig ein Verlust an Qualitätsinformationen zum eindeutigen Ermitteln und Beseitigen von Fehlerursachen verbunden. Zur Produktüberwachung genügen zunächst wenige Prüfvorgänge, die im allgemeinen als Funktions- und Sichtprüfung am Ende der Montage vorgenommen werden. Sollen jedoch, infolge zu häufig auftretender Fehler bei diesen Endprüfvorgängen, die Ursachen analysiert werden, ist ein vorgelagertes Zwischenprüfen durchzuführen. Endprüfvorgänge müssen auch dann durch eine Zwischen- oder Eingangsprüfung ergänzt werden, wenn ein wichtiger Fehler, der während eines Montageschrittes auftritt, später nicht mehr geprüft oder behoben werden kann.

Durch die Entscheidung für Wareneingangs-, Zwischen- oder Endprüfung wird der Prüfort weitgehend vorgegeben. Der Prüfort für Zwischenprüfungen muß in Abhängigkeit von der Montagereihenfolge ermittelt werden. Nicht zuletzt wird der Prüfort durch die Zugänglichkeit des Produkts und die örtlichen Gegebenheiten am Montageort bestimmt. Der verbleibende Freiheitsgrad zum Festlegen des Prüforts sollte dazu genutzt werden, gleichartige Prüfvorgänge zusammenzufassen, um den Aufwand für Prüfeinrichtungen herabzusetzen und den Prüfablauf zu vereinfachen [3].

Fehler, die in vorgelagerten Bereichen verursacht werden, wirken sich oftmals erst in der Montage beim Fügen der Einzelteile aus. Dieser Zusammenhang besteht auch innerhalb der Montage zwischen aufeinanderfolgenden Montagegruppen. Zur korrekten Planung der Qualitätssicherungsmaßnahmen in der Montage müssen deshalb Qualitätsdaten aus den vorgelagerten Bereichen mit einfließen (Bild 140). Ebenso wichtig ist es, nachgelagerte Qualitätsdaten zu berücksichtigen, zum Beispiel aus dem Kundendienst. Außerdem werden die in der Montage erfaßten Daten zur Qualitätslenkung in vorgelagerten Bereichen sowie zum Erkennen und Beseitigen von Konstruktionsfehlern benötigt. Die Daten müssen dabei so detailliert erfaßt werden, daß sie für mehrere Zwecke nutzbar sind. Zum einen sollten sie zur Ursachenerkennung und damit zur Fehlerbeseitigung dienen, zum anderen soll aus ihnen der Prüfaufwand für das geforderte Qualitätsniveau errechnet werden.

Qualitäts-
datenerfassung
und
-verarbeitung

4.4.4 Prüfmitteleinsatz in komplexen Produktionssystemen

Gruppen von
Prüfmitteln

In Bild 141 wird eine Zuordnung verschiedener in komplexen Produktionssystemen eingesetzter Prüfmittelgruppen hinsichtlich Automatisierung und Flexibilität vorgenommen. Die Darstellung beinhaltet bei der Automatisierung neben den Belangen des Informationsflusses auch die Prüfmittelhandhabung und die Automatisierung des Prüfablaufs, worunter nicht nur die Positionierung des Prüflings verstanden wird, sondern auch mögliche Wechsel der Meßaufnehmer bzw. Taster.

Mit der Einführung komplexer Produktionssysteme gewinnen numerisch gesteuerte Prüfmittel wie

– Mehrkoordinatenmeßgeräte und
– Meßroboter

verstärkt an Bedeutung.

Koordinaten-
meßgeräte

In wachsendem Umfang werden CNC-Koordinatenmeßgeräte eingesetzt. Infolge ihrer Flexibilität werden sie, integriert in Fertigungszellen oder -systeme, vorwiegend bei kleinen und mittleren Serien als universelle, zentrale Meßgeräte eingesetzt. Damit wurden die technischen Voraussetzungen geschaffen, Maße, Lage und Form der Geometrieelemente an komplizierten, vorwiegend prismatischen Werkstücken präzise sowie mit kürzeren Meßzeiten und wirtschaftlicher als mit konventionellen Meßmitteln zu erfassen [4]. Zu einer solchen Meßeinrichtung gehören das Koordinatenmeßgerät selbst, der Rechner zur Meßdatenverarbeitung und zur Meßablaufsteuerung, die Steuer- und Anpaßelektronik, das Steuer- und Bedienpult, Peripheriegeräte zur Datenausgabe und Dateneingabe sowie gegebenenfalls Zusatzeinrichtungen wie Drehtisch- und Taststiftwechseleinrichtung (Bild 142).

Charakteristisch für die meisten Koordinatenmeßgeräte sind drei senkrecht aufeinanderstehende translatorische Meßachsen, die das räumliche Bezugskoordinatensystem bilden. Beim Antasten von beliebigen Meßpunkten an der Werkstückoberfläche mit einer Tastkugel werden die Koordinaten des Punktes mit Hilfe der eingebauten Meßsysteme erfaßt. Das Verknüpfen der Koordinaten von Antastpunkten zur Ermittlung der Bestimmungsgrößen von Formelementen geschieht im angeschlossenen Auswerterechner, der auch das Protokollieren und die Ausgabe der Meßergebnisse auf Peripheriegeräten veranlaßt. Bei CNC-Koordinatenmeßgeräten übernimmt der Rechner auch die Steuerung des Meßablaufs.

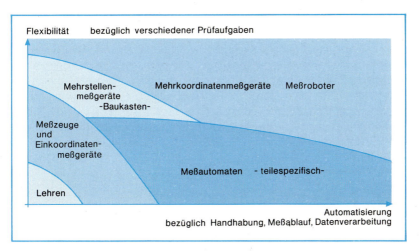

Einsatzbereiche unterschiedlicher Prüfmittel in komplexen Produktionssystemen   Bild 141

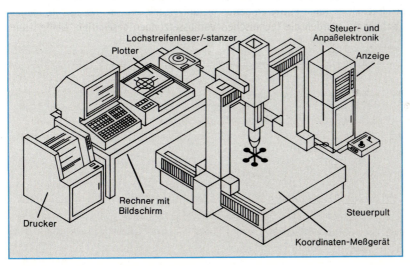

Meßeinrichtung mit CNC-Koordinatenmeßgerät   Bild 142

Meßroboter

Zur schnellen Zwischen- und Endprüfung von Geometrieelementen direkt im Fertigungsfluß von flexiblen Fertigungslinien oder von flexiblen Fertigungssystemen werden heute teilweise Meßroboter eingesetzt. Sie vereinen weitgehend die Fähigkeiten von Koordinatenmeßgeräten mit denen freiprogrammierbarer Handhabungsgeräte. Der wesentliche Unterschied zu herkömmlichen Koordinatenmeßgeräten besteht darin, daß sie keine ausgeprägte Werkstückaufnahme aufweisen und so einfacher an verschiedene Transportsysteme angepaßt werden können. Vorteilhaft sind die erreichbaren kurzen Durchlaufzeiten infolge der geringen Prüfablauf- und Werkstückwechselzeiten, wodurch eine schnelle Prüfdatenrückführung ermöglicht wird.

Literatur

[1] Babič, H.: Beitrag zur systematischen Planung der Qualitätsprüfung bei Klein- und Mittelserienfertigung. Berlin: Springer-Verlag, 1982.

[2] Heisel, U., Feutlinske, K.: Integration von Koordinatenmeßgeräten in die flexible Fertigung. In: Tagungsband Fachkongreß Fertigungsmeßtechnik zur Microtechnic (VDI/VDE Gesellschaft für Meß- und Automatisierungstechnik) VDI-Bericht 606. Düsseldorf: VDI-Verlag, 1986

[3] Kampa, H., Kring, J.R.: Qualitätssicherung in der Montage. wt-Zeitschrift für industrielle Fertigung 74 (1984), 479

[4] Kampa, H., Weckenmann, A.: Aufbau von Koordinatenmeßgeräten. In: Fertigungsmeßtechnik. Handbuch für Industrie und Wissenschaft (Hrsg.: H.J. Warnecke, W. Dutschke). Berlin: Springer-Verlag, 1983.

[5] Pfeifer, T.: Qualitätssicherung in der rechnerintegrierten Fertigung. In: Tagungsband Fachkongreß Fertigungsmeßtechnik zur Microtechnic (VDI/VDE Gesellschaft für Meß- und Automatisierungstechnik) VDI-Bericht 606. Düsseldorf: VDI-Verlag, 1986

[6] REFA – Verband für Arbeitsstudien und Betriebsorganisation e.V. (Hrsg.): Methodenlehre der Planung und Steuerung (MLPS), Teil 4, 4. Auflage. München: Carl Hanser Verlag, 1985

4.5 Planung des Informationssystems

4.5.1 Integrierter EDV-Einsatz in der Produktion

4.5.1.1 Bedeutung der Information für die Produktion

Komplexe Produktionssysteme lassen sich dadurch charakterisieren, daß das den Produktionsfortschritt ergebende Zusammenspiel von

neuer Produktionsfaktor Information

- **Bearbeitungssystem,**
- **Materialflußsystem und**
- **Informationssystem**

in wesentlichen Funktionen automatisiert ist (vgl. Abschnitt 2.2.1). Neben den Produktionsfaktoren ‚Arbeit' und ‚Betriebsmittel' tritt die Information stark in den Vordergrund [26].

Im Zusammenhang mit komplexen Produktionssystemen läßt sich mehr und mehr eine Neuorientierung in Richtung einer integrierten technischen Datenverarbeitung erkennen. Kennzeichnend für diese Entwicklung ist der durchgängige Informationsfluß, bei dem die elektronische Datenverarbeitung in einem bereichsübergreifenden Informationssystem letztlich alle mit der Produktion zusammenhängenden Betriebsbereiche verbindet: vom Entwurf des Produktes über seine Planung, Fertigung und Montage bis hin zum Versand an den Kunden.

durchgängiger Informationsfluß

Für diesen integrierten EDV-Einsatz in der Produktion wird das Kürzel CIM (*C*omputer *I*ntegrated *M*anufacturing) verwendet. Dabei handelt es sich um die Entwicklung eines übergeordneten Konzepts, das es dem Unternehmen langfristig ermöglicht, technische und kommerzielle Teilsysteme weitgehend zu integrieren. Bei der Gestaltung dieses Konzepts sind die Kriterien der Wirtschaftlichkeit und die Interessen der Mitarbeiter zu berücksichtigen.

CIM

Über Möglichkeiten, Grenzen und Schnittstellen einer CIM-Organisation bestehen in den Unternehmen noch Unsicherheiten und Wissensdefizite. Dies liegt einmal daran, daß allgemein sehr unterschiedliche CIM-Philosophien diskutiert werden und daß kein allgemeingültiges CIM-Konzept, unabhängig von der bestehenden oder noch zu gestaltenden Fertigungs- und Unternehmensorganisation, entwickelt werden kann. Daneben werden die in diesem Zusammenhang benutzten Begriffe oft nicht einheitlich verwendet. Aus diesem Grunde werden nachfolgend die wichtigsten Begriffe entsprechend einer Empfehlung des Ausschusses für wirtschaftliche Fertigung e.V. (AWF) definiert und erläutert [2].

Neben einer zentralen Orientierung des Informationsflusses kann dieser auch dezentral gestaltet werden. Dabei werden Daten bereits in dem Teilsystem, in dem sie erfaßt werden, zu Informationen verdichtet und nur noch nach gezielter Anforderung und unter Berücksichtigung von Datenschutzmaßnahmen an andere Teilsysteme übergeben.

4.5.1.2 Begriffsbestimmungen und Abgrenzung

CAD

CAD (Computer Aided Design) ist ein Sammelbegriff für alle Aktivitäten, bei denen die EDV direkt oder indirekt im Rahmen von Entwicklungs- und Konstruktionstätigkeiten eingesetzt wird.

Dies bezieht sich im engeren Sinn auf die graphisch- interaktive Erzeugung und Manipulation einer digitalen Objektdarstellung, z.B. durch die zweidimensionale Zeichnungserstellung oder durch die dreidimensionale Modellbildung.

Objekte können beispielsweise Bauwerke, Anlagen, Maschinen, Werkstücke, Leiterplatten usw. sein. Die digitale Objektdarstellung wird in einer Datenbank abgelegt, die auch anderen betrieblichen Abteilungen für weitere Aufgaben zur Verfügung steht. Im weiteren Sinne umfaßt CAD auch allgemeine technische Berechnungen mit oder ohne graphische Ein- und Ausgabe.

Die Anwendung von CAD kann folgenden technischen Aufgaben zugeordnet werden:

- Entwicklungstätigkeiten,
- Technische Berechnungen,
- Konstruktionstätigkeiten,
- Zeichnungserstellung und
- Stücklistenerstellung mit Stammdaten der Technik.

CAP

CAP (Computer Aided Planning) bezeichnet die EDV-Unterstützung bei der Arbeitsplanung. Hierbei handelt es sich um Planungsaufgaben, die auf den konventionell oder mit CAD erstellten Arbeitsergebnissen der Konstruktion aufbauen, um Daten für Teilefertigungs- und Montageanweisungen zu erzeugen. Darunter werden verstanden: Die rechnerunterstützte Planung der Arbeitsvorgänge und der Arbeitsvorgangsfolgen, die Auswahl von Verfahren und Betriebsmitteln zur Herstellung der Objekte sowie die rechnerunterstützte Erstellung von Daten für die Steuerung der Betriebsmittel des CAM.

Ergebnisse des CAP sind Arbeitspläne und Steuerinformationen für die Betriebsmittel des CAM.

CAP soll zur EDV-Unterstützung der folgenden Funktionen beitragen:

- Arbeitsplanerstellung,
- Betriebsmittelauswahl,
- Erstellung von Teilefertigungsanweisungen,
- Erstellung von Montageanweisungen,
- NC-Programmierung und
- Erstellung von Stammdaten der Produktion.

CAM (Computer Aided Manufacturing) bezeichnet die EDV-Unterstützung zur technischen Steuerung und Überwachung der Betriebsmittel bei der Herstellung der Objekte im Produktionsprozeß. Dies bezieht sich auf die direkte Steuerung von verfahrenstechnischen Anlagen, Betriebsmitteln, Handhabungsgeräten sowie Transport- und Lagersystemen.   CAM

CAM dient zur Steuerung und Überwachung der folgenden Funktionen:

- Fertigen, Montieren,
- Handhaben,
- Transportieren und
- Lagern.

CAQ (Computer Aided Quality Assurance) bezeichnet die EDV- unterstützte Planung und Durchführung der Qualitätssicherung. Hierunter wird einerseits die Erstellung von Prüfplänen, Prüfprogrammen und Kontrollwerten verstanden, andererseits die Durchführung rechnergestützter Meß- und Prüfverfahren. CAQ kann sich dabei der EDV-technischen Hilfsmittel CAD, CAP und CAM bedienen.   CAQ

CAQ dient zur Unterstützung der folgenden Funktionen:

- Festlegung von Prüfmerkmalen,
- Erstellung von Prüfvorschriften und -plänen,
- Erstellung von Prüfprogrammen für rechnerunterstützte Prüfeinrichtungen und
- Überwachung der Prüfmerkmale am Objekt.

PPS

> **PPS (Produktionsplanung und -steuerung) bezeichnet den Einsatz rechnerunterstützter Systeme zur organisatorischen Planung, Steuerung und Überwachung der Produktionsabläufe von der Angebotsbearbeitung bis zum Versand unter Mengen-, Termin- und Kapazitätsaspekten.**

Die PPS-Hauptfunktionen sind (vgl. MLPS, Teil 2):

- Produktionsprogrammplanung,
- Mengenplanung,
- Termin- und Kapazitätsplanung,
- Auftragsveranlassung und
- Auftragsüberwachung.

CIM

> **CIM (Computer Integrated Manufacturing) beschreibt den integrierten EDV-Einsatz in allen mit der Produktion zusammenhängenden Betriebsbereichen. CIM umfaßt das informationstechnische Zusammenwirken zwischen CAD, CAP, CAM, CAQ und PPS. Hierbei soll die Integration der technischen und der organisatorischen Komponenten zur Produkterstellung erreicht werden.**

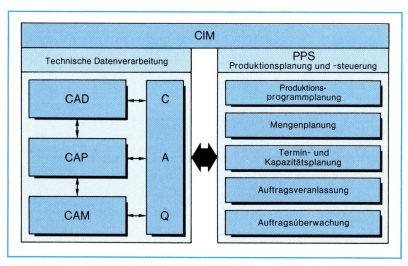

Bild 143   Zusammenwirken der Komponenten des Computer Integrated Manufacturing (in Anlehnung an AWF, [2])

Dies bedingt die gemeinsame, bereichsübergreifende Nutzung einer einheitlichen Datenbasis.

4.5.2 Produktionsleittechnik

Das Leistungspotential komplexer Produktionssysteme kann nur dann vollständig erschlossen werden, wenn der gesamte Arbeitsablauf durch ein rechnergeführtes Informationssystem geplant, disponiert, veranlaßt, gesteuert und rückgemeldet wird [12].

rechner-
gestütztes
Informations-
system

Unabhängig von den spezifischen Merkmalen jedes Produktionssystems sind hierfür vor allem die Aufgaben

- automatische Fertigung eines variablen Produktionsprogramms,
- kontiniuierliche Optimierung des Fertigungsablaufs,
- direkte Regelung des Materialflusses und der Bearbeitungsoperationen und
- dynamische Disposition, Bereitstellung und Zuweisung von Materialien, Werkzeugen, Werkzeugmaschinen, Transport-, Spann- und Prüfmitteln.

zu unterstützen [3, 18].

Die hierzu in der AWF-Empfehlung „Integrierter EDV-Einsatz in der Produktion" [2] definierten Begriffe wurden mit mittelfristiger Perspektive erarbeitet und sind bei der schnell fortschreitenden technischen Entwicklung nicht als endgültig anzusehen [9].

Im Bereich komplexer Produktionssysteme sind Entwicklungen zu beobachten, die durch die eingangs abgegrenzten Begriffe nur unvollständig abgedeckt werden können. Bisher nicht definiert wurde der Begriff der Produktionsleittechnik, der vor allem bei automatisierten Produktionssystemen zunehmend an Bedeutung gewinnt. Produktionsleitsysteme enthalten sowohl Leitstand- als auch Werkstattsteuerungsfunktionen und bilden zusammen mit CAM und CAQ eine eigene Hierarchiestufe unter der Ebene der PPS-, CAD- und CAP-Systeme (vgl. Bild 144, [1]).

Produktionsleitsysteme setzen direkt auf der Produktion auf und bilden entsprechend ihrer Bedeutung für einen effizienten Produktionsablauf eine „intelligente" Einheit. Sie unterstützen je nach dispositivem Freiheitsgrad in unterschiedlichem Ausmaß die systemübergreifenden PPS-Funktionen Auftragsveranlassung und Auftragsüberwachung und führen im Rahmen der hierzu notwendigen Betriebsdatenerfassung (BDE) Auswertungen und Datenvorverdichtungen durch.

Schnittstellen
zur Produktion

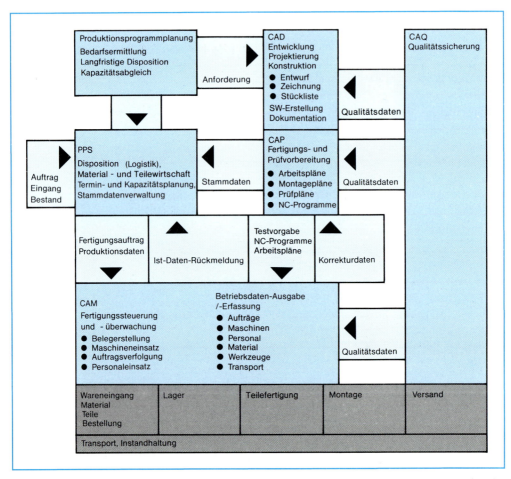

Bild 144   Funktionen und Datenflüsse zwischen den Komponenten des Computer Integrated Manufacturing
                  und der Produktion (nach [25])

Im Rahmen einer ganzheitlichen Planung komplexer Produktionssysteme ist deshalb der Gestaltung der Produktionsleittechnik eine besondere Bedeutung beizumessen:

- Aufgrund der unmittelbaren Einflußnahme auf den Produktionsablauf ist die Produktionsleittechnik bei komplexen Produktionssystemen meist unabdingbar. Eine Auftragsvorgabe durch ein PPS-System oder eine Bereitstellung notwendiger Daten durch CAD und CAP ist jedoch nicht in allen Fällen notwendig.
- Zudem unterscheiden sich die Funktionen der Produktionsleittechnik häufig für die Bereiche Fertigung und Montage. Sie muß deshalb diesen Produktionssystemen angepaßt werden: dies sowohl im Rahmen einer stufenweisen Installation, als auch während des laufenden Betriebs. Zur Unterstützung von Fertigung und Montage kann jedoch durchaus dasselbe PPS-, CAD- und CAP-System zum Einsatz kommen.

In diesem Sinne wird im folgenden darauf verzichtet, im einzelnen auf die mittelbaren Bereiche PPS, CAD und CAP einzugehen.

Bedeutung der Produktions- leittechnik

Um die Wirtschaftlichkeit der Produktionsleittechnik leichter sicherstellen zu können, ist es notwendig, das für den Betrieb komplexer Produktionssysteme erforderliche Informationssystem hinsichtlich Rechnerhard- und -software in Teilsysteme zu gliedern. Wesentlich ist, daß

Gliederung in Teilsysteme

- alle Teilsysteme unabhängig voneinander betrieben und
- bei Bedarf kostengünstig zu einem Gesamtsystem integriert

werden können. Dabei ist festzustellen, daß die Mehrzahl bisher implementierter Systeme Spezialentwicklungen sind, die selbst auf ähnliche Problemstellungen nur bedingt übertragen werden können [10].

Standardisierungsbestrebungen seitens der Anbieter von Automatisierungskomponenten, Steuerungen und Werkzeugmaschinen sind in diesem Zusammenhang sehr begrüßenswert. Aufgrund der Komplexität einzelner Produktionssysteme und ihrer spezifischen Eigenschaften kann für die Zukunft dennoch unterstellt werden, daß Informationssysteme nicht komplett ‚von der Stange' gekauft werden können.

Pflichtenheft-
erstellung

Die Planung der Produktionsleittechnik lag bisher meist schon zu Beginn der Phase der Pflichtenhefterstellung in den Händen entsprechender Anbieter. Die Rolle des potentiellen Anwenders in dieser Phase erstreckte sich darauf, Fragebögen zu beantworten und Checklisten auszufüllen, die durch den Anbieter vorgegeben und moderiert wurden. Diese Fragebögen und Checklisten dienen dazu, installierte Maschinen, Verkettungsmittel und periphere Einrichtungen zu erfragen und das Datenvolumen nach Art und Inhalt zu erfassen.

Reibungsverluste
durch lange Ein-
arbeitungsphase
der Anbieter

Reibungsverluste waren dabei vor allem dort zu beobachten, wo der Anbieter oft erst nach einer längeren Einarbeitungsphase mit der Ablauforganisation vertraut war. Dies wird sich auch in Zukunft nicht ändern, insbesondere bei seitens der Anbieter standardisierter Leittechnik, deren Abänderung und Erweiterung nur ungerne und dann unter Umständen zu hohen Kosten vorgenommen werden. Deshalb werden hier verschiedene Lösungsansätze beschrieben, die den Planer aufgrund der erworbenen Fachkenntnisse motivieren und in die Lage versetzen, als Gesprächspartner von Soft- und Hardwareanbietern aufzutreten. Er muß die für einen effizienten Betrieb des geplanten Produktionssystems notwendigen Funktionen der Produktionsleittechnik abschätzen können. Er sollte anschließend auch in der Lage sein, bei der Phase der Pflichtenhefterstellung unter Einschaltung eines Spezialisten mitzuwirken.

4.5.3 Gliederung der Produktionsleittechnik

hierarchische
Teilung

Für die Aufgaben der Produktionsleittechnik hat sich eine hierarchische Dreiteilung in

A. Produktionsleitebene,
B. Prozeßführungsebene und
C. Steuerungsebene

bewährt (Bild 145, siehe auch Bild 146 [14, 16]).

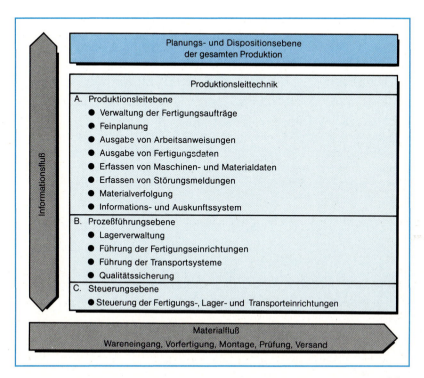

Ebenen der Informationsverarbeitung bei komplexen Produktionssystemen (in Anlehnung an [6])   Bild 145

Die Produktionsleitebene nimmt im wesentlichen betriebsorganisatorische Aufgaben für einzelne komplexe Produktionssysteme wahr.

Produktionsleitebene

Hierzu gehören die Verwaltung von Fertigungaufträgen, die Feindisposition im Rahmen der Fertigungsplanung sowie die Fertigungssteuerung und Materialverfolgung. Als Basis hierfür ist eine umfassende Erfassung und Verarbeitung von Betriebsdaten notwendig. Diese können gleichzeitig, entsprechend verdichtet und ausgewertet, in ein Informationssystem der überlagerten Planungs- und Dispositionsebene für die gesamte Produktion einfließen. Diese einer übergeordneten Ebene zugänglichen Informationen können durch geeignete Maßnahmen der Datenverdichtung personenneutral gestaltet sein.

Prozeß-
führungsebene

**Die Prozeßführungsebene stellt eine Verbindung zwischen den verschie-
denen Maschinensteuerungen und den einzelnen Transportsteuerungen
her und übernimmt die Koordination, Überwachung und Optimierung der
Bearbeitungs- und Materialflußabläufe.**

Hierzu sind Lager zu verwalten, Fertigungseinrichtungen und Transportsysteme
zu führen sowie Aufgaben der Qualitätssicherung durchzuführen. Die Dateien für
Prozeßdaten und Systemzustände sind aktuell zu führen und Betriebsstatistiken
zu erstellen. Dies erfordert einen direkten Zugriff zu allen betriebsmittel- und
auftragsbezogenen Daten. Hardwareseitig ist demzufolge eine Echtzeitverarbei-
tung (‚real-time') Voraussetzung, die zum Beispiel durch Prozeßrechner erfüllt
wird.

Steuerungs-
ebene

**Auf der Steuerungsebene erfolgt die eigentliche Steuerung des Produk-
tionsablaufs, die sowohl den Fertigungsvorgang selbst, als auch den
Transport von Werkstücken und Werkzeugen sowie die Ansteuerung eines automatisierten Lagers mit allen Hilfs- und Nebenfunktionen umfassen kann.**

CNC-Steuerungen, speicherprogrammierbare Steuerungen (SPS), Zellenrechner
zur Steuerung von Maschinen mit automatisierter Peripherie (z.B. Handhabungsgeräte) und einzelne Transportsteuerungen repräsentieren die Rechnerhardware
der Steuerungsebene.

Anbindung an
die Planungs-
und Dispo-
sitionsebene

Die Anbindung an die Planungs- und Dispositionsebene, die häufig durch den
Einsatz von PPS-Systemen unterstützt wird, kann je nach Einsatzfall unterschiedlich realisiert werden. Hierfür sind entsprechend der Systemgrenze des geplanten Produktionssystems Querbeziehungen zu anderen Produktionsbereichen
zu analysieren, um im Sinne von CIM die Basis für ein integriertes Gesamtkon-
zept der Informationsverarbeitung zu legen [27].

Die oben charakterisierten drei logischen Ebenen der Produktionsleittechnik las- funktionale
sen sich funktional wiederum in drei Bereiche aufteilen, in denen jeweils die Auf- Teilung
gaben der Informationsverarbeitung in Produktionsleitsystemen zur

1. Durchführung des Bearbeitungsprozesses,
2. Organisation und Steuerung des Materialflusses und
3. Erfassung und Verarbeitung von Betriebsdaten

zusammengefaßt werden können. Eine auf diese Weise ableitbare Matrix
(Bild 146) setzt sich demzufolge aus neun Matrixelementen zusammen, in denen
die jeweils charakteristischen Informationsverarbeitungsaufgaben gegeneinander abgegrenzt werden. Durch Angabe von Matrixzeile und -spalte läßt sich für
jedes Matrixelement dessen hierarchische und funktionale Einbettung in das
Produktionsleitsystem beschreiben [10, 14, 18].

Schnittstelle zu CIM-Systemen	Überlagerte CIM-Systeme		
	CAM		CAQ
Aufgaben ⟍ Ebenen	1. Aufgaben zur Durchführung der Bearbeitung/Montage	2. Aufgaben zur Organisation des Materialflusses	3. Aufgaben zur Erfassung und Ver- arbeitung von Betriebsdaten
A. Produktionsleitebene	A1. Fertigungsplanung	A2. Fertigungs- steuerung	A3. Innerbetriebliche oder Produktions- und Auftrags-Informations- System
B. Prozeßführungsebene	B1. Funktionen DNC-System	B2. Organisatorische Materialflußsteuerung	B3. Betriebsdaten- erfassung auf Prozeß- führungsebene
C. Steuerungsebene	C1. Abarbeiten von NC-Daten	C2. Abarbeiten der Transportsteuer- daten	C3. Manuelle, teilauto- matisierte oder auto- matisierte Erfassung von Betriebsdaten

Produktionsleittechnik: Matrix der Informationsverarbeitungsaufgaben   Bild 146

In der Praxis sind die Grenzen innerhalb der Matrix jedoch fließend, nicht in jedem Fall werden alle Funktionen auch benötigt. Diese umfassende anwender-
und herstellerneutrale Systematik bietet den Vorteil, die zu berücksichtigenden
Hard- und Softwarefunktionen auf Vollständigkeit überprüfen und deren
Schnittstellen spezifizieren zu können.

Ebenen der
Informations-
verarbeitung

Neben der Dreiteilung der Informationsverarbeitung in der Produktion in die Ebenen

— Produktionsleitbene,
— Prozeßführungsebene und
— Steuerungsebene

hat sich in der Praxis auch eine Vierteilung in

— Planungsebene,
— Leitebene,
— Operationsebene und
— Prozeßebene

bewährt.

Diese Unterteilung ermöglicht sowohl eine zentralistische wie eine dezentralistische Betrachtungsweise der Informationsverarbeitung. Innerhalb der einzelnen Ebenen, wie zwischen den verschiedenen Ebenen, können über entsprechend definierte logische Schnittstellen Daten und Informationen ausgetauscht werden. Dabei spielt die Daten- und Informationsflußrichtung vorerst keine Rolle. Die physische Kommunikation zwischen den Ebenen kann über direkte Anbindung oder über Datenträger erfolgen.

Dieser Aufbau bietet gegenüber den zentralistisch orientierten Modellen die Möglichkeit, über definierte Abgrenzungen der logischen Kommunikationsschnittstellen eine Entkopplung der einzelnen Ebenen zu erreichen. Die in einer Ebene anfallenden Daten können in dieser bereits soweit verdichtet werden, daß durch geeignete Maßnahmen der Schutz vor mißbräuchlichem Zugriff gewährleistet ist. Die dabei zum Einsatz kommenden Datenschutzvorkehrungen sind zum Teil rechnersystemabhängig und müssen gegebenenfalls an die individuellen Bedürfnisse der Informationsverarbeitung im Unternehmen so angepaßt werden, daß nur bestimmte, klar abgegrenzte Informationen zur Übertragung kommen. An dieser Stelle gewinnt die Berücksichtigung der Richtung des Informationsflusses bei der Gestaltung eines Informationssystems entscheidend an Bedeutung.

Es sollte beispielsweise möglich sein, die in einem Teilsystem (einer Ebene) anfallenden personenbezogenen Daten vor der Übergabe an eine andere Ebene des Gesamtsystems zu neutralisieren und von der betreffenden Person zu entkoppeln.

Aufgaben der Informationsverarbeitung und Art der Datenhaltung können den einzelnen Ebenen wie folgt zugeordnet sein:

Aufgaben der Informations-verarbeitung und Art der Datenhaltung

Ebene	Datenhaltung	Aufgaben
● **Planungsebene**	permanent	CAD CAP PPS
● **Leitebene**	permanent, temporär	Reihenfolgeplanung Auftragsüberwachung Qualitätsregelung Fertigungssteuerung Lohndatenerfassung Betriebsdatenerfassung
● **Operationsebene**	temporär, eventuell auch permanent	Datenverbund für NC-Steuerungen Maschinendatenerfassung Störungsbehandlung Transportaufträge Qualitätsüberwachung Datenkonzentration
● **Prozeßebene**	temporär	Identifikation Handhabung Transport Bestückung Prüfung

4.5.4 Vertikale und horizontale Integration
von Informationsverarbeitungsaufgaben

vertikale
Integration

Trotz der fließenden Grenzen innerhalb der in Bild 146 dargestellten Matrix werden im folgenden die Matrixelemente spalten- und zeilenweise zusammengefaßt in sechs Abschnitten diskutiert, deren Aufbau sich an der in Bild 147 dargestellten Einteilung orientiert.

In vertikaler Richtung, also getrennt für den Bearbeitungsprozeß, den Materialfluß und die Betriebsdatenverarbeitung, werden die jeweils zu berücksichtigenden Informationsverarbeitungsaufgaben weitgehend losgelöst von Hardwarekonzepten ihrem zeitlichen Ablauf entsprechend dargestellt.

horizontale
Integration

Hard- und Softwarekonzepte zur Lösung der Informationsverarbeitungsaufgaben werden „horizontal" anhand der drei genannten Ebenen für Produktionsleitung, Prozeßführung und Steuerung beschrieben. Darüberhinaus wird, soweit notwendig, auf spezielle Hardwareelemente und -konzepte wie zum Beispiel Erkennungssysteme und lokale Netze eingegangen, die im Bereich komplexer Produktionssysteme charakteristisch sind. Jedem Abschnitt wird eine detaillierte Übersicht der Aufgaben vorangestellt.

Ebenen \ Aufgaben / Abschnitt	1. Aufgaben zur Durchführung der Bearbeitung/Montage	2. Aufgaben zur Organisation des Materialflusses	3. Aufgaben zur Erfassung und Verarbeitung von Betriebsdaten
A. Produktionsleitebene	4.5.4.1 / 4.5.4.6	4.5.4.2 / 4.5.4.6	4.5.4.3 / 4.5.4.6
B. Prozeßführungsebene	4.5.4.1 / 4.5.4.5	4.5.4.2 / 4.5.4.5	4.5.4.3 / 4.5.4.5
C. Steuerungsebene	4.5.4.1 / 4.5.4.4	4.5.4.2 / 4.5.4.4	4.5.4.3 / 4.5.4.4

Bild 147   Vertikale und horizontale Integration von Informationsverarbeitungsaufgaben: Gliederung nach Abschnitten

4.5.4.1 Aufgaben zur Durchführung der Bearbeitung/Montage

NC- und CNC-Maschinen oder Montagezellen mit umfassend automatisierter Peripherie (z.B. Werkstückzuführung, Werkstückbereitstellung und -handhabung, oder Werkzeug- und Spannmittelwechsel) sind meist die Bearbeitungsstationen mit den höchsten Maschinenstundensätzen. Im Rahmen der Ablauforganisation müssen deshalb Maßnahmen getroffen werden, um die Stillstandszeiten bei diesen Bearbeitungsstationen auf ein Minimum zu begrenzen. Bild 148 zeigt die Aufgaben zur Durchführung der Bearbeitung/Montage, die auf den drei genannten Ebenen mit Rechnerunterstützung dazu beitragen, dieses Ziel zu erreichen.

Reduzierung von Stillstandszeiten

Die zur Bearbeitung freigegebenen Fertigungsaufträge sind entsprechend den in der Arbeitsvorbereitung (bzw. Fertigungsplanung) definierten Arbeitsvorgangsfolgen abzuarbeiten.

Hierfür sind im Fertigungsbereich vor allem folgende Daten von Bedeutung, die den jeweiligen Bearbeitungsstationen rechtzeitig, vollständig und fehlerfrei zur Verfügung gestellt werden müssen [24]:

– NC-Programmdaten (z.B. NC-Programm für Maschine oder Montageroboter),
– Spannmittel- und Vorrichtungsdaten und
– Werkzeugdaten.

A. Produktionsleitebene	A1. Fertigungsplanung	• Arbeitsplanerstellung (Arbeitsvorgänge, Arbeits- vorgangsfolgen, Zeiten festlegen, Spannplan, Werkzeugplan) • NC-Programmerstellung • NC-Programmverwaltung (off-line) • Betriebsmittelbereitstellung (Verwalten der Dateien der Arbeitsvorbereitung, Werkzeuge, Maschinen, Hilfsstoffe und Vorrichtungen) • Bereitstellung von Werkstoffen, Rohteilen
B. Prozeßführungsebene	B1. Funktionen DNC-System	• NC-Programmverwaltung • NC-Programmverteilung • Zusatzfunktionen DNC-System
C. Steuerungsebene	C1. Abarbeiten von NC-Daten	• Abarbeiten geometrischer Steuerdaten (Interpolation, Lageregelung, Zusatzfunktionen) • Abarbeiten technologischer Steuerdaten (Anpaß- und Folgesteuerung, Werkzeugwechsel, Handhabung) • Logische Verknüpfung von Steuersignalen und Maschinenzuständen • Ausgabe von Prozeßmeldungen

Aufgaben zur Durchführung der Bearbeitung/Montage   Bild 148

DNC

Dabei werden vor allem in der Teilefertigung sogenannte DNC-Systeme eingesetzt (DNC: Direct Numerical Control). Darunter verstand man ursprünglich eine Betriebsart, bei der mehrere NC- und CNC-Maschinen über eine Datenverbindung an einen Leitrechner angeschlossen sind, um die NC-Programme direkt den einzelnen Maschinen zuführen zu können [30].

Laut VDI 3424 ist das wesentliche DNC-Merkmal, die zeitgerechte Verteilung von Steuerinformationen an mehrere NC-Maschinen. Die DNC-Grundfunktionen NC-Programmverwaltung und NC-Programmverteilung werden in Abhängigkeit von den maschinenseitig vorhandenen NC-Steuerungsgenerationen über unterschiedliche Hardwarekonzepte realisiert (Bild 149).

Möglichkeiten
der Anbindung

Aufgrund fehlender Datenspeicher an der Maschinensteuerung konnte in früheren Systemen häufig nur eine satzweise Übertragung der NC-Programmdaten vorgenommen werden. Hierzu sind eine spezielle Schnittstellenhard- und software (sogenannte DNC-Interfaces) zu installieren, die die Übertragung der NC-Programmsätze vom Leitrechner zur Maschine ermöglichen.

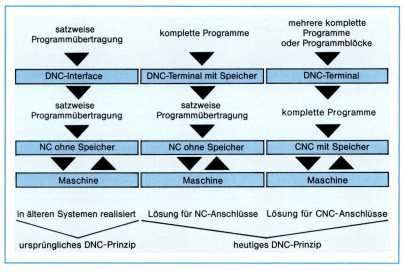

Bild 149   Ursprüngliche und heutige DNC-Prinzipien bei Definition nach VDI-Richtlinie 3424 (in Anlehnung an [30])

Um den Leitrechner zu entlasten, können diese DNC-Interfaces durch DNC-Terminals ersetzt werden, die aufgrund ihrer Speicherfähigkeit und Intelligenz in der Lage sind, die NC-Programme vom Leitrechner vollständig zu übernehmen. Die Übertragung zur Maschine wird von den DNC-Terminals anschließend selbständig, jedoch wiederum satzweise vorgenommen. Moderne CNC-Steuerungen können mit Datenspeichern unterschiedlicher Kapazitäten ausgerüstet werden. Dadurch ist es möglich, das jeweilige NC-Programm komplett in die CNC-Steuerung zu laden. Aus Flexibilitätsgründen ist es zudem sinnvoll, den NC-Programmspeicher der CNC-Steuerung so groß zu dimensionieren, daß dort gleichzeitig mehrere NC-Programme gespeichert werden können.

Das heutige DNC-Konzept geht über die ursprüngliche, eng gefaßte Definition hinaus und läßt sich in DNC-Grund- und Zusatzfunktionen gliedern [4, 30]. DNC-Grundfunktionen sind (s. Bild 150):

DNC-Grund-funktionen

– NC-Programmverwaltung und
– NC-Programmverteilung.

NC-Programmverwaltung	NC-Programmverteilung
NC-Programmdaten abspeichern, ausgeben, protokollieren und löschen, Verzeichnis (Bibliothek) der NC-Programme führen, Sichern der Dateien, NC-Programmdaten sperren bzw. freigeben, Korrigieren von NC-Programmdaten, NC-Programme für die aktuelle Fertigung bereitstellen.	Synchronisation bei Neuanlauf einer Werkzeugmaschine (Löschen NC-Programme, Lesen Werkzeugmagazindaten, Zurücksetzen der CNC-Steuerung in definierten Status), Bereitstellen der NC-Programme, Formale NC-Programmprüfung, Prüfung der gültigen Zuordnung von NC-Programmen und Maschinen, Übertragen der NC-Programme.

DNC-Grundfunktionen   Bild 150

DNC-Zusatz-
funktionen

Mit wachsendem Automatisierungsgrad einzelner Fertigungszellen steigen parallel die Anforderungen an ein DNC-System. Die DNC-Grundfunktionen werden
deshalb je nach Stand der Automatisierung durch verschiedene DNC-Zusatzfunktionen ergänzt, die maschinenseitig durch moderne CNC-Steuerungen
unterstützt werden müssen (Bild 151):

- NC-Programmkorrektur,
- Erfassung von Zustandsdaten sowie
- Erfassung von Werkzeug- und Magazindaten.

NC-Programm-
korrektur

Die Zusatzfunktion „NC-Programmkorrektur" erlaubt es beispielsweise, die zentral an einem NC-Programmierplatz in der Arbeitsvorbereitung erstellten NC-
Programme an der Maschine zu testen und zu optimieren. Die in der Werkstatt
geänderten NC-Programme können, ergänzt zum Beispiel durch den Programm-
status „getestet und optimiert", anschließend zurückübertragen und wiederum
zentral archiviert werden.

Erfassung von
Zustandsdaten

Die Zusatzfunktion „Erfassung von Zustandsdaten" dient im Rahmen der
Betriebsdaten- (BDE) und Maschinendatenerfassung (MDE) dazu,

- daß Störungen rechtzeitig erkannt und entprechende Maßnahmen eingeleitet werden können und
- daß stets ein aktuelles Systemabbild vorliegt, auf dessen Basis beispielsweise
Maschinenbelegungen geplant werden können.

Erfassung von
Werkzeug- und
Magazindaten

Die Zusatzfunktion „Erfassung von Werkzeug- und Magazindaten" ist beispielsweise dann erforderlich, wenn im Rahmen der Maschinenbelegungsplanung auf
den momentanen Maschinenzustand im Detail zugegriffen wird. Eine Maschi-
nenbelegung mit Aufträgen zum Beispiel nach dem Kriterium „minimaler Werk-
zeugaustausch" ist nämlich erst dann möglich, wenn auf Produktionsleitebene
Informationen darüber vorliegen, welche Werkzeuge mit welcher Reststandzeit
an welcher Maschine gegenwärtig im Einsatz sind.

Diese DNC-Zusatzfunktionen ergänzen die DNC-Grundfunktionen „NC-
Programmverwaltung" und „NC-Programmverteilung" zu einem leistungsfähigen
Informationsflußkonzept, bei dem die beiden Übertragungsrichtungen

- Leitrechner – NC/CNC-Steuerung und
- NC/CNC-Steuerung – Leitrechner

vollwertig genutzt werden können.

NC-Programmkorrektur	Erfassung von Zustandsdaten	Erfassung von Werkzeug- und Magazindaten
● Rückübertragung fehlerhafter NC-Programme an den DNC-Rechner, ● NC-Programmkorrektur und erneute Übertragung an die Werkzeugmaschine, ● Durchführung einer Status-änderung des NC-Programms, ● Aktualisierung des NC-Daten-archivs (korrigierte NC-Programme).	● Erfassen und Abspeichern von Maschinendaten, ● automatische Alarmverfolgung und Stillsetzung gestörter Maschinen, ● Verarbeiten, Verdichten und Dokumentieren der erfaßten Daten, ● Weiterleiten von Status-meldungen zur Aktualisierung der relevanten Systemzu-standsdaten.	● Auslesen der Werkzeug-magazinbelegung zur Weiter-gabe an die Module „Verfüg-barkeitsprüfung" und „Be-darfsplanung", ● Werkzeugdaten abspeichern, ändern und löschen, ● Werkzeugverzeichnis führen, ● Werkzeugeinrichteblätter erstellen, ● Werkzeugvoreinstellwerte übernehmen, ● Werkzeugkorrekturwerte an Werkzeugmaschine über-tragen.

DNC-Zusatzfunktionen   Bild 151

Die darüber hinaus vor allem bei älteren Systemen anzutreffende DNC-Zusatzfunktion „Erfassung von Werkstückdaten" mit den Teilen „Materialverfolgung", „Transportsteuerung" und „Ersatzstrategien" kann bei eng abgegrenzten, kleinen Produktionssystemen durchaus auf demselben Leitrechner ablaufen, wie die bisher betrachteten DNC-Funktionen. Da diese Aufgaben jedoch zur Organisation des Materialflusses gehören, obliegt bei komplexen Systemen dem DNC-System lediglich die Erfassung werkstückbezogener Daten, wie zum Beispiel Arbeitsfortschritt, Gut-Stückzahl und Ausschuß. Die Aufgaben der Materialverfolgung, Transportsteuerung und Ersatzstrategien werden von speziell installierter Hard- und Software übernommen, die auf die vom DNC-System gewonnenen Betriebs- und Maschinendaten zurückgreifen.

Erfassung von Werkstückdaten

Hardwareaufbau
eines
DNC-Systems

Der Hardwareaufbau eines DNC-Systems nach der erweiterten Definition mit integrierter NC-Programmierung und Betriebsdatenerfassung ist in Bild 152 dargestellt. Hierbei werden die drei unterschiedlichen in Bild 149 beschriebenen DNC-Prinzipien aufgegriffen.

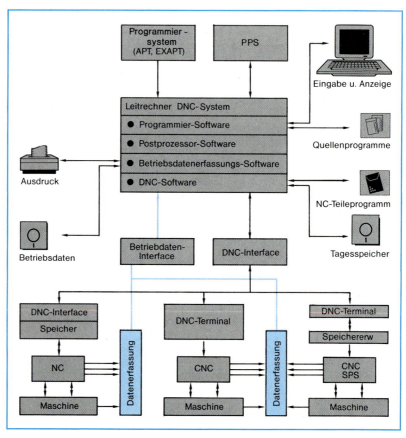

Bild 152   Erweitertes DNC-System mit integrierter NC-Programmierung und Betriebsdatenerfassung (in Anlehnung an [12])

Das dargestellte DNC-System besitzt Schnittstellen zu einem zentralen NC-Programmiersystem und zu einem Produktionsplanungs- und -steuerungssystem. Das DNC-System ist so konzipiert, daß es unabhängig von übergeordneten Systemen betrieben werden kann. Hierfür ist eine umfassende Geräteperipherie zur Verfügung zu stellen:

- Terminal zur Eingabe und Erfassung von Werkstattaufträgen und zur Anzeige von Zustandsdaten,
- Speicher für Quellenprogramme, die mit der NC-Programmiersoftware erstellt oder vom zentralen NC-Programmiersystem übernommen werden können,
- Speicher für NC-Programme, die durch einen Postprozessorlauf aus den Quellenprogrammen generiert werden,
- Tagesspeicher für Fertigungsaufträge,
- Speicher für die durch die Betriebsdatenerfassungssoftware gewonnenen Daten und
- Drucker zur Ausgabe unterschiedlichster Meldungen und Protokolle.

Die Programmiersoftware gestattet die Verwendung höherer Programmiersprachen (z.B. APT, EXAPT), bei denen lediglich geometrische und technologische Daten des Werkstücks einzugeben sind (steuerungsunabhängiges Quellenprogramm). Ein als Postprozessor bezeichnetes Programm erzeugt hieraus ein NC-Programm für die gewünschte Maschine.

Programmiersoftware

4.5.4.2 Aufgaben zur Organisation und Steuerung des Materialflusses

A. Produktionsleitebene	A2. Fertigungssteuerung	• Planender Anteil mit Kapazitätsterminierung und Maschinenbelegungsplanung unter Berücksichtigung des Ist-Zustandes von Betriebsmitteln und Material • Steuernder Anteil mit Auftragsfreigabe (Bereitstellen eines Fertigungsprogramms für eine Planungsperiode), Materialbereitstellung

B. Prozeßführungsebene	B2. Organisatorische Materialflußsteuerung	• Teilfunktionen der Fertigungsführung
		  - Übernehmen der Systembelegung
		  - Feindisposition
		  - Überwachung (Ablauf, Verfügbarkeit)
		  - Umdisposition
		• Steuerfunktionen für den Materialfluß
		  - Übernehmen und Verwalten von Arbeitsvorgängen
		  - Ableiten von Transportvorgängen
		  - Führen von Transport- und Lagerabbild

C. Steuerungsebene	C2. Abarbeiten von Transportsteuerdaten	• Führen lokaler Speicherabbilder • Identifizieren des Transportguts • Ortsermittlung • Wegermittlung und Transportablaufsteuerung (Übergänge) • Steuerung der Transport- und Handhabungseinrichtungen

Aufgaben zur Organisation und Steuerung des Materialflusses   Bild 153

Verbindung zu
PPS-System

Die Organisation und Steuerung des Materialflusses läuft parallel zum Produktionsprozeß ab. Ihr vorgelagert ist der Bereich Fertigungssteuerung, in dem im wesentlichen die Kapazitätsterminierung, Maschinenbelegungsplanung und Auftragsfreigabe durchgeführt werden. Diese Aufgaben sind üblicherweise Bestandteil der Produktionsplanung und -steuerung (PPS-System) und werden meist offline (off-line: Programmausführung ohne vollwertige Datenkommunikation mit hierarchisch unterlagerten Rechnern und Steuerungen) periodisch durchgeführt [3, 25].

Disposition
von Fertigungsaufträgen

Die Ergebnisse dieser Funktionen in Form dispositiver Vorgaben gelten dabei für einen bestimmten Zeitabschnitt (Tag, Woche). Die ermittelten Start- und Endtermine der disponierten und freigegebenen Fertigungsaufträge können jedoch nicht exakt genug durch die zentrale, produktionsübergreifende Fertigungssteuerung vorgegeben werden [14].

dispositive
Freiheitsgrade

Organisatorisch bedingte Verzögerungen im Bearbeitungsablauf und Materialfluß sowie nicht vorhersehbare Störungen müssen durch dispositive Freiheitsgrade auf der Ebene der Prozeßführung ausgeglichen werden können. Dies führt zu einer gewissen Überlappung der Funktionen zwischen PPS-System und Produktionsleitsystem in bezug auf die Auftrags- und Kapazitätsterminierung. Diese Redundanzen sind jedoch von Vorteil:

– Das jeweilige Produktionssystem ist innerhalb der festgelegten Grenzen autonom und nicht unbedingt auf übergeordnete Informationssysteme wie PPS, CAD und CAP angewiesen, die häufig noch nicht vorhanden oder noch für weitere Produktionsbereiche zuständig sind.

– Werden auf der Produktionsleitebene entsprechende Peripheriegeräte (z.B. Terminal zur Eingabe von Fertigungsaufträgen, Plattenspeicher für aktuelle und freigegebene NC-Programme) installiert (vgl. Bild 152), so kann im Falle möglicher Unterbrechungen der Datenkommunikation mit übergeordeneten Informationssystemen die Produktion ohne nennenswerte Einschränkung aufrechterhalten werden.

– Die Datenerfassung und Speicherung auf dezentralen Peripheriegeräten ermöglicht darüber hinaus eine stufenweise Inbetriebnahme eines geplanten Produktionssystems. Integrationstests für das Zusammenwirken von Bearbeitungsprozeß, Materialfluß und Informationsfluß sind vor allem bei komplexen Produktionssystemen oftmals nur durch diese funktionale Überlappung möglich. Die Beeinträchtigung anderer Produktionsbereiche kann dadurch erheblich gemindert werden.

Zur Durchsetzung der Vorgaben einer zentralen Fertigungssteuerung als Teil der Produktionsplanung und -steuerung benötigt das Produktionsleitsystem Dispositionsprogramme, die die verbleibenden Freiheitsgrade effektiv und zeitnah nutzen. Diese Dipositionsprogramme werden mit dem Begriff ‚Fertigungsführung' belegt. Bild 154 zeigt die internen Aufgaben der Fertigungsführung bei unterschiedlich detaillierten Vorgaben der übergeordneten Fertigungssteuerung.

Die Fertigungsführung hat die Aufgabe, die zeitliche Koordination zwischen geplantem Ablauf und Fertigungsprozeß herzustellen. Hierzu gehört das Verteilen von Arbeitsvorgängen auf die einzelnen Stationen, das Überwachen des Fertigungsablaufs sowie das Umdisponieren bei Störungen, das darauf abzielt, möglichst wenig vom normalem Ablauf abweichend die Fertigung bis zur Neuplanung in der nächsten Planperiode aufrechtzuerhalten. Hierzu muß die Fertigungsplanung z.B. Arbeitspläne und NC-Programme bereitstellen, wobei unter Umständen Alternativen von Arbeitsplänen und NC-Programmen vorbereitet sein müssen.

Vorgaben der Fertigungssteuerung	Interne Aufgaben der Fertigungsführung
Reihenfolge und Starttermine der Arbeitsvorgänge je Station	Abarbeitung der Aufträge nach Vorgabe und Überwachung des Fertigungsablaufs
Reihenfolge der Arbeitsvorgänge je Station	Prozeßabhängige Arbeitsverteilung und Überwachung des Fertigungsablaufs
Arbeitsvorgänge ohne Reihenfolge je Station	Reihenfolgeplanung, prozeßabhängige Arbeitsverteilung und Überwachung des Fertigungsablaufs
zu fertigende Aufträge für das Gesamtsystem	Maschinenbelegungsplanung, Reihenfolgeplanung, prozeßabhängige Arbeitsverteilung und Überwachung des Fertigungsablaufs

Interne Aufgaben der Fertigungsführung bei unterschiedlich detaillierten Vorgaben der übergeordneten Fertigungssteuerung (nach [14])   Bild 154

Materialflußsteuerung				
Konstante Dateien		**Variable Dateien**		
Arbeitsplan-datei	Arbeitsvorgänge mit bewerteten Alternativen Arbeitsvorgangs-Folgen Stationszuordnung mit Alternativen Bearbeitungsdauer Notwendige Betriebsmittel	Auftragsdatei	Geplanter Zeitbedarf, Losgrößen, Prioritäten und Auftragsfortschritt von Werkstattaufträgen	
		Maschinen-belegungs-datei	Arbeitsvorgangs-Folgen für die einzelnen Stationen Geplante Termine Prioritäten	
NC-Datei	NC-Programme	Werkstück-datei	Fertigungszustand und Qualitäts-merkmale der einzelnen Werkstücke bzw. Lose	
Handarbeits-datei	Arbeitsinhalte für manuelle Tätigkeiten, z. B. Spannen, Rüsten			
Betriebsmittel-bestandsdatei	Bestand an Werkzeugen, Prüfmitteln, Werkstückträgern, Spannmitteln Verwendungszweck	Betriebs-mitteldatei	Zustand und Verfügbarkeit von Werkzeugen, Prüfmitteln, Werk-stückträgern und Spannmitteln	
Zeitbedarfs-datei	Systemspezifische Zeiten, z. B. Transport/Handhabung Rüsten/Spannen	System-zustandsdatei	Funktionszustand, Betriebszustand und Belegung der Stationen Lager-/Transportabbild	

Bild 155   Konstante und variable Dateien der organisatorischen Materialflußsteuerung (nach [10])

konstante und
variable Daten

Die Aufgaben der Fertigungsführung werden im allgemeinen in zeitlich aufeinanderfolgenden Dispositionsschritten auf der Basis eines umfangreichen Dateisy-
stems durchgeführt (Bild 155), in dem sowohl konstante Daten verwaltet als
auch variable Datenbestände aktuell gehalten werden [14]:

– Feindisposition von Arbeitsvorgängen nach vorgegebener Zielsetzung, wie
  z.B. Maximierung der Maschinennutzung oder Minimierung der Durchlaufzeit,
– Vorgabe von Arbeitsvorgängen je Arbeitsstation (Arbeitsverteilung),
– Überprüfung der Verfügbarkeit von Systemkomponenten, wie z.B. Betriebsmitteln, Werkzeugen, Paletten und NC-Programmen sowie
– Übergabe von Transport- und Bereitstellanweisungen an die eigentliche Materialflußsteuerung.

Entsprechend der getroffenen Zuordnung durch die Arbeitsverteilung sind Werkstücke und Betriebsmittel den einzelnen Stationen bereitzustellen.

Die Vorgaben der Fertigungsführung enthalten für jeden Arbeitsvorgang Informationen zur Bestimmung des Abholortes, des Transportgutes und des Transportzieles. Hieraus werden Transportaufträge abgeleitet und in einzelne Transportvorgänge aufgelöst, deren Koordination in der Materialflußsteuerung erfolgt. Mit Hilfe der Transportfolgeermittlung werden die aufgelösten Transportvorgänge in transportmittelspezifische Auftragslisten eingereiht, die von den einzelnen Transportsteuerungen nach vorgegebener Reihenfolge abzuarbeiten sind. Die Aufgaben der Transportsteuerung sind dabei weitgehend anlagenspezifisch. Mit den Informationen der Transportfolgeermittlung werden bei fahrerlosen Transportsystemen beispielsweise Transportwege bestimmt und entsprechende Befehle mit Start- und Zielangabe dem Fahrzeugrechner übergeben. Im Transport- und Lagerabbild werden hierfür der aktuelle Zustand des Transportsystems und die Belegung des Lagers geführt.

Vorgaben der Fertigungsführung

4.5.4.3 Aufgaben zur Erfassung und Verarbeitung von Betriebsdaten

A. Produktionsleitebene	A3. Innerbetriebliches oder Produktions- und Auftrags-Informations-System	• Verarbeiten von Betriebsdaten als Grundlage für die Fertigungsplanung (Kostenrechnung, Qualitätsüberwachung, Engpaßerkennung) • Verarbeiten von Betriebsdaten für die Fertigungssteuerung (Auftragserledigung, Engpaßerkennung, Reaktion auf Störungen, Kapazitäts- und Materialbedarfsrechnung)

B. Prozeßführungsebene	B3. Betriebsdatenerfassung auf Prozeßführungsebene	• Erfassen von Daten
		  Ableiten von Betriebsdaten aus der Prozeßführungssoftware
		  - Übernehmen von Betriebsdaten über die Prozeßperipherie
		• Verarbeiten der Daten
		  - Berechnen, Verdichten, Darstellen
		  - Dokumentieren (Bestandsdateien, Arbeitsfortschrittsdateien)
		  - Überwachen
		  - Ausgeben und Übertragen an übergeordnete Systeme

C. Steuerungsebene	C3. Manuelle, teilautomatisierte oder automatisierte Erfassung von Betriebsdaten auf Steuerungsebene	• Erfassen von Zustandsdaten, Ereignissen und Zeitanteilen
		  - maschinenbezogen
		  - materialflußbezogen
		  - werkstückbezogen
		  - werkzeugbezogen usw.
		• Vorverarbeiten und Zwischenspeichern von Betriebsdaten
		• Ausgabe von Prozeß- und Alarmmeldungen

Aufgaben zur Erfassung und Verarbeitung von Betriebsdaten   Bild 156

BDE

Die Aufgabe der Betriebsdatenerfassung (BDE) ist es, alle erforderlichen Istdaten aus dem Betrieb zu sammeln und in verarbeitungsgerechter, oft stark verdichteter Form vor allem für die Fertigungssteuerung bzw. die dieser unterlagerten organisatorischen Materialflußsteuerung bereitzustellen [4].

Aufgrund des in komplexen Produktionssystemen häufig hohen Standes der Automatisierung bei Bearbeitung und Materialfluß ist es für die Fertigungsführung wichtig, daß vor allem die auftrags-, maschinen- und materialbezogenen Daten zu jeder Zeit das aktuelle Systemabbild vollständig beschreiben. Auf dieser Basis erst ist ein automatisierter Produktionsablauf möglich.

Regelkreis der
Fertigungs-
steuerung

Auf Abweichungen zwischen den Sollvorgaben der Produktionsplanung und -steuerung und der rückgemeldeten Daten der organisatorischen Materialflußsteuerung muß im Hinblick auf einen effizienten Systembetrieb schnell reagiert werden können. Terminverzüge, die durch das abgegrenzte Produktionssystem zu verantworten sind, sollten dabei nach Möglichkeit nicht zu Beeinträchtigungen der dem Produktionssystem vor- und nachgelagerten Bereiche führen.

Voraussetzung hierfür ist die zeitgerechte Veranlassung angemessener Gegenmaßnahmen. Diese Gegenmaßnahmen greifen nur, wenn auf ein aktuelles Systemabbild zurückgegriffen werden kann, in dem der momentane Systemzustand detailliert beschrieben ist.

BDE-Systeme
unterschiedlicher
Ausbaustufe

Zur automatischen Erfassung und Verarbeitung von Rückmeldeinformationen werden z.T. separate rechnerunterstützte Betriebsdatenerfassungs-Systeme (BDE-Systeme) unterschiedlicher Ausbaustufe eingesetzt, die eine Anbindung nicht nachrüstbarer Stationen erlauben.

Der Fertigungsprozeß kann dabei bezüglich des organisatorischen Informationsflusses als ein kurz- und mittelfristiger Regelkreis aufgefaßt werden, der aus

- Fertigungsplanung,
- Fertigungssteuerung,
- Fertigungsprozeß und
- Betriebsdatenerfassung (Rückkopplung)

besteht (Bild 157). Die Betriebsdatenerfassung dient dabei als Sensor zur Erfassung der Regelgröße, die kurzfristig der Fertigungssteuerung ein aktuelles Systemabbild zur Verfügung stellt und mittelfristig der Fertigungsplanung ein Bild der tatsächlichen technischen und mengenmäßigen Kapazität vermittelt.

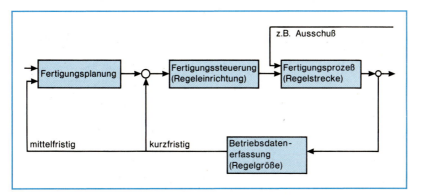

Betriebsdatenerfassung als Hilfsmittel zur Bereitstellung von Regelgrößen für Fertigungsplanung und -steuerung (nach [30])   Bild 157

Rechnergesteuerte Fertigungsanlagen mit DNC-Systemen bieten wegen ihrer ohnehin vorhandenen on-line-Verbindung (on-line: vollwertige Datenkommunikation) zwischen Leitrechner und Werkzeugmaschine ideale Voraussetzungen für eine Betriebsdatenerfassung [8]. Anstelle der manuellen Eingabe über Betriebsdatenerfassungs-Terminals (BDE-Terminals) ist bei DNC-Systemen eine automatische Datenerfassung zweckmäßig (vgl. Bild 152).

on-line Betriebs-
datenerfassung

Die dezentral gewonnenen Betriebsdaten werden auf der Prozeßführungsebene gesammelt, vorverdichtet und dem Leitrechner on-line zur Fertigungsplanung und -steuerung übergeben, um dort die gewonnene Information über den Fertigungsprozeß so früh wie möglich voll berücksichtigen zu können (Bild 158).

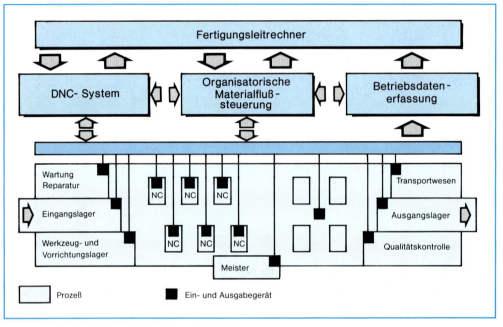

Bild 158   On-line Betriebsdatenerfassung (in Anlehnung an [30])

4.5.4.4   Steuerungsebene

4.5.4.4.1 Unterschiedliche Steuerungskonzepte

Aufgaben Ebenen	1. Aufgaben zur Durchführung der Bearbeitung/Montage	2. Aufgaben zur Organisation des Materialflusses	3. Aufgaben zur Erfassung und Verarbeitung von Betriebsdaten
A. Produktionsleitebene	A1. Fertigungsplanung	A2. Fertigungssteuerung	A3. Innerbetriebliches oder Produktions- und Auftrags-Informations-System
B. Prozeßführungsebene	B1. Funktionen DNC-System	B2. Organisatorische Materialflußsteuerung	B3. Betriebsdatenerfassung auf Prozeßführungsebene
C. Steuerungsebene	C1. Abarbeiten von NC-Daten	C2. Abarbeiten der Transportsteuerdaten	C3. Manuelle, teilautomatisierte oder automatisierte Erfassung von Betriebsdaten

Bild 159   Aufgaben auf der Steuerungsebene

Auch zukünftige Produktionssysteme, insbesondere im Bereich der mittelständischen Industrie, werden einen inhomogenen, gewachsenen Maschinenpark aufweisen, in dem sich unterschiedliche Generationen von NC- und CNC-Steuerungen meist unterschiedlicher Hersteller gleichzeitig im Einsatz befinden.

unterschiedliche Steuerungsgenerationen

Die Nachrüstung vorhandener NC-Steuerungen kann dabei analog der historischen Entwicklung von DNC-Systemen (vgl. Bild 152) nachvollzogen werden, bei der durch einen DNC-Zusatz (z.B. DNC-Interface, DNC-Terminal) Steuerinformationen über die Lochstreifenleserschnittstelle (BTR-Schnittstelle: Behind Tape Reader) in die NC-Steuerung oder CNC-Steuerung eingeleitet werden [8]. Bei dieser Nachrüstung bleiben die ursprünglichen Funktionen der NC-Steuerung vollständig erhalten, die NC-Dateneingabe geschieht jedoch automatisch [15].

Nachrüstung vorhandener NC-Maschinen

Betrachtet man das Blockschaltbild des Informationsflusses in einer flexiblen Fertigungszelle (Bild 160), so wird klar, daß parallel zur Zunahme der Automatisierung der maschinennahen Peripherie auch die Komplexität der Steuerungen wächst. Der Umfang der bereitzustellenden Steuerinformationen für das Betriebsmittel selbst, darüber hinaus aber auch für dezentrale automatisierte Meßeinrichtungen und Handhabungsgeräte (z.B. für Werkstücke, Werkzeuge, Meßzeuge und Spannzeuge) wächst stark an. Um eine flexible Fertigungszelle der dargestellten Komplexität informationstechnisch effizient zu integrieren, bedarf es eines DNC-Systems mit allen in Abschnitt 4.5.4.1 beschriebenen Grund- und Zusatzfunktionen.

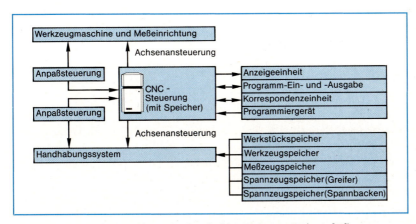

Blockschaltbild des Informationsflusses in einer flexiblen Fertigungszelle (nach [30])   Bild 160

4.5.4.4.2 Lokale Datennetze (Local Area Networks (LAN))

Schnittstellen

Da die Hersteller von Automatisierungssystemen eine Vielzahl unterschiedlicher Schnittstellen anbieten, ist der Aufbau eines integrierten Produktionssystems auf der Basis eines hierarchisch strukturierten Rechnerverbunds (vgl. Bilder 144 und 145) nur mit großen Einschränkungen möglich. Vor allem für die Einbindung flexibler Fertigungssysteme und Fertigungszellen kann sich die direkte Kopplung verschiedenartiger Rechner und Steuerungen in einem Netzwerk anbieten.

Solche Kopplungen sind im genannten Fall erforderlich zwischen den logischen Hierarchieebenen:

- Rechner der Prozeßführungsebene und Steuerungen der Steuerungsebene (z.B. CNC-Steuerungen und speicherprogrammierbare Steuerungen (SPS)),
- Produktionsleitebene und Prozeßführungsebene (z.B. Fertigungsleitrechner und Zellenrechner (siehe hierzu Kapitel 4.5.4.5),
- Produktionsleitebene und zentrale Dienste wie Produktionsplanung und -steuerung sowie CAD-und CAP-Systeme (z.B. CAD-Rechner, NC-Programmiersystem, Arbeitsplanerstellung).

Schnittstellenprobleme ergeben sich dadurch, daß in gewachsenen Produktionssystemen oftmals NC-Steuerungen und Rechner unterschiedlicher Entwicklungsstufen und Hersteller miteinander informationstechnisch zu verbinden sind. Selbst bei Steuerungen und Rechnern von nur einem Hersteller sind oftmals hard- und softwaremäßig große Anstrengungen notwendig, sie im Systemverbund zu betreiben. Bisher erforderte daher die Realisierung solcher Integrationsaufgaben häufig sehr hohe Entwicklungskosten und führte zu spezialisierten Lösungen und meist zu einzelnen, untereinander nicht kommunikationsfähigen ‚Automatisierungsinseln‘ [21].

lokale
Netzwerke

Eine vollständige Integration von informationsverarbeitenden Systemen im Produktionsbetrieb wird insbesondere durch den Einsatz lokaler Netzwerke vereinfacht. Lokale Netzwerke (Local Area Network LAN) sind nach ISO 7498 Netze für bitserielle Übertragung von Informationen zwischen untereinander verbundenen unabhängigen Geräten [13]. Sie unterliegen vollständig der Zuständigkeit der Anwender und sind auf deren Grundstück beschränkt. Mit dem von General Motors initiierten MAP-Projekt (Manufacturing Automation Protocol MAP) ist der erste Schritt hin zu einer einheitlichen Kommunikationslösung eingeleitet worden, die die besonderen Belange komplexer Produktionssysteme berücksichtigt [7].

Auf der Basis standardisierter Übertragungsprotokolle und Datenformate ist es nun möglich, über diese LANs Rechner verschiedener Leistung verteilte Datenspeicher, Terminals, Drucker, NC-Steuerungen, Systeme zur Betriebsdatenerfassung, Steuerungen von Robotern oder auch Transportsteuerungen miteinander zu verbinden. Auf diese Weise können alle Informationen der Betriebsdatenerfassung (BDE), der Steuerung und der Kontrolle der dezentralen Datenverarbeitung über ein einziges Informationsnetz abgewickelt werden. Es wird damit die Möglichkeit geschaffen, die Datenverarbeitung flexibel an die Organisation des Betriebes anzupassen.

Standardisierungsbestrebungen

4.5.4.4.3 Codier- und Erkennungssysteme

Produktionsleitsysteme müssen vor allem in bezug auf einen weitgehend eingriffsfreien Automatikbetrieb die Richtigkeit der gewonnenen, gespeicherten und ausgegebenen Informationen und Daten durch wiederholte Prüfung sicherstellen, um Fehlzuordnungen als Ursache für häufig mangelnde Systemverfügbarkeit auszuschließen [29].

Daten- und Identifizierungsfehler

Diese Verfügbarkeitseinbußen beruhen gerade bei komplexen Produktionssystemen oft auf Fehlern infolge falscher Werkstück- oder Palettenidentifikation sowie auf Fehleingaben von Daten (Bild 161).

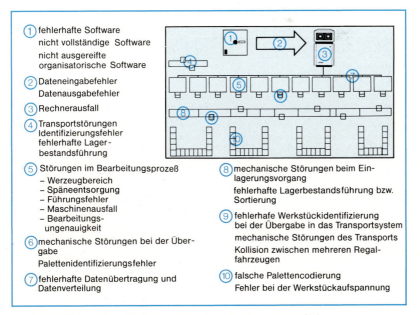

① fehlerhafte Software
  nicht vollständige Software
  nicht ausgereifte organisatorische Software

② Dateneingabefehler
  Datenausgabefehler

③ Rechnerausfall

④ Transportstörungen
  Identifizierungsfehler
  fehlerhafte Lagerbestandsführung

⑤ Störungen im Bearbeitungsprozeß
  – Werzeugbereich
  – Späneentsorgung
  – Führungsfehler
  – Maschinenausfall
  – Bearbeitungsungenauigkeit

⑥ mechanische Störungen bei der Übergabe
  Palettenidentifizierungsfehler

⑦ fehlerhafte Datenübertragung und Datenverteilung

⑧ mechanische Störungen beim Einlagerungsvorgang
  fehlerhafte Lagerbestandsführung bzw. Sortierung

⑨ fehlerhafe Werkstückidentifizierung bei der Übergabe in das Transportsystem
  mechanische Störungen des Transports
  Kollision zwischen mehreren Regalfahrzeugen

⑩ falsche Palettencodierung
  Fehler bei der Werkstückaufspannung

Ursachen für Verfügbarkeitseinbußen in komplexen Produktionssystemen [10]   Bild 161

Objekte als
Informations-
träger

Transportgüter (z.B. Werkstücke, Werkzeuge) und Transporthilfsmittel müssen ab einer gewissen Komplexität eines Produktionssystems selbst zu Informationsträgern werden, um mittels der am Objekt gespeicherten Information Plausibilitätsprüfungen vornehmen und Fehlzuordnungen vermeiden zu können [29].

Bild 162 zeigt Nutzungsmöglichkeiten von Erkennungs- und Codiersystemen. Der Schwerpunkt der Codierung liegt naturgemäß auf der Werkstückseite; zunehmend werden darüberhinaus Werkzeuge codiert.

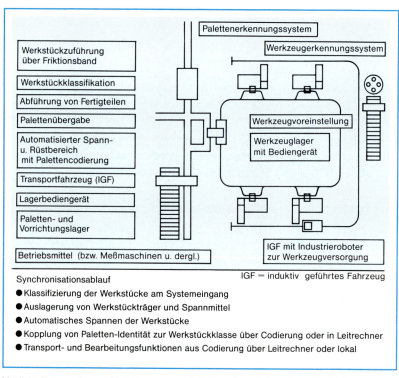

Bild 162   Mögliche Nutzungsformen für Erkennungs- und Codiersysteme in komplexen Produktionssystemen

passive und aktive
Informa-
tionsträger

Zur Verfolgung von Werkstücken und Werkzeugen in komplexen Produktionssystemen werden diese Codierungen entweder direkt am Objekt, z.B. am Werkstück oder Werkzeug, oder indirekt am Magazin oder der Palette auf entsprechende Informationsträger gespeichert. Welche Art der Codierung zu wählen ist, hängt davon ab, ob diese Informationsträger nur identifizierende oder auch klassifizierende Informationen, wie beispielsweise Korrekturwerte und Reststandzeiten bei Werkzeugen, tragen sollen.

Im ersten Fall sind die Objekte als passive Informationsträger anzusehen; die zugehörigen klassifizierenden und spezifizierenden Daten sind im Rechner gespeichert, und die Codierung des Objektes ist unveränderlich.

identifizierende Daten

Aktive Informationsträger sind dann erforderlich, wenn eine direkt am Objekt codierte Information während des Produktionsprozesses verändert werden soll. Anzutreffen ist diese Lösung beispielsweise dort, wo auf dem Informationsträger an einer Werkstückpalette nicht nur deren Palettennummer, sondern auch auftragsspezifizierende Daten wie Auftragsnummer, nächster Arbeitsgang und Gut-Stückzahl gespeichert werden sollen. Bild 163 zeigt eine Lösung, die zum Beispiel im Bereich der Versorgung von Bearbeitungszentren mit Maschinenpaletten verbreitet ist.

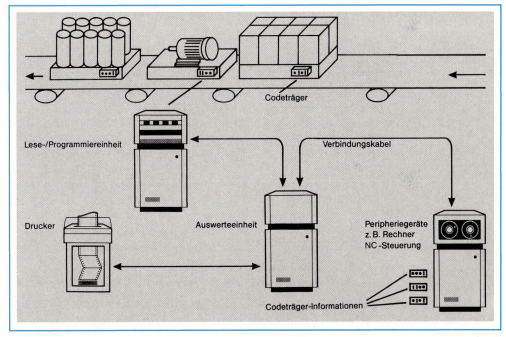

Erkennungs- und Codiersystem mit aktivem Informationsträger zur Materialflußsteuerung (Werksbild Balluff)

Bild 163

Im vorliegenden Beispiel werden Paletten auf einem Gurtförderer transportiert. Anders als bei Fahrzeugsystemen ist also ein individueller Palettentransport nicht möglich. Das bedeutet, daß dezentral entschieden werden muß, welcher nächsten Station eine bestimmte Palette zugefördert werden soll. Eine am Transportband installierte Leseeinrichtung liest die entsprechenden Daten aus dem an der Palette angebrachten Informationsträger. So kann beispielsweise eine Weiche gesteuert werden, um die Palette dem richtigen Ziel zuzuteilen. Schreib- oder Programmiereinheiten werden darüberhinaus dort installiert, wo es zu Zustandsänderungen des Transportgutes kommt. Eine solche Zustandsänderung kann beispielsweise eine gerade abgeschlossene Bearbeitung sein. Induktiv, über Infrarotlicht oder über elektromagnetische Wellen kann der Schreib-/Lesespeicher nun mit neuen Informationen gespeist werden. Die Daten beziehen sich häufig auf die Bearbeitung an der laut Arbeitsplan als nächsten anzulaufenden Station. Es ist z.B. möglich, diesen Speicher mit einer neuen Zieladresse zu versehen.

4.5.4.4.4 Betriebsdatenerfassung

manuelle und automatisierte Bereiche

Auch in Zukunft werden Teilbereiche mit manuellen Tätigkeiten (z.B. Entgraten, Bedienung von Maschinen, deren kapazitive Auslastung entweder nicht zur Automatisierung zwingt, oder die sich beim Stand der Technik nicht automatisieren lassen) neben automatisierten Fertigungszellen bestehen. Manuelle und automatisierte Bereiche sollen vom selben Produktionsleitsystem gesteuert und überwacht werden.

BDE in konventionellen Bereichen

Betriebsdatenerfassungssysteme (BDE-Systeme) sollten zum Zweck der Auftrags- und Materialverfolgung ebenso wie bei DNC-Systemen auch an konventionellen Maschinen und Handarbeitsplätzen eingeplant werden. Ein produktionssystemweites, aktuelles Anlagenabbild als Basis für die organisatorische Materialflußsteuerung kann aus diesen Daten generiert werden.

Hierfür können BDE-Terminals installiert werden, an denen über Tastatureingabe Daten rückgemeldet werden. Um Fehler bei der Dateneingabe weitgehend auszuschließen, sollten Betriebsdatenerfassungsgeräte installiert werden, die unterstützt durch Funktionstasten (feste Zuordnung zwischen Taste und Rückmeldeart) zusammen mit Leseeinrichtungen (z.B Strichcodeleser, Beleglesser) für eine fehlerfreie Datenrückführung sorgen.

4.5.4.5 Prozeßführungsebene

Aufgaben Ebenen	1. Aufgaben zur Durchführung der Bearbeitung/Montage	2. Aufgaben zur Organisation des Materialflusses	3. Aufgaben zur Erfassung und Ver-arbeitung von Betriebsdaten
A. Produktionsleitebene	A1. Fertigungsplanung	A2. Fertigungs-steuerung	A3. Innerbetriebliches oder Produktions- und Auftrags-Informations-System
B. Prozeßführungsebene	B1. Funktionen DNC-System	B2. Organisatorische Materialflußsteuerung	B3. Betriebsdaten-erfassung auf Prozeß-führungsebene
C. Steuerungsebene	C1. Abarbeiten von NC-Daten	C2. Abarbeiten der Transportsteuer-daten	C3. Manuelle, teilauto-matisierte oder auto-matisierte Erfassung von Betriebsdaten

Prozeßführungsebene   Bild 164

Zur Steuerung der Produktionsabläufe innerhalb einer Gruppe aus mehreren, miteinander materialflußtechnisch verbundenen, Maschinen werden häufig sogenannte Zellenrechner eingesetzt, die umfassende Koordininierungs- und Steuerungsaufgaben übernehmen können (Bild 165). Hierzu kann die Werkstück-, Werkzeug- und Spannmittelversorgung genauso gehören wie die informationstechnische Anbindung von Transportsystemen.

Zellenrechner-konzept

Zellenrechnerkonzepte bieten ähnlich wie die Produktionsleitsysteme Vorteile in bezug auf die Autonomie und stufenweise Inbetriebnahme. Diese Autonomie ist erst dann gegeben, wenn die Funktionen der Prozeßführungsebene, auf der das Zellenrechnerkonzept eingesetzt wird, durch Funktionen ergänzt werden, die nach der Definition auf der Produktionsleitebene angesiedelt sind.

funktionale Überschneidung

Zellenrechnerfunktionen decken im Sinne einer Funktionsautonomie deshalb häufig sehr umfassende Aufgabengebiete ab und werden physisch durch einen Rechner und logisch durch ein Programmsystem realisiert.

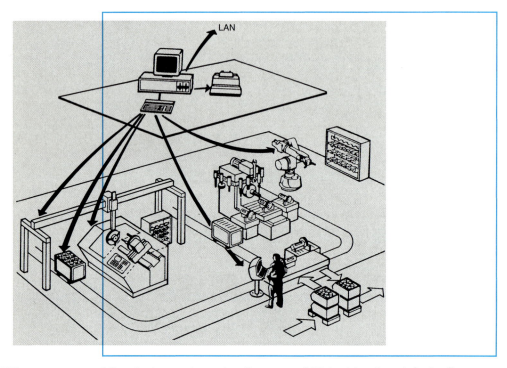

Bild 165   Zellenrechnerkonzept: Ansteuerbare Komponenten (LAN: Local Area Network, [nach 20])

Im spanenden Bereich sind die Zellenrechnerkonzepte weit verbreitet [5, 11, 19, 23]. Ähnliche Entwicklungen sind auch in der Montage und in der Leiterplattenfertigung zu beobachten. Auch wenn die Funktionen und Objekte in diesen Bereichen mit anderen Begriffen belegt sind, lassen sich Gemeinsamkeiten zur Teilefertigung erkennen. Folgende Funktionen sind üblicherweise in diesen Produktionssystemen Aufgabe von Zellenrechnern [20]:

1. Auftragseinplanung, Verfügbarkeitsprüfung von Betriebsmitteln (z.B. Werkzeuge, Spannmittel und Greiferelemente) und Auftragsveranlassung (Bild 166):

Auftragseinplanung und Auftragsfreigabe

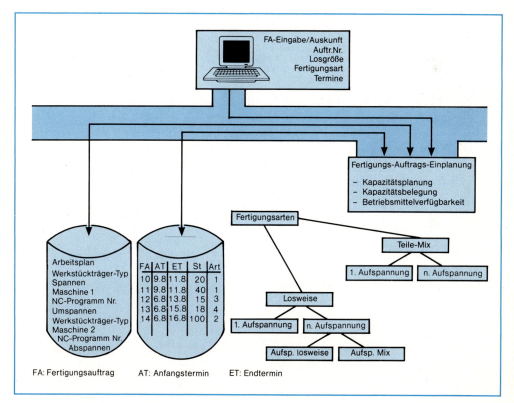

Zellenrechnerfunktion Auftragseinplanung und –veranlassung [nach 20]   Bild 166

Die Fertigungsaufträge werden im Dialog vom Bediener in den Zellenrechner eingegeben und vom Baustein „Fertigungsauftragseinplanung" beispielsweise nach den Kriterien „Minimierung der Werkstückträgeranzahl", „Maximierung der Maschinennutzung" oder „Minimierung der Auftragsdurchlaufzeiten" zur Bearbeitung eingeplant. Hierbei ist es möglich, in Abhängigkeit der Anzahl verfügbarer Vorrichtungen verschiedene Fertigungsarten wie Losfertigung und Teilemix zu unterscheiden. Ergebnis der Auftragseinplanung ist eine Dipositionsliste, in der die einzelnen Fertigungsaufträge versehen mit Auftragsnummer, Anfangs-, Endtermin, Stückzahl und Fertigungsart gespeichert werden.

Im Rahmen der Auftragseinplanung und -veranlassung werden umfassende Verfügbarkeitsprüfungen bezüglich aller notwendiger Betriebsmittel, z.B. NC-Programme, Werkzeuge oder Werkstückträger, durchgeführt. Diese Hilfsmittel sind je Fertigungsauftrag im zugehörigen Arbeitsplan vermerkt. Bei positiver Verfügbarkeit werden die Aufträge ihrer Priorität entsprechend der Zelle zur Bearbeitung übergeben.

Werkzeug-
verwaltung und
Werkzeug-
bedarfsplanung

2. Werkzeugverwaltung und Werkzeugbedarfsplanung (Bild 167):

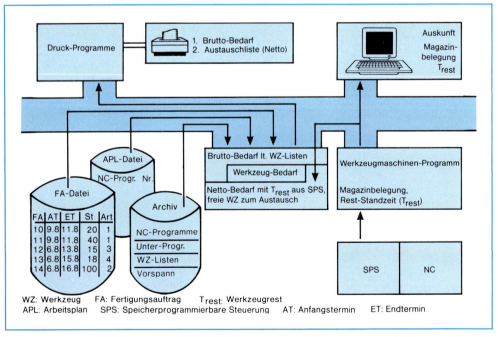

Bild 167   Zellenrechnerfunktion Werkzeugverwaltung und -bedarfsplanung [nach 20]

Werkzeuge werden im vorliegenden Beispiel in zwei Durchläufen verplant:

● Planungslauf vor Auftragseinplanung:

Aus den Werkzeuglisten der NC-Programme sind Werkzeugidentnummern und alle Eingriffszeiten pro Werkzeugeinsatz zu entnehmen. Durch Verknüpfung der im Magazin vorhandenen mit den erforderlichen Werkzeugen wird ein Werkzeug-Bruttobedarf ermittelt und dem Bediener an der Werkzeugvoreinstellung über Liste oder Bildschirmanzeige mitgeteilt.

● Planungslauf unmittelbar vor Fertigungsbeginn:

Bei der Bedarfsrechnung vor Fertigungsbeginn werden zusätzlich die Reststandzeiten der Werkzeuge in den maschinenintegrierten Magazinen mit einbezogen. Bevor das erste Werkstück eines Fertigungsauftrags einer Maschine zugeführt wird, werden die entsprechenden Werkzeuge anhand der Netto-Bedarfsliste ausgetauscht.

Die bei der Werkzeugvoreinstellung ermittelten Ist-Einstellmaße werden dem Zellenrechner übermittelt, der die hieraus ableitbaren Korrekturwerte (TO: Technical Offset) der Maschinensteuerung mitteilt.

Steuerungs-
funktionen
für den
Werkstückfluß

3. Steuerungsfunktionen für den Werkstückfluß und die automatische Fertigungsführung (Bild 168):

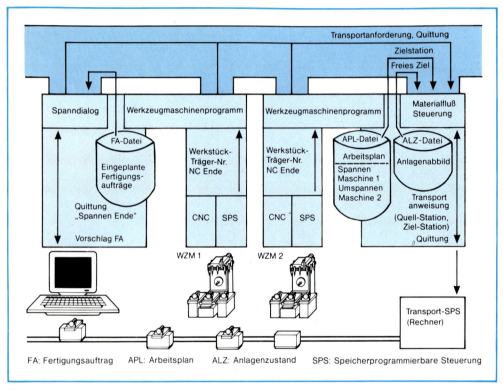

Bild 168   Zellenrechnerfunktion Steuerung des Werkstückflusses und automatische Fertigungsführung
[nach 20]

Die Materialflußsteuerung steuert und überwacht den Transport der Werkstückträger zwischen den materialflußtechnisch verknüpften Maschinen.

Die Transportanforderungen werden im vorliegenden Fall von den stations-
spezifischen Werkzeugmaschinenprogrammen im Anschluß an einen Spann-
vorgang oder nach Beendigung einer Bearbeitungsoperation an die Materialflußsteuerung gemeldet und von ihr beispielsweise nach dem Fifo-Prinzip
(first in/first out: älteste Transportanforderung zuerst) abgearbeitet.

Aus dem Anlagenabbild wird abgeleitet, ob die entsprechende Zielstation be-
legbar ist, um den erforderlichen Transport erfolgreich durchführen zu
können.

4. NC-Programmverwaltung und -verteilung, DNC-Betrieb (Bild 169):   DNC-Betrieb

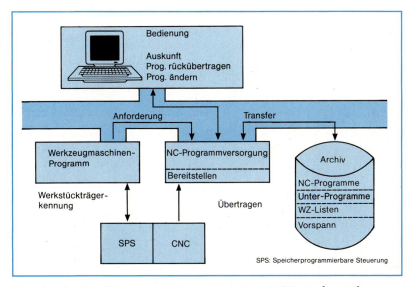

Zellenrechnerfunktion NC-Programmverwaltung und -verteilung, DNC-Betrieb [nach 20]   Bild 169

NC-Programme werden hier den CNC-Steuerungen auf Veranlassung eines Werkzeugmaschinen-Programms bereitgestellt.

Die beim Spanndialog eingegebenen Nullpunktverschiebungen (ZO: Zero Offset) der Werkstücke bezüglich des Koordinatensystems der Maschinenpaletten, entsprechende Werkzeugkorrekturwerte (TO: Technical Offset), Magazinbelegungen und Reststandzeiten (T_{rest}) werden über dieselbe Schnittstelle übertragen.

Anbindung der
Werkzeugvorein-
stellung und
automatischer
Werkzeugtransport

5. Anbindung der Werkzeugvoreinstellung, Übertragen ermittelter Korrekturwerte an die entsprechende Werkzeugmaschine und Werkzeugtransport (Bild
170):

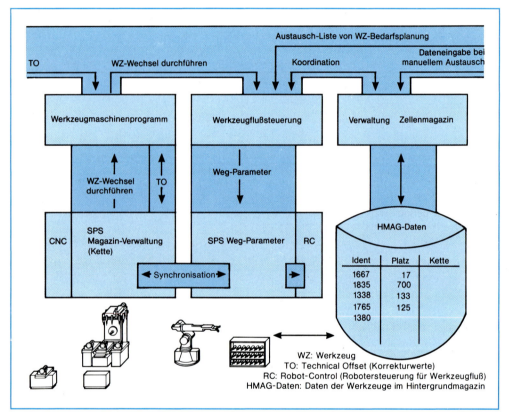

Bild 170   Zellenrechnerfunktion Werkzeugvoreinstellung und -transport [nach 20]

Die Werkzeugflußsteuerung wickelt den Transfer der Werkzeuge zwischen Zellenmagazinen und maschinenintegrierten Magazinen ab.

Die Funktion der Werkzeugplanung übergibt der Werkzeugflußsteuerung je Werkzeugmaschine Austauschlisten der benötigten und freiwerdenden Werkzeugnummern.

Der Zeitpunkt des Werkzeugwechsels wird durch die CNC oder SPS der jeweiligen Maschine mitgeteilt; dies kann unterschiedlich gelöst werden:

speicher-
programmierbare
Steuerung (SPS)

- im NC-Programm werden Merker so eingefügt, daß während der Programmabarbeitung mit Sicherheit genügend Zeit zur Verfügung steht, den entsprechenden Werkzeugwechsel zu vollziehen;
- in der CNC-Steuerung werden NC-Programmspezifische Werkzeuglisten im voraus abgegriffen, um einen Werzeugaustausch bei kurzen Eingriffszeiten auszuschließen.

Der SPS des Werkzeughandhabungsgerätes werden die Koordinaten des Werkzeugplatzes übergeben und dort in Verfahranweisungen umgesetzt. Gleichzeitig mit der Ausführung durch das Handhabungsgerät positioniert die SPS der Werkzeugmaschine beispielsweise die Werkzeugkette so, daß ein entsprechender Freiplatz in die Übergabeposition einfährt. Diese beiden Vorgänge müssen durch den Zellenrechner synchronisiert werden. Im Anschluß an das Einwechseln kann ein neues Werkzeug entnommen bzw. ein zur Zeit nicht benötigtes Werkzeug zum Hintergrundmagazin (zentrales Werkzeugmagazin) überstellt werden.

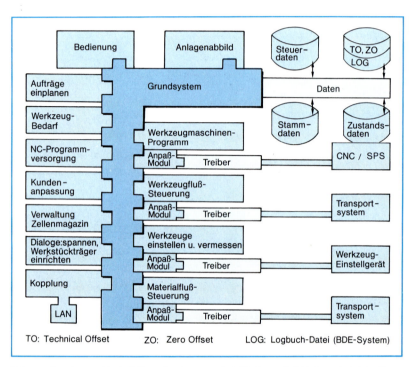

Bild 171

Software-Grundsystem für ein Zellenrechnerkonzept mit Anbindungsmöglichkeit an ein lokales Netzwerk [nach 20]

Bild 171 zeigt ein modular aufgebautes Software-Grundsystem eines Zellenrechners für die spanende Fertigung, das aus den oben aufgeführten Einzelfunktionen besteht. An einen Zellenrechner dieser Ausstattung können bis zu vier Werkzeugmaschinen angeschlossen werden, die durch Transportsysteme für Werkstücke und Werkzeuge mit einem zentralen Rüstplatz, einem Werkzeuglager und einem Werkzeugvoreinstellgerät verbunden sind [20].

4.5.4.6 Produktionsleitebene

Aufgaben Ebenen	1. Aufgaben zur Durchführung der Bearbeitung/Montage	2. Aufgaben zur Organisation des Materialflusses	3. Aufgaben zur Erfassung und Verarbeitung von Betriebsdaten
A. Produktionsleitebene	A1. Fertigungsplanung	A2. Fertigungssteuerung	A3. Innerbetriebliches oder Produktions- und Auftrags-Informations-System
B. Prozeßführungsebene	B1. Funktionen DNC-System	B2. Organisatorische Materialflußsteuerung	B3. Betriebsdatenerfassung auf Prozeßführungsebene
C. Steuerungsebene	C1. Abarbeiten von NC-Daten	C2. Abarbeiten der Transportsteuerdaten	C3. Manuelle, teilautomatisierte oder automatisierte Erfassung von Betriebsdaten

Produktionsleitebene   Bild 172

Wie in Abschnitt 4.5.3 dargestellt, werden der Produktionsleitebene oftmals Funktionen zugeordnet, die in ähnlicher Form auch in hierarchisch übergeordneten Bereichen erfüllt werden. Hiervon sind vor allem die Funktionen „Fertigungsplanung" und „Fertigungssteuerung" (Bild 172, Matrixelemente A1 und A2) betroffen.

Bereichsübergreifende und zeitunkritische Funktionen, die auch für andere Produktionseinheiten bereitzustellen sind, werden auch zukünftig vorwiegend entweder auf Rechnersystemen der Arbeitsvorbereitung (CAP, Arbeitsplanung, NC-Programmierung) oder der kommerziellen Datenverarbeitung (Produktionsplanungs- und Steuerungssysteme PPS) durchgeführt.

Produktionsleitsysteme benötigen jedoch zumindest Teilmengen der Dateien (z.B. Arbeitspläne, Auftragsdaten usw.) dieser übergeordneten Systeme, die häufig über sogenannte ‚file-transfer'-Schnittstellen periodisch von ‚unten' abgerufen oder von ‚oben' überspielt werden. Diese ‚file-transfer'-Schnittstellen sind relativ einfach zu realisieren, sie ermöglichen jedoch keine vollwertige Datenkommunikation. Deshalb sollte die Übertragung auf wesentliche Daten, wie beispielsweise Auftragsnummer, Sachnummer, Menge, Anfangs- und Endtermin, beschränkt werden.

Der Einsatz lokaler Netzwerke auch zur Verbindung zwischen Produktionsleitebene und hierarchisch übergeordneten Systemen kann hier eine Verbesserung bringen. Eine zentrale, redundanzfreie Datenhaltung, die im Sinne des integrierten Rechnereinsatzes in der Produktion (CIM) anzustreben ist, würde dadurch wesentlich vereinfacht [22, 26].

(Marginalien:)

Fertigungsplanung und Fertigungssteuerung

Datentransfer zwischen Produktionsleitebene und den überlagerten Bereichen

Eine zentrale Datenhaltung erfordert jedoch im Gegensatz zu einer dezentralen, redundanten Datenhaltung besondere organisatorische Maßnahmen zur Datensicherung, wie beispielsweise Spiegelplatten oder Tandemsysteme (parallele Systeme), um Datenkonsistenz auch bei Teilausfall des eingesetzten Rechnersystems gewährleisten zu können.

Entwicklungen auf dem Gebiet der Produktionsplanungs- und Steuerungssysteme zielen darauf ab, die Lücke zwischen der statischen off-line Kapazitätsterminierung und Auftragsfreigabe und on-line arbeitender Produktionsleitsysteme zu schließen.

dynamische
Fertigungs-
steuerung

Die Fertigungssteuerung nach der „belegungsorientierten Auftragsfreigabe", die ausgehend von der aktuellen Belegungssituation im Produktionsbereich neue Aufträge einplant und zur Bearbeitung freigibt [31], kann sich dem Betriebsgeschehen dynamisch anpassen.

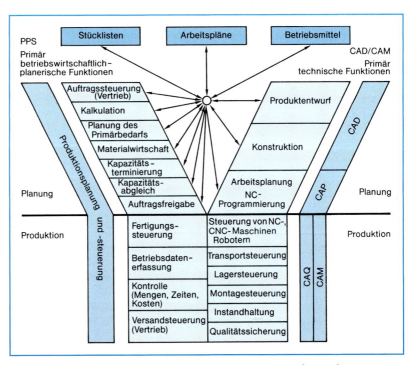

Bild 173   Primär technischer und primär betriebswirtschaftlicher Informationsfluß [nach 22]

Der Informationsfluß kann in Richtung CIM insbesondere bei komplexen Produktionssystemen dann durchgängig gestaltet werden, wenn, wie in Bild 173 dargestellt, die betriebswirtschaftlichen und technischen Funktionen zusammengeführt werden.

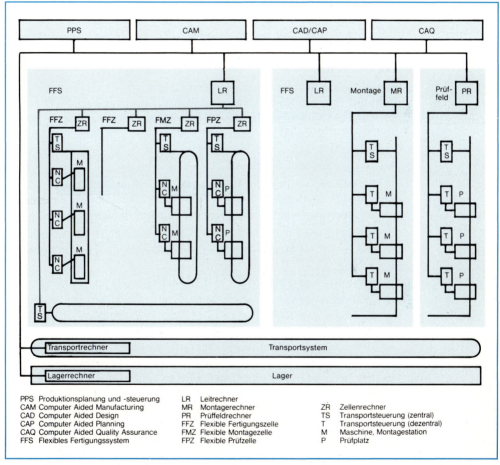

PPS Produktionsplanung und -steuerung
CAM Computer Aided Manufacturing
CAD Computer Aided Design
CAP Computer Aided Planning
CAQ Computer Aided Quality Assurance
FFS Flexibles Fertigungssystem

LR Leitrechner
MR Montagerechner
PR Prüffeldrechner
FFZ Flexible Fertigungszelle
FMZ Flexible Montagezelle
FPZ Flexible Prüfzelle

ZR Zellenrechner
TS Transportsteuerung (zentral)
T Transportsteuerung (dezentral)
M Maschine, Montagestation
P Prüfplatz

Informationsstruktur einer umfassend automatisierten Produktion [17]   Bild 174

Informations-
struktur einer
automatisierten
Produktion

Bild 174 zeigt zusammenfassend im Überblick eine denkbare Informationsstruktur einer automatisierten Produktion, in der die Bereiche spanende Teilefertigung, Montage und Prüffeld in ein ganzheitliches, übergreifendes EDV-Konzept integriert sind.

Dieses komplexe Produktionssystem besteht aus vier großen Teilsystemen, zwei flexiblen Fertigungssystemen, einer Montagelinie und einem Prüffeld, die jeweils mit spezialisierten Leitrechnern gesteuert und überwacht werden.

Zentraler Transport- und zentraler Lagerrechner sind hierarchisch auf gleicher Ebene wie die Leitrechner der Fertigungs- und Montagesysteme und des Prüffelds angesiedelt und an ein lokales Netzwerk angebunden.

Eines der beiden flexiblen Fertigungssysteme enthält mehrere Zellen mit wiederum jeweils mehreren NC-Maschinen. Die Montage erfolgt in flexiblen Montagezellen und die Qualitätsprüfung in einer flexiblen Prüfzelle. Diese Zellen, die durch eigene Zellenrechner gesteuert werden, werden materialflußtechnisch durch ein automatisches Transportsystem ver- und entsorgt. Hierfür werden zentrale Transportsteuerungen eingesetzt.

Die Montagelinie wird von einem Montageleitrechner aus geführt, der den einzelnen Montagestationen über eine zentrale Transportsteuerung und dezentrale Transportsteuerungen die zu montierenden Produkte zeitgerecht zuteilt.

Das Prüffeld ist ähnlich wie die Montagelinie aufgebaut. Auch hier werden zentrale und dezentrale Steuerungen für die Koordination von Transporten eingesetzt.

Alle Leitrechner haben Zugriff auf die Datenbestände von PPS, CAM, CAD, CAP und CAQ. Umgekehrt können diese Bereiche alle zentral erstellten Unterlagen wie NC-Programme, Montageanweisungen und Prüfunterlagen individuell auf die entsprechenden Leitrechner verteilen. Ein Durchgriff der Produktionsplanung und -steuerung auf alle Produktionsbereiche stellt darüber hinaus sicher, daß die gesteckten Ziele wie Durchlaufzeitverkürzung, Bestandssenkung und Verbesserung der Termintreue voll zum Tragen kommen können.

4.5.5 Back-Up-Lösungen und Notstrategien

Die Überschneidung zwischen den Funktionen hierarchisch übereinanderliegender Ebenen tragen, wie in den Abschnitten 4.5.4.5 und 4.5.4.6 dargestellt, zu einer gewissen Funktionsautonomie bei. Dies bedeutet gleichzeitig, daß die für den Produktionsfortschritt notwendigen Informationsverarbeitungsaufgaben auf einer Ebene mit funktionalen Abstrichen auf der dieser jeweils unterlagerten Ebene ebenfalls lauffähig sind. Dies setzt voraus, daß logische Funktionsüberschneidungen geplant werden, die dann durch eine physische Hierarchie von Rechnern mit teils redundanter Datenhaltung zu realisieren sind. Für die Datensicherung auf den verschiedenen physischen Rechnerebenen werden zusätzlich häufig spezielle Speichergeräte, sogenannte Spiegelplatten, eingesetzt, bei denen bei jedem Schreibzugriff gleichzeitig auf zwei Plattenspeichern geschrieben wird.

Funktions-autonomie

redundante Datenhaltung

Im Zusammenhang mit Funktionsüberschneidungen, doppelter Datenhaltung und hierarchischen Rechnerstrukturen spricht man von Back-Up-Lösungen, bei denen der Ausfall einer Funktion oder der Stillstand eines Rechners nicht unmittelbar zur Folge haben, daß der gesamte Produktionsprozeß zum Erliegen kommt. Hierfür sind verschiedene Notstrategien vorzusehen, die jedoch nur von Spezialisten geplant und realisiert werden können:

- Um die Leistungseinbußen bei Ausfall einer Komponente möglichst gering zu halten, sind Maßnahmen festzuschreiben, um einen geregelten Notbetrieb zu organisieren. Hierzu gehören beispielsweise Vorschriften, welche Funktionen uneingeschränkt, eingeschränkt oder gar nicht mehr durchgeführt werden dürfen und wie die Durchführung von Funktionen im Hinblick auf den Wiederanlauf zu dokumentieren ist.

organisierter Notbetrieb

- Um automatisierte Stationen auch in der 3. Schicht nutzen zu können, ist leitrechnerseitig dafür Sorge zu tragen, daß die nicht mehr benötigten Betriebsmittel und Stationen bei Bedarf automatisch in einen eindeutig definierten ‚Schlaf'-Zustand versetzt werden. In diesem Zusammenhang spricht man von einem automatischen Abschaltbetrieb. Beipiele können sein:

definiertes Abschalten

  - abgearbeitete Paletten werden auf reservierte Warteposition gebracht;
  - Ladeportal nimmt neutrale Position ein;
  - Maschine wird in Zustand ‚betriebsbereit' versetzt;
  - induktiv geführtes Fahrzeug fährt an vereinbarten Ort.

unkontrollierter
Betrieb

● Um einzelne Stationen vorübergehend der Rechnerführung zu entziehen, müssen Strategien bereitgestellt werden, die ein abgekoppeltes Arbeiten ermöglichen. Dieser sogenannte unkontrollierte Betrieb erstreckt sich, je nachdem welche Station betroffen ist, auf unterschiedliche Komponenten und Leitrechnermodule. Zum Einfahren nicht getesteter NC-Programme beispielsweise muß die Möglichkeit vorgesehen werden, daß eine Materialanlieferung auf Anforderung durch den Maschinenbediener automatisch erfolgt, die Bearbeitung selbst jedoch manuell veranlaßt und überwacht wird.

Wiederanlauf

● Um nach Wiederanlauf (z.B. nach einem Rechnerstillstand) möglichst schnell zum Normalbetrieb übergehen zu können, müssen Strategien definiert werden, die festlegen, wie die während des Systemstillstands eingetretenen Änderungen im Systemabbild in die rechnerinternen Dateien eingebracht werden können, damit diese dem aktuellen Systemzustand entsprechen. Hierbei wird meist der Zustand auf der der Störung unterlagerten Ebene erfragt und nach oben übertragen.

4.5.6 Standardisierungsansätze

Standardi-
sierung von
Leitsystemen

Aus der Sicht bedeutender Anbieter von Werkzeugmaschinen und Automatisierungskomponenten im Bereich flexibler Fertigungssysteme wird der Standardisierunggedanke bezüglich einer Leitsystemsoftware stark propagiert. Dies deshalb, weil diese Unternehmen verstärkt Komplettsysteme (Maschinen, Verkettung, Rechnerhard- und -software) ausliefern und deshalb gezwungen werden, ihren oft standardisierten Maschinenkomponenten ebenfalls standardisierte Leitsystem-Module zur Seite zu stellen. Risikominderung, Verkürzung der Projektierungsphase und vereinfachte Inbetriebnahme sind auf Anbieterseite als Vorteile dieser Standardisierung und Modularisierung hervorzuheben.

Berücksichtigt man ferner, daß komplexe Produktionssysteme in der Regel vom Anwender schrittweise aufgebaut und in Betrieb genommen werden, so erkennt man, daß auch dieser von der Vereinheitlichung und Modularisierung von Softwarefunktionen in vielerlei Hinsicht profitiert: *Vorteile*

● Funktionen der Informationsverarbeitung können nahezu zeitlich parallel zur Installation von Anlagenkomponenten implementiert werden;

● Softwarefunktionen sind ebenso nachrüstbar wie die Automatisierungsperipherie an den Maschinen selbst;

● der Anwender partizipiert an der Erfahrung der Anbieter, die diese durch Mehrfacheinsatz der jeweiligen Leittechnikfunktionen gewinnen;

● wird eine ,Systemwartung' vereinbart, die die Softwarekomponenten einschließt, ist es möglich, schon implementierte Funktionen durch weiterentwickelte zu ersetzen. So ist sichergestellt, daß das Produktionsleitsystem dem jeweils gültigen Stand der Technik angepaßt werden kann.

Mögliche Nachteile des Einsatzes standardisierter Lösungen sind: *Nachteile*

● Standardisierte Lösungen werden sehr häufig maßgeschneidert der jeweiligen Hardware (z.B. Maschinenkonzept und Steuerung) angepaßt;

● der Einsatz von Maschinen oder Steuerungen unterschiedlicher Hersteller, zu dem der Anwender sich aus verschiedensten Gründen gezwungen sehen kann, führt zu Erweiterungen und Anpassungsarbeiten der Leittechnik, die von den einzelnen Anbietern nur ungern durchgeführt werden, weil dabei sofort wieder Individuallösungen mit geringer Wiederverwendbarkeit entstehen.

Diese Nachteile können jedoch dann weitgehend ausgeräumt werden, wenn im Rahmen der Planung entsprechender Produktionssysteme schon bei der Gestaltung des Bearbeitungs- und Materialflußsystems Informationsverarbeitungsaspekte miteinbezogen werden.

4.5.7 Anwendungsspezifisches Anforderungsprofil für die Produktionsleittechnik

4.5.7.1 Funktionsmodell

Nutzen eines
Funktionsmodells

Reibungsverluste bei der Planung von Informationssystemen sind, wie in Abschnitt 4.5.2 dargestellt, dort zu befürchten, wo die Ablaufstruktur eines geplanten Produktionssystems insgesamt komplex wurde. Mit dieser konnte der einzelne Leitsystemanbieter oft erst nach einer längeren Einarbeitungsphase vertraut gemacht werden.

Hier kann der Anwender sein Wissen um die Aufbau- und Ablauforganisation eines sich in der Planung befindlichen Produktionssystems mit folgendem Nutzen einbringen:

– Vermeidung von Reibungsverlusten und Mißverständnissen;
– effektive Mitsprache bei der Pflichtenhefterstellung;
– Verkürzung der Phase der Systemanalyse und damit Kosteneinsparungen.

Als Hilfsmittel zur Beschreibung von Informations- und Materialfluß in komplexen Produktionssystemen und deren Abhängigkeiten eignen sich sogenannte Funktionsmodelle, in denen aus Anwendersicht Systemzusammenhänge aufgezeigt werden können.

Aufgaben von
Funktions-
modellen

Funktionsmodelle erlauben es, alle denkbaren Materialflußabläufe, deren „Berührungspunkte" und deren Wechselwirkungen untereinander zu erfassen und zu beschreiben.

Aufgrund der Vielfalt möglicher Abläufe in komplexen Produktionssystemen ist es häufig empfehlenswert, organisatorisch abgegrenzte Teilsysteme zu bilden, die als Bausteine zu einem Gesamtsystem integriert werden können. Jedem dieser Teilsysteme läßt sich aufgrund der damit festgelegten Systemgrenzen ein spezifischer Umfang an durchzuführenden Funktionen zuordnen.

Schnittstellen an den Systemgrenzen mit definierten Systemzu- und -abgängen machen es zudem möglich, das Zusammenwirken aller Teilsysteme zu beschreiben. Zur systematischen Ableitung aller Funktionen, die innerhalb eines Produktionssystems rechnergeführt zu veranlassen, durchzusetzen und zu überwachen sind, ist es dabei insbesondere für den Bereich der organisatorischen Materialflußsteuerung erforderlich, sämtliche Abläufe innerhalb der abgegrenzten Teilsysteme zu beschreiben. Alle materialflußtechnischen und informationstechnischen Abhängigkeiten lassen sich auf dieser Basis herleiten.

Ableiten von Funktionen und Aufzeigen aller Abhängigkeiten

Nachdem keine einheitliche Richtlinie angegeben werden kann, nach der solche Funktionsmodelle zu erstellen sind, wird das in den Abschnitten 4.2 und 4.3 durchgängig beschriebene Beispiel eines flexiblen Fertigungssystems zur Bearbeitung von Gehäuseteilen beispielhaft aufgegriffen.

Das Funktionsmodell wird in vier Schritten abgeleitet [28]:

aufeinanderfolgende Schritte

Bildung von Teilsystemen:

Schritt 1

Eine Vereinfachung der Systemabläufe läßt sich dadurch erreichen, daß Teilsysteme gebildet werden. Bei dieser Teilsystembildung ist darauf zu achten, daß die Wahl der Teilsystemgrenzen funktionale Überschneidungen ausschließt.

Ableitung von Funktionen und Aufzeigen ihrer zeitlichen Abhängigkeiten:

Schritt 2

Funktionale Abhängigkeiten innerhalb eines Teilsystems können, ohne größere Rücksicht auf die Abläufe in anderen Teilsystemen zu nehmen, getrennt betrachtet und untersucht werden, wenn es in Schritt 1 gelingt, die Teilsystemgrenzen in geeigneter Weise festzulegen ('black box'-Betrachtung). Hierauf aufbauend ist es möglich, alle informationstechnisch zu unterstützenden Funktionen abzuleiten und deren zeitliche Abfolge zu studieren.

Ableitung der zur Funktionsdurchführung notwendigen Informationen:

Schritt 3

Für das effiziente Zusammenspiel der in Schritt 2 teilsystembezogen erarbeiteten Funktionen muß sichergestellt werden, daß alle für die einzelne Funktionsdurchführung wichtigen Informationen in korrekter Form, vollständig und zeitgerecht vorliegen.

Im Schritt 3 müssen deshalb alle Eingabe- und Ausgabeinformationen zusammengetragen werden, die zur Funktionsdurchführung und Funktionsbestätigung vonnöten sind. Zu klären ist zudem, ‚wann und durch wen' die jeweiligen Eingabeinformationen bereitgestellt werden, ‚wann und in welcher Form' diese zu verarbeiten sind und ‚wann und wohin' die entsprechenden Ausgabeinformationen zu übermitteln sind.

Schritt 4

Dokumentation:

Die in den Schritten 1 bis 3 erarbeiteten Ergebnisse sind so aufzubereiten, daß sie als Pflichtenheft an entsprechende Anbieter weitergegeben werden können.

Symbole

Zur Erarbeitung eines Funktionsmodells in den oben genannten vier Schritten empfiehlt es sich, durchgängig für die wichtigsten Sachverhalte Symbole und Nummern zu verwenden. Welche Gestalt und Bedeutung diese haben können, zeigt Bild 175 am Beispiel.

Symbol	Bedeutung
Kennung Z (Raute)	Systemein- oder -ausgang für Objekt Z*
Kennung S	interner Zu- oder Abgang eines Teilsystems für Objekt S
a →	Bewegung des Objektes a
Kennung (Funktionssymbol mit a, c, d, b)	Funktion transformiert die zugehenden Objekte a und b in die abgehenden Objekte c und d
X	Puffer für Objekt X
Y	Lager für Objekt Y

* Objekt steht als Oberbegriff für alle zu berücksichtigenden Gegenstände

Bild 175   Symbole zur Darstellung von Materialflußabläufen in einem Funktionsmodell

4.5.7.2 Bildung von Teilsystemen

sechs
Teilsysteme

Betrachtet man das Layout (vgl. Bild 130) des beipielhaft gewählten flexiblen Fertigungssystems unter ablauforganisatorischen Aspekten, so läßt sich dieses formal in die sechs abgegrenzten Teilsysteme

- Werkstückein- und -ausschleusung,
- Werkstückpufferung,
- automatischer Werkstücktransport,
- automatische Werkstückbearbeitung,
- manueller Werkzeugtransport und
- Werkzeugbereitstellung

aufteilen (Bild 176):

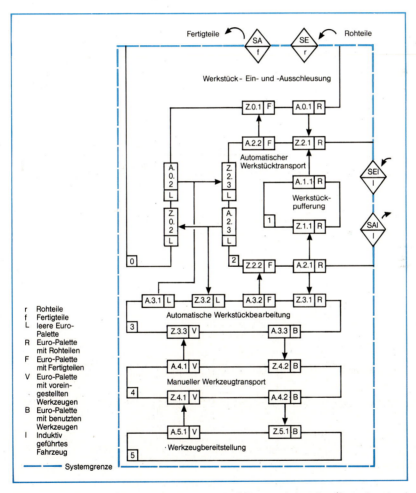

Abgrenzung von Teilsystemen und Beschreibung von Teilsystemschnittstellen (Systemlayout vgl.   Bild 176
Bild 130)

Teilsystem-
grenzen und
Schnittstellen

Jedes Teilsystem läßt sich durch eine Teilsystemgrenze und Teilsystemschnittstellen beschreiben. Diese Teilsystemschnittstellen lassen sich wie folgt unterteilen:

- Systemeingänge,
- Systemausgänge,
- interne Systemzugänge und
- interne Systemabgänge.

Systemein- und
-ausgänge

Systemeingänge und -ausgänge stellen die Verbindung eines abgegrenzten Produktionssystems zu den diesem vor- und nachgelagerten Bereichen dar.

Interne Systemzugänge und Systemabgänge bilden die Schnittstellen eines speziellen Teilsystems innerhalb der gewählten Systemgrenze. Jedem Zugang (Abgang) eines Teilsystems läßt sich ein Abgang (Zugang) mindestens eines anderen Teilsystems zuordnen.

Teilsystem 0

- *Teilsystem 0* (Bild 177) dient im vorliegenden Beispiel der auftragsbezogenen Kommissionierung von Rohteilen auf Euro-Paletten, die anschließend automatisch entweder in einen Werkstückpuffer (Teilsystem 1) oder direkt zur automatischen Bearbeitung (Teilsystem 3) zu transportieren sind (Teilsystem 2). Darüberhinaus hat Teilsystem 0 die Aufgabe, automatisch auf Paletten zurückgeführte Fertigteile zu übernehmen, zu entpalettieren und auszuschleusen.

  Teilsystem 0 besitzt auf Werkstückebene den einzigen Systemeingang, über den alle Rohteile in das abgegrenzte Produktionssystem eingehen, und den einzigen Systemausgang, über den alle zerspanend bearbeiteten Werkstücke das abgegrenzte Produktionssystem verlassen.

Nummer		Teilsystembezeichnung		
0		Werkstückein- und -ausschleusung		
Schnittstelle	Kennung	Objekt		Korrespondierende Schnittstellen
		Kürzel	Beschreibung	
Systemeingang	SE	r	Rohteile	
Systemausgang	SA	f	Fertigteile	
Interne Systemzugänge	Z.0.1	F	Euro-Palette mit Fertigteilen	A.2.2
	Z.0.2	L	leere Euro-Palette	A.2.3
Interne Systemabgänge	A.0.1	R	Euro-Palette mit Rohteilen	Z.2.1
	A.0.2	L	leere Euro-Palette	Z.2.3

Bild 177   Zu- und Abgänge Teilsystem 0: Schnittstellenbeschreibung

● *Teilsystem 1* (Bild 178) dient der Pufferung von auf Euro-Paletten kommissio-   Teilsystem 1
nierten Rohteilen.

Nummer	Teilsystembezeichnung			
1	Werkstückpufferung			
Schnittstelle	**Kennung**	**Objekt**		**Korrespondierende Schnittstellen**
		Kürzel	Beschreibung	
Interner Systemzugang	Z.1.1	R	Euro-Palette mit Rohteilen	A.2.1
Interner Systemabgang	A.1.1	R	Euro-Palette mit Rohteilen	Z.2.1

Zu- und Abgänge Teilsystem 1: Schnittstellenbeschreibung   Bild 178

● *Teilsystem 2* (Bild 179) umfaßt den automatisierten Transport von auf Euro-   Teilsystem 2
Paletten kommissionierten Werkstücken (Roh- und Fertigteile) und den
Transport von Leerpaletten zwischen Teilsystem 0 ‚Werkstückein- und -aus-
schleusung‘, Teilsystem 1 ‚Werkstückpufferung‘ und Teilsystem 3 ‚Automatische Werkstückbearbeitung‘. Das für den automatischen Transport vorgesehene induktiv geführte Fahrzeug erfüllt aus Gründen der Kapazitätsnutzung
weitere Transportaufgaben außerhalb der Systemgrenzen. Dieses Fahrzeug
steht dem abgegrenzten Produktionssystem deshalb nicht uneingeschränkt
zur Verfügung.

Nummer	Teilsystembezeichnung			
2	Automatischer Werkstücktransport			
Schnittstelle	**Kennung**	**Objekt**		**Korrespondierende Schnittstellen**
		Kürzel	Beschreibung	
Systemeingang	SEI	I	Induktiv geführtes Fahrzeug	
Systemausgang	SAI	I	Induktiv geführtes Fahrzeug	
Interne Systemzugänge	Z.2.1	R	Euro-Palette mit Rohteilen	A.0.1, A.1.1
	Z.2.2	F	Euro-Palette mit Fertigteilen	A.3.2
	Z.2.3	L	Leere Euro-Palette	A.0.2, A.3.1
Interne Systemabgänge	A.2.1	R	Euro-Palette mit Rohteilen	Z.1.1, Z.3.1
	A.2.2	F	Euro-Palette mit Fertigteilen	Z.0.1
	A.2.3	L	Leere Euro-Palette	Z.0.2, Z.3.2

Zu- und Abgänge Teilsystem 2: Schnittstellenbeschreibung   Bild 179

Teilsystem 3

● *Teilsystem 3* (Bild 180) bildet alle Abläufe ab, die in direktem Zusammenhang mit der spanenden Bearbeitung der Gehäuseteile an den Bearbeitungszentren zu berücksichtigen sind. Hierzu gehören die Bearbeitung selbst, das Vorrichtungswesen, das Rüsten von Werkstückträgern (Maschinenpaletten), das Spannen der Werkstücke, das automatische Beschicken der Bearbeitungszentren mit auf Werkstückträgern gespannten Werkstücken sowie die Ver- und Entsorgung der maschinenintegrierten Werkzeugmagazine mit Zerspanungswerkzeugen.

Nummer		Teilsystembezeichnung		
4		Manueller Werkzeugtransport		
Schnittstelle	Kennung	Objekt		Korrespondierende Schnittstellen
		Kürzel	Beschreibung	
Interne Systemzugänge	Z.4.1	V	Euro-Palette mit voreingestellten Werkzeugen	A.5.1
	Z.4.2	B	Euro-Palette mit benutzten Werkzeugen	A.3.3
Interne Systemabgänge	A.4.1	V	Euro-Palette mit voreingestellten Werkzeugen	Z.3.3
	A.4.2	B	Euro-Palette mit benutzten Werkzeugen	Z.5.1

Bild 180   Zu- und Abgänge Teilsystem 3: Schnittstellenbeschreibung

Teilsystem 4

● *Teilsystem 4* (Bild 181) umfaßt den manuellen Werkzeugtransport zwischen Teilsystem 3 ‚Automatische Werkstückbearbeitung' und Teilsystem 5 ‚Werkzeugbereitstellung'.

Nummer		Teilsystembezeichnung		
3		Automatische Werkstückbearbeitung		
Schnittstelle	Kennung	Objekt		Korrespondierende Schnittstellen
		Kürzel	Beschreibung	
Interne Systemzugänge	Z.3.1	R	Euro-Palette mit Rohteilen	A.2.1
	Z.3.2	L	Leere Euro-Palette	A.2.3
	Z.3.3	V	Euro-Palette mit voreingestellten Werkzeugen	A.4.1
Interne Systemabgänge	A.3.1	L	Leere Euro-Palette	Z.2.3
	A.3.2	F	Euro-Palette mit Fertigteilen	Z.2.2
	A.3.3	B	Euro-Palette mit benutzten Werkzeugen	Z.4.2

Bild 181   Zu- und Abgänge Teilsystem 4: Schnittstellenbeschreibung

● *Teilsystem 5* (Bild 182) grenzt alle Aufgaben ab, die im Rahmen der Vorberei-   Teilsystem 5
tung und Bereitstellung von Zerspanungswerkzeugen für die Bearbeitungszentren anfallen. Hierzu gehören die Werkzeugmontage bzw., -demontage,
die Werkzeugkommissionierung, die Werkzeugvoreinstellung, die Werkzeug-
kontrolle und Werkzeugaufarbeitung.

Nummer		Teilsystembezeichnung		
5		Werkzeugbereitstellung		
Schnittstelle	Kennung	Objekt		Korrespondierende Schnittstellen
		Kürzel	Beschreibung	
Interner Sytemzugang	Z.5.1	B	Euro-Palette mit benutzten Werkzeugen	A.4.2
Interner Systemabgang	A.5.1	V	Euro-Palette mit vorein- gestellten Werkzeugen	Z.4.1

Zu- und Abgänge Teilsystem 5: Schnittstellenbeschreibung   Bild 182

4.5.7.3 Funktionen und zeitliche Abhängigkeiten

Die auf diese Weise abgegrenzten Teilsysteme zerfallen in drei Gruppen: Gruppen von
Teilsystemen
● ,Werkstückpufferung' (Teilsystem 1), ,Automatische Werkstückbearbeitung'
(Teilsystem 3), ,Manueller Werkzeugtransport' (Teilsystem 4) und ,Werkzeug-
bereitstellung' (Teilsystem 5) sind systeminterne, abgeschlossene Bereiche,
die materialflußtechnisch als ,black box' betrachtet werden können. Verbindungen zu den dem Produktionssystem vor- und nachgelagerten Bereichen
sind nicht zu berücksichtigen.
● Über das Teilsystem 0 ,Werkstückein- und -ausschleusung' wird auf Werkstückebene die Verbindung zu vor- und nachgelagerten Bereichen (z.B. Rohteilelager, Endkontrolle) hergestellt. Die teilsystemspezifischen Funktionen
selbst jedoch sind vollständig innerhalb der festgelegten Produktionssystem-
grenze angesiedelt. Dies bedeutet gleichzeitig, daß alle Dispositions- und
Steuerungstätigkeiten zur Durchschleusung von Fertigungsaufträgen, die den
Systemeingang passiert haben, den Systemausgang jedoch noch nicht verlassen haben, zum Aufgabenumfang des zugehörigen Produktionsleitsystems
zu zählen sind.

● Das Teilsystem 2 ,automatischer Transport' grenzt indes Funktionen ab, die zeitweilig aufgrund von Konkurrenzsituationen, bei denen gleichzeitig interne und externe Transportanforderungen vorliegen, mit anderen Bereichen geteilt werden müssen. Dies ist besonders bei der Festlegung der Aufgaben der ,organisatorischen Materialflußsteuerung' (vgl. Abschnitt 4.5.4.2) von Bedeutung.

Im folgenden sollen die einzelnen Funktionen der Teilsysteme ,Werkstückein- und -ausschleusung', ,automatische Werkstückbearbeitung' und ,Werkzeugbereitstellung' näher betrachtet und anschließend die für deren Durchführung erforderlichen Informationen und Verarbeitungsvorschriften abgeleitet werden.

4.5.7.3.1 Teilsystem 0: Werkstückein- und -ausschleusung

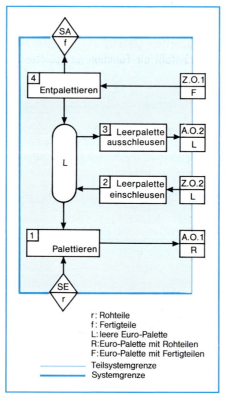

Bild 183   Teilsystem 0: Werkstückein- und -ausschleusung

● Funktion 1: Palettieren.

Funktionen des
Teilsystems 0

Alle Rohteile (r) gelangen in das abgegrenzte Produktionssystem über dieses Teilsystem (SE/r). Hierzu werden die Teile dem Rohteilelager auftragsbezogen entnommen und als Kommission auf Euro-Paletten palettiert. Aus einem ausreichend dimensionierten Puffer sind hierfür Leerpaletten (L) bereitzustellen. Die mit Rohteilen beladenen Euro-Paletten (R) sind anschließend an eine definierte Übergabeposition (A.0.1/R) zu bringen, an der das vorgesehene induktive Fahrzeug andocken kann. Die Paletten sind automatisch (Funktionen in Teilsystem 1) entweder zwischenzupuffern (Teilsystem 1) oder direkt zum Spann- und Rüstplatz (Teilsystem 3) an den Bearbeitungszentren zu bringen.

● Funktion 2: Leerpalette einschleusen,
● Funktion 3: Leerpalette ausschleusen.

Um möglichst wenige Leerpaletten vorhalten zu müssen, ist es erforderlich, je nach Bedarf einen Leerpalettenausgleich zwischen Teilsystem 3 und Teilsystem 0 vornehmen zu können. Die Funktion ‚Leerpalette einschleusen' beschreibt das Übernehmen einer durch das Fahrzeug gebrachten Leerpalette von der entsprechenden Andockposition (Z.0.2/L) und das Einbringen in den Leerpalettenpuffer. Umgekehrt umfaßt die Funktion ‚Leerpalette ausschleusen' das Entnehmen einer Leerpalette aus dem Puffer und das Bereitstellen dieser an der Andockposition (A.0.2/L).

● Funktion 4: Entpalettieren

Alle an den Bearbeitungszentren gefertigten Werkstücke (f), die keine Dreh- oder Waschoperation außerhalb der Systemgrenzen mehr erfahren, verlassen den vorliegenden Produktionsbereich über Teilsystem 0. Hierzu werden die Werkstücke in Teilsystem 3 am Spann- und Rüstplatz von der Maschinenpalette abgespannt und erneut auf Euro-Paletten kommissioniert (F). Die Paletten werden automatisch zurückgeführt (Z.0.1/F) und über Funktion 4 entpalettiert. Die Fertigteile (f) werden ausgeschleust (SA/f), die Leerpaletten (L) verbleiben bis auf weiteres im Leerpalettenpuffer.

4.5.7.3.2 Teilsystem 3: Automatische Werkstückbearbeitung

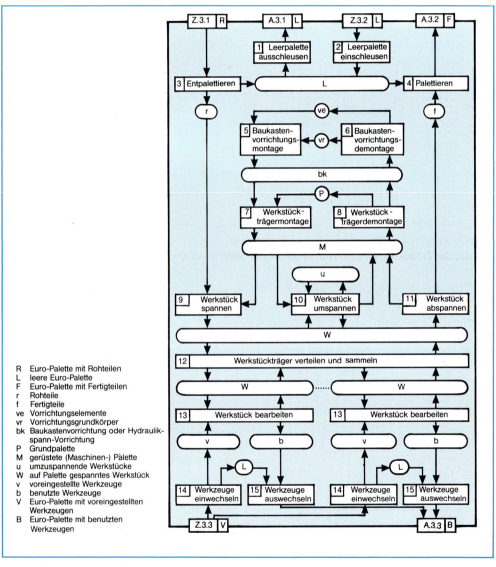

R   Euro-Palette mit Rohteilen
L   leere Euro-Palette
F   Euro-Palette mit Fertigteilen
r   Rohteile
f   Fertigteile
ve Vorrichtungselemente
vr Vorrichtungsgrundkörper
bk Baukastenvorrichtung oder Hydraulik-
    spann-Vorrichtung
P   Grundpalette
M   gerüstete (Maschinen-) Palette
u   umzuspannende Werkstücke
W   auf Palette gespanntes Werkstück
v   voreingestellte Werkzeuge
b   benutzte Werkzeuge
V   Euro-Palette mit voreingestellten
    Werkzeugen
B   Euro-Palette mit benutzten
    Werkzeugen

Bild 184   Teilsystem 3: Automatische Werkstückbearbeitung

- Funktion 1: Leerpalette ausschleusen.
- Funktion 2: Leerpalette einschleusen.

Funktionen des
Teilsystems 3

  Diese beiden Funktionen dienen dem Leerpalettenausgleich (siehe Teilsystem 0).

- Funktion 3: Entpalettieren.

  Die automatisch auf Euro-Paletten angelieferten Rohteile (R) werden zunächst entpalettiert. Die freiwerdenden Leerpaletten (L) verbleiben normalerweise im Leerpalettenpuffer, können jedoch auch bei Bedarf zu Teilsystem 0 ausgeschleust werden. Die auftragsbezogen kommissionierten Rohteile (r) werden einem im Spannbereich angeordneten Werkstückpuffer zugeführt.

- Funktion 4: Palettieren.

  Fertigbearbeitete Werkstücke (f) werden vor der Ausschleusung aus Teilsystem 3 auf Euro-Paletten palettiert. Hierfür werden Leerpaletten (L) dem Puffer entnommen. Die Fertigteilpaletten (F) werden im Anschluß an den Palettiervorgang unmittelbar zum Abtransport bereitgestellt. Ist eine anschließende Dreh- oder Waschoperation erforderlich, so werden die entsprechenden Paletten automatisch dorthin transportiert. Aufgrund der Wahl der Systemgrenzen verlassen hierbei sowohl der Fertigungsauftrag als auch das Fahrzeug das Produktionssystem (vgl. Beschreibung von Teilsystem 2 in Abschnitt 4.5.7.2). Sind die Werkstücke im Anschluß an die Bohr-/Fräsbearbeitung komplettbearbeitet, so wird die entsprechende Palette über Teilsystem 0 ausgeschleust.

  Zentraler Rüstplatz:

- Funktion 5: Vorrichtungsbaukastenmontage,
- Funktion 6: Vorrichtungsbaukastendemontage,
- Funktion 7: Werkstückträgermontage und
- Funktion 8: Werkstückträgerdemontage.

  Um die auftragsbezogen gepufferten Rohteile (r) am zentralen Spannplatz aufzuspannen, sind entsprechende Maschinenpaletten zu rüsten (M). Hierbei sind werkstückabhängig entsprechende Spannvorrichtungen auf eine einheitliche Grundpalette (P) zu montieren (Funktion 7). Im vorliegenden Fall werden hierfür Hydraulikspannvorrichtungen und Baukastenvorrichtungen (bk) verwendet. Diese wiederum setzen sich aus einem werkstückunabhängigen Vorrichtungsgrundkörper (vr) und werkstückabhängigen Vorrichtungselementen (ve) zusammen (Funktion 5). Grundpaletten werden aus Kostengründen nur in begrenztem Umfang vorgehalten. Daher müssen nicht mehr benötigte Werkstückträger bei Bedarf in ihre Bestandteile zerlegt werden können (Funktionen 8 und 6).

Zentraler Spannplatz:
- Funktion 9: Werkstück spannen,
- Funktion 10: Werkstück umspannen/entgraten,
- Funktion 11: Werkstück abspannen/entgraten.

Rohteile (r) werden dem Rohteilepuffer auftragsbezogen entnommen und auf die Werkstückträger aufgespannt. Diese Werkstückträger mit gespannten Werkstücken (W) werden anschließend auf Palettenabstellplätze gepuffert, von denen aus sie von einem schienengeführten Verteilerwagen den Bearbeitungszentren zugeführt werden können. Dieselben Palettenabstellplätze dienen zur Übernahme bearbeiteter Werkstücke (Fertigteile F), die entweder für eine weitere Aufspannung umgespannt oder nach Fertigbearbeitung abgespannt werden. Im Rahmen sowohl des Umspann- als auch des Abspannvorgangs sind die Werkstücke zu entgraten. Umzuspannende Werkstücke (u) werden vorübergehend gepuffert, bis der für die folgende Aufspannung benötigte Werkstückträger (M) bereitsteht. Fertigteile (f) werden zur Ausschleusung aus Teilsystem 3 auf Euro-Paletten (L) abgelegt und für den Abtransport bereitgestellt.

- Funktion 12: Werkstückträger verteilen und sammeln.

Ein schienengeführter Wagen verteilt die bereitgestellten Werkstückpaletten (W) von den linear angeordneten Pufferplätzen auf die vorgesehenen Bearbeitungszentren. Hierzu werden die Paletten an den jeweiligen Palettenwechsler übergeben. Dort gegebenenfalls wartende Fertigteilplatten können vom schienengeführten Wagen übernommen und in den Linearpuffer zum Um- oder Abspannen überstellt werden.

- Funktion 13: Werkstück bearbeiten.

Ein auf Maschinenpaletten aufgespanntes Teil wird zur Bearbeitung durch den Palettenwechsler in den Arbeitsraum des jeweiligen Bearbeitungszentrums eingefahren und gleichzeitig das eben bearbeitete Teil dort entnommen. Vor Bearbeitungsstart ist sicherzustellen, daß die entsprechenden Bearbeitungswerkzeuge im maschinenintegrierten Werkzeugmagazin verfügbar sind. Hierzu sind voreingestellte Werkzeuge (v) dem Magazin zuzuführen und benutzte Werkzeuge (b) auszutauschen.

- Funktion 14: Werkzeuge einwechseln.
- Funktion 15: Werkzeuge auswechseln.

Die maschinenintegrierten Werkzeugmagazine werden manuell mit Werkzeugen beschickt. Je nach Werkzeugwechselstrategie kann das Einwechseln voreingestellter Werkzeuge und das Austauschen nicht mehr benötigter, benutzter Werkzeuge im voraus während der Bearbeitung des letzten Werkstückes eines Fertigungsauftrags schon für den nächsten geschehen.

4.5.7.3.3 Teilsystem 5: Werkzeugbereitstellung

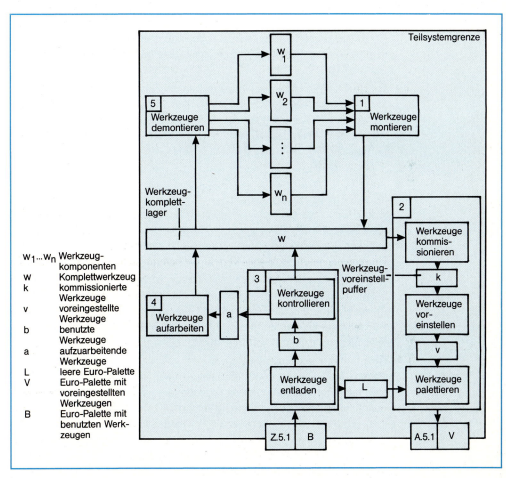

Teilsystem 5: Werkzeugbereitstellung   Bild 185

Funktionen des
Teilsystems 5

● Funktion 1: Werkzeuge montieren.

Alle Werkzeugkomponenten (w_1, w_2, ...w_n) wie beispielsweise Werkzeug-grundkörper, Kassetten und Wendeschneidplatten für die Bohr/Fräsbearbei-tung werden zentral in Teilsystem 5 bevorratet und bei Bedarf in Abhängig-keit des abzuarbeitenden Auftragsspektrums zu Komplettwerkzeugen (w) montiert.

● Funktion 2: Werkzeuge kommissionieren, voreinstellen und palettieren.
Die montierten Komplettwerkzeuge werden auftragsbezogen kommissioniert (k), um sie der Werkzeugvoreinstellung zuzuführen. Der komplette Satz vor-eingestellter Werkzeuge (v) wird für den Einsatz an der geplanten Maschine auftragsbezogen palettiert (V). Hierzu sind entsprechende Leerpaletten be-reitzustellen (L).

● Funktion 3: Werkzeuge entladen und kontrollieren,
● Funktion 4: Werkzeuge aufarbeiten.
Benutzte und für den Folgeauftrag nicht mehr benötigte Werkzeuge werden nach Gebrauch komplett ausgetauscht und mit entsprechenden Werkzeug-paletten zurückgeführt (B). Nach der Werkzeugentladung können die freige-wordenen Werkzeugpaletten (L) zur Palettierung neuer Werkzeugsätze ver-wendet werden. Die benutzten Werkzeuge (b) werden kontrolliert, und – wenn nötig – der Werkzeugaufarbeitung (z.B. Werkzeugschleifmaschine) übergeben (a), anschließend dann ins Komplettlager eingelagert. Die ohne Aufarbeitung für eine weitere Benutzung freigegebenen Werkzeuge (w) wer-den direkt zum Werkzeugkomplettlager weitergeleitet.

● Funktion 5: Werkzeuge demontieren.
Werkzeuge (w), die in absehbarer Zeit nicht benötigt werden und für die des-halb keine Reservierung vorliegt, werden dem Werkzeugkomplettlager ent-nommen und in ihre Bestandteile zerlegt.

4.5.7.4 Zur Funktionsdurchführung notwendige Informationen

4.5.7.4.1 Randbedingungen

Aufgrund der Komplexität der Abläufe innerhalb des beschriebenen Produktions- systems ist es sinnvoll, die Verwaltung und zeitgerechte Disposition von Werk- stücken, Werkstückpaletten (sowohl Euro-Paletten als auch Maschinenpaletten) und Werkzeugen der Rechnerführung zu unterstellen. Das gilt ebenso für die Komponenten der genannten Systemelemente. Dies bedeutet, daß zu jedem Zeit- punkt rechnerintern Informationen darüber vorliegen müssen, an welchem Ort welche Komponente in welchem Zustand greifbar ist. Aus Sicherheitsgründen bedeutet dies zudem, daß dieser Zustand zu jeder Zeit auch nach eventuellem Ausfall von Leitrechnerfunktionen reproduzierbar bleiben muß. Der Einsatz von Codier- und Erkennungssystemen (vgl. hierzu Abschnitt 4.5.4.4.3) kann im vorlie- genden Fall besonders im Werkzeugbereich dazu beitragen, eine Autonomie der drei geplanten Bearbeitungszentren, die letztlich den Kern des abgegrenzten Produktionssystems bilden, sicherzustellen.

rechnergeführte Bereitstellung der Objekte

Betrachtet man den Funktionsumfang des Teilsystems ‚Automatische Werkstück- bearbeitung‘, so kann man sehen, daß dieser nahezu vollständig durch das in Ab- schnitt 4.5.4.5 beschriebene Zellenrechnerkonzept abgedeckt wird. Ergänzungen sind lediglich dahingehend notwendig, daß zur Unterstützung der Funktionen 1 und 2 (Palettieren und Entpalettieren, siehe Abschnitt 4.5.7.3.2) zusätzliche Pro- gramme implementiert werden, die dem dort vorgesehenen ‚Spanndialog‘ (siehe Bild 168) ähnlich sind.

Zellenrechner

Da sich eine automatische Werkzeugversorgung der Bearbeitungszentren als nicht sinnvoll erwies, müssen bei der Zellenrechnerfunktion ‚Werkzeugvoreinstel- lung und Werkzeugtransport‘ (vgl. Bild 170) hingegen die Teilprogramme, die die Steuerung des automatischen Werkzeugtransports zur Aufgabe haben, durch neue ersetzt werden. Diese sind so zu gestalten, daß sie in der Lage sind, Unter- stützung für den vorgesehenen manuellen Transport und die Werkzeugbereitstel- lung zu leisten. Es wäre denkbar, alle Funktionen des Werkzeugwesens aus der Zellenrechnersoftware auszugliedern und die entsprechenden Programme einem separaten Rechner zu übertragen. Um funktionale Überschneidungen zu vermei- den, empfiehlt es sich jedoch, eine organisatorische Zusammenfassung der Teil- systeme ‚automatische Werkstückbearbeitung‘ ‚manueller Werkzeugtransport‘ und ‚Werkzeugbereitstellung‘ vorzunehmen. Die Koordination aller Abläufe, die sich aus der Zusammenfassung dieser Bereiche ergeben, kann durchaus durch einen einzigen Zellenrechner erfolgen.

Anpassung der
vorhandenen
Transport-
steuerung

Das induktiv geführte Fahrzeug, das zusätzlich zu den außerhalb der Systemgrenzen durchzuführenden Aufgaben auch die Palettentransporte zwischen den
Teilsystemen ‚Werkstückein- und -ausschleusung‘, ‚Werkstückpufferung‘ und ‚automatischer Werkstücktransport‘ durchzuführen hat, wurde schon bei der Beschaffung mit einer umfassenden Transportsteuerung versehen, die auf einem
speziell hierfür angepaßten Transportrechner läuft. Diese Transportsteuerung
kann auch weiterhin verwendet werden. Es ist jedoch notwendig, daß die Erweiterungen im Fahrkurs und die zusätzlichen Andockpositionen zur Übernahme
und Übergabe von Paletten im rechnerinternen Transportlayout ergänzt werden.
Um Transportanforderungen entgegennehmen zu können, müssen dazu Daten-
verbindungen von den betroffenen Teilsystemen zum Transportrechner installiert
werden.

4.5.7.4.2 Einbindung von Teilsystem 0:
Werkstückein- und -ausschleusung

Einbindung
nicht auto-
matisierter
Funktionen

Das verbleibende Teilsystem 0 ‚Werkstückein- und -ausschleusung‘ ist das einzi-
ge, für das gänzlich neue Überlegungen angestellt werden müssen. Die aus den
Funktionen dieses Teilsystems abzuleitenden Abläufe werden an einem Handarbeitsplatz im Lagerbereich durchgeführt und sollen auch zukünftig nicht automatisiert werden. Um eine reibungslose Werkstückver- und -entsorgung des abgegrenzten Produktionssystems sicherstellen zu können, sollen diese Funktionen
jedoch auch der Rechnerführung unterstellt werden. Art und Umfang der durchzuführenden Tätigkeiten müssen deshalb dem Bedienpersonal rechtzeitig so mitgeteilt werden, daß Unklarheiten und Mißverständnisse ausgeschlossen werden
können. Hierzu bietet es sich an, zentral zugängliche, bereichszugeordnete Aus-
gabegeräte (Bildschirmterminal und Formulardrucker) im Lagerbereich zu installieren, über die entsprechende Leitrechneranweisungen erteilt und Bestätigun-
gen nach Funktionsdurchführung zurückübertragen werden können.

Der Umstand, daß nicht alle Werkstücke im abgegrenzten Produktionssystem automatisch komplettbearbeitet, sondern teilweise außerhalb der Systemgrenzen zusätzlich gedreht oder gewaschen werden, führt zu weiteren Überlegungen, die bei der Erarbeitung der zur Funktionsdurchführung notwendigen Informationsverarbeitungsaufgaben berücksichtigt werden müssen. Für die Dreh- oder Waschoperationen sind auftragsbezogen entsprechende Arbeitsunterlagen zu erstellen, aus denen die für das zuständige Werkstattpersonal notwendigen Angaben hervorgehen.

Arbeits-
unterlagen

Diese Arbeitsunterlagen wären aus ablauforganisatorischen Gründen für die Bohr-/Fräsbearbeitung nicht notwendig, können jedoch bei richtiger Gestaltung auch hier hilfreich sein. Um einerseits bei Störungen der Leittechnik einen Notbetrieb organisieren zu können und um andererseits an Handarbeitsplätzen oder im Bereich der konventionellen Bearbeitung eine fehlerfreie Betriebsdatenerfassung sicherzustellen, ist es nämlich sinnvoll, die in den Arbeitspapieren enthaltenen Informationen (z.B. Auftragsnummer, Sachnummer, Stückzahl, Arbeitsvorgangsfolge mit Arbeitsvorgangsbeschreibung und Maschinennummer usw.) sowohl in Klartext als auch maschinenlesbar (z.B. Strich-Code, vgl. Abschnitt 4.5.4.4.3) zu verschlüsseln. Durch Vergleich der über Betriebsdatenerfassung als beendet gemeldeten Arbeitsvorgänge mit dem auf Leitrechnerebene geführten Arbeitsfortschritt ist es möglich, nach längerem Rechnerausfall die rechnerinternen Dateien zu aktualisieren.

Hardware-
ausstattung am
Handarbeitsplatz
im Lagerbereich

Um die am Handarbeitsplatz ‚Werkstückein- und -ausschleusung' durchzuführenden Funktionen zu veranlassen und die Funktionsdurchführung zu quittieren,
bietet sich aufgrund der oben skizzierten Situation nun folgende Lösung an:

Alle Funktionsanweisungen werden über ein Bildschirmterminal erteilt. Gleichzeitig hierzu werden je nach Funktionsart fallweise Begleitpapiere auf einem zusätzlich zu installierenden Drucker ausgegeben. Als Basis hierfür ist ein Funktio-
nenkatalog zu erstellen, in dem alle erforderlichen Funktionsanweisungen vorab
festgelegt werden müssen. Um eine fehlerfreie Funktionsdurchführung zu gewährleisten, ist bei der Gestaltung von Bildschirmmasken und Formularen darauf
zu achten, daß diese möglichst einheitlich aufgebaut sind, auch wenn der Infor-
mationsgehalt sich von Funktion zu Funktion unterscheidet. Nach ordnungsge-
mäßer Durchführung einer Funktion ist dem Leitrechner eine Bestätigung zu
übertragen. Hierfür ist es sinnvoll, über Tastatur den Funktionsschlüssel (z.B. F01
für Palettieren), ergänzt durch eine vom Leitrechner im Rahmen der Funktions-
anweisung vergebene laufende Nummer, zu quittieren. Auf dieser Basis kann der
Auftragsfortschritt funktionsbezogen auf Leitrechnerebene aktuell gehalten
werden.

Funktions-
spezifische
Informationen

Unter diesen Annahmen und Randbedingungen ergeben sich für die in diesem
Teilsystem 0 durchzuführenden vier Funktionen ‚Palettieren', ‚Leerpalette einschleusen', ‚Leerpalette ausschleusen' und ‚Entpalettieren' unterschiedliche Infor-
mationsmengen, die für die Veranlassung und Quittierung der Funktionen zwischen Leitrechner und Handarbeitsplatz ausgetauscht werden müssen.

● Funktion 1: Palettieren (Bild 186)
  Rohteile werden auftragsbezogen auf bereitstehenden Euro-Paletten kommissioniert und mit Arbeitspapieren versehen. Diese Papiere enthalten Informationen in Klarschrift und maschinell verschlüsselt.

Information	Terminalanweisung	Terminalbestätigung	Formulardrucker
Funktionscode lfd. Nummer der Anweisung	F 01 ●	F 01 ●	
Auftragsnummer Sachnummer Stückzahl Arbeitsplan	● ● ●		● ● ● ●
Nummer der Andockstation Palettennummer		● ●	

Bild 186   Informationen zur Durchführung und Bestätigung der Funktion ‚Palettieren' in Teilsystem 0

● Funktion 2: Leerpalette einschleusen (Bild 187)

Zum Leerpalettenausgleich zwischen Teilsystem 3 und Teilsystem 0 dürfen nur bestimmte Leerpaletten verwendet werden. Um Aufträge, die innerhalb der Systemgrenzen komplettbearbeitet werden, von denen zu unterscheiden, die eine Folgeoperation außerhalb der Systemgrenzen erfahren, wird folgende Organisation bezüglich der Arbeitspapiere gewählt:

Die Arbeitspapiere verbleiben im Anschluß an den in Teilsystem 3 stattfindenden Entpalettiervorgang dann an der Euro-Palette, wenn außerhalb der Systemgrenzen eine Folgebearbeitung stattfindet. In diesem Fall bleibt die Verbindung zwischen Fertigungsauftrag und entsprechender Euro-Palette erhalten.

Im anderen Fall werden die Arbeitpapiere der Euro-Palette entnommen und im Palettierbereich in einer Kartei gesammelt. Die nun leere Euro-Palette ist im Anschluß an den Entpalettiervorgang anonym.

Das bedeutet, daß im Rahmen der hier durchzuführenden Funktion keine organisatorischen Schwierigkeiten auftreten.

Information	Terminalanweisung	Terminalbestätigung	Formulardrucker
Funktionscode lfd. Nummer der Anweisung	F 02 ●	F 02 ●	
Nummer der Andockstation Palettennummer	● ●		

Informationen zur Durchführung und Bestätigung der Funktion ‚Leerpalette einschleusen' in Teilsystem 0   Bild 187

● Funktion 3: Leerpalette ausschleusen (Bild 188)

Aufgrund der oben beschriebenen Situation ergibt sich zur Durchführung dieser Funktion der folgende Informationsfluß:

Information	Terminalanweisung	Terminalbestätigung	Formulardrucker
Funktionscode lfd. Nummer der Anweisung	F 03 ●	F 03 ●	
Nummer der Andockstation Palettennummer		● ●	

Informationen zur Durchführung und Bestätigung der Funktion ‚Leerplatte ausschleusen' in Teilsystem 0   Bild 188

● Funktion 4: Entpalettieren (Bild 189)
Entpalettierte Fertigteile (f) verlassen das abgegrenzte Produktionssystem auf
speziellen Behältern. Die Begleitpapiere werden diesen Förderhilfsmitteln
mitgegeben, damit eine Auftragsidentifikation auch im Lager oder in der anschließenden Montage möglich ist.

Information	Terminalanweisung	Terminalbestätigung	Formulardrucker
Funktionscode lfd. Nummer der Anweisung	F 04 ●	F 04 ●	
Nummer der Andockstation	●		
Palettennummer Auftragsnummer Sachnummer Stückzahl Arbeitsplan	● ● ● ● ●		● ● ● ●
Behälternummer		●	

● : Informationen können den Begleitpapieren entnommen werden und müssen nicht durch
Drucker neu ausgegeben werden.

Bild 189   Informationen zur Durchführung und Bestätigung der Funktion ‚Entpalettieren' in Teilsystem 0

4.5.7.5 Dokumentation

Bedeutung der
Dokumentation

Das Funktionsmodell eines komplexen Produktionssystems muß vollständig dokumentiert werden, damit es in Form von anwenderspezifischen Anforderungen
an entsprechende Leitsystemanbieter weitergegeben werden kann. Auf der Basis
dieser Anforderungen ist der jeweilige Anbieter in der Lage, ein erstes Angebot
für die Leittechnik abzugeben. Diese Anforderungen dienen anschließend als gemeinsame Bezugsbasis für Anwender und Anbieter bei der Pflichtenhefterstellung.

Literatur

[1]   Aldinger, L.: Werkstattsteuerung mit Hilfe des graphischen Leitstandes. In: AWF (Hrsg.): PPS 85. Eschborn: AWF, 1985

[2]   AWF (Hrsg.): Integrierter EDV-Einsatz in der Produktion. Begriffe, Definitionen und Funktionszuordnungen. Eschborn: Empfehlung des Ausschusses für Wirtschaftliche Fertigung e.V. (AWF), 1985

[3]   Döttling, W.: Beitrag zur Steuerung und Überwachung des Fertigungsablaufs in flexiblen Fertigungssystemen. Dissertation Universität Stuttgart, 1981

[4]   Eggers, A.: Systeme zur rechnerunterstützten Betriebsdatenerfassung. Zeitschrift für wirtschaftliche Fertigung 79 (1984), Nr. 8, 376

[5]   Fischer, A.: Fertigungsleitsysteme für moderne flexible Fertigungssysteme. Zeitschrift für wirtschaftliche Fertigung 79 (1984), Nr. 1, 5

[6]   Geitner, U.: Betriebsinformatik für Produktionsbetriebe, Teile 1-6, REFA – Verband für Arbeitsstudien und Betriebsorganisation e.V. (Hrsg.): Fachbuchreihe Betriebsorganisation. München: Carl Hanser Verlag, 1987

[7]   General Motors: MAP Specification, Versions 2.1A u. 2.2, 1986

[8]   Granow, R.; Hesselmann, U.; Weller,H.: Möglichkeiten zur Erstellung und Verteilung von NC-Daten. Zeitschrift für wirtschaftliche Fertigung 78 (1983), Nr. 1, 25

[9]   Hackstein, R.: CIM-Begriffe sind verwirrende Schlagwörter: Die AWF-Empfehlung schafft Ordnung! In: AWF (Hrsg.): PPS 85. Eschborn: AWF, 1985

[10] Hedrich, P. u.a.: Flexibilität in der Fertigungstechnik durch Computereinsatz – Computerunterstütztes Projektmanagement Bd.1 (Hrsg: H. Wildemann). München: CW-Publikationen, 1983

[11] Hitz,K.; Siegl,F.: Ein neues Fertigungsleitsystem für die spanende Fertigung: Fallbeispiel eines Fertigungsleitsystems für die Werkstattsteuerung in der integrierten Fertigung. München: Firmenschrift der SCS Organisationsberatung und Informationstechnik GmbH, 1985

[12] Holz, B.F.; Gaebler, W.: Flexible Fertigungssysteme: Der FFS-Report der Ingersoll Engineers. Berlin: Springer-Verlag, 1985

[13] ISO 7498: Information Processing Systems – Open Systems Interconnection Basic Reference Model

[14] KfK (Hrsg.): Software für flexible Fertigungssysteme (Bericht des gleichnamigen PDV-Arbeitskreises). KfK-PDV 180. Karlsruhe: Kernforschungszentrum, 1980

[15] Kief, H.B.: NC Handbuch '85. Michelstadt: NC-Handbuch-Verlag, 1985

[16] Langhammer, D.; Thon H.-J.; Willinger, R.: Flexible Fertigungssysteme – Informationsfluß und Steuerungskomponenten. Siemens-Energietechnik 5 (1983), Nr. 3, 145

[17] Linn, R.: Informationsfluß in flexiblen Fertigungssystemen. In: Unterlagen zum Workshop BIGTECH Berlin '86. Hrsg.: Berliner Innovations- und Gründerzentrum BIG. Berlin: 1986

[18] Mertins, K.: Steuerung rechnergeführter Fertigungssysteme; Produktionstechnik-Berlin, Forschungsberichte für die Praxis (Hrsg.: G.Spur), Bd. 37. München: Carl Hanser Verlag, 1985

[19] o.V.: Bosch FFS-Leitsystem LS 7300: Gibt der Fertigung Flexibilität. Firmenschrift 5717 D1 3/84 der Robert Bosch GmbH, Geschäftsbereich Industrieautomatisierung, Produktabteilung Automatisierungssysteme. Karlsruhe: 1984

[20] o.V.: FMC Flexible Fertigungszellen – Beschreibung des SICOMP-Konzeptes. Firmenschrift E80850-A166-X-A1 der Siemens AG. Nürnberg: 1985

[21] o.V.: Integriertes Kommunikations- und Rechnerverbundsystem zur Produktionssteuerung. Berlin: Firmenschrift der Firma Werner und Kolb, 1985

[22] Scheer, A.-W.: Anforderungen an Datenverwaltungssysteme in CIM-Konzepten. In: Warnecke, H.J., Bullinger, H.-J. (Hrsg.): Produktionsplanung, Produktionssteuerung in der CIM-Realisierung. IPA-IAO Forschung und Praxis, Bd. T6. Berlin: Springer-Verlag, 1985

[23] van Zeeland, D.: Software für flexible Fertigungssysteme. Planung, Anpassung und Einbindung in die Unternehmensorganisation. Schriftenreihe „Maschinen u. Methoden, die vorwärtshelfen" der Firma Scharmann. Mönchengladbach: 1985

[24] Vollmer, H.; Witte, H.: NC-Organsiation für Produktionsbetriebe: Leitfaden für die Integration numerisch gesteuerter Werkzeugmaschinen in Produktionsbetrieben. München: Carl Hanser Verlag, 1985

[25] Waller, S.: Die automatisierte Fabrik. VDI-Zeitschrift 125 (1983), 20, 838

[26] Warnecke, H.J. (Hrsg.): Industrie-Automation: Leit- und Steuerungssysteme. Symposium ‚Initiativen für die Fabrik mit Zukunft'. Hannover-Messe INDUSTRIE 1986

[27] Warnecke, H.J.; Bullinger, H.-J. (Hrsg.): Produktionsplanung, Produktionssteuerung in der CIM-Realisierung. IPA-IAO Forschung und Praxis, Bd. T6. Berlin: Springer-Verlag, 1985.

[28] Warnecke, H.J.; Zeh, K.-P.: Leittechnik für flexible Fertigung. Industrie Anzeiger 109 (1987) Nr. 24, 34

[29] Warnecke, H.J.; Zipse, T.: Erkennungssysteme in der Fertigung – eine Komponente eines CIM-Systems. wt – Zeitschrift für industrielle Fertigung 75 (1985), 481

[30] Weck, M.: Werkzeugmaschinen, Bd. 3: Automatisierung und Steuerungstechnik, Reihe Studium und Praxis. Düsseldorf: VDI-Verlag, 1982

[31] Wiendahl, H.-P.: Beeinflußbarkeit von Durchlaufzeiten, Beständen, Leistung und Termintreue mit Hilfe von PPS-Systemen. VDI-Berichte Nr. 490 (1983), 85

4.6 Qualifizieren für komplexe Produktionssysteme

Der Betrieb komplexer Produktionssysteme wird auf absehbare Zeit nicht mann-los erfolgen können: Umrüsten, Programmieren, Instandhalten, um nur einige zu nennen, sind Aufgaben, die mit zunehmender Komplexität der Systeme immer wichtiger werden, die aber kaum automatisierbar sind. Qualifikation wird des-halb in komplexen Produktionssystemen zu einem Systembestandteil, der in der Planung von Technik, Arbeitsorganisation und Personaleinsatz mit berücksichtigt werden muß. Die Planung des Bedarfs an Qualifikation und seiner Deckung ist deshalb ein notwendiger Bestandteil der Systemplanung. Eine vorbeugende Qua-lifikation ermöglicht es dem Mitarbeiter darüber hinaus, sich an technische Ver-änderungen anzupassen.

Grenzen der Automatisierung

Diese Planung sollte auch eine vorbeugende Qualifizierungskomponente beinhal-ten, die es dem Mitarbeiter ermöglicht, sich permanent — über den tatsächlich notwendigen Qualifizierungsumfang hinaus — an die technischen Veränderun-gen anzupassen. Hierdurch können Qualifizierungslücken schon in der Planung geschlossen beziehungsweise ihr Entstehen verhindert werden.

Qualifizierungs-komponenten

Das berufliche Handlungsvermögen eines Mitarbeiters wird im wesentlichen be-stimmt durch

berufliches Handlungs-vermögen

- den Entscheidungsspielraum (organisatorische Regelungen),
- den Tätigkeitsspielraum (technisch bedingte Regelungen).

Neben der Arbeitsorganisation und der Technikgestaltung legt die Qualifikation der Mitarbeiter das berufliche Handlungsvermögen fest. Dessen Erweiterung för-dert seine gesamte berufliche Persönlichkeit. Hierin liegt ein wesentlicher Ein-flußfaktor für den Prozeß der betrieblichen Leistungserstellung, denn von den Mitarbeitern hängen in großem Maße Flexibilität und Effizienz eines Unterneh-mens ab.

Unter beruflicher Qualifikation wird die Gesamtheit aller Kenntnisse, Fähigkeiten und Fertigkeiten verstanden, über die eine Person verfügt oder als Voraussetzung für die Ausübung einer beruflichen Tätigkeit verfügen muß [2]. Diese Qualifika-tion wird häufig auch als funktionale Qualifikation bezeichnet. Sie umfaßt die Fähigkeit zur fachlichen Bewältigung der Berufsanforderungen, das heißt die Verfügbarkeit und Anwendung von Fachwissen.

berufliche Qualifikation

Die Tendenz zu einer zunehmenden Integration von Aufgaben aus direkten Be-reichen und Serviceabteilungen stellt erhöhte Anforderungen an die Mitarbeiter hinsichtlich der funktionsübergreifenden Fähigkeiten und Kenntnisse (extrafunk-tionale Qualifikationen).

ganzheitliche
Aufgaben-
bearbeitung

Eine derartige Umorientierung führt letztlich zu einer ganzheitlichen Aufgaben-bearbeitung und ermöglicht eine flexiblere Ablauforganisation. Ganzheitliche Arbeitsstrukturen bedingen darüber hinaus den Abbau von Hierarchiestufen. Dies wiederum fordert vom Mitarbeiter in verstärktem Maße selbständiges Problem-lösen und das Treffen selbständiger Entscheidungen.

Des weiteren sind hierbei Eigenschaftsmerkmale gefragt wie

– Verantwortungsbereitschaft,
– Fähigkeit und Bereitschaft zur Teamarbeit,
– analytisch-logisches Denkvermögen,
– Fähigkeit zur selbständigen Informationsbeschaffung und
– Fähigkeit zur bewußten Nutzung neuer Techniken.

Fachkompetenz

Hierbei behält die Fachkompetenz auch weiterhin ihre tragende Bedeutung für jede berufliche Tätigkeit. Die fachliche Qualifizierung wird somit auch in Zukunft wesentlichen Anteil am Ausbildungsplan haben.

Während aber bisher die berufliche Qualifizierung fast ausschließlich Fachkom-petenz vermittelte, müssen nun zusätzliche Inhalte aufgenommen werden, die den Menschen in die Lage versetzen, den darüber hinausgehenden Anforderun-gen gerecht zu werden. Hierzu zählt es, bei gestellten Arbeitsaufgaben Lern- be-ziehungsweise Lösungswege zu finden, diese auf andere Arbeitsaufgaben sinn-voll zu übertragen und aufgrund der gewonnenen Erfahrungen deren Anwend-barkeit zu erproben.

soziale
Kompetenz

Daneben müssen auch Kenntnisse und Fähigkeiten bezüglich des sozialen Ver-haltens in Gruppen und der sozialen Auswirkungen des eigenen Handelns ver-mittelt werden. Wesentliche Faktoren dieser sozialen Kompetenz sind:

– Kommunikations- und Kooperationsfähigkeit,
– Verantwortungsbereitschaft sowie
– Fähigkeit und Bereitschaft zur Teamarbeit;

dies bedeutet zum Beispiel die Fähigkeit, sich einer Kritik zu stellen, mit anderen Mitarbeitern zusammenzuarbeiten und sich auf neue Situationen einzustellen.

Für die Qualifizierung für komplexe Produktionssysteme sind vor allem die Arten von Aufgaben bedeutsam, die über eine „Hebelwirkung" der Technik eine besonders große Wirkung entfalten (Bild 190). Während zum Beispiel bei manueller Arbeit durch eine falsche Werkzeugführung nur ein Werkstück zu Ausschuß wird, wiederholt sich bei komplexen Produktionssystemen ein Fehler eventuell so oft, bis die Qualitätskontrolle ihn bemerkt und eingreift. Ein zufälliger Fehler kann so zum systematischen Fehler im Produktionssystem werden.

Fehler-
wiederholung

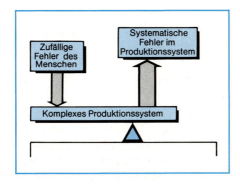

Hebelwirkung der Technik: Zufällige Fehler werden zu systematischen Fehlern   Bild 190

Qualifikations-
anforderungen

Besonders das Programmieren von Arbeitsabläufen, wie zum Beispiel an CNC-Maschinen, stellt spezielle Anforderungen an die Qualifikation (Bild 191):

1. Verbundenes Wissen:
Die Programmierung eines Arbeitsablaufs erfordert die Anwendung von Wissen
– über unterschiedliche Sachgebiete, also vor allem über das Produkt, das Betriebsmittel, den Arbeitsablauf, das Programmiersystem,
– mit unterschiedlichem Grad an Anschaulichkeit und Abstraktheit und
– mit unterschiedlichem Grad an Exaktheit und Verbindlichkeit, von den strikten Syntaxregeln der Programmierung bis hin zu Erfahrungswerten von Prozeßparametern.

2. Denkleistungen:
Die Programmierung eines Arbeitsablaufs erfordert die Entwicklung einer Lösung, die am Anfang der Aufgabenstellung im allgemeinen nicht genau absehbar ist. Dies bedingt die Analyse der Problemstellung, den Entwurf von Lösungen und deren Prüfung auf Richtigkeit.

3. Systematische Arbeitsweise:
Für die Anwendung vielfältigen Wissens zur Problemlösung ist eine systematische Arbeitsweise unerläßlich, da sonst die Komplexität der Arbeitsaufgabe kaum zu bewältigen ist. Das Vorgehen muß klar sein, es sind Entscheidungen über Ziele, Mittel und Wege zu treffen.

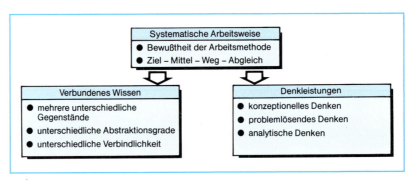

Bild 191   Besonderheiten der Qualifikationsanforderungen in komplexen Produktionssystemen [3]

Die Höhe solcher Anforderungen ist je nach Arbeitsaufgabe sehr unterschiedlich: Die Änderung von Geometriedaten eines NC-Drehteils stellt geringere Anforderungen als die Neuprogrammierung der Bearbeitung eines komplexen Drehteils.

Zu beachten ist, daß neben der Technik des Produktionssystems auch die Arbeitsorganisation die Anforderungen an die Qualifikation der Mitarbeiter beeinflußt (vgl. Abschnitt 2.1.2).

Höhe der
Anforderungen

Bei der Installation komplexer Produktionssysteme ist Qualifizierung nicht als eine einmalige, sondern als eine dauernde betriebliche Aufgabe zu sehen. Da Qualifikation zudem immer wieder erneuert und erweitert werden muß, zum Beispiel wegen technischer Innovation, Fluktuation oder Verfalls durch Nichtgebrauch, gilt dies für die betriebliche Weiterbildung in noch viel höherem Maße.

Qualifizierung
als
Daueraufgabe

Qualifizierung für komplexe Produktionssysteme ist – abgesehen von Grundausbildungen – in einem gewissen Maß anlagen- und betriebsspezifisch. Dies liegt daran, daß die Einsatzformen und die Arbeitsaufgaben, aber auch die Zielgruppen und Gestaltungsmöglichkeiten, von Betrieb zu Betrieb sehr unterschiedlich sein können. Einen Überblick über das hier vorgeschlagene Vorgehen gibt Bild 192.

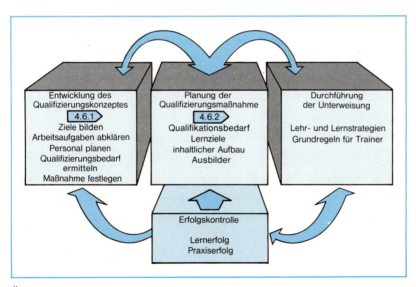

Überblick über das Vorgehen zur Qualifizierung für komplexe Produktionssysteme   Bild 192

Merkmale

Bei allen fallspezifischen Modifikationen des Vorgehens sollte folgendes beachtet werden:

> ● **Ausgangspunkt des Lehrens und Lernens ist die Arbeitsaufgabe, nicht das Betriebsmittel.**
> ● **Maßstab des Lehrens ist der Lernende, nicht der Lehrende.**
> ● **Prinzip des Lernens ist die Verknüpfung von Wissen und Denkleistung im praktischen Handeln, nicht die Vermittlung von einzeln abrufbaren Wissenselementen und nicht das Einüben starrer Fertigkeiten.**
> ● **Ziel ist ein selbständiges und systematisches Arbeiten, also muß der Ausbilder dies erlauben und fördern.**

4.6.1 Entwicklung des Qualifizierungskonzeptes

Ziel und
Aufgabe des
Konzeptes

Ziel der Entwicklung eines Qualifizierungskonzeptes ist es, abzuklären,

- für welche Arbeitsaufgaben und
- für welche Zielgruppen
- welche Maßnahmen der Qualifizierung

durchzuführen sind.

Das Ergebnis dieser Konzeptentwicklung ist die Vorgabe für die Planung der einzelnen Qualifizierungsmaßnahmen. Die folgende Darstellung geht von der Annahme aus, daß im Rahmen einer Neuinstallation eines komplexen Produktionssystems über Qualifizierungsmaßnahmen zu entscheiden ist.

4.6.1.1 Ziele bilden

Ziele und
Zielerreichung

Zunächst sollte geklärt werden, welche Leistungen das Personal im geplanten Produktionssystem erbringen soll. Für größere Systeme kann ein Formular zweckmäßig sein, in dem der Beitrag der einzelnen Arbeitsaufgaben zur Zielerreichung des Systems abgefragt wird, aber auch, inwieweit Fehlhandlungen oder Nicht-Handeln-Können wegen mangelnder Qualifikation dies gefährden können (vgl. Bild 193).

Systembezogene Ziele	Beitrag des Personals zur Zielerreichung	Anmerkungen
1. Qualität verbessern	• Exaktes Einrichten • Überwachen der Maßhaltigkeit für präventive Korrekturen	• Genaue Definition • Wie oft fällt das an? • Meßmittel • Qualitätsvorgaben • Umgang mit Zeichnungen
2. Verfügbarkeit erhöhen	• Schnelles Umrüsten • Überwachen der Bearbeitung	• Konflikt mit 1.? • Was genau? Wie? Kriterien

Formular zur Erfassung des Beitrags des Personals zur Zielerreichung [3]   Bild 193

Schon in diesem frühen Stadium ist eine erste Abschätzung der Voraussetzungen möglicher Maßnahmen und ihrer Konsequenzen zu empfehlen. Gesichtspunkte sind:

- die betroffenen Personen und ihre Anzahl,
- erforderliche und verfügbare Ressourcen (z.B. Betriebsmittel, Kapital),
- resultierende Kosten (z.B. Fertigungslohnkosten, Maschinenstundensätze),
- Akzeptanz bei betrieblichen Stellen,
- Möglichkeiten und Notwendigkeiten der Abstimmung und Durchsetzung,
- mögliche nichtbeabsichtigte oder gar schädliche Neben- oder Fernwirkungen (z.B. Verlagerung von Leistungen).

Ergebnis dieser Zielbildung ist eine Aussage über die Ziele, die mit einem qualifizierten Personaleinsatz realisierbar erscheinen. Die Ziele sollten schriftlich fixiert sein und von den Entscheidungsträgern mitgetragen werden.

Machbarkeit abschätzen

4.6.1.2 Arbeitsaufgaben abklären

Qualifizierung
für
Arbeitsaufgaben

Zentraler Punkt der Entwicklung eines Qualifizierungskonzeptes – vor allem im Planungsstadium einer Anlage – ist das Abklären der Arbeitsaufgaben, für die qualifiziert werden soll. Die Planung der Arbeitsorganisation legt fest, welche Teilaufgaben manuell beziehungsweise automatisch ablaufen. Diese Planung sollte sich auch an den bei den Mitarbeitern vorhandenen Qualifikationen orientieren.

Hieraus ist abzuleiten, welche Kapazität bestimmter Qualifikation benötigt wird. Diese Kapazitäten können durch verschiedene, unterschiedlich qualifizierte Mitarbeiter oder durch umfassend qualifizierte Mitarbeiter bereitgehalten werden.

Kapazitäts-
bedarf

Zur Abschätzung des Kapazitätsbedarfs sind die Teilaufgaben unter den Aspekten

- Dauer der einmaligen Ausführung,
- Häufigkeit des Auftretens,
- Regelmäßigkeit des Auftretens,
- Vorhersehbarkeit des Auftretens und
- Dringlichkeit der Reaktion

zu betrachten (vgl. Bild 194).

Teilaufgaben	Dauer	Häufigkeit	Regel-mäßig	Vorher-sehbar	Dringlichkeit	Erforderliche Qualifikationen
● Umrüsten (Maschine x auf Produkt A)	2 h	losweise, i. a. 1/Woche	aus Belegungsplanung ersichtlich		hoch, Einrichter muß bereit stehen	Einrichter, i. a. Facharbeiter mit spezieller Ausbildung am System
● Hydraulikstörung beheben	2 h/ 8 h	selten, ca. 2/Jahr	nein	nein	hoch, Instandsetzer muß sofort geholt werden	Instand-setzungspersonal plus Einrichter (s. o.)

Bild 194   Formular zur Erfassung von Teilaufgaben (mit Beispielen, [3])

Aus der Dauer der Ausführung und der Häufigkeit des Auftretens läßt sich für regelmäßig anfallende Arbeiten der Kapazitätsbedarf grob abschätzen. Für unregelmäßig anfallende Aufgaben sind die Häufigkeit des Auftretens und gegebenenfalls die Dringlichkeit einer Reaktion (z.B. bei Störfällen in Systemen mit unzureichender Störungsbegrenzung) für das Abschätzen zusätzlich vorzuhaltender Kapazität von Bedeutung.

4.6.1.3 Personal planen

Die Abschätzung des Qualifikationsbedarfs geschieht in enger Abstimmung mit der Planung der Arbeitsorganisation (Arbeitsteilung, vgl. Abschnitt 2.1.2.1). Die Planung konkretisiert sich in der Definition der Stellen und ihrer personellen Besetzung. In diesem Zusammenhang ist die Frage des Abgleichs von Anforderungen und Eignung zu sehen.

Stellen
bilden

Für den Abgleich wird ein qualitatives Vorgehen vorgeschlagen. Es orientiert sich an Fragen wie:

Abgleich
Anforderungen
– Eignung

– Was wurde gelernt?
– Welche Tätigkeiten wurden ausgeübt?
– Wo liegen besondere Interessengebiete?
– Welche Lernerfahrungen bestehen?

Die Personalplanung legt fest,

– welche Personen,
– mit welchen Vorqualifikationen, Erfahrungen und Kenntnissen,
– welche Tätigkeiten,
– mit welchem Qualifikationsbedarf

ausführen sollen.

4.6.1.4 Qualifizierungsbedarf ermitteln

Der Bedarf an Qualifizierung ergibt sich zunächst aus dem Vergleich von Anforderungen und vorhandener Qualifikation. Ein solcher Vergleich ist im konkreten Fall mit Unsicherheiten behaftet. In der Praxis wird er eher als qualitative Einschätzung und weniger als quantitativer Vergleich durchzuführen sein. Zu berücksichtigen ist weiter, daß neben den arbeitsplatzspezifischen vielfach noch zusätzliche Anforderungen, wie Verantwortungsbewußtsein, systematisches Arbeiten oder organisatorische Qualifikationen, erforderlich sind, die nur schwer exakt zu ermitteln sind.

Anforderungen
und vorhandene
Qualifikationen

Qualifikation ist zunächst ein Merkmal des einzelnen Menschen. Also erfolgen der Abgleich Anforderungen – Eignung und die Prüfung von Qualifizierungserfordernissen zunächst individuell. Hierzu kann ein Formular entsprechend Bild 195 verwendet werden.

Sofern mehrere Mitarbeiter und mehrere Stellen betrachtet werden, sollte die Möglichkeit gegenseitiger Ersetzbarkeit beziehungsweise Unterstützung mitbedacht werden. Speziell wenn schwach arbeitsteilige Formen der Arbeitsorganisation, wie zum Beispiel in einer Fertigungsinsel, vorgesehen sind, kann der Abgleich etwas pauschaler erfolgen.

Über- oder
Unterqualifizie-
rung

Es wird selten möglich sein, den Abgleich zwischen Soll- und Ist-Qualifikation exakt vorzunehmen. Daher ist zu entscheiden, ob eher eine Über- oder eine Unterdeckung des Qualifikationsbedarfs angestrebt werden soll. Bild 196 faßt einige Argumente hierzu zusammen.

Ergebnis der Erörterung der Qualifizierungserfordernisse sollte eine vorläufige Festlegung sein, wieviele Mitarbeiter in welcher Zeit für welche Aufgaben qualifiziert werden sollen.

Tätigkeit/Stelle	Qualifikations-anforderung	Mögliche Besetzung	Arbeits- und Lernerfahrung	Qualifizierungs-bedarf
1 CNC-Fräsen von.............. an Maschinen • Einlegen, Bedienen • Programm optimieren • Einfache Störungs- beseitigung • Qualitäts- kontrolle •......................... Umrüsten mit übertragen?	•Produktkenntnis •Kenntnisse Zerspanungstechnik, speziell Fräsen •CNC- Programmierung (DIN-Satz Hersteller XY) •Qualitätswesen - Zeichnung lesen - Toleranzen - Meßmittel - Meßprotokoll •Parameter- änderungen •Arbeitsorganisation •..............................	H. Maier	•gelernter Dreher •10 Jahre Bedie- nung konven- tioneller Werk- zeugmaschinen •CNC-Grundkurs beim Hersteller YZ	•Fräsen •Einweisung in Maschine XY •Programmier- erfahrung •Meß- und Prüftechnik Zeichnungslesen? •Einweisung in CNC- Organisation in der Werkstatt

Bild 195   Formular zur Abschätzung des individuellen Qualifizierungsbedarfs [3]

	Pro: Chancen und Vorteile	Contra: Risiken und Nachteile
Überschußqualifikation im Team	• Höhere Personal-einsatzflexibilität • Selbständiges Handeln vor Ort erleichtert • Geringeres Risiko der Abhängigkeit von Engpaßqualifikationen • Geringeres Risiko, daß Probleme mangels Verfügbarkeit von Qualifikationen nicht gelöst werden können	• Qualifizierungs-aufwand • Demotivierung bei Nicht-Nutzung von Qualifikationen • Verfall nicht genutzter Qualifikationen
Individuelle Überschußqualifikation	• Vielfältig einsetzbar • Schnellere Anpassung an erneute Qualifizie-rungserfordernisse • Individuelle Aufstiegsmöglichkeiten	• Evtl. Folge: Überforderung bei zu schnellem Wechsel • Demotivierung bei Nicht-Nutzung von Qualifikationen • Abwanderungstendenzen • Verfall nicht genutzter Qualifikationen • Qualifizierungsaufwand
Unterqualifikation (im Team und individuell)	• Geringer Qualifizie-rungsaufwand	• Fehlerrisiken (i. a. kostenwirksam) • Nicht-Handeln-Können mangels Qualifikation • Erhöhte psychische Beanspruchung v. a. durch qualitative Überforderung • Anderseitige Reserve-kapazität erforderlich (z. B. Hersteller-Service) • Gefährdung der Verfügbarkeit und Nutzung kapitalintensiver Systeme

Mögliche Argumente zur Frage der Über- oder Unterdeckung eines Qualifizierungsbedarfs [3]   Bild 196

4.6.1.5 Qualifizierungskonzept festlegen

Komplexe Produktionssysteme erfordern spezielle Qualifikationen, die sich nur sehr bedingt ausschließlich durch (An-)Lernen vor Ort oder ausschließlich durch (externe) Lehrgänge vermitteln lassen. In vielen Fällen ist deshalb eine Kombination von Maßnahmen in einem Stufenkonzept zweckmäßig.

Bild 197 zeigt beispielhaft ein Schulungskonzept für die Qualifizierung einer Gruppe von ca. 20 Mitarbeitern, davon ca. die Hälfte Angelernte, zum Teil Ausländer. Diese wurden an einer Transferstraße mit ca. 100 Stationen für eine flexiblere Arbeitsorganisation qualifiziert [1]. Die Projektdauer betrug zwei Jahre. Der Aufwand für die Schulung – ca. 200 Schulungsstunden pro Mitarbeiter und ca. 20 Mannmonate Vorbereitung und Betreuung – und die eingeführten Prüfplätze haben sich in weniger als einem Jahr amortisiert. Die wesentlichen Kosteneinsparungen wurden über erhöhte Ausbringung, geringere Qualitätskosten, Verbesserungsvorschläge, geringeren Verbrauch an Hilfsstoffen sowie über die Abwesenheitsquote, die sich konjunktur- und saisonbereinigt halbiert hat, erreicht [1].

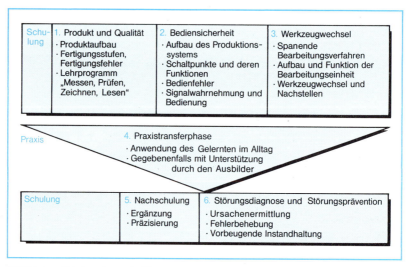

Bild 197   Beispiel eines Schulungskonzepts [1]

Ergebnis der Entscheidung über Qualifizierungsmaßnahmen sollte eine Aussage darüber sein, welche Personen mit welchen Maßnahmen in welcher Zeit für welche Aufgaben geschult werden sollen.

4.6.2 Planung der Qualifizierungsmaßnahme

Mit zunehmender Automatisierung nehmen für Arbeitsaufgaben, die sich nicht auf einfache repetitive Tätigkeiten beschränken, die geistigen Anforderungen zu:

- Erweiterte Kenntnisse und
- komplexere geistige Verarbeitungsleistungen

werden erforderlich.

Für die Konzeption von Qualifizierungsmaßnahmen heißt das, daß sie sehr stark auf den Erwerb von Kenntnissen und auf die methodische Anwendung dieser Kenntnisse auszurichten sind. Für die genauere Bestimmung der Lernziele und Lehrinhalte einer Qualifizierungsmaßnahme ist deshalb die Kenntnis der Qualifikationsanforderungen aus der Arbeitsaufgabe eine wesentliche Voraussetzung.

Es ist wichtig, die inhaltlichen Anforderungen der Arbeitsaufgaben so zu erfassen, daß sie lehr- und lernbar werden. Für eine solche Analyse wird von folgenden Grundgedanken ausgegangen:

Arbeitsinhalte erfassen

- Zu erlernen ist nicht der Aufbau eines Betriebsmittels, sondern die Erfüllung einer Arbeitsaufgabe, wobei ein Betriebsmittel möglichst optimal einzusetzen ist.
- Auch wenn die Arbeitsaufgabe im einzelnen variiert, lassen sich typische und besonders wichtige Teile dieser Aufgabe angeben.
- Es ist zu unterscheiden zwischen operativem Anwendungswissen (z.B. über die Bedienelemente) und systematisierendem Grundlagenwissen (z.B. über den Zusammenhang bestimmter Prozeßparameter beim Lichtbogenschweißen oder Fräsen).

Die Analyse des Qualifikationsbedarfs speziell für in Planung befindliche Anlagen kann in den Schritten

- **Festlegen einer typischen Arbeitsaufgabe,**
- **Gliedern in Teilaufgaben,**
- **Zuordnen der Kenntnisse zu den Schritten der Aufgabenerfüllung,**
- **Systematisierung der Kenntnisinhalte**

erfolgen [4].

Arbeitsaufgabe festlegen

Die typische Arbeitsaufgabe soll eine mittlere Schwierigkeit aufweisen, alle wesentlichen Anforderungen stellen und ganzheitlich bearbeitet werden.

Beispiel: Fertigen eines typischen Teils mit Einrichten und Programmieren.

Wichtig ist, daß die gerätebezogenen Kenntnisanforderungen (also vor allem Kenntnisse über die Betriebsmittel), die verfahrensbezogenen Kenntnisanforderungen, (also vor allem Kenntnisse über das eingesetzte Fertigungsverfahren und das Produkt) und Kenntnisanforderungen, bezogen auf den Arbeitsablauf und die Arbeitssicherheit, aufgenommen werden.

Das Vorgehen bei der Durchführung von Qualifizierungsmaßnahmen ist im Teil „Arbeitspädagogik" der MLBO [6] im einzelnen behandelt, so daß hier lediglich einige Hinweise zum Ausbildungspersonal zu geben sind.

Der Ausbilder muß zwei wesentliche Kompetenzen vereinigen: die technische und die pädagogische. Es gibt Hinweise darauf, daß technische Experten (also zum Beispiel Planungsingenieure) aufgrund ihres Sachverstands allein nicht zum Ausbilder geeignet sind: Sie neigen häufig dazu, sich zu sehr an der Sache und wenig am Schüler zu orientieren, sei es in ihrer Sprache, sei es in der Auswahl und Darstellung der Inhalte.

Da auch der Techniker – gerade als Planer eines komplexen Produktionssystems – bei bestimmten Themen in die Rolle eines Ausbilders gelangen kann, sind im folgenden einige Regeln für Ausbilder zusammengestellt [5] (vgl. Bild 198).

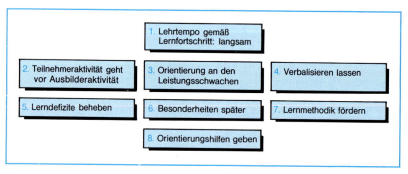

Bild 198   Grundregeln für Ausbilder (nach [5])

Literatur

[1] Brandstetter, W., Korndörfer, V.: Arbeitsstrukturierung in der hochautomatisierten Fertigung – Was kann durch geeignete Qualifizierungsmaßnahmen erreicht werden? In: Bullinger, H.-J., Warnecke, H.J. (Hrsg.): Wettbewerbsfähige Arbeitssysteme – Problemlösungen für die Praxis. IPA/IAO-Arbeitstagung. Stuttgart: 1983

[2] Hegelheimer, A.: Berufsanalyse und Ausbildungsordnung. Hannover: H. Schroedel KG, 1977

[3] Korndörfer, V.: Konzeption und Durchführung von Qualifizierungsmaßnahmen für Arbeitstätigkeiten an programmierbaren Betriebsmitteln. In: Warnecke, H.J., Bullinger, H.-J. (Hrsg.): Beiträge zur Arbeitspädagogik, Arbeitspsychologie und Arbeitssoziologie. Stuttgart: 1983

[4] Korndörfer, V.: Qualifizierung an Industrierobotern – Ziele, Inhalte, Methoden. In: Bullinger, H.-J., Warnecke, H.J. (Hrsg.): IPA-IAO Forschung und Praxis, Band 113. Berlin: Springer, 1987

[5] Krogoll, T., Pohl, W., Wanner, C.: CLAUS – CNC lernen Arbeit und Sprache. Forschungsbericht zum Programm Humanisierung des Arbeitslebens. Stuttgart: 1986

[6] REFA – Verband für Arbeitsstudien und Betriebsorganisation e.V. (Hrsg.): Methodenlehre der Betriebsorganisation (MLBO), Teil Arbeitspädagogik. München: Carl Hanser Verlag, 1987

4.7 Bewertung und Auswahl von Systemvarianten

4.7.1 Besonderheiten der Bewertung und Auswahl bei komplexen Produktionssystemen

Problematik
von Bewertung
und Auswahl

Zum Abschluß der Planungsstufen muß eine Aussage darüber getroffen werden, in welchem Umfang verschiedene Lösungsvarianten die zu Beginn der Planungsarbeiten unternehmensspezifisch festgelegten Ziele erfüllen. Auf dieser Basis muß eine Entscheidung darüber getroffen werden, welche Lösungsvarianten aus der Stufe der Grobplanung in die Feinplanung einbezogen werden sollen, beziehungsweise welche Lösungsvariante der Feinplanung letztendlich realisiert werden soll. Dabei sind eine Vielzahl von Einflüssen aus Bearbeitungs-, Materialfluß- und Informationssystem und die starken Abhängigkeiten im Zusammenwirken von Mensch, Technik, Organisation und Information zu beachten. Dies führt nicht nur zu einem vergrößerten Aufwand für Konzeption und Dimensionierung einzelner Teilsysteme, sondern beeinflußt auch den Auswahl- und Entscheidungsprozeß.

Die besondere Problematik von Bewertung und Auswahl komplexer Produktionssysteme ergibt sich dadurch, daß

– meist hohe Investitionen getätigt werden müssen,

und daß andererseits in frühen Planungsstadien

– der Nutzen einzelner Lösungsvarianten oft nicht vollständig ermittelt werden kann.

Investitions-
aufwand für
komplexe
Produktions-
systeme

Im Vergleich zu konventionellen Produktionssystemen ist die Realisierung eines komplexen Produktionssystems in der Regel mit einem sehr großen Kapitaleinsatz verbunden. Das unternehmerische Risiko einer Fehlinvestition wächst dadurch dementsprechend an. Wie Bild 199 am Beispiel einer flexiblen Drehzelle zeigt, können die Gesamtaufwendungen für Bearbeitungs-, Materialfluß- und Informationssystem mehr als das Doppelte der Aufwendungen für eine NC-Maschine betragen.

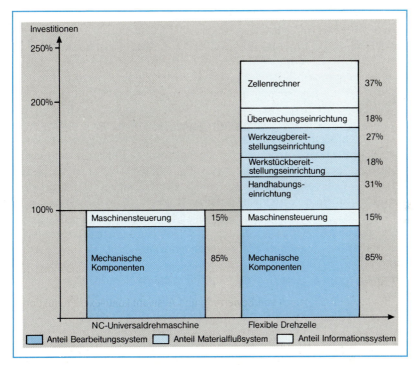

Aufschlüsselung der Investitionen für Bearbeitungs-, Materialfluß- und Informationssystem einer flexiblen Drehzelle (nach Angaben von Drehzellenherstellern)

Bild 199

Die Einführung eines komplexen Produktionssystems verändert die ursprüngliche Kostenstruktur nicht nur im Fertigungsbereich, sondern meist auch in vor- und nachgelagerten Bereichen wie Arbeitsvorbereitung, Qualitätssicherung oder Instandhaltung. Alle in diesen Bereichen zusätzlich anfallenden Investitionen und Kostenanteile, wie zum Beispiel Kosten für Softwarewartung, NC-Programmerstellung oder Qualifizierungsmaßnahmen, müssen im Hinblick auf eine umfassende Wirtschaftlichkeits- beziehungsweise Kostenrechnung systematisch und vollständig erfaßt werden.

Kostenveränderungen in anderen Bereichen

Berücksichtigung
von Einspa-
rungen

Den vergleichsweise hohen finanziellen Aufwendungen für komplexe Produktionssysteme müssen Vorteile und Einsparungen im späteren Betrieb entgegengesetzt werden können, um ihre Einführung aus unternehmerischer Sicht zu rechtfertigen. Erste Ansatzpunkte ergeben sich in der Regel im Bereich des Bearbeitungssystems, zum Beispiel aus einer Reduzierung des Werkzeug- und Vorrichtungsbedarfs, einer Verringerung der Rüstzeiten oder dem Wegfall einzelner Arbeitsgänge. Derartige Einsparungspotentiale lassen sich vergleichsweise einfach quantifizieren und in eine Wirtschaftlichkeitsrechnung mit einbeziehen. Sie reichen im allgemeinen jedoch nicht aus, um den hohen Investitionsaufwand, insbesondere für die eingeplante kurz- und langfristige Flexibilität eines komplexen Produktionssystems, zu rechtfertigen. Die Erfahrung hat gezeigt, daß zum Beispiel der Einsatz eines automatisierten Materialflußsystems für sich allein betrachtet nur einen bedingten Rationalisierungseffekt hat. Im allgemeinen liegen die Investitionskosten hierfür über den langfristig tatsächlich erreichbaren Kosteneinsparungen im Transportbereich. In ähnlichem Sinne gilt diese Aussage auch für ein automatisiertes Informationssystem. Viele dieser einzeln gerechnet nicht rentablen Materialfluß- und Informationseinrichtungen sind jedoch eine notwendige Voraussetzung, um die mit der Einführung eines komplexen Produktionssystems verfolgten Ziele, zum Beispiel Transparenz des Fertigungsgeschehens, Verkürzung der Durchlaufzeiten oder Verringerung der Kapitalbindung, überhaupt erreichen zu können.

Wie verschiedene Untersuchungen übereinstimmend belegen, kann die Wirtschaftlichkeit eines komplexen Produktionssystems nur dann nachgewiesen werden, wenn die Kostenvorteile von Bearbeitungs-, Materialfluß- und Informationssystem nicht getrennt, sondern im Sinne einer ganzheitlichen Betrachtungsweise gemeinsam in Ansatz gebracht werden [6, 8]. Im Hinblick auf eine umfassende Wirtschaftlichkeitsbetrachtung bedeutet dies, daß der Planer versuchen muß, für die entwickelten Lösungsvarianten die erwarteten Vorteile, wie zum Beispiel Verringerung von Nacharbeit, Verkürzung der Durchlaufzeiten, Reduzierung der Umlaufbestände, Vereinfachung der Kapazitätsplanung, nicht nur abzuschätzen, sondern möglichst genau zu quantifizieren. Dabei ergibt sich das Problem, daß viele erwartete Vorteile einer Lösungsvariante mit den heute zur Verfügung stehenden Hilfsmitteln überhaupt nicht oder nur mit einem überdurchschnittlich hohen Aufwand erfaßt und monetär bewertet werden können. Als Beispiel sind zu nennen die Bewertung von Kriterien wie „verbesserte Anpassung an Marktentwicklungen", „erhöhte Lieferbereitschaft" oder „Vermeidung einseitiger physischer Belastungen der Mitarbeiter" (vgl. hierzu Abschnitt 2.1.2). Es gibt bis heute keine praxisgerechte Methode, die es erlaubt, die kostenmäßigen Auswirkungen verkürzter Lieferzeiten oder ergonomisch besser gestalteter Arbeitsplätze so zuverlässig vorherzusagen, daß diese in eine exakte Wirtschaftlichkeitsrechnung mit aufgenommen werden könnten. Da jedoch gerade derartige monetär nicht oder nur schwer quantifizierbare Kriterien oft ein wesentlicher Grund dafür sind, daß sich Unternehmen mit der Einführung komplexer Produktionssysteme befassen, müssen neue, der veränderten Aufgabenstellung angepaßte Methoden zur Bewertung komplexer Produktionssysteme angewendet werden.

Materialfluß- und Informationssystem zusammen berücksichtigen

4.7.2 Erweiterte Wirtschaftlichkeits- und Nutzenrechnung

erweiterte
Wirtschaftlich-
keits- und
Nutzenrechnung

Im folgenden wird eine Methode zur Bewertung von komplexen Produktionssystemen erläutert, die diesen Anforderungen genügt.

Vorgehen bei
der Bewertung

Die eigentliche Bewertung erfolgt in zwei getrennten Schritten (Bild 200). Auf der Grundlage der dualen Zielsetzung (vgl. Abschnitt 3.2.2) erfolgt zunächst für jede Lösungsvariante eine detaillierte, mehrstufige Investitions- und Kostenrechnung. Unabhängig davon erfolgt anhand der monetär nicht quantifizierbaren Kriterien eine getrennte Erfassung und Gegenüberstellung der Vor- und Nachteile einzelner Lösungsvarianten, entweder im Rahmen einer „Arbeitssystemwertermittlung" oder in Form einer „Argumentenbilanz". Die Ergebnisse beider Bewertungsschritte bilden die Grundlage für die abschließende Auswahl einer Lösungsvariante [2].

Die erweiterte Wirtschaftlichkeits- und Nutzenrechnung ist dabei keine völlig neue Methode. Durch die Erweiterung der herkömmlichen Wirtschaftlichkeitsrechnung durch Hinzunahme möglichst vieler monetär quantifizierbarer Kriterien (vgl. Abschnitt 4.7.3.1) und durch die Einführung des Nutzens als weiterer Dimension wird der Bewertungsvorgang vielmehr systematisiert.

Bedeutung von
Simulations-
untersuchungen

Eine wesentliche Hilfe zur Ermittlung der Effizienz bieten Untersuchungen mittels Simulation (vgl. Abschnitt 4.3.5.5). Hierzu werden die konkurrierenden Gesamtlösungen komplexer Produktionssysteme bezüglich ihres Aufbaus und ihrer Ablauforganisation als Modell auf einem Rechner abgebildet. An diesem Modell läßt sich das dynamische Verhalten unterschiedlicher Lösungsvarianten im Detail analysieren, indem man jeweils für einen festgelegten Zeitabschnitt den Produktionsablauf und alle damit verbundenen Produktionsprozesse und Materialflußbewegungen nachahmt, die aus der Bearbeitung eines repräsentativen Auftragsspektrum resultieren.

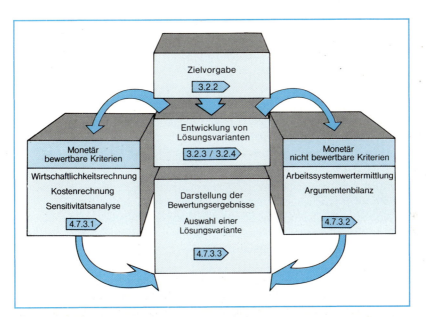

Erweiterte Wirtschaftlichkeits- und Nutzenrechnung zur Bewertung und Auswahl komplexer   Bild 200
Produktionssysteme

Neben der tatsächlich möglichen Ausbringung sind Aussagen über die zu erwartenden Durchlaufzeiten einzelner Aufträge oder über die Entwicklung von
Halbfabrikate- und Fertigteilebeständen von besonderem Interesse. Simulationsuntersuchungen bieten auch die Möglichkeit, verschiedene Betriebssituationen
durchzuspielen und das später real zu erwartende Verhalten bei Variation bestimmter Einflußgrößen, zum Beispiel Zusammensetzung des Produktionsprogramms, Veränderung der Rüstzeiten, Ausfall einzelner Systemkomponenten oder
Einschleusung von Eilaufträgen, zu ermitteln. Aus den Simulationsuntersuchungen lassen sich auf diese Weise ergänzende, mit statischen Betrachtungen nur
grob abschätzbare, Kenngrößen für einen Wirtschaftlichkeitsvergleich konkurrierender Lösungsvarianten ermitteln, wenn es gelingt, die Komponenten des Systems sowie mögliche Störeinflüsse hinreichend genau auf dem Rechner abzu-
bilden.

Anwendungs-
bereich
der erweiterten
Wirtschaftlich-
keits- und
Nutzenrechnung

Eine wesentliche Stärke der erweiterten Wirtschaftlichkeits- und Nutzenrechnung liegt in der Bewertung innovativer Maßnahmen, die eine weitgehende Veränderung der Produktions- und Organisationsstruktur zur Folge haben. Differenzierte Entscheidungsunterlagen können bereits während der Planung erstellt werden.

Die erweiterte Wirtschaftlichkeits- und Nutzenrechnung kann im Rahmen der Planung und Gestaltung komplexer Produktionssysteme zu folgenden Fragestellungen Entscheidungshilfen liefern:

– Welche Lösungsvariante erfüllt die zu Planungsbeginn gesetzten dualen Ziele am besten?

– Ist die Einführung eines komplexen Produktionssystems im Vergleich zur bestehenden Produktion unternehmerisch sinnvoll?

– Wo liegen die Chancen und Risiken einzelner Lösungsvarianten bei veränderten Rahmenbedingungen, die zum Beispiel aus einer Verteuerung des Rohmaterials, einer Verschlechterung der Absatzlage oder einem verzögerten Produktionsanlauf resultieren können?

4.7.3   Hilfsmittel zur Durchführung der erweiterten Wirtschaftlichkeits- und Nutzenrechnung

4.7.3.1 Wirtschaftlichkeits- und Kostenrechnung

Vorgehen

Einen Überblick über das Vorgehen zur Ermittlung von Wirtschaftlichkeit und Kostenstruktur konkurrierender Lösungsvarianten gibt Bild 201. Ausgehend von einer detaillierten und systematischen Bestimmung des Kapitaleinsatzes und der zu erwartenden Einsparungen einzelner Lösungsvarianten wird auf der Basis der für den Inbetriebnahmezeitpunkt eines Produktionssystems relevanten Produktionsmenge neben einer Wirtschaftlichkeitsrechnung auch eine ergänzende Kostenrechnung durchgeführt. Die Wirtschaftlichkeitsrechnung dient in erster Linie dazu, Aufschluß über die Amortisation des jeweils eingesetzten Kapitals zu geben, während die Kostenrechnung darüber Auskunft geben soll, inwieweit durch einzelne Lösungsvarianten die zu Planungsbeginn fixierten, monetär quantifizierbaren Ziele, wie zum Beispiel „Senkung der Herstellkosten um 10 %", erreicht werden können. Im Rahmen einer „Sensitivitätsanalyse" wird abschließend untersucht, welchen Einfluß veränderte, zum Investitionszeitpunkt nicht vorhersehbare Produktionsbedingungen wie Absatzschwankungen, Losgrößenreduzierungen oder erhöhte Rohstoff- und Energiekosten auf die Wirtschaftlichkeitskenngrößen und die Kostenstruktur einzelner Lösungsvarianten haben können.

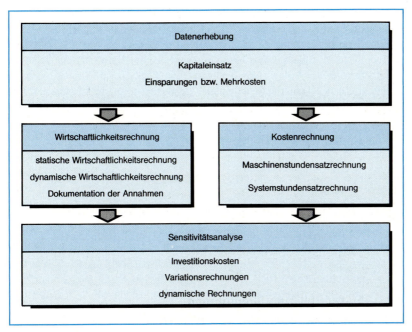

Vorgehen zur Ermittlung von Wirtschaftlichkeit und Kostenstruktur komplexer Produktionssysteme   Bild 201

**Ziel der Datenerhebung im Rahmen einer erweiterten Wirtschaftlich-
keitsrechnung ist es, sowohl**

● **die durch die Einführung eines komplexen Produktionssystems bedingten, einmalig anfallenden Kosten als auch**

● **alle durch den späteren Systembetrieb entstehenden laufenden jährlichen Einsparungen beziehungsweise jährlichen Mehrkosten**

systematisch zu erfassen und monetär zu quantifizieren.

Datenerhebung

Durch eine Erhöhung des Erfassungsaufwands ist es unter bestimmten Voraussetzungen möglich, auch ursprünglich als monetär nicht oder nur schwer quantifizierbar eingestufte Kriterien einer geldmäßigen Bewertung zugänglich zu machen. So kann zum Beispiel die Flexibilität eines komplexen Produktionssystems
quantifiziert werden, wenn angenommen werden kann, daß die Umrüstdauer einer Anlage den Flexibilitätsgesichtspunkt genügend genau repräsentiert ("Produktflexibilität", siehe Abschnitt 2.1.1.3). Die durchschnittliche Umrüstdauer kann
dann in Minuten angegeben werden. Sind zusätzlich die durchschnittliche Rüst-
häufigkeit sowie die Kosten eines Rüstvorgangs in Abhängigkeit von der Dauer
bekannt, läßt sich die Produktflexibilität als Umrüstaufwand monetär quantifizieren.

Erfassung des
Kapitaleinsatzes

Die detaillierte und exakte Bestimmung des Kapitaleinsatzes jeder Lösungsvariante ist Grundvoraussetzung für eine fundierte Wirtschaftlichkeitsrechnung.
Das in Bild 202 dargestellte Erfassungsschema soll dem Planer einen Anhaltspunkt geben, welche Kosten bei der Einführung eines komplexen Produktionssystems berücksichtigt werden müssen. Das Erfassungsschema bedarf sicherlich in
vielen Anwendungsfällen noch einer projektspezifischen Ergänzung. Zu beachten
ist, daß im Fall einer stufenweisen Einführung und Installation des Produktionssystems (vgl. Abschnitt 4.8) die Zahlungen für bestimmte Bearbeitungs-, Mate-
rialfluß- und Informationssystemkomponenten im allgemeinen zu unterschiedlichen Terminen erfolgen, so daß nicht der gesamte Kapitaleinsatz in einer Abrechnungsperiode (z.B. Kalenderjahr) erbracht werden muß. Auch die beab-
sichtigte Finanzierungsart muß bei der Ermittlung des Kapitaleinsatzes berücksichtigt werden. Bei Leasing oder Mietkauf beispielsweise sind die fälligen Zah-
lungstermine für die Finanzierung und nicht der Investitionszeitpunkt anzu-
setzen.

Erhebungsbogen: „Kapitaleinsatz"

Lösungsvariante

| Projekt | Erhebungsdatum |
| | Bearbeiter |

	Kapitaleinsatz für	Anzahl	Preis je Einheit (TDM)	Gesamt-preis (TDM)	Zahlungs-termin	Bemerkung
Bearbeitungssystem	Maschinen					
	Arbeitsplätze					
	Werkzeuge					
	Vorrichtungen					
	Meß- und Prüfeinrichtungen					
	Reinigungsstationen					
1						
Materialflußsystem	Fördermittel Fertigungsbereich					
	Fordermittel Lagerbereich					
	Förderhilfsmittel					
	Speichereinrichtungen					
	Lagereinrichtungen					
	Handhabungseinrichtungen					
2						
Informationssystem	Leitrechnerhardware					
	Zellenrechnerhardware					
	Steuerungen					
	Netzwerk					
	Schnittstellenhardware zu überlagerten Systemen					
	Leitrechnersoftware					
	Zellenrechnersoftware					
	Steuerungssoftware					
	Schnittstellensoftware zu überlagerten Systemen					
3						
Pers.	Ausschreibung / Einstellung					
	Qualifizierung der Mitarbeiter					
4						
Installation	Hallenumbau/ -erweiterung					
	Fundamente					
	Arbeitsplatzgestaltung					
5						
Systemanlauf	Aufbau der Systemkomponenten					
	Inbetriebnahme, Testbetrieb					
	Abnahme					
	Produktionseinbußen					
6						
Dienstl. Dritter	Simulationsuntersuchungen					
	Externe Berater					
	Fremdvergabe von Aufträgen					
7						

| Gesamtsumme 1 – 7: | TDM |

Erhebungsbogen zur Ermittlung des Kapitaleinsatzes bei komplexen Produktionssystemen [nach 9]   Bild 202

Ermittlung von
Einsparungen
bzw.
Mehrkosten

Im Gegensatz zu der einmaligen Investition in einzelne Teilkomponenten eines komplexen Produktionssystems fallen die mit dem laufenden Betrieb eines derartigen Produktionssystems verbundenen Einsparungen beziehungsweise Mehrkosten im allgemeinen über mehrere Abrechnungsperioden verteilt an, wobei sich ihre Höhe während der Nutzungszeit zum Teil erheblich verändern kann. Beispiele hierfür sind unter anderem die Softwarepflegekosten und die Instandhaltungskosten, die erfahrungsgemäß mit zunehmender Nutzungszeit einer Anlage ansteigen. Darüber hinaus muß im Rahmen einer späteren Wirtschaftlichkeitsrechnung berücksichtigt werden können, daß Mehrkosten, die in den ersten Abrechnungsperioden nach Inbetriebnahme entstehen (Anlaufkosten), nach einer bestimmten Zeit entfallen. Diese Entwicklung kann sowohl bei den durch Ausschuß und Nacharbeit verursachten Kosten, die bei Anlauf einer Produktion überdurchschnittlich hoch sein können, beobachtet werden, wie auch bei den Kosten für die Erstellung von Fertigungsunterlagen (Zeichnungen, Arbeitsplänen) oder NC-Programmen [9]. Zu Produktionsbeginn muß eine große Zahl schon vorhandener Unterlagen kurzfristig überarbeitet und eventuell auf einen Rechner übernommen werden, wodurch Mehrkosten aufgrund des erhöhten Personaleinsatz entstehen können. Ab einem gewissen Zeitpunkt jedoch, zu dem dann nur noch das übliche Aufkommen an Unterlagen bewältigt werden muß, können infolge eines rationellen Erstellungsverfahrens in zunehmendem Maße Einsparungen erzielt werden.

Erfassungsschema:„Einsparungen und Mehrkosten"											
Lösungsvariante											
Projekt		Erfassungsdatum									
		Bearbeiter									

Einsparungen (−)	Höhe der Einsparungen bzw. Mehrkosten je Abrechnungsperiode (DM)									
Mehrkosten (+)	1	2	3	4	5	6	7	8	9	10
Raumkosten										
Instandhaltungskosten										
Energiekosten										
Werkzeugkosten										
Vorrichtungskosten										
Transportkosten										
Personalkosten										
Softwarepflegekosten										
Qualitätsplanungskosten										
Qualitätsprüfungskosten										
Ausschußkosten										
Nacharbeitskosten										
Konventionalstrafen										
Kosten der Erstellung der Fertigungsunterlagen, Programmierung										
Kosten der Fertigungssteuerung										
Zinskosten für Lagerbestände										
Zinskosten für Bestände im Fertigungsbereich										
Rüstkosten										
Kosten für Prototypen- /Ersatzteilfertigung										
Umbaukosten für neue Produkte										
Kosten für Auftragsabrechnung										
Kosten für Dienstleistungen Dritter (Service, Fremdvergabe)										

Gesamteinsparungen bzw. Mehrkosten je Abrechnungsperiode										

Abrechnungsperiode:

Erfassungsschema „Einsparungen und Mehrkosten komplexer Produktionssysteme" [nach 9]   Bild 203

Wesentliche Einflußfaktoren auf die mit dem Betrieb eines komplexen Produktionssystems verbundenen Einsparungen beziehungsweise Mehrkosten sind in Bild 203 zusammengefaßt. Bei der Anwendung des Formulars ist zu beachten, daß Einsparungen beziehungsweise Mehrkosten immer nur im Vergleich zu einer bereits bestehenden oder einer zum Beispiel aufgrund des geringsten Kapitaleinsatzes als Bezugsbasis gewählten Lösungsvariante eines komplexen Produktionssystems gemacht werden können.

statische
Wirtschaftlich-
keitsrechnung

Die in der betrieblichen Praxis weit verbreiteten statischen Wirtschaftlichkeitsrechnungen wie

- Kostenvergleichsrechnung
- Gewinnvergleichsrechnung
- Rentabilitätsrechnung und
- Amortisationsrechnung

sind kaum geeignet, brauchbare Aussagen über die Wirtschaftlichkeit eines geplanten komplexen Produktionssystems zu machen [9]. Sie sollten nur bei klar abgegrenzten Investitionsvorhaben als vergleichsweise einfach zu handhabende Näherungsverfahren eingesetzt werden. Der wesentliche Nachteil aller statischen Rechnungen liegt darin, daß nur die direkt dem Bearbeitungs-, Materialfluß- und Informationssystem zurechenbaren Einnahmen und Ausgaben berücksichtigt werden.

Alle getroffenen Annahmen bezüglich der Verfügbarkeit, der Nutzung oder der Zusammensetzung des Teilespektrums werden über die gesamte Nutzungszeit als unabänderlich angesehen, und zeitliche Unterschiede im Anfall von Zahlungen und Einsparungen können ebenfalls nicht berücksichtigt werden.

Um den in Abschnitt 4.7.1 erläuterten Anforderungen an die Bewertung und Auswahl komplexer Produktionssysteme gerecht zu werden, müssen daher ergänzend zu statischen Überschlagsrechnungen dynamische Wirtschaftlichkeitsrechnungen eingesetzt werden. Die in MLPS, Teil 4, Abschnitt 14.3.5 [4] ausführlich
erläuterte

- interne Zinsfluß-Methode,
- die Kapitalwert-Methode sowie
- die Annuitäten-Methode

sind grundsätzlich geeignet, auf der Basis der oben erläuterten systematischen
Erfassung von Kapitaleinsatz und Einsparungen beziehungsweise Mehrkosten alle monetär quantifizierbaren Wirkungen eines komplexen Produktionssystems
entsprechend ihres zeitlichen Anfalls zu berücksichtigen. Unabhängig von den
spezifischen Stärken oder Schwächen dieser dynamischen Methoden sollte sich
der Planer für die Methode entscheiden, die im Betrieb bei allen Verantwortlichen bekannt und anerkannt ist.

Ergänzend zur Durchführung einer dynamischen Wirtschaftlichkeitsrechnung ist
es erforderlich, alle bei der Prognose von Kapitaleinsatz, Einsparungen und
Mehrkosten einer Lösungsvariante zugrundegelegten Annahmen zu dokumentieren. Dabei ist festzuhalten, von welchen Daten zu Schichtzahl, Nutzung, Verfügbarkeit, Zahl von Neuprodukteinführungen, Kapitaleinsatz, Verwendung von Investitionen für andere Produkte usw. ausgegangen wurde. In Bild 204 ist beispielhaft eine Checkliste der im Rahmen der Investitionsrechnung zu treffenden
Annahmen wiedergegeben. Die Dokumentation der getroffenen Annahmen ist
auch erforderlich, um diese im Rahmen von Sensitivitätsanalysen gezielt variieren zu können.

*dynamische
Wirtschaftlich-
keitsrechnung*

*Dokumentation
der Annahmen*

Dokumentation: „Annahmen zur Wirtschaftlichkeitsrechnung"

Lösungsvariante:

Projekt	Erhebungsdatum
	Bearbeiter

Kapitaleinsatz
- Zahlungskonditionen
- Anteil der Entwicklungskosten, der zugerechnet wird
- Anteil der Schulungskosten, der zugerechnet wird
- Weiterverwendung vorhandener Maschinen

Lohnkosten
- Anzahl Mitarbeiter je Schicht
- Entlohnungsform
- Lohnkosten / Stunde
- jährliche Lohnzuwachsrate

Instandhaltung
- Art der Kostenprognose (Schätzung, fester Prozentsatz vom Wiederbeschaffungswert)
- Termine / Kosten für Generalüberholungen
- jährliche Zuwachsrate

Softwarepflege
- Art der Kostenprognose
- jährliche Zuwachsrate

Qualitätssicherungskosten
- Art der Kostenprognose
- Grundlage der Kostenprognose

Ausschuß / Nacharbeit
- Art der Kostenprognose
- Grundlage der Kostenprognose
- jährliche prozentuale Veränderung

Kapitalbindung
- Art der Prognose (Schätzung, Simulation)
- Durchlaufzeiten
- Bestände an Rohteilen, Halbfabrikaten, Fertigteilen

Neuprodukteinführung
- Zahl der Neuprodukteinführungen
- Zeitpunkte
- Art der Kostenprognose

Umbau der Anlage
- Zahl der Umbauten
- Zeitpunkte
- Weiterverwendbarkeit vorhandener Betriebsmittel

Technische Ausgangsdaten
- Schichtzahl
- jährliche Betriebszeit
- Verfügbarkeit
- Nutzungsgrad

Kalkulationszinsfuß

Bild 204   Checkliste „Annahmen zur Wirtschaftlichkeitsrechnung" [nach 9]

Parallel zu einer Wirtschaftlichkeitsrechnung sollte für jede Lösungsvariante eine   Kostenrechnung
Kostenrechnung durchgeführt werden, um einmal

- die Erfüllung der bei Planungsbeginn fixierten Zielkriterien, wie zum Beispiel „Senkung der Herstellkosten um 10 %", nachprüfen zu können, und um zum anderen
- anhand der Kostenstruktur konkurrierender Lösungsvarianten eine Kostenvergleichsrechnung vornehmen zu können.

Ohne wesentliche Einschränkung der Aussagekraft der Ergebnisse ist es bei einem umfangreichen Werkstückspektrum möglich, eine Kostenträgerrechnung (vgl. MLA, Teil 3, Abschnitt 1.1.1.5) [3] zur Ermittlung systemspezifischer Herstellkosten auf der Basis von Repräsentativwerkstücken durchzuführen, die bereits für die Planung von Bearbeitungs- und Materialflußsystemen zugrundegelegt wurden.

Bild 205 gibt einen Überblick über die bei der Ermittlung von Herstellkosten bei komplexen Produktionssystemen zu berücksichtigenden Kostenarten.

Vorbereitungskosten	Auftragswiederholkosten	Ausführungskosten
Einmalige Kosten	Kosten je Auftrag	Kosten je Stück

• Fertigungsplanungskosten, auftragsunabhängig (Zeichnungen, Stücklisten, Arbeitspläne)
• Kosten der Programmierung von Bearbeitungs- bzw. Handhabungseinrichtungen
• Qualitätsplanungskosten
• Kosten für Betriebsmittelkonstruktion, -beschaffung
• Kosten für Qualifizierungsmaßnahmen
• Kosten für Steuerungssoftware
• Kosten für Simulationsuntersuchungen
• Anlaufkosten
	• Kosten für Auftragsunterlagenerstellung
	• Kosten für Fertigungssteuerung, Transportsteuerung
	• Rüstkosten für Werkzeuge, Vorrichtungen, Meß- und Prüfeinrichtungen
	• Rüstkosten für Bearbeitungs- bzw. Handhabungseinrichtungen
	• Transportkosten Lager-/Speicherkosten
	• Zinskosten für gebundenes Kapital entsprechend der Durchlaufzeit
	• Softwarewartungskosten
	• Kosten für Auftragsabrechnung
		• Lohneinzelkosten
		• Sozialgemeinkosten
		• Materialkosten
		• Materialgemeinkosten
		• Restfertigungsgemeinkosten
		  - Abschreibungen
		  - Zinsen
		  - Versicherungen
		  - Räume
		  - Energie
		  - Instandhaltung
		• Maschinenkosten
		• Werkzeugkosten
		• Qualitätssicherungskosten
		• Kosten durch Nacharbeit und Ausschuß

Gliederung der Kostenarten bei komplexen Produktionssystemen   Bild 205

Bedeutung von
Software- und
Qualitäts-
sicherungskosten

Aus der Vielzahl an zu berücksichtigenden Kosten werden die im Vergleich zu konventionellen Produktionssystemen verstärkt an Bedeutung gewinnenden Softwarekosten und Qualitätssicherungskosten herausgegriffen. Softwarekosten fallen nicht nur einmalig bei der Inbetriebnahme eines komplexen Produktionssystems an, sondern im Rahmen sogenannter Wartungsverträge mit dem Softwarelieferanten auch periodisch für Programmpflege und Änderungsdienst. Dabei ist die Höhe der Softwarekosten nicht, wie vielfach angenommen, von der Größe des Produktionssystems abhängig, sondern wird von der Zahl der installierten Funktionen bestimmt.

Qualitätskosten gewinnen beim Einsatz von komplexen Produktionssystemen ständig an Bedeutung und sollten als eigenständige Kostenart erfaßt und im späteren Betrieb überwacht werden. Obwohl durch den Einsatz komplexer Produktionssysteme verminderte Ausschußzahlen und damit eine Senkung des Aufwands für Nacharbeit beziehungsweise Neufertigung von Ausschußteilen angestrebt werden, dürfen die zum Teil durch integrierte, rechnergestützte Überwachungs- und Meßeinrichtungen verursachten Qualitätssicherungskosten nicht vernachlässigt werden. Dazu zählen neben den direkten Prüfkosten auch die Fehlerfolge- und Fehlerverhütungskosten.

Eignung von
Methoden der
Kostenrechnung

Ebenso wie bei der Wirtschaftlichkeitsrechnung berücksichtigen auch nicht alle in der betrieblichen Praxis üblicherweise angewandten Kostenrechenmethoden die besonderen Einsatzmerkmale komplexer Produktionssysteme. Für die Ermittlung von Herstellkosten oder Selbstkosten eignen sich die

– Zuschlagskalkulation (vgl. MLA, Teil 3, Abschnitt 1.3.3) sowie die
– Zuschlagskalkulation mit Maschinenstundensätzen (vgl. MLA, Teil 3, Abschnitt 1.3.4).

Dabei besteht bei einer Zuschlagskalkulation mit Maschinenstundensätzen im Gegensatz zur herkömmlichen Zuschlagskalkulation die Möglichkeit, bisher als Gemeinkosten behandelte Maschinenkosten wie Einzelkosten zu verrechnen und sie in Abhängigkeit von der aufgetretenen Belegungszeit direkt den Kostenträgern zuzurechnen. Verbleibende Gemeinkosten, die nicht im Maschinenstundensatz enthalten sind, werden weiter im Wege der Zuschlagsrechnung verteilt. Ziel einer auf Maschinenstundensätzen basierenden Kostenrechnung ist es, die Restgemeinkosten möglichst klein zu halten und damit die Zuschlagsätze zu reduzieren [7].

Eine Variante der Zuschlagskalkulation mit Maschinenstundensätzen stellt die sogenannte Systemstundensatzrechnung dar. Bei der Systemstundensatzrechnung werden in Analogie zur bekannten Maschinenstundensatzermittlung kalkulatorische Abschreibungskosten, kalkulatorische Zinskosten, Raumkosten, Energiekosten und Instandhaltungskosten für das gesamte Produktionssystem pauschal erfaßt und verrechnet [9].

Im Systemstundensatz sind somit nicht nur die durch einzelne Betriebsmittel verursachten Kosten erfaßt, sondern auch die Kosten für das gesamte Materialfluß- und Informationssystem mit enthalten. Dies ist gerade für komplexe Produktionssysteme von besonderer Bedeutung. Der Systemstundensatz kann für Überschlagsrechnungen im Planungsstadium verwendet werden. Er gibt bezogen auf die jährliche Nutzungszeit an, wieviel eine Betriebsstunde des betrachteten Produktionssystems kostet. Nachteil der Zuschlagskalkulation mit Systemstundensätzen ist, daß die Kosten nicht mehr verursachungsgerecht, wie dies beispielsweise bei einer Nachkalkulation zu fordern ist, verrechnet werden können.

Die Ergebnisse der dargestellten Wirtschaftlichkeits- und Kostenrechnung beruhen auf einer Vielzahl geschätzter oder prognostizierter Daten. Der Gültigkeitsbereich der Ergebnisse ist deshalb mit Hilfe einer sogenannten Sensitivitätsanalyse bezüglich der wichtigsten Einflußfaktoren abzuschätzen.

Ziel einer Sensitivitätsanalyse ist es, durch Veränderungen der in die Wirtschaftlichkeits- und Kostenrechnung einfließenden Daten Informationen darüber zu erhalten, unter welchen Voraussetzungen das Ergebnis der Investitionsrechnung relativ konstant bleibt. Die praktische Bedeutung einer Sensitivitätsanalyse besteht darin, daß sie Erkenntnisse darüber liefert, welche Randbedingungen den vergrößerten Einfluß auf das Ergebnis einer Investitionsrechnung ausüben. Es können somit Schlüsse gezogen werden, bei welchen Einflußgrößen eine genauere Datenbeschaffung oder Prognose nötig ist und wo die spezifischen Risiken einer Investition in eine bestimmte Lösungsvariante liegen [5]. Die wesentlichen Einflußgrößen auf das Ergebnis einer Wirtschaftlichkeits- beziehungsweise Kostenrechnung sowie ihre Bedeutung für eine fundierte Investitionsentscheidung gehen aus Bild 206 hervor.

Systemstundensatzrechnung

Sensitivitätsanalyse

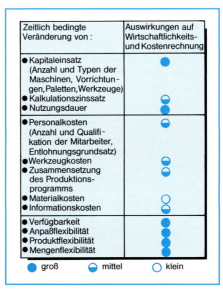

Zeitlich bedingte Veränderung von:	Auswirkungen auf Wirtschaftlichkeits- und Kostenrechnung
● Kapitaleinsatz (Anzahl und Typen der Maschinen, Vorrichtungen, Paletten, Werkzeuge)	●
● Kalkulationszinssatz	◐
● Nutzungsdauer	●
● Personalkosten (Anzahl und Qualifikation der Mitarbeiter, Entlohnungsgrundsatz)	◐
● Werkzeugkosten	◐
● Zusammensetzung des Produktionsprogramms	◐
● Materialkosten	○
● Informationskosten	◐
● Verfügbarkeit	●
● Anpaßflexibilität	●
● Produktflexibilität	●
● Mengenflexibilität	●

● groß   ◐ mittel   ○ klein

Bild 206   Bedeutung verschiedener Einflußgrößen für die Wirtschaftlichkeits- und Kostenrechnung (Beispiel)

Bei der Sensitivitätsanalyse kann unterschieden werden zwischen

– Variationsrechnungen und
– dynamischen Rechnungen (Prognoserechnungen).

Variations-rechnungen

Bei der oben erwähnten Wirtschaftlichkeits- und Kostenrechnung wurden stets das für den Inbetriebnahmezeitpunkt des komplexen Produktionssystems vorgegebene Soll-Produktionsprogramm (Stückzahlen, Losgrößen) sowie die für jeden Produkttyp zumindest überschlägig errechneten Ausführungs- und Rüstzeiten zugrundegelegt. Mit Hilfe von Variationsrechnungen sollen bereits bei der Grobplanung verläßliche Angaben darüber gewonnen werden, wie sich Wirtschaftlichkeit und Kostenstruktur bestimmter Lösungsvarianten verhalten, wenn sich aufgrund von zum Planungszeitpunkt noch nicht vorhersehbaren Entwicklungen die ursprünglichen Planungsgrundlagen und -annahmen verändern. So gilt es, als weitere Grundlage für die ausstehenden Investitionsentscheidungen das Kostenverhalten zum Beispiel bei Änderungen der Jahresmenge zu untersuchen.

Ausgehend von der Planung der zugrundegelegten Jahresmenge wird am Beispiel von Repräsentativwerkstücken ermittelt, wie sich die Herstellkosten bei einzelnen Lösungsvarianten verändern, wenn die geplante Jahresmenge über- beziehungsweise unterschritten wird. Dabei ist es meist ausreichend, die Kostenentwicklung einzelner Lösungsvarianten in einer Bandbreite von ± 30 % der geplanten Jahresmenge aufzuzeigen (Bild 207). Ähnliche Variationsrechnungen sollten für unterschiedliche Fertigungslosgrößen, unterschiedliche Rüstzeiten oder unterschiedliche Einsatzzeiten (einschichtig, zweischichtig, Hineinarbeiten in die dritte Schicht, dreischichtig) des Produktionssystems aufgeführt werden, um die Flexibilität unter Kostengesichtspunkten beurteilen zu können.

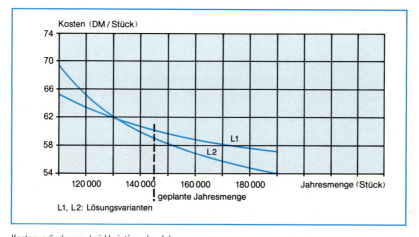

Kostenveränderung bei Variation der Jahresmenge   Bild 207

dynamische
Kostenrechnung

Im Rahmen einer sogenannten dynamischen Kostenrechnung wird untersucht, wie sich einzelne Kostenbestandteile eines komplexen Produktionssystems, bezogen auf den Inbetriebnahmezeitpunkt, entwickeln, wenn im Laufe der Nutzungsjahre eine schrittweise Veränderung einzelner Planungsparameter eintritt. Es handelt sich dabei um aufgrund von Erfahrungswerten prognostizierte Veränderungen einzelner Kostenarten wie Materialkosten, Rechnerhardware- und -softwarekosten, Energiekosten oder Personalkosten. Vielfach werden dabei im Sinne einer Extremwertbetrachtung eine optimistische und eine pessimistische Einschätzung der Kostenentwicklung in einem Zeitraum von 5 bis 10 Jahren einander vergleichend gegenübergestellt [5]. Im Bild 208 ist das Ergebnis einer dynamischen Kostenrechnung bei Zugrundelegung eines gleichbleibenden prozentualen Anstiegs der Personalkosten dargestellt. Es zeigt sich dabei, daß die bei statischer Betrachtung kostengünstigere Lösungsvariante 1 aufgrund des hohen Anteils der Lohnkosten an den gesamten Herstellkosten eines Produkts mit zunehmender Lohnsteigerung immer unwirtschaftlicher wird und die Lösungsvariante 2 ab einem bestimmten Zeitpunkt die kostengünstigere Alternative darstellt. Je nach Einschätzung der Lohnkostenentwicklung und der geplanten Nutzungsdauer kann aus Unternehmenssicht nun die eine oder andere Lösungsvariante favorisiert werden.

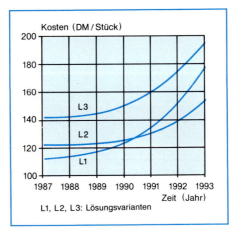

Bild 208   Dynamische Kostenrechnung

4.7.3.2 Bewertung monetär nicht quantifizierbarer Kriterien

Die zweite Dimension der dualen Bewertung von Lösungsvarianten bilden die monetär nicht quantifizierbaren Kriterien. Hierzu eignen sich zwei hinsichtlich ihrer Systematik der Lösungsfindung und der Aussagefähigkeit der Bewertung unterschiedliche Methoden,

— die Arbeitssystemwertermittlung (auch Nutzwertanalyse genannt) und
— die Argumentenbilanz.

Mit Hilfe der Arbeitssystemwertermittlung können konkurrierende Lösungsvarianten entsprechend ihren erwarteten Einsatzmerkmalen in eine eindeutige Rangfolge gebracht werden. Beurteilungsgrundlage sind dabei die zu Planungsbeginn meist in Form eines paarweisen Vergleichs gewichteten Zielkriterien. Mit Hilfe eines einheitlichen Bewertungsmaßstabs werden alle konkurrierenden Lösungsvarianten auf ihre Zielerreichung hin beurteilt und der zugehörige Arbeitssystemwert ermittelt. In MLA Teil 3, Abschnitt 5.5, ist diese Methode eingehend beschrieben.

In jüngster Zeit findet die Argumentenbilanz als weiteres Verfahren zur Beurteilung von Vor- und Nachteilen einzelner Lösungsvarianten eines komplexen Produktionssystems zunehmend Verbreitung. Ähnlich wie bei einer Bilanz üblich, werden hier vom Planungsteam alle Vorteile einer Lösungsvariante als Aktiva, alle Nachteile als Passiva aufgelistet. Bild 209 zeigt ein Beispiel für eine derartige Argumentenbilanz [10]. Die Vor- und Nachteile einer Lösungsvariante können dabei noch unterteilt werden in sogenannte Innenwirkungen, die die Auswirkungen eines komplexen Produktionssystems auf den Produktionsbereich eines Unternehmens beschreiben, und in sogenannte Außenwirkungen, die die Wirkungen einer Systemeinführung hinsichtlich Markt und Kunden beziehungsweise Lieferanten charakterisieren sollen.

Die Argumente für und gegen eine bestimmte Lösungsvariante können von einzelnen Mitgliedern des Planungsteams getrennt ermittelt und dann zusammengefaßt werden, oder aber auch, beispielsweise in Form eines Brainstormings, von allen Teammitgliedern gemeinsam aufgestellt werden. Im Gegensatz zur Arbeitssystemwertermittlung kann mit diesem Verfahren keine Rangfolge konkurrierender Lösungsvarianten gebildet werden, so daß die Argumentenbilanz nur als eine leicht handhabbare Ergänzung der Arbeitssystemwertermittlung Anwendung finden sollte.

Bewertungsmöglichkeiten

Arbeitssystemwertermittlung

Argumentenbilanz

Aktiva	Passiva
I. Innenwirkungen Erhöhung der Fertigungskapazitäten Rüstzeitreduzierung Bessere Nutzung Reduzierung der Losgrößen Höhere Flexibilität Steigende Produktivität Bedienungsarme Fertigung Durchlaufzeitreduzierung Sequentielle Auftragsbearbeitung Verbesserte Produktqualität Lohngemeinkostenreduzierung Prämienentlohnung Kapazitätsnutzung durch mannlose Schichten Kontinuierlicher Materialfluß Systematisierung des Produktions- programms Logische Verknüpfung verschiedener Rechnerebenen Nutzung des Leistungspotentials durch effiziente Materiallogistik Erhöhte Lieferbereitschaft Integrierter Informationsfluß Innovationsfreundlichkeit Technologieanschluß Unfallschutz Behebung von Engpässen Technologie-Know-how-Gewinn	I. Innenwirkungen Taktzeiterhöhung Gemeinkostensteigerung Kapitalkostensteigerung Ausbildungskosten Instandhaltungskosten DV-Planungsaufwand Akzeptanz der Anwender Finanzielles Risiko Einführungsrisiko Risiko der nicht abgestimmten Kapazitäten II. Außenwirkungen Software-Lieferverzögerung Großer Anspruch an DV-Programme Programmierkapazität Zulieferprobleme Akzeptanz des Marktes III. Argumentengewinn
II. Außenwirkungen Qualitätssteigerung Flexibilität, rasche Marktanpassung Verkürzte Produktanlaufzeiten Schnelle Reaktion auf Kundenwünsche Imageeffekt Liefertreue	

Bild 209   Beispiel einer Argumentenbilanz [nach 10]

4.7.3.3 Darstellung der Bewertungsergebnisse

Ziele

Ein wesentliches Merkmal der erweiterten Wirtschaftlichkeits- und Nutzenrechnung besteht darin, daß die Investitionsentscheidung auf der Grundlage einer Gegenüberstellung der für die verschiedenen Lösungsvarianten ermittelten Bewertungsergebnisse sowohl monetär quantifizierbarer wie nicht quantifizierbarer Kriterien erfolgen kann. Durch diese Gegenüberstellung der Ergebnisse der Wirtschaftlichkeits- und Kostenrechnung sowie der Arbeitssystemwertermittlung sollen den Entscheidungsträgern die spezifischen Vor- und Nachteile konkurrierender Lösungsvarianten vermittelt sowie Chancen und Risiken einer Investitionsentscheidung transparent gemacht werden.

Die Ergebnisdarstellung sollte sich an folgenden Anforderungen orientieren:

- Übersichtlichkeit,
- Anschaulichkeit,
- Nachvollziehbarkeit,
- Vollständigkeit.

Darstellung der Ergebnisse

Es hat sich dabei bewährt, die in einem Unternehmen für Investitionsentscheidungen üblicherweise herangezogenen Kennwerte in einer Übersichtsgraphik, wie in Bild 210 beispielhaft dargestellt, komprimiert zusammenzufassen. Ergänzend hierzu sollten differenzierte Einzeldarstellungen vorbereitet werden, in denen die vom Planungsteam für eine Entscheidungsfindung als besonders relevant angesehenen Ergebnisse beispielsweise von Variationsrechnungen oder dynamischen Kostenrechnungen (vgl. Abschnitt 4.7.3.1) aufgezeigt und die zugrundegelegten Annahmen erläutert sind (Bild 211, [1]).

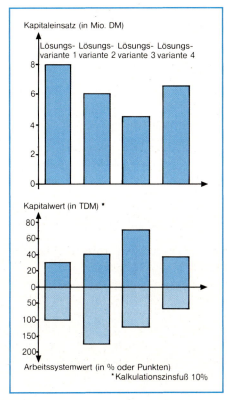

Überblick über wesentliche Ergebnisse einer erweiterten Wirtschaftlichkeits- und Nutzenrechnung   Bild 210

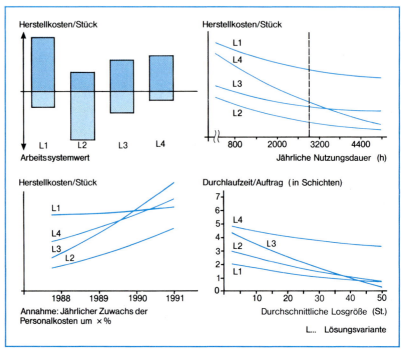

Bild 211   Einzeldarstellung von Bewertungsergebnissen konkurrierender Lösungsvarianten

Interpretation
der Ergebnisse

Bild 210 zeigt, daß die Lösungsvariante 3 bei niedrigstem Kapitaleinsatz den höchsten Kapitalwert aller Lösungsvarianten erwarten läßt, aber nur den zweithöchsten Arbeitssystemwert aufweist. Die Entscheidungsträger müssen nun abwägen, ob die Lösungsvariante mit dem höchsten Kapitalwert realisiert und dabei einzelne monetär nicht quantifizierbare Nachteile in Kauf genommen werden sollen, oder ob aus strategischen Überlegungen heraus der Lösungsvariante 2 mit den augenscheinlich größeren, monetär nicht quantifizierbaren Vorteilen, aber deutlich niedrigerem Kapitalwert, der Vorzug gegeben wird.

Abschließend wird darauf hingewiesen, daß auch mit Hilfe der erweiterten Wirtschaftlichkeits- und Nutzenrechnung das Investitionsrisiko bei komplexen Produktionssystemen nicht beseitigt werden kann. Das Planungsteam kann lediglich versuchen, alle Auswirkungen der Einführung eines komplexen Produktionssystems transparent zu machen. Die Investitionsentscheidung muß nach wie vor von den Entscheidungsträgern getroffen werden.

Literatur

[1] Auch, M.: Menschengerechte Arbeitsplätze sind wirtschaftlich. RKW-Schriftenreihe Wirtschaft-
     lichkeitsrechnung. Eschborn: 1985

[2] Grob, R.: Erweiterte Wirtschaftlichkeits- und Nutzenrechnung: Duale Bewertung von Maßnah-
     men zur Arbeitsgestaltung. Köln: Verlag TÜV Rheinland, 1983

[3] REFA – Verband für Arbeitsstudien und Betriebsorganisation e.V. (Hrsg.): Methodenlehre des Ar-
     beitsstudiums (MLA), Teil 3: Kostenrechnung, Arbeitsgestaltung, 7. Auflage. München: Carl Han-
     ser Verlag, 1985

[4] REFA – Verband für Arbeitsstudien und Betriebsorganisation e.V. (Hrsg.): Methodenlehre der Pla-
     nung und Steuerung (MLPS), Teil 4, 4. Auflage. München: Carl Hanser Verlag, 1985

[5] Schilde, J.: Ermittlung und Bewertung von Rationalisierungsmaßnahmen im Produktionsbereich.
     Berlin: Springer-Verlag, 1982

[6] Steinhilper, R., Kazmaier, H.: Erfahrungen mit flexiblen Fertigungssystemen. VDI-Zeitschrift 127
     (1985), Nr. 15/16, 583

[7] Warnecke, H.J., Bullinger, H.-J., Hichert, R.: Kostenrechnung für Ingenieure. 2. Auflage. München:
     Carl Hanser Verlag, 1981

[8] Warnecke, H.J., Roth, H.-P., Schuler, J.: Perspektiven des Einsatzes flexibler Fertigungssysteme in
     Deutschland. In: Flexible Fertigungssysteme, 17. IPA-Arbeitstagung 1984. Forschung und Praxis,
     Band 1. Berlin: Springer-Verlag, 1984

[9] Wildemann, H.: Integriertes Verfahren zur Investitionsentscheidung und -kontrolle für komplexe
     Fertigungssysteme. Lehrstuhl für Betriebswirtschaftslehre. Universität Passau. – Forschungsbe-
     richt. BMFT / Projektträger Fertigungstechnik, FT 53.020

[10] Wildemann, H.: Strategische Investitionsplanung für neue Technologien in der Produktion. 2.
     Fertigungswirtschaftliches Kolloquium. Passau: 1986

4.8 Systemeinführung und Systembetrieb

systematische
und
umfassende
Planung

Durch eine systematische und umfassende Planung

– der Installation,
– der Inbetriebnahme und
– einer periodischen Erfolgskontrolle

soll die Voraussetzung dafür geschaffen werden, daß möglichst rasch ein störungsfreier Betrieb des Systems oder einzelner Ausbaustufen erreicht wird (Bild 212).

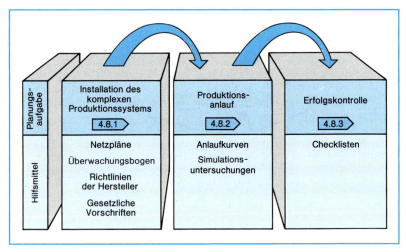

Bild 212   Aufgabenschwerpunkte bei der Einführung komplexer Produktionssysteme

schrittweise
Einführung

Die Einführung und Inbetriebnahme eines komplexen Produktionssystems sollte zweckmäßigerweise in mehreren sich zeitlich überlappenden Teilschritten vorgenommen werden. Dabei hat es sich bewährt, die anstehenden Aufgaben zunächst getrennt für Bearbeitungs- beziehungsweise Materialfluß- und Informationseinrichtungen auszuführen.

Wird versucht, alle Komponenten des Systems gleichzeitig in Betrieb zu nehmen, ist es erfahrungsgemäß nur mit hohem Aufwand möglich, während der Installationsphase erkannte Schwächen, beispielsweise bei der Positionierung von Werkstücken zur Bearbeitung oder bei der Übertragung von Steuerprogrammen an die Maschine, noch zu beseitigen. Als Folgen sind später erhebliche Produktionseinbußen und erhöhte Instandhaltungsaufwendungen aufgrund einer unzureichenden Zuverlässigkeit einzelner Abläufe im Produktionssystem zu verzeichnen [3].

Unabhängig von der Komplexität des geplanten Produktionssystems muß bei Installation und Inbetriebnahme zwischen der

— Produktionsebene (vgl. Abschnitt 4.8.1.1) und der
— Leittechnikebene (vgl. Abschnitt 4.8.1.2)

unterschieden werden.

Generell läßt sich dabei feststellen, daß die Installationsarbeiten auf der Produktionsebene (Bild 213), beispielsweise bei Werkzeugmaschinen, Montagestationen, Handhabungs- oder Materialflußeinrichtungen, so weit vorangeschritten
sein müssen, daß die Einzelkomponenten hinsichtlich Mechanik und Steuerung
für sich voll funktionsfähig sind, bevor ihre Anbindung an die Leittechnikebene
erfolgen kann.

Produktions-
ebene und
Leittechnikebene

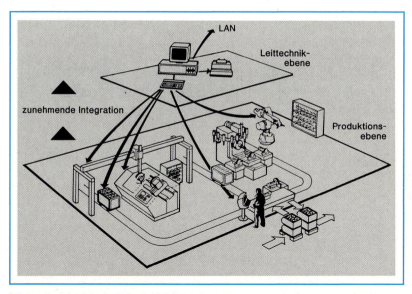

Schrittweise Inbetriebnahme des Produktionssystems   Bild 213

371

Kontakt
Hersteller-
Anwender

Wesentlich für eine rasche und weitgehend problemfreie Installation eines komplexen Produktionssystems ist, daß zwischen dem Anwender und den einzelnen Lieferanten von Systemkomponenten ein intensiver und regelmäßiger Informationsaustausch stattfindet. Durch eine von Anwender und Hersteller gemeinsam getragene Basis bezüglich Detailkonstruktionen oder Überarbeitung von Funktionsmodellen für die Steuerungssoftware (vgl. Abschnitt 4.5) können Mißverständnisse in der Auslegung von Pflichtenheften frühzeitig ausgeräumt und die Gefahr von zeit- und kostenintensiven Anpassungsarbeiten nach Auslieferung der Systemkomponenten reduziert werden.

Überwachung
der System-
einführung

Zur Dokumentation des Projektfortschritts, insbesondere zur Kontrolle von Kosten und Terminen, haben sich Projektüberwachungsbögen bewährt. Einen Vorschlag für das Beispiel der Einführung eines Bearbeitungszentrums zeigt Bild 214. Die im jeweiligen Betrachtungszeitraum zu erbringenden Leistungen beziehungsweise zu tätigenden Zahlungen müssen dem Realisierungsplan (vgl. Abschnitt 3.2.4) entnommen werden. In festgelegtem Abstand, jedoch mindestens einmal monatlich, sollten die Verantwortlichen anhand des Überwachungsbogens „Systemeinführung" über den Fortgang der Arbeiten informiert werden. Terminliche oder kostenmäßige Abweichungen bedürfen der Zustimmung beziehungsweise Freigabe.

Überwachungsbogen „Systemeinführung"

Projekt	Berichtszeitraum
	Datum
	Bearbeiter

Kosten   Soll*   Ist

- Teilzahlung Bearbeitungszentrum
- Beschaffung Werkzeuge/Vorrichtungen
- Installation Rollenbahn
- Miete bzw. Kauf Fertigungsleitrechner
- Lizenzgebühren bzw. Kauf Software
- Schulungsmaßnahmen
- Baumaßnahmen
- Aufwendungen Realisierungsteam
- _____
- _____

Termine   Soll*   Ist

              Kalenderwoche   Kalenderwoche

- Vorabnahme Bearbeitungszentrum
- Fertigstellung Fundamentflächen
- Überarbeitung NC-Programme
- Verabschiedung Softwarepflichtenheft
- Abschluß Schulung Instandhaltungspersonal
- _____
- _____

Systemkenngrößen   Soll*   Ist
- Verfügbarkeit Betriebsmittel
- Verfügbarkeit Fördermittel
- Produktionsleistung
- _____

Genehmigung/Freigabe

* gemäß Realisierungsplan

Überwachungsbogen „Systemeinführung"   Bild 214

4.8.1 Installation des komplexen Produktionssystems

4.8.1.1 Installation der Produktionsebene

Inbetriebnahme
einzelner
Bearbeitungs-
und Materialfluß-
einrichtungen

Bei Installationen auf der Produktionsebene sollte so vorgegangen werden, daß der Automatisierungsgrad der einzelnen Bearbeitungs- oder Materialflußeinrichtungen stufenweise erhöht wird, ausgehend von einem

– manuellen Einrichtebetrieb über einen
– teilautomatischen Betrieb bis hin zum vollständigen
– Automatikbetrieb.

Zum einen wird dadurch das Verständnis der Mitarbeiter für die meist neuartigen Arbeitsabläufe eines Produktionssystems gefördert und eine Überforderung aufgrund der Komplexität des Gesamtsystems weitestgehend vermieden. Zum anderen kann das Produktionssystem aufgrund der vorhandenen Kenntnisse der Mitarbeiter bei Ausfall oder Störung einer Systemkomponente auch auf einer niedrigeren Automatisierungsstufe (teilautomatisch oder manuell) zumindest kurzzeitig weiterbetrieben werden, wenn auch mit reduzierter Leistung und eingeschränktem Bedienungskomfort.

Einsatz von
Netzplänen

Zur Planung, Koordination und Überwachung der zahlreichen Einzelaktivitäten, die zur Installation und Verknüpfung von Bearbeitungs- und Materialflußeinrichtungen betrieben werden, haben sich Netzpläne bewährt [1]. Bild 215 zeigt einen Auszug aus einem Netzplan zur Einführung und Integration numerisch gesteuerter Werkzeugmaschinen auf der Produktionsebene. Der in Vorgangsknotentechnik dargestellte Plan kann bei der Vielzahl denkbarer Systemkonfigurationen notwendigerweise nur ein Grundgerüst sein, das entsprechend dem jeweils zu realisierenden Produktionssystem im Einzelfall der Anpassung beziehungsweise Ergänzung bedarf. Die Bedeutung der hier exemplarisch aufgeführten Einzelaktivitäten und der hierfür jeweils zu veranschlagende zeitliche und personelle Aufwand richten sich auch nach dem aktuellen Automatisierungsniveau und dem bereits aus vorangegangenen Projekten vorhandenen Fachwissen und Erfahrungsschatz der Mitarbeiter.

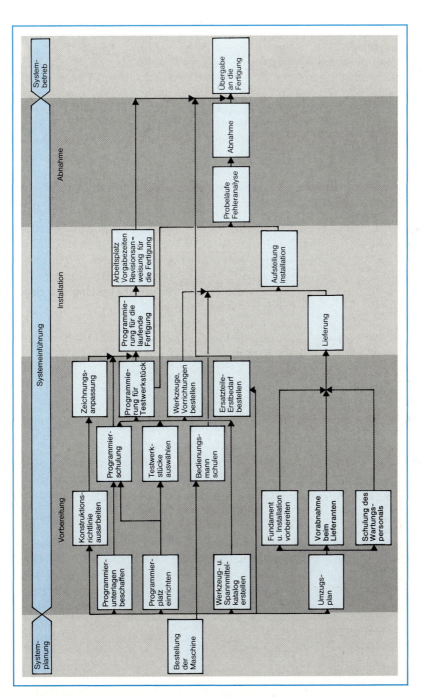

Netzplan zur Einführung eines Bearbeitungszentrums (nach [1, 2])   Bild 215

4.8.1.2 Inbetriebnahme der Leittechnik

Voraussetzungen

Die Grundvoraussetzung für den Beginn der Installationsarbeiten auf der Ebene der Leittechnik ist, daß alle in einer bestimmten Ausbaustufe zu integrierenden Bearbeitungs- und Materialflußeinrichtungen in ihren Grundfunktionen, wie beispielsweise Vorschubbewegungen, Übergabe- und Wechselvorgängen, mechanisch und steuerungsmäßig voll funktionsfähig sind. Parallel zu den Installationen auf der Produktionsebene müssen je nach gewählter Rechnerhardware bestimmte bauliche Voraussetzungen erfüllt sein, bevor das Informationssystem installiert werden kann. In Bild 216 sind die wichtigsten Kriterien zusammengestellt, die bei der Installation von Rechnerhardware im Produktionsbereich berücksichtigt werden müssen [4].

Hinweise zu	Zu berücksichtigende Kriterien
Raum-ausstattung	· Tragfähigkeit des Bodens · Ausführung Fußbodenbelag · Raumtemperatur · Luftfeuchtigkeit · Sonneneinstrahlung · Staub-/Schadstoffgehalt der Luft · Telefoninstallation · Schallschutz · Spiegelfreie Beleuchtung
Elektro-installation	· Spannungstoleranzen · Maximale Leitungslängen · Erdungsmöglichkeiten · Überspannungsschutz · Brandschutz · Blitzschutz

Bild 216   Kriterien zur Aufstellung von Rechnerhardware im Produktionsbereich (in Anlehnung an [4])

Integration

Für Installation, Test und Inbetriebnahme der Leittechnik hat sich das nachfolgend beschriebene vierstufige Vorgehen in der Praxis bewährt:

Hardwareaufbau, Test der Betriebssoftware

Stufe 1
Zu Beginn der Installationsphase erfolgt zunächst der für die geplante Ausbaustufe des komplexen Produktionssystems erforderliche Aufbau der Informationssystemhardware (Rechner, Terminals, Netzwerke). Daran schließen sich die Implementierung und der Test der jeweils benötigten Betriebssystemsoftware an.

Stufe 2

Entsprechend der im Rahmen der Konzeption des Informationssystems erarbeiteten Rechnerhierarchie wird nun die informationstechnische Anbindung einzelner Steuerungen der Bearbeitungs- und Materialflußeinrichtungen an einen übergeordneten Rechner, wie beispielsweise einen Zellenrechner oder Transportrechner, vorgenommen. Hierzu wird zunächst ein Funktionstest der informationstechnischen Schnittstellen durchgeführt, bevor alle für die Kommunikation zwischen Rechner und Arbeitsstation vereinbarten Nachrichten ("Telegramme") angestoßen und auf ihre Logik hin überprüft werden.

Test der Nachrichtenübertragung

Stufe 3

In dieser Stufe werden erstmals, jedoch noch im Einzeltest, bestimmte automatisierte Arbeitsabläufe, beispielsweise Greiferwechsel an einem Handhabungsgerät oder Palettenübergabe an einer Arbeitsstation, ausgelöst und auf ihre Reproduzierbarkeit und Ablaufslogik hin untersucht.

Test automatisierter Arbeitsabläufe

Stufe 4

Erst wenn alle Systemkomponenten im Einzelbetrieb zuverlässig steuerbar und überwachbar sind, wird in einem letzten Schritt der „Integrationstest" durchgeführt, bei dem alle Einrichtungen auf der Betriebsmittelebene im Verbund miteinander vollautomatisch betrieben werden und alle Produktionsabläufe sowohl unter Normalbedingungen als auch unter Störungssituationen systematisch durchgespielt werden.

Integrationstest

Aufgrund der Tatsache, daß die Informationssystemsoftware derzeit in fast allen Fällen noch systemspezifisch geändert und auf unterschiedlicher Rechnerhardware implementiert werden muß, kann im allgemeinen nicht davon ausgegangen werden, daß die Systemsoftware vollständig fehlerfrei arbeitet. Zur Verkürzung der Inbetriebnahmezeiten auf der Ebene der Leittechnik und zur Vermeidung von Schadensfällen auf der Produktionsebene infolge von Softwarefehlern hat es sich bewährt, spezielle Testhilfen (Simulationsprogramme) einzusetzen. Mit diesen Testhilfen kann beispielsweise der Datenaustausch zwischen einem Zellenrechner und einer Werkzeugmaschine oder zwischen einem Lagerverwaltungsrechner und einem Regalbediengerät gefahrlos simuliert werden. Der Simulator reagiert auf die entsprechenden Telegramme wie die in einer Bearbeitungs- oder Materialflußeinrichtung installierte Steuerung, lediglich alle im realen System auftretenden Zeitanteile für Bearbeitungsprozesse oder Verfahrbewegungen werden unterdrückt. Mit Hilfe derartiger Simulationen können sowohl logische Fehler im

Einsatz von Testhilfen

Programmablauf erkannt werden als auch das Zeitverhalten des Informationssystems bei der Verarbeitung mehrerer parallel anstehender, zeitkritischer Aufgaben, wie zum Beispiel die Reaktion auf Störungsmeldungen verschiedener
Maschinen, untersucht werden.

4.8.2 Produktionsanlauf

Produktions-
anlaufplan

Nach erfolgter Installation und Inbetriebnahme der Bearbeitungs-, Materialfluß-
und Informationseinrichtungen kann die eigentliche Produktion schrittweise
aufgenommen werden. Aufbauend auf dem Zeitplan zur Inbetriebnahme der einzelnen Einrichtungen muß in Abstimmung mit Einkauf, Konstruktion, Arbeitsvorbereitung und Vertrieb festgelegt werden,

- mit welchen Produkttypen und in welchen Losgrößen die Produktion begonnen werden soll,
- um welchen Betrag die Produktionsleistung in bestimmten Zeitabschnitten
  erhöht werden soll,
- wie das Produktspektrum erweitert und
- zu welchem Zeitpunkt die geplante Gesamtausbringung des Systems erreicht
  werden soll.

Anlaufkurven

Die geplante mengenmäßige und zeitliche Entwicklung der Produktionsleistung
kann in einer sogenannten Anlaufkurve dargestellt werden. Bild 217 zeigt für den
Produktionsanlauf einer flexiblen Fertigungszelle für Bohr-/Frästeile, welche
Soll-Ausbringungen zu bestimmten Zeitpunkten erreicht werden sollen und welche Erhöhung der Produktionsleistung infolge einer schrittweise erhöhten täglichen Nutzungszeit zu erwarten ist. Bild 217 zeigt neben der geplanten Soll-
Ausbringung auch den Verlauf der in der Anlaufphase tatsächlich erreichten Ist-
Ausbringung. Aufgrund meist fehlender Anhaltswerte aus vorangegangenen Projekten besteht für den Planer die Schwierigkeit, die während der Anlaufphase
auftretenden Verzögerungen durch mangelnde Prozeßsicherheit, fehlerhafte Programme oder noch nicht optimierte Bearbeitungsparameter richtig abzuschätzen
und in den Anlaufkurven realistisch zu berücksichtigen.

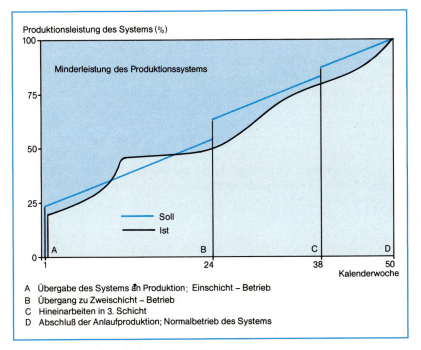

Anlaufkurve einer flexiblen Fertigungszelle für Bohr-/Frästeile　　　　Bild 217

Wird das komplexe Produktionssystem in einen laufenden Produktionsbetrieb integriert, muß dafür Sorge getragen werden, daß die in der Anlaufkurve ausgewiesene Minderleistung des Produktionssystems durch entsprechende Maßnahmen ausgeglichen werden kann. Neben dem Aufbau einer Ausweichfertigung besteht zum Beispiel die Möglichkeit, alle fertigungstechnisch anspruchsvollen, know-how-intensiven Teile eines Produkts vor Stillegung oder Umbau des bestehenden Produktionssystems auf Lager zu fertigen, und die fertigungstechnisch weniger anspruchsvollen Teile in Fremdvergabe fertigen zu lassen.

Abdeckung
von Produktionseinbußen

Wahl des
Anlaufprodukt-
spektrums

Generell sollte der Grundsatz befolgt werden, zunächst mit einfachen, fertigungstechnisch weniger komplexen Teilen zu beginnen und diese Werkstücke
oder Baugruppen anfangs auch nur während der Tagschicht zu fertigen. Die
zweite und eventuell dritte Schicht sollte bei Anlauf eines Produktionssystems
nicht für die Produktion oder gar für das „Einfahren" von Teilen genutzt werden,
da in der Anlaufphase diese Zeitspannen erfahrungsgemäß für Anpassungs- oder
Reparaturarbeiten genutzt werden müssen. Erst wenn einzelne Werkstücktypen
während der Tagschicht störungsfrei im Automatikbetrieb gefertigt werden können, alle entsprechenden Bearbeitungs- und Handhabungsprogramme ausgetestet sind und eine Feinabstimmung der Bearbeitungsparameter (Schnittwerte,
Positioniergenauigkeiten, Verfahrgeschwindigkeiten) vorgenommen wurde, sollten diese Teile für eine personalarme Fertigung freigegeben werden.

4.8.3 Erfolgskontrolle

Zielsetzung

Sobald das Produktionssystem nach der Anlaufphase weitgehend störungsfrei
arbeitet, sollte in regelmäßigen Abständen eine Kontrolle der wesentlichen Sy-
stemparameter vorgenommen werden. Die Erfolgskontrolle soll dem Planer darüber Aufschluß geben, wie genau die während der Planungsarbeiten gemachten
Annahmen im realen Betrieb erfüllt werden können und wo die Stärken, aber
auch die Schwächen des neuen Produktionssystems liegen. Neben den betriebswirtschaftlichen Erfordernissen ist es Sinn dieses Soll-Ist-Vergleichs, dem Planer
zusätzliche Erfahrungswerte und Anhaltspunkte zu vermitteln, die in kommende
Planungsprojekte wieder mit eingebracht werden können [5].

Erhebungsbogen

Bild 218 faßt die wesentlichen Kenngrößen für eine turnusmäßige Erfolgskontrolle zusammen. Im Gegensatz zu vorangegangenen Planungsschritten, wo eine
Vielzahl der Daten manuell erhoben und ausgewertet werden mußte, kann jetzt
das Informationssystem als Nebeneffekt einer automatischen Disposition und
Überwachung des Produktionsgeschehens zur Erfassung und Verdichtung systemspezifischer Daten eingesetzt werden. Bei der Erfolgskontrolle ist auch zu
überprüfen, inwieweit die bei der Situationsanalyse festgestellten Gestaltungs-
mängel behoben sind und ob gegebenenfalls neue zu beobachten sind. Hierzu
ist die Checkliste zum Ergonomischen Gestaltungszustand jetzt für das neuge-
staltete Produktionssystem zu erheben (Bild 219).

Erhebungsbogen: „Erfolgskontrolle"

Projekt	Erhebungszeitraum
	Datum
	Bearbeiter

Systembezogene Kennzahlen
- Betriebszeit des Systems   _____ h/Woche
- Produktionsleistung   _____ Stück/Schicht
- Nutzung Betriebsmittel   _____ % (Durchschnittswert je Schicht)
- Nutzung Fördermittel   _____ % (Durchschnittswert je Schicht)
- Verfügbarkeit Betriebsmittel   _____ % (Durchschnittswert je Schicht)
- Verfügbarkeit Materialflußsystem   _____ % (Durchschnittswert je Schicht)
- Verfügbarkeit Informationssystem   _____ % (Durchschnittswert je Schicht)
- Störungsursachen   _____

Personalbezogene Kennzahlen
- Personaleinsatz   _____ Mitarbeiter/Schicht
- Überstunden   _____ h/Woche
- Fluktuationsrate   _____ %/Jahr

Produktbezogene Kennzahlen
- Laufendes Produktionsprogramm   _____
- durchschnittliche Losgröße   _____ Stück
- durchschnittliche Durchlaufzeit   _____ Schichten/Auftrag
- Anteil Transport- u. Liegezeiten an Durchlaufzeit   _____ %

Kostenbezogene Kennzahlen
- Kapitalbindung durch Halbfabrikate u. Fertigteile   _____ DM/Periode
- Lohnkosten   _____ DM/Periode
- Nacharbeitskosten   _____ DM/Periode
- Ausschußkosten   _____ DM/Periode
- Instandhaltungskosten   _____ DM/Periode
- Periode

Positive Aspekte: _____
_____

Negative Aspekte: _____
_____

Erhebungsbogen „Erfolgskontrolle"   Bild 218

Situationsanalyse

Checkliste: „Ergonomischer Gestaltungszustand"

Welche der nachfolgenden Aussagen treffen für den betrachteten Produktionsbereich zu?

	nein	ja
● Arbeit unter ungünstiger Körperhaltung	☐	☐
● Arbeit außerhalb optimalen Greif-, Wirkraums, Sehbereichs	☐	☐
● Prüf- und Wartungsstellen schwer zugänglich	☐	☐
● Bedienteile und Anzeigen der Aufgabe nicht angepaßt Art, Genauigkeit, Geschwindigkeit, Kraft, Weg, sinnfällige Bewegungsrichtungen/Anzeigen, Gruppierung von Anzeigen, Anordnung nach Wichtigkeit	☐	☐
● Zur Arbeitsausführung erforderliche Informationen können fehlen, kommen nicht rechtzeitig/nicht eindeutig, sind schwer erkennbar, sind nicht nach Wichtigkeit geordnet	☐	☐
● Signale (optische/akustische) nicht immer eindeutig erkennbar	☐	☐
● Strenge Taktbindung, sehr kurze Taktzeiten	☐	☐
● Nachtarbeit, Wochenendarbeit, regelmäßige Mehrarbeit	☐	☐
● Schwere statische oder dynamische Muskelarbeit, längere Ausführungsdauer, kein Belastungswechsel	☐	☐
● Die abhängig von Arbeitsaufgabe und Art des Raumes vorgeschriebenen Raumtemperaturen werden nicht eingehalten	☐	☐
● Zugluft, Sonneneinstrahlung, Wärmestrahlung von heißen oder kalten Flächen	☐	☐
● Mindestwerte für Luftraum und Außenluftrate je Mitarbeiter nicht eingehalten	☐	☐
● Lärm-Beurteilungspegel zu hoch	☐	☐
● Schwingungsbelastung zu hoch	☐	☐
● Beleuchtung der Sehaufgabe nicht angemessen Beleuchtungsstärke im Raum/am Arbeitsplatz, Lichtfarbe, Leuchtdichteunterschiede, Blendung	☐	☐
● Gefährdung durch gefährliche Stoffe möglich	☐	☐
● Evtl. erforderliche Körperschutzmittel (Hitze, Kälte, Lärm, Schwingungen, gefährliche Stoffe) werden nicht bereitgestellt/nicht verwendet	☐	☐
● Mängel hinsichtlich der Arbeitssicherheit Kennzeichnung und Abschirmung von Gefahrstellen fehlende oder verstellte Fluchtwege, Notschalter, Meldegeräte, Bodenbeschaffenheit, freier Arbeitsraum …	☐	☐

Bild 219   Checkliste „Ergonomischer Gestaltungszustand"

Literatur

[1] Ausschuß für wirtschaftliche Fertigung e.V. (AWF): Ablaufplan zur Einführung von NC-Maschinen. Schriftenreihe Arbeitsvorbereitung, Heft 8, AWF, Eschborn: 1971

[2] o.V.: Planungshilfe zur Einführung eines CNC-Blechbearbeitungszentrums. Ditzingen: Firmenschrift Nr. 55810/A der Maschinenfabrik Trumpf, 1985

[3] Schwartmann, J.: Instandhaltung und Arbeitsvorbereitung. Keramische Zeitschrift 37 (1985) Nr. 12, 690

[4] Siemens: Sicomp-Richtlinien für Planung, Installation und Betrieb. Nürnberg: Firmenschrift Nr. E 80850 – A 167 – X – A1, 1986

[5] Wildemann, H.: Integriertes Verfahren zur Investitionsentscheidung und -kontrolle für komplexe Fertigungssysteme. Lehrstuhl für Betriebswirtschaftslehre, Universität Passau, Forschungsbericht, BMFT-Förderprogramm, Projektträger Fertigungstechnik, FT 53.020.

Stichwortverzeichnis

Planung und Gestaltung komplexer Produktionssysteme

In dem folgenden Stichwortverzeichnis bedeutet zum Beispiel:

Ablauforganisation **27,** 28, 31

Das Stichwort „Ablauforganisation" ist auf Seite 27 definiert beziehungsweise begrifflich abgegrenzt (deshalb ist diese Angabe fett gedruckt); außerdem finden sich auf den Seiten 28 und 31 weitere Aussagen zu diesem Stichwort.

A

ABC-Analyse	146
Ablauforganisation	**27**, 28, 31
Amortisationsrechnung	352
Anlagenführer	38
Anlauffertigung	113
Anlaufkurven	374
Anlaufproduktspektrum	375
Annuitäten-Methode	353
Anpaßflexibilität	**47**
Arbeitsablauf	165, 166
Arbeitsaufgabe	27, 332, 337
Arbeitsgestaltung	**27**
Arbeitsgruppe	37
Arbeitsorganisation	**27**, 31, 40, 56, 63
–, Ziele der	28
Arbeitssystem	**27, 103**
Arbeitssystemwert	108, **361**
Arbeitsteilung	**30**, 31, 32, 38, 39, 60, 168
Argumentenbilanz	**361**
Artteilung	30, **168**
Aufbauorganisation	**27**, 28, 31
Aufgabenbereicherung	33
Aufgabenteilung	30, 31, 168
Auftragseinplanung	291
Außenverkettung	49
Automatisierbarkeit	160, 219, 221
Automatisierung	**13**

B

Back-Up-Lösungen	301
Bearbeitungsstation	43, 269
Bearbeitungssystem	41, 42
Beratungsgremien	93
Betriebsdatenerfassung (BDE)	272, 279, **288**
Betriebsmittel	
–, sich ergänzende	**44**
–, sich ersetzende	**44**
Betriebsmittelaufstellungsplanung	215
Betriebsverfassungsgesetz	94
Bewertung	101, 108, **340**, 361, 364
Blockbildung	160

C

CAD (Computer Aided Design)	**256**, 260

CAM (Computer Aided Manufacturing)	**257**, 260
CAP (Computer Aided Planning)	**256**, 260
CAQ (Computer Aided Quality Assurance)	**257**, 260
CIM (Computer Integrated Manufacturing)	255, **258**, 260, 265
CNC (Computerized Numerical Control)	269
Codiersysteme	285

D

Datenerhebung	**351**
Dispositionsebene	263
DNC (Direct Numerical Control)	**270**, 273, 295
Dokumentation	88, 357
duale Bewertung	108

E

Einlegegeräte	**199**
Einsparungen	354
Entkopplung	**34**
Entscheidungsträger	94
Erfolgskontrolle	114, 380
Erkennungssysteme	285
Erweiterungsflexibilität	**47**
Erzeugnisgliederung	125

F

Fahrzeuge	208
Fallbeispiel	120, 144, 154, 162, 171, 226, 306
Feinplanung	**109**
Fertigungsführung	277, 294
Fertigungsinsel	**55**
Fertigungslinie	
–, flexible	**51**, 80
Fertigungsplanung	299
Fertigungsredundanz	**47**
Fertigungssteuerung	277, 299
Fertigungssysteme	
–, flexible	**49**, 56, 72, 74
Fertigungszellen	
–, flexible	**48**, 70
Flexibilität	**45**, 46
–, kurz- und langfristige	45
–, sarten	46
–, skriterien	45

–, Anpaß-   47
–, Erweiterungs-   47
–, Mengen-   47
–, Produkt-   46
Förderhilfsmittel   190, 209, 226
Fördermittel   206, 207, 208, 226
Fördersysteme   185, 188, 219
Funktionsmodell   306
–, Beispiel   309
–, Symbole   308
–, Vorgehen   307
Funktionspläne (Materialfluß)   217

G

Gewinnvergleichsrechnung   356
Grobplanung   **104**
Gruppenarbeit   **37,** 65

H

Handhabung   **198**
Handhabungsgeräte   198, 211
–, Anforderungen   200
–, Einsatzmerkmale   201
Handhabungsvorgänge   221
Hauptfluß   35
Hauptschluß   196
Herstellkosten   146

I

Industrieroboter   **199**
Informationsfluß   255, 263
Informationssystem   41, 42, **255**
Informationsträger   286
Informationsverarbeitung   268
–, Aufgaben bei Bearbeitung   269
–, Betriebsdatenerfassung   279
–, Materialflußsteuerung   275
Innenverkettung   51
Installation
–, Leittechnik   376
–, Produktionsebene   374
Integrationstest   377
Investitionsaufwand   345
Ist-Zustand   96

J

Job enrichment   62
Job rotation   62

K

Kann-Kriterien   99
Kapazitätsbedarf   106, **166,** 171, 175
Kapazitätsbestand   173, 175
Kapazitätsfeld   **166**
Kapazitätsteilung   **168,** 170
–, Artteilung   **168**
–, Mengenteilung   **168**
–, gemischte   169
Kapitaleinsatz   352
Kapitalwert   357
Kenndaten   114
Klassifizierungsschlüssel   126, 127, 144, 155
Koordinatenmeßgeräte   252
Kostenarten   **359**
Kostenrechnung   350, 359
–, dynamische   **364**
Kostenträgerrechnung   359
Kostenvergleichsrechnung   356
Krane   207

L

Ladeportale   **199**
Leitrechner   281
Leittechnik   259, 371
Lösungsvarianten   106, 108
lokale Datennetze (Local Area Networks LAN)   284

M

Magazinpalette   191
Manufacturing Automation Protocol (MAP)   284
Maschinendatenerfassung (MDE)   272
Maschinenführer   38
Materialfluß   **183**
Materialflußaufnahme   **212**
Materialflußbeziehungen   212, 228
Materialflußsteuerung   278, 294
Materialflußsystem   41, 42, **183,** 234
–, Dimensionierung   223
–, Planung   202, 205

–, Prüflisten	222
–, Simulation	224
Mehrkosten	350
Mengenflexibilität	**47**
Mengenteilung	**168**
Meßeinrichtung	243
Meßroboter	254
Montagelinie	
–, flexible	**52**, 76, 78
Montagestation	**43**
Montagesystem	41, 42
–, flexibles	**50**, 52, 63, 76
Montagezelle	
–, flexible	**48**, 52
morphologischer Kasten	233, 108
Muß-Kriterien	99

N

NC (Numerical Control)	269, 271, 295
NC-Programmverwaltung	295
Nebenfluß	35
Nebenschluß	196
Netzpläne	374
Notstrategien	303
Nutzenrechnung	348
Nutzung	18, 38, 99, 136
Nutzwertanalyse	365

P

paarweiser Vergleich	102
Partnerarbeitsplätze	36
Personalschulung	112
Pflichtenheft	109, 176
Planungsanstoß	91
Planungsphasen	
–, konzeptionelle	84
Planungsprozeß	29
–, Anforderungen an den	20
Planungssystematik	86, **89**
Planungsteam	92
Planungsverantwortliche	92
Portalroboter	**199**
PPS (Produktionsplanung und -steuerung)	**258**, 260, 276
Produktflexibilität	**46**
Produktionsablauf	152
Produktionsanlauf	374

Produktionsebene	371, 374
Produktionsleitsystem	**259**
Produktionsleitebene	**263**, 269, 275, **299**
Produktionsleittechnik	259, 261, **262**
Produktionsphilosophie	17
Produktionssysteme	**103**
–, einstufige	**43**
–, kombinierte	45
–, komplexe	**15**, 41
–, –, Ausführungsformen	**48**, 53
–, –, Beispiele	69
–, –, Eignungskriterien	54
–, –, Einsatzbereiche	53, 54
–, –, Kenndaten	114
–, –, Systemgrenze	15
–, –, Zielsetzungen	17
–, mehrstufige	**44**
Produktklassifizierung	126
Produktspektrum	123, 128, 375
Produktüberwachung	242
Projektleiter	93
Prozeßführungsebene	263, **264**, 269, 275, **289**
Prüfmittel	252

Q

Qualifikation	33, 329
Qualifikationsanforderungen	**334**
Qualifizierung	67, **329**, 333, 341
Qualifizierungsbedarf	337, 339
Qualifizierungskomponenten	329
Qualifizierungskonzept	**334**, 340
Qualifizierungsprogramm	110
Qualitätsinformationssystem	248
Qualitätsprüfung	
–, Häufigkeit	250
–, Ort	250
Qualitätsregelung	243
–, direkte	245
–, indirekte	245
Qualitätssicherung	**240**, 249
–, in der Montage	248
–, in der Teilefertigung	242
–, Integration der	240
–, Regelkreismodell	243

R

Realisierungsplan	110, 111
Realisierungsverantwortliche	110

Rentabilitätsrechnung   354
Repräsentativwerkstücke   153, **154,** 162, 359

S

Schwachstellenermittlung   124
Sechs-Stufen-Methode   88
Sensitivitätsanalyse   357
Simulation   224, 344, 377
Situationsanalyse   91, 95, 97, 121
–, kostenbezogen   135, 142, 146, 147
–, mitarbeiterbezogen   134, 143, 145
–, organisatorisch   140, 150
–, produktionsablaufbezogen   136, 137, 138, 148,
–, produktspezifische Anforderungen   128, 130,
                                                     131, 145
–, qualitativ   139
–, quantitativ   132, 133
–, technisch   141
Speicher   35, 196
Speichereinrichtungen   193, 210
–, Ausgleichsspeicher   194
–, Dimensionierung   197
–, Ein-/Ausgabespeicher   194
–, Vorratsspeicher   193
Speicherprinzipien   193
SPS (Speicherprogrammierbare Steuerung)   297
Station   **43**
Stelle   61
Stetigförderer   206
Steuerungsebene   263, **264,** 269, 275, **282**
Systembetrieb   114, 115, 370
Systemeinführung   111, 113, 370, **373**
Systemstundensatzrechnung   361
Systemteilung   30, 31

T

Teilaufgaben   33, 336
Teilefamilie   154
Teilsysteme
–, technische   41, 109, 111
Teilvorgänge   **158,** 160, 162
Teilziele   102
Transportmatrix   213, 229

U

Überqualifizierung   339
Umfeld
–, betriebliches   16
Unstetigförderer
–, flurfrei   207
–, flurgebunden   208
Unterqualifizierung   339

V

Variationsrechnung   **362**
Verfügbarkeit   285
Verkettung   183
Verkettungsprinzipien   186
Verkettungsstruktur   214
Vorranggraph   157, **158**

W

Werkstückerkennung   247
Werkstückgruppen   129
Werkzeugerkennung   247
Werkzeugprüfung   247
Werkzeugverwaltung   292
Werkzeugvoreinstellung   296
Wirtschaftlichkeitsrechnung   107, 348, **350**
–, Datenerhebung   **351**
–, dynamische   **357**
–, erweiterte   **348**
–, statische   **356**

Z

Zeitalter
–, der Automatisierung   13
–, der Energietechnik   12
–, der Mechanisierung   12
Zeit je Einheit   166
Zellenrechner   289, 298, 321
Zellenrechnerfunktionen   291
Zielarten   100
Ziele
–, monetär quantifizierbare   101, 107, 347
–, monetär nicht quantifizierbare   101, 347
Zielkriterien   98, 102
Zielkriterienkatalog   99
Zinsfuß
–, interner   357
Zuschlagskalkulation   360